W0314348

Du même auteur

Introduction au Palais Farnèse.
Ecole Française de Rome, 1985.
Ouvrage couronné par l'Académie Française.

MADAMA,
FILLE DE
CHARLES QUINT

BIBLIOTHÈQUE HISTORIQUE

ANNE PUAUX

MADAMA, FILLE DE CHARLES QUINT

RÉGENTE DES PAYS-BAS

PAYOT, PARIS
106, Boulevard Saint-Germain
—
1987

Tous droits de traduction, de reproduction et d'adaptation
réservés pour tous pays.

Copyright © Payot, Paris, 1987.

INTRODUCTION

Charles Quint vient d'être élu « roi des Romains » et couronné empereur lorsque naît sa fille naturelle Marguerite. Héritier du patrimoine germanique et autrichien de ses ancêtres Habsbourg, prince des Pays-Bas, roi d'Espagne, de Naples et de Sicile, il a reçu, à l'âge de vingt ans, « la couronne, le sceptre et le monde ».

La vieille lignée des Habsbourg, qui peut revendiquer parmi ses ancêtres sainte Odile et Charlemagne, a toujours occupé la scène européenne. Mais, depuis le XVe siècle et en deux générations, par une habile politique de mariages et d'héritages, les états patrimoniaux de la maison d'Autriche ont décuplé.

En effet, en 1477, Marie de Bourgogne a apporté en dot à l'empereur Maximilien, grand-père de Charles Quint, les riches provinces de Charles le Téméraire — hormis le duché de Bourgogne qui est demeuré français. Non content de régner sur tout le nord de l'Europe, avec les Pays-Bas, le Luxembourg et la « Comté », Maximilien a marié son fils Philippe le Beau à la fille unique d'Isabelle la Catholique et de Ferdinand d'Aragon. La princesse réunit sur sa tête la Castille, l'Aragon et le royaume de Naples avec la Sicile. Les conquistadores de Christophe Colomb ont offert au nouveau royaume d'immenses territoires, des galions chargés d'or et des richesses qui paraissent inépuisables.

Lorsque Philippe le Beau vient à mourir, de chagrin, sa

femme perd la raison. Jeanne « la Folle » ne pourra régner et on doit la séquestrer dans un couvent espagnol. A vingt ans, son fils Charles se trouve maître de la moitié de l'Europe avec les Amériques. C'est l'apogée de la maison d'Autriche.

Charles Quint ouvre la partie avec des atouts exceptionnels. Rien ne devrait s'opposer à la réalisation du rêve nostalgique de l'Europe médiévale : l'unité du monde connu, avec une seule loi, le catholicisme, et — pourquoi pas — un seul maître. Les concepts de la féodalité sont encore ancrés dans les mentalités ; chacun est lié par le serment : le vassal au suzerain, et celui-ci à Dieu, le « très redouté Seigneur ». Dieu est garant de la hiérarchie. Hors de son ordre, c'est le chaos.

Mais voici justement qu'en ce début du XVIe siècle, les ennemis de l'ordre surgissent de toutes parts. Certains franchement déclarés, d'autres insidieux. Imprimées, les idées circulent ; le « capitalisme » naissant remet en cause les rapports sociaux ; l'or de l'Amérique démoralise par son abondance même ; la science balbutiante crée le doute ; la croissance démographique donne à l'Europe une extraordinaire vitalité. A l'extérieur, les Turcs harcèlent les frontières et, à l'intérieur, ceux qui ont opposé l'Evangile à la tradition catholique élèvent leur protestation.

En 1521, à quelques mois de la naissance de Marguerite, Soliman le Magnifique vient d'accéder au pouvoir, Cortez conquiert le Mexique, Luther est excommunié. Entre l'empereur et François Ier, la guerre est déclarée : elle va martyriser l'Europe pendant plusieurs décennies.

Marguerite naît dans un monde en mouvement dont la mutation échappe à ceux qui le dirigent et cause à leur orgueil et à leur foi les plus amères déceptions. Elle ne sera pas épargnée par ses remous et accomplira stoïquement l'éclatant et cruel itinéraire d'une princesse de la Renaissance.

PREMIÈRE PARTIE

1

L'ENFANT D'OUDENAERDE

Charles Quint, né avec le siècle, avait vingt et un ans lorsque, le 26 octobre 1521, il vint prendre ses quartiers d'hiver au château de Bourgogne chez le gouverneur de la ville d'Oudenaerde, Charles de Lalaing. François Ier avait envahi les Flandres avec une puissante armée pour porter secours à son vassal, Robert de la Marle, sire de Sedan. Il n'attendait que ce prétexte pour desserrer l'étreinte tentaculaire de Charles Quint autour de son royaume et la guerre était déclarée.

Elle avait mal commencé pour le jeune empereur qui avait failli être enlevé par les troupes royales près de Valenciennes. Ses soldats assiégeaient maintenant Tournai, et la résistance de la ville qui avait de solides murailles, soixante-sept tours et une artillerie de premier ordre risquait d'être longue. Oudenaerde, à mi-chemin sur l'Escaut entre Gand et Tournai, lui permettait de diriger de plus près les opérations.

Enserrée dans ses fortifications, la petite ville n'avait jamais connu tant d'animation. Charles ne se déplaçait pas sans tout ou partie de sa « maison » qui comptait alors six cent douze personnes : ses écuyers, ses pages, ses valets, ses cuisiniers, échansons, panetiers et saulciers ; quelques-uns sans doute de ses chambellans et maître de chapelle et les cinquante archers de corps de sa garde personnelle. Chacun s'installa de son mieux dans le château et alentour.

Les opérations à Tournai ne progressaient guère et des renforts étaient promis aux assiégés. C'est alors que l'abominable temps de novembre propre aux plaines du Nord s'abattit sur les malheureux combattants, noyant de pluie les sombres forteresses, les balayant de bourrasques, transformant le sol en un fleuve de boue. Le sire de Fiennes songeait à lever le siège et à replier ses troupes, mal ravitaillées et minées par la dysenterie. Mais l'empereur était tenace, il refusa. Bien lui en prit. Tournai ne put recevoir ses renforts et dut se rendre quelques semaines plus tard.

C'est pendant ce morne séjour hivernal que Charles séduisit sans peine une jeune fille attachée au service personnel de Madame de Lalaing, Jeanne van der Gheynst, qui se trouva bientôt enceinte. Elle était d'origine populaire, fille d'un tapissier et petite-fille de paysans, et pouvait ressembler aux accortes figurantes qui mettaient dans les compositions les plus sévères des maîtres flamands une note voluptueuse. Il ne manquait pas de dames, au château, que les attentions du souverain eussent comblées. Un chroniqueur, Faminiao Strada, thuriféraire de la maison Farnèse, soucieux d'anoblir les origines de la future « Madama », voulut faire de Jeanne van der Gheynst une jeune fille de haute lignée, conquise par le jeune empereur au cours d'un bal au château de Bourgogne. La réalité est plus modeste et ne prête guère au roman : Charles, « qui n'aime pas dormir seul », et moins encore dans ce château glacial, a trouvé sur place cette jeune fille qui correspond à la simplicité de ses goûts et qui ne songe pas à s'y refuser. Lui-même, s'il n'était prince, qui en voudrait ?

Un buste de Charles, exécuté lorsqu'il avait 17 ans, révèle, exagéré, le curieux profil des Habsbourg, où saille, encore imberbe, un menton proéminent. Ce défaut, au dire des contemporains, l'oblige à garder le plus souvent la bouche ouverte et lui rend l'élocution difficile. Alors, il se tait. Mais les yeux fixes et comme étrangers au visage regardent avec une intensité impressionnante. Jeune, on l'avait vu traîner un air de fatigue et de mélancolie dont seule la chasse et les tournois, où il excellait, semblaient le tirer. Impénétrable, absent dans les cérémonies, hautain envers son entourage, qu'avait-il retenu des leçons politiques du cynique seigneur de Chièvres, son précepteur, ou des pieux enseignements d'Adrien d'Utrecht ? Nul n'aurait su alors le dire. A Oudenaerde, quatre ans plus tard, hormis l'apparition d'une petite barbe flamande un peu rousse et clairsemée, ces piteuses apparences ne semblent guère améliorées. Et pourtant...

La grande date du 28 juin 1519 où Charles a été proclamé « roi des Romains et futur empereur » par la diète de Francfort a marqué en profondeur cette personnalité secrète et volontaire. Une vision désormais l'habite. Elle ne cessera de le posséder. Il la médite pendant ses chevauchées, la contemple au long des liturgies qui sont la trame de sa vie quotidienne : c'est le vieux rêve médiéval de la monarchie universelle, le Saint-Empire Romain, où le pape et l'empereur réconciliés, ligués contre l'Infidèle, organiseraient un monde idéal : catholique, cohérent, pacifique. Il a reçu ce jour-là la révélation de son rôle et de sa responsabilité envers cette auguste construction à laquelle peu à peu il s'identifie et, sa vie durant, toute tentative, d'où qu'elle vienne, pour la menacer à travers sa personne sera ressentie comme une impiété et punie comme telle.

Mais, déjà, l'envers de cette grandeur, c'est, pour le jeune empereur, la gêne, vécue comme un malaise quotidien et lancinant. L'élection impériale a été menée rondement en son absence par son grand-père Maximilien. Il s'agissait d'acquérir à la candidature de Charles les voix des sept grands électeurs, tous princes ou archevêques germaniques — tous à vendre au plus offrant. La concurrence désespérée de François Ier pour la dignité impériale avait fait monter les enchères au-delà de l'imaginable. Plus grave, les électeurs se sont fait acheter plusieurs fois, rompant leur allégeance au moindre prétexte. Maximilien a emprunté sans lésiner des sommes gigantesques qui hypothèquent l'avenir. Jacob Fugger, le grand banquier d'Augsbourg, a pris gage sur les biens héréditaires des Habsbourg, prêté à 20 % et obtenu en sus un monopole bancaire sur toutes les transactions à venir du port d'Anvers.

Enfin, le but est atteint. Le 23 octobre 1520, Charles est couronné à Aix-la-Chapelle, dans la vieille chapelle carolingienne. Il reçoit l'onction sainte, on lui remet l'anneau d'or et le globe symbolique, puis l'épée et la couronne du grand empereur : sept siècles sont abolis ; c'est l'apothéose. Lorsqu'il redescend de son rêve, il a flambé dans les magnificences de la cérémonie les derniers ducats des Fugger. Il est endetté d'un million de florins et condamné, sa vie durant, à la parcimonie et aux expédients.

Mystique et calculateur, prodigue et ladre, dur à lui-même et à autrui, tel est le prince — le père — qui va dominer la destinée de Marguerite.

Le séjour de Charles à Oudenaerde ne dura pas deux mois. Le 12 décembre de la même année, il quittait le château de Bourgogne. Mais, lorsqu'il fut avisé de l'état de Jeanne van der Gheynst, il prit conseil de sa famille. Allait-il abandonner l'enfant à son sort, comme il l'avait fait du fruit de ses précédentes expériences ? Sa tante Marguerite d'Autriche était alors régente des Pays-Bas par la volonté de Maximilien dont elle était la fille, et Charles l'avait maintenue dans cette charge après la mort du vieil empereur. Elle tenait une cour brillante à Malines où elle avait élevé le prince jusqu'à son émancipation. En femme avisée, elle réalisa le parti que l'on pourrait tirer de cette naissance, s'il s'agissait d'une fille — même illégitime — dans la politique matrimoniale si profitable jusque-là aux Habsbourg. Charles n'avait-il pas, sans coup férir, réuni sur sa tête l'héritage de quatre maisons princières grâce aux alliances judicieuses de ses parents ? Un mariage opportun pourrait plus tard permettre de nouer de nouveaux liens avec quelque famille régnante d'Europe, de s'épargner peut-être une guerre ruineuse. Elle était appuyée en ce sens par son ministre, Gattinara, un juriste piémontais fort écouté : en Italie, les enfants illégitimes, fussent-ils de papes, avaient un destin... Il fut donc décidé que l'enfant à naître ne serait pas ignoré comme les précédents mais enlevé à sa mère et élevé dans cette perspective.

A la fin de juillet, Jeanne, qui s'était réfugiée dans sa famille, mit au monde une petite fille. Celle-ci fut baptisée à la paroisse de Pamele, près d'Oudenaerde, et reçut le prénom de Marguerite en l'honneur de la régente. On assura à Jeanne une petite rente et on lui trouva peu après un mari de famille aisée : ses relations avec « Monseigneur » ne l'avaient pas déshonorée.

Marguerite fut mise en nourrice à Bruxelles, dans la famille d'André de Douvrin, échanson du frère cadet de Charles, le prince Ferdinand. En l'absence du maître, cette fonction était une sinécure et les parents adoptifs de Marguerite purent se consacrer entièrement à la petite fille.

Peu avant la naissance, l'Empereur était reparti pour l'Espagne. S'il voulait réaliser son rêve universel, encore fallait-il en assurer les bases — et en Espagne, il était roi. En principe, du moins, car son premier et bref voyage dans la péninsule s'était achevé sur une révolution. La Castille avait détesté ce prince étranger qui ne parlait pas sa langue, sa suite bourguignonne dissipée et avide, et par-dessus tout le seigneur de Chièvres, symbole de toutes les exactions. Les Espagnols n'avaient nullement apprécié l'élection impériale et rejetaient d'instinct le destin européen qui leur était promis, devinant aisément ce qu'il leur en coûterait de le financer. Le mécontentement s'était cristallisé à la réunion des Cortès pour la levée de l'impôt et avait culminé dans la rébellion des « communeros ». Ceux-ci faisaient appel contre le roi à sa malheureuse mère, Jeanne la Folle, séquestrée au couvent de Tordesillas, pour tenter de donner une légitimité à leur soulèvement national et populaire. Charles, laissant la régence à Adrien d'Utrecht, avait presque pris la fuite et la révolte avait été matée par l'aristocratie. Le moment était venu de se montrer, sans tarder.

Plus qu'une apparition, il fit alors en Espagne le séjour le plus long de son règne. Il découvrait un pays noble, austère, d'une intense piété qui correspondait à ses goûts profonds. Il épousa la princesse Isabelle de Portugal et ce mariage intéressé — qui lui rapportait une dot de 900 000 ducats ([1]) — devint une touchante et authentique union, dont leur naquit en 1527 un fils, le futur Philippe II. Charles se convertit à l'Espagne, et peu s'en fallut qu'il ne s'y enlisât. Ces huit années de sa vie, et l'hispanisation de l'Empereur méritent qu'on s'y arrête. Elles furent décisives dans le destin de l'Europe dont le centre de gravité va se déplacer peu à peu. De l'Espagne incorruptible,

([1]) Le ducat avait le poids de 3,56 grammes d'or. Le florin représentait la même valeur. L'écu espagnol de Philippe II (pistole) pesait 6,75 grammes d'or. La livre valait 2,3 écus.

Charles fera partir la lutte contre les Infidèles et, plus tard, Philippe II forcera sans pitié l'Europe à se mettre à l'heure ibérique. « Tous ces gens [ont] bien besoin de nous pour apprendre à être espagnols, ils savent si peu s'y prendre ! » L'exclamation de Dona Prouhèze dans le *Soulier de satin* aurait pu être celle du futur roi.

Pendant ce temps l'enfant grandissait chez ses parents d'adoption, un peu oubliée semble-t-il. La Régente lui faisait de menus cadeaux dont les factures représentent presque les seuls documents concernant Marguerite durant ses premières années. En 1523 : « 19 livres flamandes pour une bordure de tissu d'or et un collier » pour l'enfant qui a alors un an. L'année suivante, encore une passementerie d'or et, plus tard, « du satin blanc et rouge et du velours noir » pour faire un vêtement et un chaperon à « la petite fille bastarde de l'Empereur résidant à Bruxelles ». Cela prouve que, du vivant de la Gouvernante, Marguerite ne vécut pas à la cour de Malines et n'en connut pas les splendeurs.

En 1530, Marguerite d'Autriche vint à mourir. Elle laissait à son neveu Charles Quint la Comté, qui deviendra plus tard la Franche-Comté. S'ajoutant aux provinces des « pays de par deçà », cet héritage enrichit encore l'empereur, tout en avivant en lui la plaie secrète de la perte de la « vraie » Bourgogne qu'il considérait comme la terre de ses pères. L'administration de ces provinces, maintenant centralisée à Bruxelles, fut confiée par Charles à sa sœur, Marie de Hongrie, entre-temps devenue veuve. La nouvelle gouvernante transporta la cour à Bruxelles, dans l'ancien palais des ducs de Brabant.

Il n'est pas impossible que Marguerite se soit rapprochée, à la faveur de ce déplacement, de sa famille naturelle. On sait que, chez les Douvrin, elle avait appris la lecture avec le chapelain de Sainte-Gudule, la broderie et la dentelle avec sa mère adoptive, et même la danse flamande avec un maître à danser. Mais où aurait-elle pris sa passion de la chasse, sinon auprès de Marie de Hongrie, « un Charles Quint en jupons », disait-on de cette dernière, « une gaillarde qui n'est jamais si bien que lorsqu'elle chevauche hardiment, chasse toute la nuit, manie l'épieu, préside à la curée » ? Et ce goût extravagant d'édifier des palais, qu'elle manifestera plus tard, pouvait-il lui venir d'ailleurs que de cette tante qui, sous les brumes du nord, jetait les plans de lumineux châteaux « à l'italienne », Binche, Mariemont ? Toute sa vie, Marguerite se donnera pour modèle Marie de Hongrie.

Néanmoins elle demeure en marge de la vie de cour où sont élevées les enfants orphelines de la reine de Danemark, une autre sœur de Charles Quint. Isabelle d'Autriche qui, à la différence de Marie de Hongrie, avait échappé à la disgrâce du type Habsbourg, et qui fut assez jolie pour que Jean Gossart de Mabuse l'immortalise en « Marie-Madeleine », était morte en couches à l'âge de vingt-cinq ans. Si jeune que soit Marguerite, il est bien possible qu'à la vue de ces petites princesses qui ont son âge et sont chez elles dans le palais de la régente, elle ait éprouvé déjà le désir intense, qui ne la quittera jamais, d'appartenir au cercle magique des grands de ce monde.

La cour de Bruxelles continue la tradition de celle de Malines : déplacements, fêtes, tournois, banquets. Autour de la gouvernante, une pléiade de lettrés, d'artistes, d'écrivains. On joue du luth, de l'orgue de chambre, on chante madrigaux et motets d'église, on parle français, on cite du latin, on prie longuement. La vie flamande enveloppe cette maison princière de son luxe cossu : les belles étoffes brugeoises, les fourrures et l'or, les tableaux profonds, qui expriment, de Van Eyck à Gérard David, le « rêve immobile » d'un siècle de peinture.

Mais cette vision est trompeuse, car la Flandre n'est pas épargnée par la fermentation religieuse et intellectuelle qui travaille depuis quelque temps le reste de l'Europe et vient battre à ses rivages. Dans le peuple, le malaise est causé par la montée des prix, les ravages des guerres locales, les cycles de mauvaises récoltes et de famines. L'angoisse naît de la peste, qui frappe à mort et ne se retire que pour revenir, faisant croire à un châtiment de Dieu, arbitraire et délibéré. Une dernière épidémie a sévi au tournant du siècle. La préoccupation quasi obsessionnelle de la mort exaspère la sensibilité religieuse populaire, réveille des idées prophétiques médiévales, accroît l'audience des astrologues, renoue le pacte des sorcières avec les démons. De doux rêveurs prêchent l'abandon des richesses dans l'attente de « l'Age de l'Esprit » et de l'ouverture du

« Livre des Sept Sceaux ». D'autres crient que l'amour de Dieu se mesure à l'aune de la haine des riches, et l'on voit des bandes pillardes se ruer à l'assaut des bourgeois et des moines nantis.

L'Inquisition, tant laïque que religieuse, frappe durement. Elle obéit à un code ancien, le « Marteau de la Sorcière », qui décrit en détail les sorcelleries et les magies passibles du bûcher, tandis que l'Eglise prend en charge les hérésies. Sur les murs des villes flamandes apparaissent les premiers « placards » contre les sectaires réformés tentés par la nouvelle doctrine de Luther.

Mêlée au cortège de la Gouvernante, Marguerite a pu entrevoir aux portes des villes les fourches patibulaires et leur sinistre charge, saisir la rumeur malsaine des foules autour des bûchers. Elle a entendu maudire les anabaptistes, les Juifs, les sorcières semeuses de peste, les luthériens, les magiciens, les alchimistes, les astrologues, confondus dans une commune réprobation.

La Flandre de son enfance lui laissera le souvenir d'un monde encore médiéval, assombri de craintes apocalyptiques, mais coloré de kermesses et de processions masquées dont l'œuvre de Jérôme Bosch demeure le témoignage fascinant.

Pendant les sept années consécutives que Charles Quint, passe en Espagne, il poursuit patiemment la consolidation de son empire par des manœuvres politiques tortueuses, qui jettent l'Europe dans une succession d'événements dramatiques. Le contraste est saisissant entre la démarche lente, hésitante et comme somnambulique de sa réflexion, et l'ampleur des résultats. L'empereur est secondé dans son administration par plusieurs conseils d'Etat aux attributions précises, mais il travaille directement avec ses secrétaires et le plus souvent décide seul. Il contrôle tout par lui-même, écrit de sa main les instructions les plus secrètes, semble ne jamais choisir, donne à ses ambassadeurs des missions souvent contradictoires et, à ses interlocuteurs, laisse espérer des solutions parfois incompatibles, se réservant jusqu'au dernier moment une porte de sortie.

Plus qu'à ses conseillers espagnols, sa confiance au début du règne va au comtois Granvelle et à Mercurio Gattinara, grand Chancelier et ancien ministre de la régente Marguerite d'Autriche. Cet Italien passionné, qui déteste la France, s'efforce de faire partager à Charles Quint sa propre ambition : dominer toute l'Italie et faire battre à Rome le cœur de la « monarchie mondiale ». Déjà l'empereur règne héréditairement sur le royaume de Naples, la Sicile et la Sardaigne ; le Milanais lui est inféodé ; attacher politiquement à son char Rome et la Papauté ferait basculer en sa faveur le reste de la péninsule. De Rome rénovée, lavée des soupçons qui la déshonorent par la promesse d'un concile, pourrait partir la réforme de l'Eglise — la vraie — comme un contre-feu, face à l'incendie allumé par Luther dont l'Allemagne est déjà embrasée.

Cependant le pape Clément VII est un homme faible et versatile que son irrésolution maladive condamne à la duplicité. Plus sérieux que Léon X dont il a été l'éminence grise pendant son règne fastueux et dissipé, c'est néanmoins un Medicis retors, plus attaché à maintenir son pouvoir temporel et à reconquérir Florence pour le compte de sa famille qu'à promouvoir la réforme rendue nécessaire par l'inconduite et les fastes de ses prédécesseurs. « Querelles de moines ! » s'était exclamé Léon X devant les premières et légitimes critiques de Luther et l'affichage des thèses de Wittenberg. Clément VII se refuse à mesurer davantage l'ampleur du phénomène et s'oppose de toutes ses forces à la réunion d'un concile qui pourrait éclairer d'un jour défavorable sa gestion de la chrétienté.

Alors qu'apparaît déjà chez l'empereur, homme du Nord, élevé dans la patrie d'Erasme et familier de ses idées, une certaine impatience à l'égard du pape florentin et de la décadence dont il est complice, la mesure est comble lorsque le pontife se fait prier pour jouer le rôle que la politique impériale lui a assigné. Pire encore, Clément VII se laisse aller à comploter avec ceux qui, en Europe, supportent mal les visées tentaculaires de l'empereur et qui, aussi divers soient-ils, se regroupent sous la bannière de François Ier.

Lorsqu'en 1526, Charles Quint apprend que le pape a secrètement adhéré à la ligue de Cognac, cette coalition que le roi de France, à peine sorti des geôles de Madrid, a suscitée contre lui, il est saisi d'une froide colère. Non content de le traiter de « rustre » et d'aider à une conjuration dans ses propres états, il donne au connétable de Bourbon, traître à François Ier, le commandement de l'armée impériale. Elle est composée en grande partie de lansquenets allemands luthériens pour qui le pape représente l'Antéchrist. Stationnés depuis de longs mois dans la plaine du Pô, laissés sans solde et dans l'inaction, ces soudards sont devenus incontrôlables, et c'est par une mutinerie que débute leur action. Plus rien n'arrêtera ensuite cette marée humaine déferlant vers le sud au cri de « nach Rom ». Le 5 mai 1527, la ville sainte est mise à sac. Dès les premières heures de l'assaut, Bourbon est tué et les pillards sont livrés à eux-mêmes. Pendant plusieurs jours se déroulent d'affreuses scènes de brutalité et de saccage, de meurtres et de profanations qui laisseront les Romains et tout le monde chrétien frappés de stupeur et graveront dans les mémoires la hantise des « Impériaux ».

Clément VII s'est replié au château St. Ange avec le cardinal Alexandre Farnèse. De réfugié il est devenu prisonnier et Charles Quint a envoyé pour le surveiller Ferdinand de Alarcon, celui même qui avait été le geôlier de François Ier à Madrid. Sa détention dans la rude forteresse va durer sept mois. Charles Quint n'est pas loin de renouer avec la vieille tentation médiévale : réduire le pape au rôle d'évêque de Rome et prendre lui-même en main le destin de la chrétienté. Mais le sac de Rome n'a pas fait l'unanimité et, après cette ignominie, l'opinion du monde chrétien se lève contre lui. Il comprend qu'il doit libérer le pape et lui rendre sa ville. Il se contentera d'exiger en retour la convocation d'un concile.

Bien loin de là, à Bruxelles, Marguerite fête ses cinq ans. Et cette petite chose, « de meisje » — mot neutre en néerlandais —, va se trouver soudain jouer un rôle dans les tractations des grands de ce monde.

Il fallait à l'empereur que son innocence dans l'affaire du « sac de Rome » soit affirmée aux yeux de la chrétienté et que le pape consente, malgré l'offense, à le couronner solennellement en Italie. Seule la bienveillante attitude de Clément VII — qui n'avait entre les mains que l'arme morale de l'excommunication — pouvait laver sa réputation. Une patiente diplomatie, faite de flatteries et de menaces à peine voilées, fut menée auprès du pontife et, puisque une réparation s'imposait, Charles Quint crut pouvoir le satisfaire dans un de ses désirs les plus chers : le rétablissement des Medicis à Florence. Il offrit à Clément VII l'appui de ses armées pour éliminer les factions rivales, et le gouvernement de Florence pour un de ses neveux. Le futur « duc de Florence » obtiendrait, en garantie de l'amitié de l'Empereur, la main de sa fille Marguerite.

Ce n'était pas la première fois que Charles Quint jouait la carte Marguerite pour obtenir quelque satisfaction politique temporaire. Lorsqu'elle avait trois ans, il l'avait déjà promise au duc de Ferrare pour son fils, en échange de son ralliement. Mais Ferrare avait changé de camp et le contrat dûment signé s'était trouvé annulé.

Cette fois, l'ambassadeur de l'empereur, Miguel Mai, avait en vue, pour Marguerite et pour Florence, un neveu du Saint Père, Hippolyte de Medicis, dont on disait grand bien. Mais Clément VII ne l'entendait pas ainsi. Il avait un autre neveu — le mot « nepote » en italien permet toutes les ambiguïtés — dont on chuchotait à Rome qu'il était le fils du pape et d'une esclave nubienne. Le type physique négroïde d'Alexandre de Medicis confortait cette supposition. Pour atténuer le scandale, on le faisait passer pour le fils naturel de Laurent II de Medicis, duc d'Urbin, neveu du pape. Soucieux d'assurer l'avenir de ce garçon assez quelconque, Clément VII le substitua en quelque sorte au candidat de l'empereur, se hâtant de nommer cardinal le jeune Hippolyte qui, ainsi, ne pouvait plus prétendre à une fonction civile et encore moins à un mariage. Aux remarques qu'on lui fit à ce sujet, le pape fit répondre qu'un neveu ou l'autre, « c'était exactement la même chose ».

Les hésitations, les marchandages et les lenteurs des deux parties retardèrent la signature du contrat. Elle eut lieu au traité de Barcelone, le 23 juin 1529. Il était stipulé que l'empereur, « en réparation des injures que ses troupes avaient fait subir à la sainte Rome », promettait en mariage sa fille, « Madame Marguerite », à Alexandre de Medicis, comte de Civita di Penna. Le mariage aurait lieu lorsque Marguerite aurait atteint douze ans. Elle recevrait en dot un revenu assuré de 20 000 ducats et un capital de 120 000 ducats « pour le vivre ».

Quelques jours plus tard, Charles Quint écrivit de sa main, en latin, un document adressé à sa fille elle-même, qui constituait une reconnaissance de paternité et, en quelque sorte, la légitimait. Tout au long de sa vie, Marguerite conserva jalousement la précieuse lettre qui faisait d'elle une Habsbourg à part entière. Sa fierté et sa gratitude furent immenses d'être reconnue pour la fille de cet empereur qu'elle n'était pas loin de considérer comme un demi-dieu. Le nom de sa mère ne figurait pas sur le document. De ce côté-là, elle était orpheline.

La réconciliation du pape et de l'empereur connut son apparente apothéose lors du couronnement de Charles à Bologne. Il aurait dû ceindre la couronne de fer à Milan et recevoir la couronne d'or des mains du pape dans la ville éternelle. Mais les souvenirs du sac de Rome étaient encore trop cuisants pour qu'il osât se rendre dans « ce cadavre de ville » et en narguer le malheur. Les fêtes furent donc commandées à Bologne.

L'empereur arriva à Gênes dans les derniers jours de juillet 1529, accompagné de Gattinara qui devait, à cette occasion, recevoir le chapeau de cardinal. Charles posait le pied pour la première fois sur cette terre d'Italie où sa politique et ses lansquenets l'avaient déjà fait redouter. C'était aussi la première fois qu'il serait confronté avec cet adversaire ambigu, cet allié jamais sûr, le pape Clément VII. Celui-ci ne pouvait que haïr la situation où il s'était mis : avoir à couronner, avec tout le décorum et les marques d'amitié que cela supposait, le responsable du sac de Rome. Quelqu'un à ses côtés ressentait plus dramatiquement encore cette humiliation : le cardinal Alexandre Farnèse, le futur pape Paul III, qui avait, impuissant, subi heure après heure, au château St. Ange, les tribulations imposées à Clément VII.

Le pape avait devancé d'une semaine l'arrivée de son interlocuteur, lui marquant par là un excessif respect. Il flottait un peu d'inquiétude sur cette première rencontre. Mais, lorsque intervint la date du couronnement, les fêtes de Bologne surpassèrent en splendeur ce que l'on avait vu jusqu'alors.

Pendant plusieurs jours, et suivant un protocole rigoureux, le cortège du pontife et celui de l'empereur se rendaient du palais à l'église St. Dominique où se déroulait le rituel séculaire, arpentant les rues festonnées de la ville où la foule se réjouissait bruyamment. Passé les soldats et leurs armes étincelantes, puis les souverains sous leur dais d'or et enfin leur suite de seigneurs en velours écarlate, les héraults d'armes jetaient à poignées les pièces d'argent en criant : « Largesse ! Largesse ! » Sur la place, une fontaine représentant l'aigle bicéphale de l'empereur reposant sur deux grands lions de bois doré, distillait l'hypocras, le vin blanc et le vin rouge. Au milieu de la place rôtissait un bœuf entier aux cornes d'or : il était farci d'un veau, d'un porc et de nombreuses volailles. Ailleurs, par les fenêtres du palais on jetait à la foule les reliefs des festins et des milliers de pains étaient distribués. Cloches, clairons, hautbois, rebecs, harpes et violons noyaient la fête dans un tapage indescriptible.

Il semble que, contrairement aux prévisions, cette rencontre de Bologne se soit déroulée dans un climat assez serein. On remarqua que la curiosité naturelle que les deux hommes éprouvaient l'un pour l'autre semblait se muer en une mutuelle fascination. Le pape, dans la force de l'âge, impressionnait par sa stature et son aisance. Toutefois, un certain strabisme, qui empêchait de saisir son regard, mettait mal à l'aise. Il dut avoir au début, sur son interlocuteur, un sentiment de supériorité. Faussement engourdi, blême, le regard fixe, l'empereur serrait dans sa main la liste écrite des problèmes dont il voulait discuter et ne se départissait pas de ce bout de papier. Circonspect et prudent — il n'y avait pas si longtemps que François Ier l'avait dupé à propos de la Bourgogne —, il ne fut pas pour autant perdant dans les négociations.

Mais, après le couronnement, Charles semblait ne plus pouvoir s'arracher à Bologne, ni à ses entretiens quotidiens avec le pape. Son séjour dura quatre mois et l'empereur posa alors pour un tableau, aujourd'hui perdu, qui servit de modèle à Titien pour le premier portrait qu'il fit de Charles Quint. Sous le pinceau de l'artiste, le jeune homme « froid, taciturne, immobile comme une idole », est devenu l'homme de trente ans, rayonnant d'autorité et de force contenue que l'on peut admirer au Prado. En cuirasse sous une courte pelisse d'or, posant sa main gauche, paternellement, sur le grand chien blanc qui l'accompagne, il est glorieux. Glorieux, certes, mais nullement vaniteux. Titien a saisi ce trait de son caractère qui lui donnait l'avantage sur ses adversaires français et italiens. L'empereur ne paya ce tableau qu'un ducat mais accorda au peintre son estime. D'autres portraits devaient suivre.

Le mariage de Marguerite, déjà scellé à Barcelone, fut à nouveau évoqué. Pour la première fois, on vit apparaître sur la grande scène diplomatique le jeune Alexandre de Medicis, amené par le pape. Il avait été accueillir l'empereur à Gênes et l'avait escorté jusqu'à Bologne; Charles Quint avait accordé une particulière attention à son futur gendre. Au musée des offices à Florence, on peut voir, attribué à Bronzino, le portrait du fiancé de Marguerite : chevelure crépue, large nez, bouche sensuelle, des traits mous, et un regard noir, à la fois doux et cruel.

Il fut convenu que Marguerite viendrait, sans tarder, se familiariser avec l'Italie et que, en attendant ses douze ans, date fixée pour la cérémonie du mariage, elle serait confiée à la garde de la vice-reine de Naples. Il était bien dans la manière de Charles de la garder à l'abri dans son propre royaume jusqu'au dernier moment, au cas où un revirement se produirait dans ses relations avec le pape, ou — plus simplement — au cas où celui-ci viendrait à mourir.

De son côté, Clément VII voulait s'assurer de la réalité des promesses de l'empereur. Déjà, sur son insistance, Marguerite avait été reconnue par la lettre dûment signée de Charles. Ce même été, les Douvrin reçurent à leur domicile une visite inhabituelle : l'évêque italien Tornabuoni, envoyé par le pape, venait, avec cérémonie, baiser la main de leur fille adoptive et se rendre compte en personne de son existence. Marguerite, comme tous les enfants du monde, ne s'étonnait de rien et pas davantage de cette marque de respect. Tout au plus l'apparition de cet imposant homme en violet trancha-t-elle sur la monotonie de ses journées. C'était son premier baisemain, un événement; elle en recevrait bien d'autres.

L'évêque rapporta à Rome le portrait de l'enfant que l'on décrivait comme petite et très gracieuse. On parlait d'elle maintenant dans les correspondances diplomatiques sous le nom de « Madame » qui, dans le contexte italien, devint bientôt « Madama ». Désormais Marguerite existait officiellement.

Après les fêtes de Bologne, Charles Quint dut se rendre en Allemagne où une situation inextricable l'attendait. Quels qu'aient pu être son indulgence envers la réforme, d'inspiration allemande, et son mépris pour le laxisme de la papauté et les excès du clergé, Charles n'avait jamais envisagé le reniement de la mission théologique de l'Eglise et la négation de sa hiérarchie. Il pouvait saccager Rome — donner ainsi une « leçon » au pontife — mais ne songeait pas à le laisser dessaisir de son magistère dans la définition du dogme. Ses déclarations sur ce point avaient toujours été claires mais n'avaient guère été appuyées par les actes. Lorsqu'il arriva enfin en Allemagne, près de dix ans après la première diète de Worms, le flou de son attitude passée avait encouragé toutes les ambitions politiques dissimulées derrière l'idée généreuse de la réforme : l'indépendance des princes, la révolution latente des populations. Luther lui-même n'était plus maître du séisme qu'il avait déclenché. Une clarification s'imposait. Charles était acculé à sortir de cette ambiguïté, liée à son tempérament, et qui l'avait si bien servi jusqu'alors. A défaut de concile, ce fut, en 1530, la diète d'Augsbourg, où les réformés définirent leurs principes en vingt-neuf articles, « la confession d'Augsbourg ». Charles dut, malgré tout son esprit de conciliation, les réfuter et confirmer la mise de Luther au ban de l'empire. De ce jour, les réformés devinrent « protestants », passibles de toutes les peines promises aux hors-la-loi dans les provinces restées catholiques.

Charles put alors quitter l'Allemagne et se rendre dans la patrie de son enfance, les Pays-Bas, pour y introniser Marie de Hongrie dans ses fonctions de régente. Il traînait toujours derrière lui son futur gendre, Alexandre de Medicis. On avait trouvé opportun de tenir le prétendant éloigné un peu plus longtemps de Florence, encore tumultueuse, de lui faire connaître l'Europe et rencontrer sa fiancée.

Après l'évêque Tornabuoni, Marguerite reçut donc une

autre visite, celle d'un jeune homme qui lui parut assez prestigieux par sa mise et sa désinvolture. Là encore, sans trop d'étonnement mais sans doute avec plus d'amusement et d'excitation, elle apprit qu'il s'agissait de son futur mari. Alexandre ne s'attarda pas à faire la cour à sa fiancée, il avait pour cela le temps devant lui. Sa réputation de coureur de jupons se confirmait et il fit à Bruxelles, pendant les quelques mois où il y séjourna, une fâcheuse impression : « une sorte d'animal sauvage, à la fois timide et insolent... ». Charles Quint avait autre chose à faire que de s'embarrasser de ces détails ; il renvoya bientôt Alexandre en Italie après l'avoir couvert de cadeaux somptueux : des chevaux arabes, des armures italiennes et espagnoles, des éperons d'or, une épée de parade... Le fiancé reçut aussi d'Espagne, de la part de l'impératrice Isabelle, une chaîne d'or avec un énorme rubis monté en pendentif.

Il n'est relaté nulle part que Charles Quint se soit fait alors présenter sa fille ou qu'il ait manifesté la moindre curiosité à son égard. On ne sait s'il faut mettre cette indifférence sur le compte de son exceptionnelle froideur ou si elle est simplement le reflet d'une époque où les enfants n'intéressaient guère.

2

LE RENDEZ-VOUS AVEC L'ITALIE

Marguerite devait donc se rendre à Naples pour y être confiée jusqu'à son mariage à la princesse de Sulmona, veuve du vice-roi Charles de Lannoy. Celui qui avait commandé les armées impériales devant Pavie, et qui, à l'issue d'un combat dramatique, avait reçu, genou en terre, la reddition de François Ier, était mort trois ans plus tard de la peste qui sévissait dans le sud de l'Italie. Madame de Lannoy était restée à Naples ; auprès d'elle Marguerite se préparerait à son nouveau rôle de princesse italienne.

Il fallait maintenant traverser l'Europe de part en part, en évitant la France hostile et en restant de préférence sur les terres de Charles Quint ou celles de ses vassaux. D'une province à l'autre, l'apparition de la fille de l'empereur et de son cortège montrerait l'éclat des Habsbourg, réchaufferait opportunément les cœurs et ranimerait les fidélités. Ce voyage était politique et on le mit au point minutieusement pendant toute l'arrière-saison de l'année 1532.

Marguerite n'était pas la dernière à s'émerveiller des préparatifs que l'on faisait pour elle : les toilettes coupées dans les pièces de drap d'or frisé, de velours cramoisi, de satin violet ou rouge livrées par les tisserands flamands, les pelisses que l'on doublait de zibeline, d'hermine ou de loup, les coiffes, les guimpes, les chaperons liserés et les fines chaussures qui allaient composer son trousseau ; jusqu'aux bijoux qui brillaient secrètement dans leurs écrins... Le logis de ses parents adoptifs ne pouvait qu'être en ébullition, car la famille entière des Douvrin partait avec l'enfant. Pour lui éviter un trop grand dépaysement, ils allaient dorénavant, par monts et par vaux, être sa « maison » au titre de camérier, femmes de chambre et valets. Marguerite emmènerait en outre l'aumônier qui lui avait appris à lire et son maître à danser : tout son univers affectif.

Mais sa nouvelle dignité de « duchesse de Penna et de Florence » lui valait d'avoir auprès d'elle pour le voyage une « grande-maîtresse », en la personne de la comtesse de Fouquemberghe, et un certain nombre de suivantes. Le cérémonial bourguignon, déjà mâtiné d'étiquette espagnole, était strict pour ces dames. La grande-maîtresse, toute habillée de velours noir, ne lui parlerait qu'à genoux et ne se permettrait de la toucher qu'après lui avoir baisé la main. Elle s'éclipserait de la voiture au moment des entrées officielles dans les villes, tandis que le grand-maître, son époux, escorterait la princesse à cheval. Outre les voitures des suivantes, les nombreux chariots portant les coffres et bagages, l'interminable train du ravitaillement pour les hommes et les montures, un détachement de cent vingts cavaliers, commandé par le marquis d'Aerschot, était prévu pour la protection du cortège. Le responsable du voyage était Charles de Croy, évêque de Doornick.

On se mit en route le 7 janvier. Au pas des chevaux et des mules, jour après jour, Marguerite vit s'estomper dans les brumes de l'hiver le décor de son enfance, les villes de la campine « ciselées comme des coffrets, riches comme des entrepôts, solennelles comme des églises » et leurs beffrois bourdonnants, les canaux paisibles, les eaux dormantes. On gagnait l'Allemagne à petites étapes : l'Allemagne gothique sous le ciel noir des jours de neige. Le froid était intense. Dans la voiture de la princesse — qui n'était guère plus qu'une caisse cahotante tapissée de velours noir — les rafales balayaient les ouvertures mal défendues par une portière de cuir. Des valets suivaient les voitures, tenant par la bride les haquenées des dames, et parfois l'une d'elles chevauchait une heure pour se réchauffer. Les hommes, avec leurs chiens, couraient à l'occasion le cerf ou le sanglier et, ramenant leur proie pour le festin du soir, rejoignaient la caravane.

Celle-ci traversait bruyamment les petits villages assoupis. Les piétinements, les cris, le claquement des fouets et des sabots, le roulement des voitures sur les pavés, le son du cor, créaient dans un hourvari un spectacle insolite, saisissant, sur lequel retombait aussi vite le silence des campagnes, laissant les paysans médusés : la fille de l'empereur était passée ! A l'étape, princes, évêques ou municipalités, à l'envi, offraient le gîte et le couvert : une grande salle bien tapissée, une table garnie de victuailles, chargée de vaisselle d'or ou d'argent, un feu de bois dans l'immense cheminée.

Mais, lorsqu'on approcha d'Innsbrück, dans les terres héréditaires de l'empereur, l'hiver se fit si rigoureux que les tourmentes de neige rendirent impossible d'aller plus avant. Marguerite et sa suite s'arrêtèrent alors et prirent leurs quartiers d'hiver, au pied de montagnes telles que l'enfant n'en avait jamais vues. Innsbrück n'était encore qu'une très petite ville médiévale serrée autour de son célèbre pont ; mais le projet du mausolée dédié au grand empereur Maximilien était ébauché et quelques-unes des vingt-huit statues de bronze de rois, de reines et de chevaliers, déjà fondues en vue du grandiose rendez-vous de la future Hofkirche. C'est au cœur du Tyrol, à l'âge de dix ans, que Marguerite, déjà transportée par les marques de respect qui l'entouraient depuis son départ, prit conscience pour la première fois de la grandeur de la maison d'Autriche.

Dès les premiers signes de dégel, le voyage reprit. On ne pouvait traverser le massif du Tyrol que par le col du Brenner, à plus de 1 300 mètres d'altitude, et la route n'était guère carrossable ; c'était toutefois un passage fréquenté que les empereurs eux-mêmes empruntaient depuis le Moyen Age pour se rendre en Italie. Dans un site aussi accidenté, le convoi et ses mulets surchargés pouvaient au mieux abattre quelque six ou sept lieues par jour, compte tenu des arrêts pour reposer les montures et des incidents de parcours. Il fallut bien deux semaines pour atteindre Vérone.

Tandis que Marguerite cahotait ainsi vers les chaudes plaines d'Italie, la princesse de Sulmona avait quitté Naples avec son cortège de dames et de serviteurs pour rejoindre à point nommé sa pupille, un peu avant Vérone, dans la province dite « La Degna » (la « très digne »), et faire avec elle une entrée remarquée. La ville était en effet sous la tutelle vénitienne et le « podestat » qui la gouvernait ne manquerait pas de faire à Venise, la capitale diplomatique la plus bavarde d'Italie, le récit de cette flatteuse visite.

Bien leur en prit, car, malgré cette précaution et l'accroissement notable de la cavalcade, le podestat, dans sa correspondance, se montra un peu déçu. Il remarqua qu'il n'y avait « que deux personnes de haut rang dans le cortège de la princesse » et, sur le moment aussi, il fut surpris de s'être mis en de tels frais pour une petite fille de dix ans qu'il jugeait « toute petite et maigre » et ne ressemblant pas du tout à son père.

Il s'était porté cependant avec l'évêque de Vérone et tous les notables de la ville au-devant de Marguerite et lui avait fait sur place un discours d'accueil des plus aimables, en italien, auquel l'enfant ne comprit traître mot. L'évêque de Doornick répondit en latin, et Marguerite ajouta, avec beaucoup de naturel et d'aisance, qu'elle n'oublierait jamais l'honneur de cet accueil et en ferait aussitôt le récit à son père. Ce n'était pas fini. Plus de vingt voitures rejoignirent alors le lieu du rendez-vous, chargées de toutes les dames de Vérone dans leurs plus beaux atours avec, en tête, la « magnifique podestaressa ». Toutes voulurent baiser la main de la princesse et s'écroulèrent en révérences dans la soie de leurs amples jupes, tandis que les hommes s'inclinaient, la toque à la main. Marguerite répondait par des sourires et d'aimables mimiques. Enfin, les cortèges et la foule joyeuse qui s'y était agrégée, ayant passé l'Adige sur le vieux pont à merlons des Scaliger, s'engouffrèrent sous les voûtes du Castelvecchio qui donnaient accès à la cité. En se rendant au palais du Gouvernement, Marguerite découvrit alors la ville de Romeo et Juliette, les arènes romaines et le lion de St-Marc sur la place aux herbes.

Aussitôt installés, on se prépara pour les fêtes. Les étapes montagnardes n'avaient pas toutes été royales et l'accueil de Vérone n'en prenait que plus de relief aux yeux des voyageurs fourbus. C'était l'occasion de sortir les toilettes soigneusement préparées. Les Véronais étaient extrêmement intéressés par les détails vestimentaires et en firent d'abondants comptes rendus. Ce déploiement d'élégance venue d'ailleurs, sur une toute petite fille, presque une poupée, ces coiffures « comme on en voit sur les tapisseries flamandes », et cette débauche de bijoux magnifiques : un joyau dans sa chevelure avec des perles autour... sur sa poitrine, un diamant « aussi gros qu'une pièce de monnaie », avec un énorme rubis et une perle unique en pendentif, un collier d'or sur les épaules. Cela ne passait pas inaperçu.

Il y eut un premier dîner un peu gourmé où Marguerite, assise entre Mme de Fouquemberghe et la Podestaressa, était flanquée de deux de ses seigneurs, « un pour la nourriture, l'autre pour la boisson » — sans doute goûtaient-ils aussi prudemment les mets. Le lendemain, une journée de jeux et de tournois se termina par un souper suivi d'un bal. Ce soir-là, Marguerite, en plein conte de fées et de plus en plus ravie de ce qui lui arrivait, se lança dans une danse flamande endiablée. Les dames pouvaient choisir sur une table, au hasard, le chapeau de leur cavalier, et bientôt tout le monde dansa ensemble. L'on fit même des rondes, podestat, évêque, grande-maîtresse, gouvernantes et seigneurs mélangés... Marguerite riait aux éclats. La kermesse n'était pas loin.

Les correspondants vénitiens remarquèrent combien l'enfant était parfaitement à l'aise au milieu des égards qui l'entouraient et combien, sans arrière-pensée, elle semblait trouver naturelles l'admiration et l'affection qu'elle suscitait. N'était-elle pas la fille de l'empereur ?

Après le départ de ses hôtes, le podestat fit un dernier rapport à son gouvernement décrivant, sans modestie, à quel point Madama avait été satisfaite de l'accueil de Vérone et indiquant que les voyageurs feraient le lendemain étape à Mantoue. Et, de fait, Marguerite passa plusieurs semaines dans la capitale des Gonzague dont Isabelle d'Este avait fait la cour la plus raffinée d'Italie. Mais la duchesse douairière n'avait pas cru bon de revenir des eaux qu'elle prenait à Abano pour recevoir la petite-fille prodige, et le duc était absent.

Cependant Alexandre de Medicis — le fiancé — avait rejoint le cortège de Marguerite, soucieux, aux abords de la Toscane, de montrer aux yeux de tous la preuve tangible de la protection que lui accordait l'empereur. Car, sans cette puissance mythique qui le rendait intouchable, Alexandre n'eût été qu'un petit métis prétentieux, caracolant sur son cheval arabe, pas même un Medicis à part entière, mais seulement le bâtard d'une famille qui, depuis un demi-siècle, avait du plomb dans l'aile. Florence ne l'aimait pas, Florence n'en voulait pas. Pourquoi aurait-elle accepté ce petit duc, alors qu'à deux reprises elle avait tenté de secouer le joug de ses ancêtres, des hommes d'une autre stature ?

En 1494, déjà, lorsque Laurent le Magnifique était mort, ruiné, et que l'invasion de l'Italie par Charles VIII déstabilisait l'équilibre précaire de la péninsule, les prédications enflammées de Savonarole avaient créé à Florence un climat d'insurrection. Des républicains authentiques s'étaient retrouvés aux côtés des gueux pour chasser de la ville le successeur de Laurent, Pierre de Medicis, piller son palais, ruiner ses établissements et mettre en œuvre des institutions rénovées avec, à leur tête, un « gonfalonier » nommé à vie : Piero Soderini. Le jeune Michel-Ange avait été séduit par cette révolution et l'avait saluée en sculptant pour sa ville un David symbolique, éclatant d'audace et de liberté, et en jetant les esquisses d'une fresque, évocatrice de la nouvelle indépendance de Florence, « la bataille des Cascine ». Machiavel avait participé au gouvernement et organisé les milices communales destinées à préserver cette indépendance. Mais Savonarole périt sur le bûcher et, las pour Machiavel ! ses milices furent écrasées par les Espagnols en 1512 : la pure république n'avait duré que dix-huit ans. Florence retombait d'autant plus sous le joug des Medicis qu'à Rome régnait Léon X, le fils du « Magnifique », bientôt suivi, dix ans plus tard, par son cousin Clément VII.

Telle était la lassitude des Florentins et leur allergie à cette dynastie, pourtant née de leurs rangs les plus modestes — des apothicaires devenus banquiers —, qu'ils avaient saisi l'occasion dramatique du sac de Rome pour se révolter à nouveau. En 1527, tandis que Clément VII, captif au château St-Ange, contemplait les ruines de la ville éternelle, ses compatriotes restauraient à Florence un régime de liberté et se donnaient pour roi... Jésus-Christ ; l'idée était empruntée à Savonarole. Las encore pour Machiavel ! On ne fit pas appel à ses services. Entre-temps, il avait écrit *Le Prince,* il avait flatté le pouvoir, sans pour autant retrouver la faveur. Cette année-là, désabusé, il mourut.

Après la rencontre du pape Clément VII avec l'empereur et les cérémonies du sacre à Bologne, en 1529, il ne fallait pas être très fin politique pour deviner que les Florentins allaient faire les frais de cette réconciliation. Ils allaient devoir se battre contre les troupes de Charles Quint et de Clément VII réunies. Mais comment défendre une ville aussi étendue, dont les points les plus vulnérables et une grande partie des trésors se trouvaient hors les murs ?

Florence fut soumise à un siège de onze mois et, verrouillée dans ses murailles, la population souffrit de la famine. Comme souvent en Italie, il y eut d'authentiques héros, et puis finalement une traîtrise. Un simple comptable du nom de Ferruccio stigmatisait la volonté des citadins. Michel-Ange, revenu, avait couru aux fortifications et inventé des moyens de protection pour les monuments. Il avait fait suspendre des matelas aux flancs du clocher de San Miniato pour lui épargner les boulets de l'ennemi : on avait vu les femmes lui apporter leurs couettes et leur laine. Mais, au long des jours, la ville affamée déclinait. Celui qui devait jouer le rôle de traître, Malatesta Baglione, négocia en sous-main avec l'assiégeant ; il commandait aux troupes florentines et leur ordonna la reddition. C'était le 12 août 1530, la lutte était terminée : Florence était asservie... mais épargnée.

Ce sentiment de soulagement prévalait encore lorsque, un an plus tard, le nouveau duc avait pris possession de la ville. Les adversaires irréductibles des Medicis, appartenant aux vieilles familles rivales, les Strozzi, les Ruccellai, les Pazzi, s'étaient exilés — on appelait ces bannis, les « fuorusciti » — et il s'était trouvé parmi le « popolo grasso » des Arts majeurs assez de bourgeois, heureux d'en avoir fini avec les duretés du siège et pressés de retourner à leur commerce, pour rejoindre le gros des artisans et le peuple, avides de tranquillité. Quant à la plèbe, à qui aucune république n'avait jamais demandé son avis et qui n'avait même pas droit au nom de « peuple », que lui importait ?

Massée sur la place de la Seigneurie, le 10 juillet 1531, la foule avait acclamé Alexandre ; « Palle, Palle », criait-on, évoquant les six balles qui figurent dans l'emblème des Medicis et qui étaient un symbole de ralliement pour leurs partisans. Peu à peu, et discrètement, les institutions de Florence avaient été modifiées jusqu'à donner pleins pouvoirs au nouveau venu, devenu « doge perpétuel et héréditaire ». Pour sceller son autorité, on faisait construire par Sangallo une imposante citadelle, la « Fortezza da Basso » où les Tudesques feraient résonner leurs hallebardes et, frêle contrepoint à cette masse de pierre, la petite Marguerite, aux côtés du duc, serait bientôt la garantie du maître.

Pour permettre à la ville de se parer pour sa venue, Marguerite, à la demande d'Alexandre, s'attarda encore un peu en voyage. Après Bologne, il la fit conduire avec sa suite dans une propriété Medicis, mi-place-forte, mi-villa, le château de Caffagiolo, situé entre Bologne et Florence. Une autre petite princesse, à peine plus âgée qu'elle et qui se trouvait là temporairement, lui en fit les honneurs. C'était Catherine de Medicis. Elle était la fille de Laurent II, duc d'Urbin, rétabli en 1512 au gouvernement de Florence, et d'une princesse française, Madeleine de La Tour d'Auvergne. Sa mère était morte en la mettant au monde et peu après Laurent l'avait suivie dans la tombe. Orpheline, Catherine avait été ballottée au gré des insurrections florentines d'un couvent à l'autre où on la cachait aux ennemis des Medicis. Elle n'avait pas froid aux yeux et il lui était arrivé de se déguiser en nonne, de se couper les cheveux et de sauter à cheval pour échapper aux émeutiers.

Son oncle, Clément VII, l'avait fait venir à Rome pour assurer sa sécurité et son éducation — veillant toutefois à ce que la seule héritière légitime du Magnifique ne portât pas ombrage à son propre bâtard, Alexandre. En échange de la promesse d'une dot considérable, il lui avait fait signer un acte de renonciation en règle sur tous les biens Medicis. Catherine n'avait pu que s'exécuter, mais gardait Florence en son cœur. Elle attendrait son heure...

Lorsque Marguerite la rencontre, elle a été promise en mariage par Clément VII au second fils de François Ier, Henri d'Orléans — le futur Henri II —, après dix-huit mois de tergiversations. François Ier espère ainsi se concilier le pape comme allié dans une nouvelle aventure en Italie. Le roi n'a pas renoncé au Milanais.

La rencontre fortuite des deux petites filles objets de marchandages concrétise de manière subtile la politique dite « fourbe » de Clément VII : aux Français, sa nièce, à l'empereur, son neveu. Sage attitude de neutralité envers les deux Grands de l'époque.

Catherine a quatorze ans. Avec son visage un peu bouffi sous les bandeaux de cheveux sombres, et un menton fuyant, elle n'est pas jolie, mais les yeux noirs à fleur de tête sont d'une extrême vivacité. Elle ne ressemble certes pas à son père dont Michel-Ange a reproduit la silhouette pensive dans la chapelle de San Lorenzo, mais plutôt au pape Léon X dont elle a le regard et l'intelligence. Pour l'heure, elle prépare son trousseau, un trousseau fastueux payé par la ville de Florence avec l'argent que les bourgeois ont versé pour les fortifications de la ville. Ses bijoux n'ont rien à envier à ceux de Marguerite ; on les estime à 27 900 écus d'or : ils enrichiront le trésor royal de la couronne de France.

Catherine apprend le français. Dans quelques semaines, le mariage doit avoir lieu à Marseille, en présence du pape et du roi de France. Que François Ier se réjouisse, quand il en est encore temps, de faire entrer dans ses plans la « duchessina » car, un an plus tard, avec la mort de Clément VII, cette alliance ne sera plus qu'un marché de dupes. « J'ai eu la fille comme toute nue ! » se serait-il alors exclamé. Elle n'en fut pas moins reine et mère de trois rois de France.

Pour le moment, la « duchessina » reçoit avec urbanité sa future belle-sœur (1). Marguerite ne parle pas l'italien ; leurs

(1) On laissait croire qu'Alexandre était le fils naturel de Laurent II de Medicis, duc d'Urbin, ce qui était moins compromettant pour le pape. Ainsi les princesses auraient été belles-sœurs.

bavardages se passent en français et Catherine a assez de tact pour ne pas faire sentir à Madama qu'elle la juge un peu inculte de ne savoir ni le grec ni le latin, et de ne rien soupçonner de l'astrologie. Elle n'est pas étonnée : ces gens du Nord sont des barbares, on le lui a toujours dit ; mais elle sait aussi qui est Charles Quint et a déjà un esprit politique avisé.

Après quelques jours, les princesses se séparent ; leurs destins ont été un instant parallèles dans l'insouciance, le faste et la gaieté, comme ils le seront plus tard dans la tourmente et les cruautés des guerres de religion.

Florence n'est plus qu'à quelques lieues de cavalcade pour Marguerite. Toute à son euphorie, elle ne s'est pas inquiétée de savoir comment l'accueillerait cette ville encore meurtrie dont elle doit être la souveraine : cette « joyeuse entrée » n'est après tout pour la cité qu'un symbole de plus de son asservissement. Un autre peuple l'aurait boudée. Mais, au contraire, Florence s'est surpassée et Marguerite, cette fois encore, ne verra que la face chatoyante des choses.

Le printemps de la campagne toscane est celui de Boticelli : tout alentour n'est que verdure et fleurs. Depuis Fiesole déjà, elle découvre la ville tapie au bord de l'Arno, dont ne la séparent que quelques collines au relief adouci par les cyprès en procession ; et bientôt, dans la lumière satinée, apparaissent les tuiles roses mouvementées des maisons, le dôme comme un bonnet oriental soutaché de pierre blanche, les tours qui montent à l'assaut du ciel — certaines pesantes, médiévales comme le Bargello, d'autres plus historiées, voisinant avec les clochers aériens. A la différence de Vérone, rien ne lui rappelle son pays nordique : c'est à la fois plus sévère et plus gai.

Puis le cortège pénètre dans la ville et les impressions fugitives l'assaillent pêle-mêle : la foule bigarrée sous le soleil, pressée dans les rues étroites, les notables avec leurs coiffures de velours, les ecclésiastiques au bonnet carré, les bannières multicolores des corporations au-dessus de la bousculade et les cris « Palle, Palle » qui retentissent. Partout le lys rouge, partout des lions sculptés ou peints, griffus ou bonasses, et des statues en plein air offertes au regard, partout la jeunesse dans ce décor florentin : celle de David ou du petit génie ailé de

Verrocchio, celle des « fanciulli » rieurs, répondant au printemps, et à la gaieté de la petite fille.

Les harangues de circonstance arrêtent longuement le cortège et font durer le temps ; on a voulu le parcours aussi sinueux que possible et Marguerite s'y perd : la ville semble un labyrinthe. Elle passe sous des arcs de triomphe qui lui paraissent plus fantastiques encore que la ville réelle. Brossés en quelques heures par les meilleurs artistes, ces décors de théâtre en trompe-l'œil qui orneront bientôt les parois des palais, offrent ici aux souverains des allégories obscures et flatteuses empruntées à l'antiquité.

De rues en places, longeant dans le tumulte églises, boutiques et loggias parées et festonnées, le cortège arrive à la via Larga, où se dresse le cube sévère du Palais Medicis, cloûté de pierres taillées. Il paraît bien austère de l'extérieur, avec ce bossage rugueux et les épais barreaux qui obscurcissent les fenêtres du rez-de-chaussée. Mais c'est déjà une maison à l'antique et toute la légèreté, la luminosité, le raffinement résident dans le cortile aux fins portiques de Michelozzo. Quelle fut la réaction de Marguerite en pénétrant dans la minuscule chapelle du palais où Benozzo Gozzoli a reproduit le cortège des rois Mages en leur donnant le visage des Medicis ? Y vit-elle le miroir des vanités — ou fut-elle seulement charmée par cette ravissante rencontre et égayée par les anges espiègles qui la regardaient du haut de la balustrade ? Ces Medicis qui semblaient aller au-devant d'elle et l'accueillir dans la maison de famille presque centenaire, n'était-ce pas rassurant ?

Les plus belles collections de Laurent le Magnifique avaient été dispersées lors des événements de 1494, quand elles n'avaient pas flambé sur le « bûcher des vanités » de Savonarole. Le plus récent siège de Florence a renouvelé les dégâts et certains objets d'art ont même été acquis pour des cours étrangères par l'intermédiaire d'acheteurs discrets. Cependant le palais a été remeublé et l'accueil d'Alexandre y est fastueux.

Marguerite n'est pas encore l'épouse du duc. Elle va donc habiter dans une autre résidence Medicis hors les murs : la villa de Poggio a Caiano. Avec madame de Lannoy qui a pris maintenant la première place et est devenue sa gouvernante en titre, elles s'installent, suitées de leurs gens et de leur escorte, dans cette villa en pleine campagne, autrement souriante avec ses jardins fleuris que le palais-forteresse.

Le pape Clément VII se faisait tenir au courant jour après jour du déroulement du voyage. Le scénario qu'il avait conçu quatre ans auparavant se réalisait en tous points ; l'attente avait été longue et donnait sa valeur à l'événement. Certes, il eût préféré restaurer sa famille à Florence sans se mettre sous la tutelle impériale, mais il n'avait pas eu à choisir. Il fallait maintenant que la petite fiancée lui soit présentée et, puisque le mariage ne pouvait avoir lieu dans l'immédiat, qu'une rencontre solennelle à Rome scelle aux yeux de tous la promesse de l'empereur.

Après que Florence eut épuisé en une semaine de fêtes tout ce qu'elle pouvait offrir à Marguerite, les deux dames se remirent donc en route pour Rome avec leur suite ; leur objectif final étant le royaume de Naples, où Marguerite devait encore séjourner deux ans en attendant ses noces.

L'accueil de Rome ne pouvait être aussi bon-enfant que celui de Florence. Tout était plus impressionnant, à commencer par le décor même de la ville, bien que les monuments ne fussent pas dégagés comme de nos jours, mais masqués par un fouillis de petites maisons médiévales, et que la basilique Saint-Pierre ne fût encore qu'un édifice éventré, ni démoli ni construit, un chantier languissant. Cette magnificence étagée sur les collines verdoyantes cachait mal les cicatrices des malheurs apocalyptiques que la ville avait subis quelques années auparavant. Elle avait perdu en 1527 la moitié de sa population et semblait depuis lors flotter dans ses murailles ; l'exode des gens terrifiés et les ravages de la peste avaient achevé l'œuvre meurtrière des soudards de Bourbon. De nombreuses églises étaient dévastées et, si l'on avait effacé les graffiti à la gloire de Luther et remis en place quelques reliques auparavant profanées, manquaient les reliquaires, toute l'orfèvrerie précieuse des sacristies et les vitraux, cassés, dont le plomb avait servi à confectionner des balles pendant le combat. Portes et fenêtres brûlées, des palais étaient encore béants et, dans le Vatican même, des feux allumés à même le sol avaient endommagé jusqu'aux « stanze » de Raphaël. En 1530, une inondation jamais vue avait parachevé le désastre. Le Tibre avait recouvert le campo de' Fiori et la place Navone; il semblait que la colère de Dieu ne s'apaiserait jamais. Il ne régnait à Rome aucune gaieté.

Marguerite ne put qu'être intimidée par le concours de grands dignitaires et d'ecclésiastiques qui l'attendaient à son arrivée. Elle ne lisait dans les regards ni franchise ni loyauté; son mariage avait été pesé aux fines balances de la diplomatie et chacun savait à quoi s'en tenir.

Elle fut amenée aussitôt au Vatican et on la fit entrer dans la salle où l'attendait le souverain pontife; elle s'agenouilla, lui baisa le pied et se vit relever par le grand vieillard barbu dont le regard brillait de joie et qui lui tint des propos affectueux dans un latin sonore. Ce n'était pas une mince émotion pour une petite catholique du pays flamand de rencontrer le chef de la chrétienté au cœur même de la ville sainte. Des centaines de pèlerins pour avoir cette faveur traversaient chaque année les montagnes et faisaient à pied des mois de voyage au péril de leur vie. Mais elle était par-dessus tout flattée de se voir au centre d'une aussi imposante cérémonie. Dans le plus grand silence, les cardinaux de la Curie, les ambassadeurs étrangers et les hauts dignitaires avaient les yeux fixés sur elle. En cercle, et à distance respectueuse, cette haie de robes de pourpre, d'habits de velours et de brocade où brillaient les chaînes d'or, créait, avec les tenues bariolées des Suisses, un décor somptueux en contrepoint à la scène qui se jouait, et Marguerite pouvait mesurer, à la tension des visages, la gravité de l'événement. Son orgueil grandissait de se voir devenue si importante et l'objet de tant d'égards, et ce poison subtil commençait à pénétrer en elle à côté de sa nature simple et primesautière.

Ensuite, d'autres cérémonies commencèrent. Il importait au pape que sa « capture Habsbourg » parût bien aux yeux de tous lui appartenir et, pour l'entrée officielle de Marguerite dans la capitale pontificale — la première ayant eu lieu « incognito » —, il y eut des chicaneries sur la place de chacun dans les voitures : le pape voulait remplacer les représentants de l'empereur par les siens — faire oublier la tutelle où se trouvait encore l'enfant. Plus tard, on se rendit à un grand banquet. Clément VII mit à côté de lui le représentant de l'empereur pour lui marquer son contentement de cette journée où il n'y avait plus guelfes ni gibelins. « Sa Sainteté est enchantée de notre duchesse — écrivit ce dernier à Charles Quint — et il n'y a pas de mots pour décrire sa joie. » Le pape essaya bien de convaincre le parti impérial qu'il était inutile d'aller à Naples où le climat serait insalubre pour la princesse et qu'elle ferait mieux d'attendre à Florence la date du mariage : ainsi on ne la perdrait pas de vue. Mais Madame de Lannoy était une forte personnalité, capable d'affronter le Saint-Père en personne. Avec une ferme courtoisie, elle garda le contrôle de l'enfant qu'on lui avait confiée et décida la date du départ.

Ce jour-là, il y eut un nouveau baisement de pied et Marguerite reçut en guise de cadeau d'adieu une parure de diamants que l'ambassadeur vénitien, Marco Venier, évalua d'un coup d'œil à 6 000 couronnes. Elle ne devait jamais revoir le Souverain Pontife, le triste Clément VII, qui avait vécu les pires outrages envers sa personne, sa charge et sa ville, sanctuaire de la chrétienté. Le pape mourut l'année suivante.

En une petite semaine, sans trop hâter le pas des montures à cause de la chaleur, Marguerite et ses Bourguignons connurent leurs premières impressions méridionales. On avait quitté la ville par la via Appia, entre les tombes illustres, laissé les aqueducs en ruine et les pins parasols, on avait traversé les régions du mauvais air — de la « malaria » —, les marais Pontins fétides et verdoyants, et on longeait la mer. Elle ne rappelait pas les eaux glauques du nord. Ici, dans un murmure, le flot caressait délicatement les blocs écroulés des villas romaines et, au loin, portait une voile paresseuse... Marguerite avait la chance de ne pas avoir trop étudié. Au gré des conversations, elle découvrait, émerveillée, l'Antiquité.

A la tour des Confins, après deux jours de chevauchée, elle pénétra dans le royaume de l'empereur. Il ne manquait pas de courtisans pour lui dire qu'en six mois de voyage elle n'avait vu encore qu'une partie des possessions de son père, et son cœur s'enflait de fierté. A Fondi, toutefois, les conversations prirent une autre tournure. La côte était dangereuse; on était à la merci des pirates. Peu auparavant, Barberousse avait cherché à s'emparer par surprise de Julie de Gonzague, comtesse de

Fondi, renommée pour sa beauté et son intelligence. Le corsaire souhaitait offrir cette princesse en hommage à son suzerain, le sultan Selim. Julie avait réussi à s'enfuir en vêtements de nuit à travers les montagnes et, dans sa rage, Barberousse avait rasé la ville. La petite troupe de Madama resserrait les rangs... Les Maures avaient coutume de fondre sur leur proie avec la rapidité du faucon et, lorsque les tours de guet le long du rivage allumaient leurs brasiers pour signaler le danger, ils étaient déjà repartis. Marguerite eût été un otage de prix...

Après Gaëte, on entrevit au loin, dans l'atmosphère vaporeuse, le Vésuve et les îles de la baie de Naples et, le jour suivant dans la soirée, la ville elle-même s'offrit aux voyageurs, agrippée au rocher, vibrante de lumière et de clameurs, étourdissante de senteurs et de parfums. Le marquis de Villafranca s'était porté au-devant de la cavalcade et, après avoir fait à Marguerite et à l'ancienne vice-reine les politesses d'usage, les escorta jusqu'à la résidence qu'elles allaient occuper. Par des chemins en lacets longeant les villas ocres et les jardins exubérants, ils atteignirent sur la hauteur le château de Pizzofalcone. Tout était découverte pour Marguerite : devant elle la muraille bleue de la mer et, minuscules, les barques de pêche multicolores, la rumeur de la ville grouillante et désœuvrée et, partout, l'olive, le cédrat, le myrthe et le jasmin. On voyait en contrebas le château de l'Œuf, frangé d'un mince ourlet d'écume, et, juste derrière, le castello nuovo, résidence du vice-roi, caserne, arsenal et place forte. Des travaux étaient en cours pour l'agrandir : on rapetassait les tours, on approfondissait les fossés et, de là-haut, il semblait une fourmillière.

La contemplation n'eut qu'un temps. Sous la ferme direction de Madame de Lannoy, Marguerite n'allait pas s'abandonner au farniente napolitain. L'ancienne vice-reine avait reçu une mission précise : faire de la petite Flamande une princesse italienne accomplie. Et Marguerite fut d'abord soumise à un régime d'études où figuraient en première place la langue italienne et le latin. Ces deux disciplines allaient de pair et bientôt, pour Marguerite, l'italien supplanta le français, devenant son moyen de pensée et d'expression le plus familier, notamment pour sa correspondance intime. Quant au latin, elle finit par le comprendre suffisamment pour être plus tard à l'aise dans les documents diplomatiques qui l'utilisaient de manière assez bâtarde. Elle s'efforça aussi à l'espagnol — sans grande conviction.

L'empereur donnait à sa fille quelques marques d'intérêt. Qu'on en juge : il prend à cette époque la peine d'écrire une longue épître à Madame de Lannoy au sujet des lettres dont Marguerite devrait s'acquitter envers quelques personnalités, le Saint-Père, sa tante Marie de Hongrie, le duc Alexandre, son fiancé, et, bien qu'il ne le juge pas aussi utile, envers lui-même, son propre père. Il donne des instructions précises sur la signature qu'elle doit employer : « Marguerite d'Autriche ». Quant au cachet qu'elle apposera et aux armoiries qui y figureront, on y réfléchira. De questions sur la santé et le bonheur de sa fille, il ne s'en trouve nulle part. Il ne s'en trouvera jamais.

Le reste des journées de Marguerite fut consacré à l'apprentissage de la vie mondaine. Madame de Lannoy était enchantée de renouer avec son ancien rôle en présentant les Napolitains à la fille de leur souverain. L'aristocratie de Naples était extrêmement riche et désœuvrée, intelligente et futile, avide de modes et de nouveautés, et cet événement qui n'était pas mineur — l'arrivée de la fille bâtarde de l'empereur — donna lieu à des réjouissances et des commentaires sans fin.

Ainsi passait le temps, mais tout le monde n'était pas aussi heureux dans l'entourage de Marguerite. A certains cette vie nouvelle paraissait bruyante et dissipée. Les Douvrin, qui avait élevé la « meisje » dans leur paisible foyer nordique et qui l'avaient suivie jusque-là, déjà conscients de la perdre peu à peu, ne supportèrent plus la ville brûlante, les intrigues ancillaires du château, la domination brillante de la gouvernante, l'ancienne vice-reine si à l'aise dans le monde napolitain. La nostalgie s'empara de ces nordiques exilés et André de Douvrin écrivit à l'empereur pour lui demander la permission de retourner aux Pays-Bas s'occuper de ses affaires, ajoutant que « la demeure par-delà » ne lui était plus convenable... Charles Quint donna son consentement et, peu après, la petite cohorte flamande se mit en route. Les larmes aux yeux,

Marguerite vit se rompre ce dernier lien avec son enfance. Eloignés les compatriotes qui l'ont vue grandir, point de mère, un père mythique, sévère et lointain ; à treize ans, la princesse est seule désormais devant son destin italien.

3

DUCHESSE DE FLORENCE

Que Charles Quint se soucie peu de sa fille est moins surprenant si l'on s'attarde un instant à la manière dont il vit et aux responsabilités qui l'accablent. Dans les trois années qui suivent le moment où il a quitté Bruxelles et réglé d'un trait de plume le sort de Marguerite, allant d'Allemagne en Italie, puis en Espagne, il a séjourné en cent vingt localités différentes. Lorsqu'il s'arrête dans une ville importante, suivi de toute son administration, il s'acquitte de son gouvernement, reçoit les doléances de chacun sur la place publique, subit les discussions théologiques, tranche les différents entre les princes rivaux, et remet en grande solennité aux nouveaux chevaliers les insignes de la Toison d'Or. Les ambassadeurs des pays étrangers viennent à ces rendez-vous, quand ils ne suivent pas le train, vaille que vaille. Trois cents personnes de sa maison l'accompagnent, soumises à une hiérarchie sévère, minutieusement fixée par le souverain lui-même.

Après Bruxelles, Charles s'est rendu à Nuremberg pour une nouvelle diète où devraient être évoqués les problèmes politico-religieux soulevés par le luthéranisme. Mais le développement, soudain plus pressant, de la menace turque réconcilie un instant les thèses en présence, le temps d'une trêve. Luther lui-même s'y prête en écrivant un « discours militaire contre les Turcs ». Car le croissant d'argent, sur la bannière verte et rouge des Infidèles, n'est plus seulement un symbole. De proche en proche, par une conquête étendue sur un siècle et qui maintenant culmine, l'Europe se trouve prise en écharpe par ce croissant dont la pointe nord vise au cœur, à Vienne, et la corne sud menace l'Espagne.

Dans les dix dernières années, la chrétienté a perdu Belgrade, Rhodes, la Hongrie... Un fait nouveau et grave a récemment confirmé la menace. Le corsaire Khaïr ed Din, depuis peu « capitan pacha » d'Alger, a fait hommage de vassalité au sultan, Soliman le Magnifique. Khaïr ed Din, « la barbe rouge, les sourcils en broussaille, un rire sinistre », pour les villages qu'il razzie et les chrétiens qu'il emmène en captivité, c'est le redoutable Barberousse. Alliée à ce dangereux pirate, l'armée du sultan paraît désormais invincible. C'est une armée de métier, soumise à une terrible discipline, sobre et frugale, rapide et maniable. Sa force, à terre, réside dans le corps d'élite des janissaires, recruté parmi les enfants de chrétiens, et celui des cavaliers, les spahis. L'appoint de Barberousse décuple l'efficacité de la flotte.

Charles est au sommet de sa gloire et de ses moyens. Il va ranimer l'esprit des croisades auquel, depuis Jean sans Peur, personne ne croit plus dans la chrétienté désunie. A son inspiration incontestablement mystique s'ajoute un sens évident de ses intérêts. A Vienne, à Naples et en Espagne, c'est son empire qui est menacé. François Ier, au cœur du Val de Loire, n'en ressent pas l'aiguillon, tant s'en faut. Les princes qui vont se joindre à la croisade ont tous cette double motivation.

Puisque le Turc s'est dérobé devant les troupes de Charles Quint à Vienne, l'Empereur décide d'organiser une armada pour le débusquer de son repaire méditerranéen. Le bey de Tunis vient d'appeler à l'aide contre Barberousse : c'est à Tunis que l'on reprendra pied en Afrique. Une telle expédition ne se prépare pas en un instant. Il faut à point nommé unir à la flotte espagnole les galères génoises d'Andrea Doria, celles du roi Jean III de Portugal, les forces des chevaliers de St. Jean de Jérusalem, les fantassins et les cavaliers du pape et les multiples volontaires italiens, allemands et néerlandais. Les préparatifs occupent presque une année. Enfin, à Cagliari, en Sardaigne, le 30 mai 1535, les « croisés » retrouvent, autour de la superbe galère capitane de l'empereur « ayant en poupe deux grands étendards, l'un avec un dévôt crucifix et l'autre avec un grand aigle armoyé », les carraques, gallyons, grandes naves, hulques, escorchepins qui portent l'infanterie, les chevaux, les victuailles. La rencontre devient spectacle : les navires, toutes voiles dehors, accomplissent un lent caroussel autour de la baie pour se présenter tour à tour à l'empereur. Le départ donne lieu à un feu nourri d'artillerie, « tellement qu'il semblait la foudre de Jupiter descendre et trébucher aux abîmes », et de tous côtés, trompettes, clairons, hautbois, tambourins et autres instruments se font entendre.

Le vent n'était pas au rendez-vous : la splendide armada partit à la rame.

Les nouvelles étaient attendues à Naples avec anxiété. Tout le littoral était concerné par le succès de cette expédition : il y avait peu de calanques, de villages côtiers ou de petits ports qui n'aient eu à déplorer l'enlèvement d'un des leurs, devenu esclave des maures ou galérien sur un vaisseau de Barberousse. Dans les meilleurs des cas, des confréries se cotisaient pour payer leur rançon, mais le plus souvent ils étaient perdus à jamais. Et Naples priait saint Janvier qui intervenait pour sa ville dans les occasions graves.

A Pizzofalcone, la tension n'était pas moindre. Pour Marguerite, le prince de la croisade était son héros. Pour Madame de Lannoy, dont le fils Charles était aide de camp de l'empereur, les angoisses étaient celles d'une mère. Les courriers, quand les circonstances permettaient de les dépêcher, dépendaient eux-mêmes des vents propices, ou contraires. On pouvait rester longtemps à attendre et soudain être confronté avec un désastre.

Il n'en fut rien. On sut ainsi que l'armée impériale avait débarqué par beau temps le 16 juin, et peu après réussi à s'emparer du bastion de la Goulette. A demi-morte de soif dans les sables brûlants de l'été, elle avait progressé et assiégé Tunis. L'empereur, dont, on a peine à le croire, c'était le baptême du feu, s'était dépensé glorieusement. François Ier ne pourrait plus le moquer, lui qui disait que « S. M. parlait de loin et que les lances étaient trop courtes pour le rencontrer », François Ier, l'allié des Turcs ! Le 21 juillet, Tunis était prise d'assaut et, à contre-cœur, l'empereur avait lâché la bride à ses soldats pour un saccage qui reste la honte de la chrétienté. De leurs cachots humides, deux mille esclaves chrétiens avaient été libérés ; ils avaient même pu aider à la prise de la ville. Barberousse avait réussi à s'enfuir, mais les prises de guerre s'élevaient à quatre cent pièces de canons et quatre-vingt-deux navires. Huit à dix mille Maures étaient esclaves à leur tour.

La rumeur de la victoire s'amplifiait au long des jours — car l'empereur ne se hâtait pas de revenir. La campagne proprement dite avait duré soixante jours, mais le retour s'éternisa sur trois mois encore. Charles Quint s'attardait en Sicile : cette portion de son royaume qu'il n'avait encore jamais visitée, il ne lui déplaisait pas d'y arriver en vainqueur. Trapani, Montreal, Palerme, lui offrirent les ovations attendues, spontanées, à la mesure du soulagement des habitants. Le souvenir de l'accueil de Messine nous est parvenu par sa grandiloquence même. Des arcs de triomphe ornés de guirlandes célébraient, entre les aigles et les palmes, « le divin Charles victorieux de l'Afrique », le comparant à Scipion vainqueur d'Hannibal. Ils évoquaient son empire éclairé « du lever du soleil à son coucher », aussi étendu que la course de l'astre. Ces apothéoses se terminaient par la remise solennelle à l'empereur de belles sommes d'argent en ducats sonnants et trébuchants.

Le 19 novembre seulement, les Napolitains surent que le souverain et sa suite étaient arrivés à Salerne. Et le 21, Charles Quint fit à Naples une entrée « tant pompeuse et triomphante en cérémonie et grosse noblesse qu'il était possible ». Vêtu de velours violet et chevauchant une monture gris pommelé, il sillonna avec sa cavalcade la ville surchargée d'arcs, de statues, de bannières et d'images. Comme il approchait de Castelnuovo où il devait résider, les canons du château-fort donnèrent de la voix et l'artillerie des galères, naves et autres vaisseaux dans le port se déchargea à son tour « avec grande impétuosité ». Le grondement sourd de toutes ces salves, renvoyé en écho par la montagne, ébranlait la ville jusque dans ses fondements.

Marguerite et sa gouvernante ne s'étaient pas mêlées au cortège du vice-roi qui s'était porté au devant du souverain ; ce n'était pas affaire de dames. Elles attendirent pour lui rendre leurs devoirs qu'il tienne sa cour, comme il n'allait pas manquer de le faire, ici, dans la capitale de son royaume. Mais comment l'empereur allait-il accueillir sa fille ?

Pendant les trois années écoulées depuis le départ de Bruxelles, Marguerite est presque devenue une adulte. Elle ne ressemble guère à son père et n'a pas hérité du prognatisme familial, qu'elle transmettra cependant à sa descendance ([1]). Elle a le visage allongé, les yeux bleu foncé, le front haut sous les cheveux encore dorés par l'enfance, les traits réguliers. Peut-être un peu de son sang flamand roturier vient-il humaniser l'expression princière ; mais il ne ferait pas bon le lui rappeler. Elle n'entre plus dans ses toilettes bourguignonnes de petite madone qui ont fait l'amusement de toute l'Italie. Depuis peu, les chroniqueurs la décrivent vêtue « à la portugaise », ce qui sous leur plume évoque le pompeux costume espagnol que l'on voit sur tous ses portraits. La haute fraise maintient le port altier, le corsage, comme une carapace d'insecte, décourage toute tentation, la jupe ample dissimule les formes. Seules les énormes manches épaulées, bouillonnées, soutachées, mettent, avec les cascades de bijoux, une note de fantaisie. C'est le costume que le roi Henri VIII a pris en horreur, en même temps que l'épouse espagnole qui le portait. Marguerite est quelque peu entravée dans ses raides vêtements qui, à d'autres, servent de support, car elle est vive, active, bonne cavalière et toujours en mouvement, mais c'est un défi aux toilettes françaises largement décolletées et généreusement provocantes. Habsbourg, elle se veut jusque dans son maintien, et elle a choisi par là la marque de son appartenance. L'empereur va la voir pour la première fois : elle veut être conforme à l'image noble qu'il attend de sa fille aînée, la princesse Marguerite d'Autriche.

C'est sans doute ce qui advint puisque, lorsqu'elle fut admise à lui baiser la main et à se trouver enfin sous le feu de ce regard quasi-divin, personne ne prit la peine de relater l'événement autrement que comme une entrevue banale, méritant au mieux une ligne de chronique. Personne, pas même l'empereur, ne remarqua la fierté mais aussi l'extase et le trouble de la jeune

([1]) On retrouve ce défaut caractéristique chez le deuxième petit-fils de Marguerite, Odoardo Farnèse, cardinal à Rome (1573-1626).

fille. Peut-être était-elle déjà très maîtresse de ses sentiments. Peut-être devenait-elle une vraie Habsbourg ?

Alexandre de Medicis, qui n'avait pas participé à la croisade, sachant l'empereur de retour, gagna Naples au plus vite. Le moment était venu pour lui de voir enfin réalisées les promesses qui lui avaient été faites. Mais Charles ne jouait jamais une partie sans en tirer les plus extrêmes bénéfices. Puisque le dernier pape Medicis, Clément VII, était mort, ayant à peu près joué le rôle que l'on attendait de lui dans les préparatifs de l'expédition de Tunis, et qu'Alexandre n'avait plus de protecteur à Rome, il se trouvait entièrement à la merci de l'empereur. Celui-ci discuta comme un maquignon les modalités du contrat. Le mariage serait bientôt béni, mais ne serait consommé que dix-huit mois plus tard. Cela donnait encore un sursis, le temps éventuellement de se raviser : un mariage blanc est facilement annulé. Alexandre allait payer cet honneur 120 000 écus, dont 50 000 comptant et le reste en deux mois ; il prendrait à sa charge le train de vie de la princesse à dater du contrat. En échange, outre le duché de Florence, garanti par la protection impériale, il recevrait la baronnie de Rocca Guilerma, détachée du royaume de Naples avec la ville d'Aquila dans les Abbruzes.

Pour la première fois, on vit apparaître aux côtés de l'empereur, et pour débattre de chaque codicille du contrat, Antoine Perrenot de Granvelle. Il n'avait que dix-huit ans et était le fils du premier ministre de Charles, Nicolas Perrenot, ce « grand commis » que l'empereur avait tiré de son fief de Dôle pour en faire une des voix les plus écoutées du Grand Conseil à Valladolid. Le jeune Granvelle allie à l'esprit juridique, hérité des robins francs-comtois, les roublardises et le savoir-vivre d'un homme de cour. Marguerite le rencontre sous le ciel bleu de Naples — comment devinerait-elle le rôle qu'il va jouer dans sa vie ?

Un autre visage apparaît aussi, l'espace d'un instant, dans ce grand concours qui se fait autour de l'empereur. Un homme beau et sombre au profil d'oiseau de proie, l'air d'un forban, à la fois arrogant et servile, Pier Luigi Farnese, le fils du nouveau pape, Paul III, qui vient de succéder à Clément VII. Et Marguerite devrait y prêter attention...

Une certaine émotion fut provoquée lorsque, parmi les solliciteurs qui se pressaient à Castelnuovo, la délégation triste et sévère des « fuorusciti » de Florence obtint enfin une audience. Ces exilés avaient mandaté auprès de l'empereur leurs représentants les plus illustres, Philippe Strozzi, son frère le cardinal et son fils Pierre, accompagnés du cardinal Soderini. A des degrés divers, les familles de ces bannis avaient participé à l'élimination des Medicis, tant pendant la révolution de 1494 que pendant l'intermède républicain de 1527 qui venait de se terminer par le siège et l'écrasement de l'indépendance de Florence. Mais l'idéologie républicaine avait masqué souvent des motivations plus terre-à-terre, plus vitales. En un siècle, l'ascension inexorable des Medicis avait ruiné ces grandes dynasties de drapiers-banquiers qui composaient l'aristocratie de la ville. L'art de Cosme l'Ancien et de ses successeurs pour fonder dans toute l'Europe des succursales dont aucune n'était solidairement responsable de l'autre, pour créer des grandes compagnies qui ne duraient que l'espace d'une aventure profitable, pour faire crédit à perte aux puissants en échange de leur protection et, en revanche, prêter à 36 % aux débiteurs solvables, pour tenir partout « comptoir et tapis à l'extérieur » et capter les monopoles — en somme pour avoir, avant les autres, découvert les secrets de la haute finance internationale —, cet art consommé avait rendu la compétition dramatique.

Les Strozzi n'étaient que l'une de ces grandes familles, tantôt victime, tantôt gagnante, tantôt alliée — et même par mariage — aux Medicis haïs, tantôt mêlée aux complots les plus noirs. Philippe Strozzi et son fils Pierre étaient venus à Naples faire leurs doléances à l'empereur : passe encore d'être humiliés par un Cosme l'Ancien ou un Laurent le Magnifique, mais supporter la toute-puissance d'Alexandre, un petit bâtard négroïde, insolent et débauché, passait les bornes. Philippe avait essayé, après le reddition de Florence, de jouer le jeu, de rentrer au palais Strozzi et de faire sa soumission, mais il était écœuré. Les représentations qu'il faisait au souverain étaient éloquentes : son « duc de Florence » se conduisait en satrape ;

il bannissait qui lui déplaisait et confisquait ensuite les propriétés. Ses ordres étaient exécutés par la soldatesque allemande de la nouvelle forteresse ; Florence était investie par la cruauté et le caprice... Philippe Strozzi ajouta des détails dont il pensait qu'il pourraient émouvoir le cœur de l'empereur au moment où celui-ci s'apprêtait à livrer sa fille à Alexandre : aucune femme de Florence n'était en sécurité avec ce tyran, les murs des palais et même ceux des couvents ne l'arrêtaient pas. A ce violeur de nonnes, Charles allait-il donner sa fille ?

C'était bien mal connaître l'empereur. Qu'avait à faire la sentimentalité bourgeoise dans la destinée d'une princesse appelée à respirer l'air raréfié des cimes ? Qui plus est, il ne se souciait pour Florence ni de la république, ni de la ruine des familles — l'argent ne l'intéressait que par son manque ; pour le reste, les financiers lui semblaient appartenir à une autre espèce et son éthique de chrétien médiéval lui faisait les mépriser, eux et leurs richesses. Les Medicis, surtout ruinés, ne pesaient plus très lourd depuis la mort de Clément VII, mais ce petit duc, son homme-lige, tiendrait Florence avec une poignée d'impériaux : cela suffisait. De toute façon, les « fuorusciti » lui étaient suspects puisqu'ils étaient traditionnellement les alliés ou les protégés de la France. La première banque des Strozzi avait eu son siège à Lyon et avait largement prêté aux rois français. Plusieurs membres de leur famille étaient passés au service de la couronne, et Pierre Strozzi, qui se tient, ce jour-là, modestement devant Charles et devine le mépris de l'empereur, se donnera à François Ier dix ans plus tard. Il terminera maréchal de France, et — amère ironie — son fils Philippe se fera tuer au service de Catherine de Medicis.

Les « fuorusciti », éconduits avec quelques paroles courtoises, quittèrent Naples. Cela leur épargna l'humiliation d'assister à la bénédiction du mariage de Marguerite et d'Alexandre qui eut lieu à Capoue le 27 février : un simple échange d'anneaux en présence de l'empereur et de quelques dignitaires, car on réservait pour Florence les fastes d'une plus éclatante cérémonie.

Alexandre avait eu auparavant le droit de rendre visite à sa fiancée à Pizzofalcone ; il se montrait avec elle parfaitement courtois et les attentions de ce brillant jeune homme de vingt-cinq ans impressionnaient grandement Marguerite. Bientôt elle reverrait Florence, bientôt elle serait duchesse : pour elle, le bonheur était à portée de la main.

Les festivités du mariage se terminèrent par un carnaval particulièrement somptueux qui marqua la fin de la visite de l'empereur. Rien n'y manquait, ni les figures allégoriques et les allusions triomphantes promenées de rue en rue sur les chars, ni les ingénieuses machines s'illuminant de feux grégeois, ni les fontaines de vin au milieu des places. Les Napolitains, conscients d'être au centre d'un événement mondial et flattés au plus haut point, avaient bien fait les choses.

Les derniers feux éteints, la maison de Marguerite se mit aux préparatifs du départ, car le moment était enfin venu de se transporter pour de bon à Florence.

Au début d'avril, Charles Quint était parti pour Rome. Il lui fallait rencontrer le successeur de Clément VII, le pape Alexandre Farnèse, élu sous le nom de Paul III. Cet homme déjà âgé — soixante-sept ans — avait accédé hélas ! trop tard au trône pontifical. Il eût, quelques années plus tôt, évité sans doute les malheurs provoqués par les papes Medicis, car il était de longue date partisan d'une réforme intérieure de l'Eglise, favorable à la convocation d'un concile et à la neutralité, ferme et non pusillanime, du souverain pontife entre les puissants.

Plusieurs fois « papabile », il avait participé à cinq conclaves et vieilli sous le harnais, obligé d'annoncer au peuple qui se pressait place Saint-Pierre l'élection de ses rivaux et de donner, non sans arrière-pensée, l'onction sainte à l'empereur lors du couronnement de Bologne. L'horreur du sac de Rome vécu aux côtés de Clément VII dans le château Saint-Ange lui avait fait prendre conscience de l'abîme qui s'ouvrait devant la chrétienté.

Au conclave, où son élection avait été laborieuse, certains l'avaient choisi en raison de son grand âge et de sa santé fragile. Un contemporain cependant faisait remarquer « qu'il mettait son industrie à paraître valétudinaire ». Ce trait allait de pair avec sa manière prudente et réservée, courtoise, séduisante pour ses interlocuteurs. Il est décrit ailleurs comme « un renard rusé impossible à embobiner... ». Les Romains l'ont acclamé avec enthousiasme : ils vont enfin être gouvernés par un compatriote qui restaurera leur ville et mettra fin à la mainmise des Florentins sur tous les rouages du pouvoir.

Recevoir Charles Quint moins de dix ans après le sac de Rome est un pari audacieux — mais c'est aussi un premier geste qui permettra au pape d'asseoir par la suite son impartialité, et l'empereur entre dans le jeu. Aussi, les pompeuses cérémonies publiques qui sont de mise pour une première rencontre entre « les deux moitiés de Dieu », occupent-elles plusieurs journées. Toutefois l'essentiel de la visite de Charles se concentre sur une séance solennelle dont il a exigé la réunion la veille de son départ. Elle a lieu au Vatican dans la chambre du Consistoire, en présence du pape, du collège des cardinaux, des ambassadeurs de France et de Venise et de plusieurs seigneurs et prélats. L'empereur vient d'apprendre que François Ier a refusé ses offres de conciliation et a repris les hostilités en s'attaquant à la Savoie et au Piémont. Il est hors de lui.

Pendant une heure entière, Charles énumère, devant son auditoire, tous les griefs qu'il a accumulés contre le roi de France depuis son avènement. François apparaît parjure, cynique, allié du Turc et traître à la chrétienté, sournoisement favorable aux princes protestants qui se dressent contre l'empereur, fauteur de guerre pour « la fantaisie qu'il a toujours de s'agrandir en ladite Italie ». En un mot, le diable en personne.

Cramponné à l'aide-mémoire sur lequel il a consigné ses doléances, Charles prend le pape à témoin, réclame son arbitrage et, dans une envolée, propose de rencontrer son adversaire en combat singulier : « que ladite guerre s'achève en ma personne et celle dudit seigneur roi avec armes et sûretés égales soit en mer, soit en terre... ». Et, surtout, il insiste pour que le pape lui donne raison.

Paul III mène une partie difficile. Charles, certes, joue son rôle avec sincérité, mais les troupes qui l'ont accompagné ne se laissent pas oublier et réveillent de durs souvenirs. Le pape, même s'il a consolidé en hâte les murailles de Rome, connaît le poids du « Saint Empire » et mesure ses propres limites. Il démêle fort bien les motivations de son interlocuteur. Il comprend que Charles Quint veut jouir en même temps de sa toute-puissance et d'une bonne conscience, et que, malgré son apparente humilité, sa certitude quasi-paranoïaque ne connaît pas le doute. Tout en le bénissant et le serrant sur son cœur, il reste très réservé quant à donner son appui total aux entreprises impériales. Il lui promet toutefois la convocation d'un concile dans les plus brefs délais et son intercession en faveur de la paix. Il lui interdit le combat singulier, ce dont l'empereur se montra, dit-on, très soulagé.

Ce jour-là, les deux partenaires ont pris la mesure l'un de l'autre. Charles, tout occupé de lui-même, n'a pas encore trouvé chez Paul III le défaut de la cuirasse, ni comment amener le nouveau pape à entrer dans ses desseins. Mais il va y réfléchir longuement et l'occasion s'en présentera bientôt. Pour l'heure, il quitte Rome et, après un court séjour à Florence destiné à affermir l'autorité d'Alexandre, il s'en va guerroyer contre la France dans une malheureuse expédition dont la Provence va faire les frais.

Au début du mois de mai, trois ans presque jour pour jour après leur « joyeuse entrée », et par un printemps comparable, Marguerite et ses gens sont arrivés à Florence et se retrouvent dans la villa « al Poggio di Caiano » qui leur est déjà un séjour familier. Cette résidence sert traditionnellement de maison d'hôte pour les visiteurs illustres et l'empereur vient de la quitter. Il a fait à Florence une courte visite, pompeuse et glaciale, destinée à montrer sa puissance et son dédain à la ville qui lui a tenu tête, qui a refusé ses bienfaits et s'obstine à garder secrètement sa sympathie à la France.

La maison prêtée à Marguerite peut l'abriter avec sa nombreuse suite, et Montaigne, qui la verra plus tard, fera remarquer que « c'est merveille qu'en une si petite masse il puisse tenir tant de belles chambres ». Constatation un peu plate si l'on pense à l'exquise décoration intérieure qui subsiste encore dans la villa et qui contraste heureusement avec l'aspect de « maison des champs » qu'a voulu lui donner Giuliano da Sangallo.

Dans ce jardin, Laurent le Magnifique recevait sous les ombrages et à la fraîcheur des fontaines les amis lettrés dont il avait coutume de s'entourer. Il y avait son maître, Marsile Ficin, autour duquel on affectait de ne s'entretenir qu'en grec ; il y avait Jean Lascaris, grec lui-même, que Laurent envoyait en Turquie retrouver les précieux manuscrits tombés aux mains de la soldatesque : de retour à Florence, il les recopiait inlassablement pour les amis de son protecteur. Il y avait Ange Politien, élève de Ficin, et précepteur des enfants de Laurent, et Pic de la Mirandole, tout jeune, et déjà éblouissant son entourage en grec, en arabe, en hébreu. Les rivalités littéraires se taisaient dans l'après-midi doré et l'on pouvait croire revenu le temps de Platon avec ses disciples.

Florence maintenant ne peut s'attendre à rien de semblable de la part de son nouveau souverain. Depuis la restauration d'Alexandre, la plupart des artistes ont fui. Michel-Ange a quitté la ville deux ans auparavant, laissant inachevée la chapelle des Medicis à San Lorenzo. Plein de chagrin et d'amertume devant la brutalité et le cynisme qui ont eu raison de sa patrie, il est à Rome, où sa mélancolie va bientôt s'exprimer dans la fresque du « Jugement dernier » à la chapelle Sixtine. Antonio da Sangallo a confié à d'autres les travaux de la forteresse pour se remettre au service de son mécène, le pape Paul III Farnèse. Pour la deuxième fois, Rome attire dans sa mouvance les artistes toscans. Il en va de même des lettrés : Florence apparaît comme un écrin vide.

Ce n'est pas Alexandre qui va lui rendre la vitalité intellectuelle et artistique qui l'a abandonnée. Lorsqu'il se soucie de gouverner, c'est de manière autocratique et, le plus souvent, pour écarter qui l'importune; les assemblées, les « 48 », les « 200 », ne sont que des bureaux d'enregistrement. Le reste du temps, il est occupé à ses plaisirs et, dans cette recherche effrénée, recule sans cesse les frontières du possible. De nuit, masqué, et accompagné de mauvais garçons, il parcourt bruyamment les rues de la ville et, s'il n'a rien de mieux à faire, escalade les murs des couvents, les « Murate » ou S. Giovanni. Les fuorusciti n'ont pas menti à l'empereur lorsqu'ils lui ont dénoncé ses débauches. Toute la ville en parle, et les patriciens ne savent comment faire pour lui refuser leurs femmes et leurs filles sans risquer un courroux qui leur serait fatal. L'exil est déjà un mal. Mais le bruit ne court-il pas qu'Alexandre va jusqu'à faire empoisonner ses ennemis ? Deux ans auparavant, à Naples, le cardinal Hippolyte de Medicis, son cousin, s'est trouvé mal après avoir pris un breuvage offert par son sénéchal, Andrea di Borgo S. Sepolcro, un Toscan. « J'ai été empoisonné », a-t-il murmuré en rendant l'âme. Et le sénéchal a simplement constaté : « e fatto ». On soupçonne Alexandre, qui fut autrefois en rivalité avec Hippolyte pour le duché de Florence. Le cardinal avait vingt-quatre ans...

Marguerite était tenue dans l'ignorance de ces rumeurs. Le jour approchait où la seconde bénédiction du mariage devait avoir lieu aux yeux de toute la ville. Le 31 mai, à la tombée du jour, elle quitta le « Poggio » avec sa suite pour accomplir les quatre lieues qui la séparaient des murailles et rencontra, à minuit, à hauteur de S. Donato in Polverosa, la noblesse de Florence, venue au-devant d'elle à cheval avec des flambeaux. On l'installa sous un précieux baldaquin porté par quarante jeunes gens, tous habillés de satin écarlate. Elle devait passer les jours précédant le mariage dans le monastère de San Marco, et c'est à la lueur dansante des torches qu'elle pénétra dans le couvent sombre et magnifique, offert autrefois aux dominicains par Cosme de Medicis. L'histoire ne dit pas si ce lieu avait été rendu moins austère pour une présence féminine, ni si Marguerite occupa la cellule de Savonarole ou bien celle où Cosme l'Ancien venait parfois faire retraite. Dès l'entrée, l'ange de l'annonciation, de Fra Angelico, l'avait accueillie. Les cellules des moines, par leurs discrètes petites fenêtres, ouvraient sur le cloître mystérieux.

La cérémonie du mariage eut lieu le 13 juin en l'église San Lorenzo. De toute évidence, on avait choisi de ne montrer à Marguerite ce jour-là que l'itinéraire glorieux de la famille à laquelle elle allait appartenir. Dans la chapelle latérale, elle put voir les tombeaux des deux derniers Medicis, Julien et Laurent, jeunes morts veillés pour toujours par les tragiques figures de pierre de Michel-Ange : l'aurore, le crépuscule, le jour, la nuit. Le désespoir de « la Nuit » ! Mais la journée était si belle, la nef bleutée si lumineuse, la musique si enveloppante que l'heure n'était pas, pour Marguerite, aux pressentiments. Durant le banquet qui eut lieu ensuite au palais de la via Larga, un incident pourtant parut aux Florentins de très mauvais augure. Tandis que la joyeuse société festoyait et se réjouissait, le soleil de juin disparut soudain pour faire place à un crépuscule grisâtre qui fit taire les conversations et donna aux assistants un sentiment d'inquiétude. Il n'y avait pas de Florentin qui ne fût un peu astrologue et chacun donna à cette éclipse une immense importance. On vit avec soulagement le soleil reparaître, mais l'incident n'en fut pas moins passionnément commenté. Après les agapes, il y eut un bal, et l'on offrit en spectacle une pièce de théâtre écrite par un jeune lettré, un rimailleur mondain du nom de Lorenzo de Medicis, l'*Arridioso.*

Lorenzo était un cousin éloigné du duc et descendait du frère cadet de Cosme l'Ancien. A la différence d'Alexandre, son origine était tout à fait légitime et la mère de Lorenzo appartenait à la famille des Soderini, dont le nom s'était illustré à Florence au temps de la république. Lorenzo pouvait considérer à juste titre qu'il était plus « Medicis » qu'Alexandre. A ses yeux, ce dernier était doublement bâtard car si, comme on le murmurait, le duc était le fils de Clément VII — et non de Laurent d'Urbin —, Clément lui-même étant de naissance illégitime, Alexandre n'était qu'un usurpateur. Mais il était au pouvoir, et la rancune de Lorenzo ne pouvait se manifester que par une attitude à la fois humble et désinvolte. Il s'était attaché aux pas de ce cousin — son maître —, attentif à ses moindres désirs, favorisant ses débauches et y participant, fasciné, comme les êtres faibles, par les outrances et l'aisance du jeune souverain brutal et inculte. Car lui-même, Lorenzo, était chétif, sans courage. Sa culture, ses dons, en faisaient un être paradoxal, tantôt gratuitement agressif, et d'autres fois servile. N'avait-il pas à Rome, au temps de Clément VII, décapité les statues antiques de l'Arc de Constantin et, disait-on, comploté contre le pape ? Il avait dû quitter la ville. A Florence, on le voyait parfois au palais Strozzi ; il fréquentait les ennemis d'Alexandre. Traditionnellement, il était des leurs, mais ceux-ci ne lui donnaient pas leur confiance ; ils l'avaient même, par dérision, nommé « Lorenzaccio » : un méprisant sobriquet.

La pièce de « Lorenzaccio » était distrayante et la nuit de fête finit gaiement. Marguerite se retira. Elle allait désormais habiter le palais Medicis. L'historien florentin Varchi croit pouvoir affirmer qu'Alexandre ne tint pas la promesse qu'il avait faite à Charles Quint, lors du contrat, et que cette nuit-là le mariage fut consommé. Mais on pense plutôt que, malgré son absence de scrupules, le duc respecta son engagement envers l'empereur. Outre le fait que les récits de l'époque, toujours très explicites sur le déroulement des nuits de noces, ne donnent ici aucun détail, et que Madame de Lannoy était là pour veiller sur sa pupille, on peut aussi s'en remettre à une lettre postérieure de Marguerite. Cette lettre est écrite dans un des rares moments où la princesse pleure sur elle-même et sur sa vie brisée et où elle se plaint amèrement de n'avoir jamais connu le bonheur d'un couple heureux puisqu'alors « elle n'était qu'une enfant ».

Elle continua donc au palais sa vie de jeune fille protégée. L'été coulait sans hâte. Pour la fête de saint Jean-Baptiste, patron de Florence, des chars parcoururent les rues, portant le saint et ses anges, tandis que d'autres personnages mimaient les actes de sa vie. Marguerite avait déjà vu ces cortèges imagés dans les rues de Bruges, mais point la « fiaccolata », cette illumination de toute la ville par de larges torches installées dans des écuelles, posées au plus haut des corniches des palais et sur le pourtour du Dôme ; toutes ces flammes qui dessinaient sur le ciel noir l'architecture des monuments en lignes mouvantes de lumière.

A Florence, chaque corporation avait son saint patron, chaque saint avait sa procession et ses réjouissances ; les fêtes étaient innombrables. Le peuple était gentil avec la princesse, respectueux, mais familier, comme on l'est en Italie, la regardant plutôt avec l'attendrissement que l'on porte aux innocentes victimes.

Elle apparaissait aux spectacles que le duc offrait à sa ville : des courses de chars, qui se déroulaient place S. Maria Novella, et auxquelles on assistait depuis les loggias des palais qui bordent cet espace en forme de cirque ; plus souvent encore, des courses de chevaux barbes, portant les couleurs des grandes maisons, et lancés sans cavaliers à travers les rues, fouettés par leurs partisans, rendus fous par leurs cris, trébuchant, écumant jusqu'au poteau final. C'était le « palio » pour lequel les parieurs pouvaient s'entre-tuer.

Dans les grandes occasions — et le mariage de Marguerite en avait été une —, on construisait une forteresse factice dont les milices devaient s'emparer à la force des armes : il s'agissait alors d'une véritable joute. D'autres fois, on mettait en présence des animaux sauvages, si la capture d'une galère d'Afrique avait pu donner l'occasion de s'en procurer. On avait vu ainsi un ours lutter contre deux lions : ce fut l'ours qui l'emporta.

L'automne ramena Marguerite à la chasse qui était son activité préférée. A cheval des journées entières, elle poursuivait le gibier et pouvait enfin se dépenser, agir, cesser d'être l'éternelle spectatrice de ce que d'autres avaient mis en scène pour elle. Elle chassait avec passion.

Au mois d'octobre, Madame de Lannoy, qui n'avait pas quitté la jeune fille depuis son arrivée en Italie, renonça à sa charge de gouvernante. Désormais, Marguerite fut considérée par chacun comme une princesse mariée, adulte, majeure. Pas plus qu'auparavant elle n'était maîtresse des décisions qui forgeaient son destin, mais elle devait être capable, seule, à quatorze ans, d'en supporter le poids sans aucun réconfort. La duchesse de Camerino lui fut envoyée sur ordre de l'empereur et ne demeura auprès d'elle qu'un an. Dorénavant, une grande maîtresse succédera à l'autre : en faire une confidente ou une amie comportera souvent le risque de voir ses secrets dévoilés et utilisés contre elle dans les intrigues de cour. De ce jour, elle devra apprendre à se taire et à se méfier.

4

LORENZACCIO

« Ora venuta la notte destinata da fatti dell'infelicissima morte del duca Alessandro [1]... » Ainsi commence le récit de l'historien Varchi, sans le témoignage duquel on ne connaîtrait pas les détails de cette sombre tragédie. Il poursuit : « Je la raconterai avec la plus grande exactitude, la tenant de Lorenzo lui-même rencontré à la villa de Paluelle, distante de huit milles de Padoue, et de Scoroncoccolo, questionné dans la maison des Strozzi à Venise... »

En préambule, l'historien fait le portrait de Lorenzo : « il était plutôt gracieux que beau, le visage sombre et mélancolique... inquiet, instable et désireux du mal... se moquant ouvertement de toutes choses, tant divines qu'humaines... fréquentant les personnes viles qui faisaient toutes ses volontés, spécialement dans les choses de l'amour, sans respect pour le sexe, l'âge ou la condition... ne recherchant que la gloire et n'agissant que pour se faire un nom, que ce soit dans la grandeur ou dans la galanterie »... Et plus loin : « il se soumettait au duc en toutes choses » et, comme il se refusait à porter les armes, se prêtait à ses moqueries : « philosophe, poltron, Lorenzetta ! » lui lançait Alexandre.

Le duc lui demanda de lui amener un soir une jeune femme d'une merveilleuse beauté, mais néanmoins farouche, qui était

[1] « Voici venue la nuit fatale de la mort très malheureuse du duc Alexandre... »

l'épouse de Lionardo Ginori et habitait non loin du palais Medicis. Cette jeune femme se trouvait être la tante de Lorenzo. Ce dernier, qui n'attendait que cette occasion, répondit que ce ne serait pas difficile, qu' « a la fin fine, tutte le donne era'donne », et que le mari était heureusement absent. Puis il alla trouver un bandit de ses amis qu'il avait naguère sauvé de la potence et qui lui était tout dévoué, Michele Jarolacciero, surnommé « Scoroncoccolo », et lui demanda de le débarrasser d'un partenaire de jeux qui lui voulait du mal. Scoroncoccolo bondit et s'écria : « Dites-moi seulement qui il est, " lasciate poi fare a me... che non vi dara piu noia " (il ne vous ennuiera plus). » Lorenzo lui dit alors de prendre patience et de laisser son plan se dérouler comme prévu. Il l'avertit cependant : « c'est un favori du duc... » et Scoroncoccolo répondit : « je le tuerai, serait-il le duc en personne ». Rassuré, Lorenzo choisit la matinée de la fête de la Befana (l'Epiphanie), où le tumulte s'établit dans la ville pour plusieurs jours, et avertit Alexandre que son rendez-vous galant aurait lieu dans sa propre maison, le soir-même, pour qu'il restât ignoré de tous. Il lui dit de venir seul et secrètement pour épargner l'honneur de la dame. Le duc ayant endossé une robe de soie à la napolitaine, doublée de zibeline, au moment de choisir entre ses gants de maille ou bien des gants parfumés, hésita, disant : « prendrai-je mes gants de guerre ou ceux " da far a l'amore " ? » et prit les seconds. Ayant semé sa suite, il se retrouva dans la maison de Lorenzo et monta à l'étage, dans la chambre où brûlait un bon feu. Alors il se défit de son épée, se jeta sur le lit, et Lorenzo s'empara aussitôt de l'arme, emmêla « presto, presto » la ceinture autour de la garde pour qu'on ne puisse la dégainer rapidement et la posa à la tête du lit ; il dit au duc de se reposer, bloqua le verrou, qui était de ceux qui se referment seuls, et sortit. A Scoroncoccolo, il dit : « ora e il tempo » — « Andiamo », s'écria le bandit. Lorenzo le convainquit d'attendre et de guetter. Il monta l'escalier, ouvrit le verrou et dit : « Seigneur, dormez-vous ? » et, en prononçant ces paroles, lui fit une estocade de part en part.

Donné de dos à l'homme assoupi, le coup devait être mortel, mais, se sentant blessé, celui-ci se retourna subitement, voulut se précipiter vers la porte pour fuir, s'emparant d'un tabouret qui était là ; Scoroncoccolo, de son couteau, le taillada alors au visage, lui labourant une tempe et lui ouvrant la gorge sur toute la partie gauche. Lorenzo le repoussa sur le lit, se jeta sur lui et, comme il hurlait : « C'est toi, Renzo ? », appliqua sa main sur le visage de son ennemi, la fourrant dans sa bouche en lui disant : « Seigneur, n'en doutez pas ! » — « Le duc, s'aidant de son mieux, lui prit le pouce entre les dents et le mordit avec une telle rage que Lorenzo, tenu contre lui et ne pouvant user de son épée, dut appeler à l'aide Scoroncoccolo, qui courait ici et là, ne pouvant frapper l'un sans blesser l'autre, ne faisant que larder de coups le matelas. Alors le bandit sortit un couteau et le plongea dans la gorge d'Alexandre, le tournant et le retournant jusqu'à ce que celui-ci fût mort de ses autres blessures... à tel point que la chambre était inondée de sang. Il faut noter que le duc, pendant tout le temps où Lorenzo se tenait sur lui et qu'il voyait Scoroncoccolo s'agiter et se préparer à le tuer, ne se plaignit, ni ne se recommanda (à Dieu), mais ne lâcha pas le doigt qu'il serrait rageusement entre ses dents... Le duc mort gisait par terre ; alors ils le relevèrent tout baigné de sang, le remirent sur le lit et le recouvrirent de la couverture dans laquelle il s'était enveloppé avant de s'endormir. »

Le tumulte de la rue en fête avait assourdi le remue-ménage causé par cette lutte désespérée. Lorenzo, qui semblait avoir longuement prémédité son acte, avait habitué ses voisins aux échos de bagarres bruyantes qui, bien souvent, étaient fictives. On entendait alors des exclamations : « traître », « défends-toi », « à moi »... Personne donc n'intervint. Aussitôt après le meurtre, il se rendit hâtivement de maison en maison, chez plusieurs patriotes républicains, pour leur raconter son histoire, mais aucun ne s'émut : on ne le croyait pas. Il obtint un cheval de poste pour quitter Florence la nuit même et, à Bologne, reçut le même accueil incrédule. Ni l'horrible blessure qui marquait son doigt, ni la clef de la « chambre du mort » qu'il avait avec lui ne convainquaient ses interlocuteurs. A bride abattue, il continua sur Venise où se trouvaient réfugiés les Strozzi. Il y eut un meilleur accueil et reçut enfin la seule récompense valable à ses yeux pour son acte audacieux, lorsque Philippe Strozzi s'écria : « Tu es notre Brutus. »

C'était bien là le personnage qu'il avait souhaité incarner dans son imagination d'homme cultivé, même si ses motivations n'étaient pas aussi franches et pures que celles du défenseur de la République. Il y réussit presque, puisque des générations d'auteurs se sont emparés de son action en y projetant bien souvent l'exaltation qui les animait eux-mêmes. Le *Lorenzaccio* de Musset a des élans qui bouleversent mais aussi des accents d' « enfant du siècle » bien peu vraisemblables dans la bouche d'un homme de la Renaissance ([1]).

Les commentaires de l'historien Varchi sont plus réalistes en ne concluant pas : serait-ce que Lorenzo espérait hériter du pouvoir ? La jalousie était-elle son mobile ? Etait-il lui-même amoureux de Catarina Ginori ? ou simplement avide de gloire ? Il refuse de créditer de grands sentiments un être par ailleurs aussi discutable. Stendhal eût été plus clairvoyant sur ce qu'il eût appelé « un beau crime ». Il eût analysé « la force de la passion méditée, ruminée », les motivations d'une âme « remplie de passion et de misère ». Admiratif, il constate : « les hommes de cette époque étaient pleins d'une énergie féroce ; ils savaient ce que c'était que de vivre dans une petite ville sous l'œil du tyran qui venait d'opprimer la République... » Mais Stendhal n'écrivit pas *Lorenzaccio.* Peut-être manquait-il à ce drame la dimension d'une belle histoire d'amour ?

Quelque temps après, le conseil des Huit à Florence fit publier la proclamation suivante : « A tout homme, noble ou roturier, qui tuera Lorenzo de Medicis, traître à la patrie et assassin de son maître, en quelque lieu et de quelque manière que ce soit sur toute la surface de l'Italie, il est promis 4000

([1]) George Sand fit de l'événement le sujet d'un livre, *Une conspiration en 1537,* « un roman aux émotions entraînantes », selon la remarque ironique de Stendhal. Peu après, Alfred de Musset écrivait le drame en cinq actes *Lorenzaccio,* publié en 1534 dans la *Revue des Deux Mondes* et représenté en 1896. Plusieurs opéras le chantent. Il y eut *Lorenzino de Medici,* opéra de Pacini sur un livret de Piave, présenté à la Fenice le 4 mars 1845. Verdi écrivit dans une lettre au librettiste Piave son intention de créer avec lui un « Lorenzino » qui n'eût pas manqué d'être un héros de l'indépendance. Il y eut un opéra comique d'Ernest Moret, joué le 19 mai 1920, un autre de Sylvano Bussotti en 1968.

florins d'or sans aucune retenue, une rente de 100 florins d'or par an pour lui durant sa vie, et ses héritiers en ligne directe après sa mort ; la permission d'exercer toutes les magistratures, de posséder tous les bénéfices de l'Etat malgré sa naissance s'il est roturier ; grâces perpétuelles pour toutes ses fautes passées et futures, ordinaires et extraordinaires. »

Plus tard, Lorenzo, réfugié à Venise, fut dépêché au détour d'une ruelle obscure par les sicaires du nouveau gouvernement.

Au palais Medicis, la nuit s'écoula, ainsi qu'une partie de la matinée du lendemain, sans que l'on s'inquiétât de l'absence d'Alexandre. La fête de la Befana durait deux jours et la ville se reposait en vue de la soirée suivante. Les citadins échangeaient leurs cadeaux et venaient en grand nombre via Larga présenter leurs vœux au souverain et en recevoir quelques largesses.

Comme le duc n'apparaissait pas, des serviteurs firent part de leurs inquiétudes au cardinal Cybo qui, comme Madama, habitait une aile du palais. Ce brillant cardinal, petit-fils d'Innocent VIII, tenait un rôle d'observateur auprès du duc, un peu tuteur, un peu espion, tant pour le compte du pape que pour l'empereur, qui avaient partie liée à Florence. Medicis par sa mère, il était plus qu'à l'aise dans l'imbroglio politique de cette ville où il était né. C'est pourquoi la possibilité d'un assassinat lui vint aussitôt à l'esprit, avec toutes les conséquences qui pourraient en résulter — et d'abord, si le peuple l'apprenait, ce peuple frémissant « comme l'eau qui va bouillir », une émeute et le massacre, peut-être, des fidèles d'Alexandre. Il fallait gagner du temps à tout prix ; et il commanda une subtile mise en scène à l'usage des braves gens. On versa du sable dans les alentours de la demeure pour étouffer le bruit des pas, on fit répondre aux questionneurs que le duc reposait après le bal masqué de la nuit et l'on fit préparer ostensiblement les présents et les fontaines de vin en affichant une figure de fête. En même temps, le cardinal envoyait, à bride abattue, des courriers aux commandants militaires de Pise et de Pistoïa, à Giacopo de Medicis à Arezzo et surtout au condottiere Alessandro Vitelli qui se trouvait à Citta di Castello avec les mercenaires de l'empereur.

Il fallait aussi éclaircir le mystère de la disparition du duc et, lorsque fut connu le départ nocturne de Lorenzo, il fut ordonné de forcer sa porte. Sa maison jouxtait le palais Medicis et, quand les serviteurs trouvèrent dans la chambre le corps ensanglanté, voulant éviter d'éveiller la curiosité, ils le roulèrent dans un tapis et furent le déposer dans l'ancienne sacristie de l'église San Lorenzo. Au dernier étage du palais, le cardinal Cybo tenait un vrai conseil de crise avec les « Palleschi », au nombre desquels figurait l'historien Guichardin. Jusque-là, personne n'avait voulu prématurément découvrir son jeu, mais, lorsque la nouvelle leur fut confirmée secrètement, ils eurent encore la nuit, dans l'attente des troupes, pour préparer le scénario de la succession. Ils n'étaient pas d'accord ; le cardinal Cybo aurait bien fait duc le fils naturel d'Alexandre, qui n'avait que cinq ans, et assuré la régence !... d'autres réclamaient le retour des bannis pour une élection. Tout le monde s'entendait cependant pour réprimer la volonté populaire si elle tentait de s'exprimer dans la rue.

Mais lorsque le peuple apprit la vérité, le lendemain, cette conspiration qui n'en était pas une avait échoué. Elle avait flotté vingt-quatre heures dans le tumulte de la fête et l'incertitude des rumeurs qui faisaient croire à la provocation. Personne n'avait sonné les cloches, personne n'avait exhibé au balcon la dépouille du tyran, personne n'avait clamé la nouvelle ; il y avait un meurtrier, il n'y avait pas de chef. Le lendemain, les troupes espagnoles occupaient la citadelle, à la rage des Florentins ; l'effigie de Lorenzo, pendue par un pied, se balançait au mur de la forteresse, sa maison avait été saccagée par la populace, mais rien n'avait changé.

Rien ? Si, pourtant. Dans ses appartements, Marguerite pleurait à chaudes larmes... Le cardinal Cybo était venu lui apprendre la nouvelle et elle était totalement désespérée. Après s'être désolée de l'horreur du drame et de la perte d'Alexandre, qui était encore pour elle le prince charmant, elle mesurait au fil des heures l'étendue du désastre pour sa propre vie. Son avenir à Florence avait coloré toute son adolescence, elle s'était préparée à son rôle de duchesse, elle le jouait déjà, elle adorait la ville, en connaissait les détours et les visages, guettait les fêtes et les saisons. Et maintenant ? Elle n'avait, dans l'immédiat, qu'à se préoccuper de revêtir des habits de veuve et attendre ce que l'on allait, ailleurs, décider pour elle. Au moins n'irait-elle pas au couvent : les veuves royales se remariaient. Mais alors à qui ? où ? Hormis Florence, le monde extérieur lui paraissait étranger et hostile.

Le 9 janvier, le Sénat s'était réuni à la Signoria, tandis que la foule grossissait sur la place et dans les rues avoisinantes, attendant une décision. De part et d'autre, la nervosité était grande et les anciennes dissensions prêtes à renaître. Les moines de San Marco avaient parcouru la ville, évoquant l'ombre de Savonarole et les « piagnoni » louaient Dieu pour la réalisation de ses prophéties ; mais le souvenir de ces violences mystiques était encore vivace dans les mémoires des bourgeois assemblés et la plupart d'entre eux préféraient voir la ville retourner en paix à ses affaires. Certains voulaient rétablir le conseil et élire librement un gonfalonier comme jadis ; d'autres proposaient que l'on se contentât de choisir un nouveau duc et avançaient la candidature de Cosme de Medicis, proche parent de Lorenzo par son ascendance et le premier dans la lignée à pouvoir prétendre au pouvoir. L'indécision était à son comble lorsqu'un coup d'escopette partit de la foule ; les sénateurs l'interprétèrent aussitôt comme le signal de l'émeute tant redoutée et se hâtèrent de trancher. C'était le début de la sagesse, et Cosme, qui se trouvait là « par hasard », fut plébiscité sur l'heure. Le coup n'était destiné qu'à un malheureux pigeon perché sur la corniche d'un palais et visé par un soldat désœuvré : ainsi se conclut pour deux siècles l'histoire de Florence.

Cosme était le fils du célèbre condottiere « Jean des Bandes Noires » et sa mère, Maria Salviati, descendait de Laurent de Medicis. De longue date, cette femme ambitieuse préparait l'avenir de son fils, tout en le gardant éloigné des intrigues et lui faisant donner une stricte éducation dans sa villa de Trebbio, hors de Florence. Aussi, ce beau garçon de dix-sept ans, campagnard, pêcheur et chasseur, aimable et calme, plut-il sur le champ à ses compatriotes, dans la mesure même où il leur offrait une image à l'opposé de celles d'Alexandre et de son âme damnée, Lorenzo.

Le premier souci de Cosme après son élection fut de se rendre au palais Medicis. Il fit ses condoléances à la jeune

« veuve douairière » et se conduisit en maître dans cette demeure qui avait aux yeux de tous valeur de symbole. Il eut toutefois la discrétion de ne pas s'y installer et retourna le soir même à Trebbio.

Maria Salviati, passé le premier moment de bonheur et d'émotion devant la réalisation de son rêve, avait rapidement analysé la situation. Cosme ne pourrait garder Florence qu'avec l'assentiment de Charles Quint. Si tant est qu'il ait eu un dessein politique, Lorenzo s'était trompé de cible en visant Alexandre : le pouvoir était ailleurs et les Espagnols dans la citadelle le prouvaient à l'évidence. L'idée lui vint, simple et de bon sens, de demander à l'empereur la main de sa fille pour le nouveau duc — ainsi ce dernier bénéficierait de la protection dont jouissait auparavant Alexandre et éviterait de voir disparaître, avec le départ de Marguerite, la dot considérable en biens Medicis dont elle devait hériter par contrat. On dépêcha donc à Valladolid l'évêque de Forli qui était chargé, dans un même message, d'annoncer à l'empereur l'assassinat de son gendre, de lui faire part de l'élection de Cosme et de formuler la demande en mariage.

Il fallait plusieurs semaines pour espérer une réponse d'Espagne, sans compter le temps de réflexion que ne manquerait pas de se donner le souverain. Maria mit à profit cette période pour entourer la jeune veuve de soins et d'égards et organiser la cour discrète de son fils. Cette heureuse conclusion matrimoniale paraissait à tous naturelle, et même au cardinal Cybo qui n'était pourtant pas un naïf. Dans le désarroi où elle se trouvait, Marguerite entra dans ce jeu qui redonnait un sens à son existence, et bientôt ne souhaita rien tant que de recevoir les visites courtoises du jeune duc et de sa mère.

Cependant, la situation politique restait incertaine. A Florence, il se trouvait des républicains frustrés qui prenaient prétexte de l'occupation étrangère pour manifester dangereusement leur mécontentement et, au-dehors, les « fuorusciti » avaient redressé la tête, croyant que pour eux l'heure avait sonné et que, même tardivement, le meurtre d'Alexandre devait être exploité. On complotait à Rome, à Venise, à Ferrare et l'on signalait un important regroupement de bannis à Sestino. En l'absence de toute directive d'Espagne, le cardinal

Cybo se sentait dépassé par ses responsabilités. Aussi décida-t-il de mettre Marguerite en sécurité. Où pourrait-elle être mieux protégée que dans la citadelle ? Aussitôt la décision prise, le palais Medicis fut entièrement déménagé pour donner une apparence « signorile » aux salles sévères de la forteresse. Et, puisque tous les biens d'Alexandre étaient supposés appartenir à Marguerite, rien ne fut laissé via Larga. Vaisselle d'or et batterie de cuisine, tapisseries et tableaux, coffres et crédences, objets d'art et, bien entendu, tous les joyaux de la famille prirent le chemin de la citadelle. On connaît certains de ces objets rares, rescapés des collections de Laurent le Magnifique, tels que la « tasse Farnèse » en sardoine orientale et le « sceau de Néron », dont l'itinéraire historique s'est achevé dans les vitrines du musée de Naples. On s'appropria également tous les objets qui avaient échappé au saccage de la maison de Lorenzo de Medicis.

La Fortezza da Basso était un morne séjour glacial, animé par la seule rumeur de la soldatesque, où l'entourage de la princesse ne se plaisait guère. Les habitudes de cour du cardinal ne le prédisposaient pas à une telle résidence et la grande maîtresse se mourait d'ennui. Marguerite continuait à y recevoir les visites de Cosme qui mettaient, dans la monotonie de ses journées, une note d'espoir et se rongeait d'impatience dans l'attente d'un courrier impérial. Son père, qui la nommait « sa fille bien-aimée », ne pourrait que donner son consentement au nouveau bonheur qui s'offrait à elle ; elle n'en doutait pas. A la fin du mois de février, elle reçut la visite du marquis d'Aguilar, qui venait d'Espagne et se rendait à Rome comme premier ambassadeur auprès du pape et qui l'assura, à travers des propos assez vagues, que son père « s'occupait d'elle ». Enfin, un mois plus tard, une missive personnelle lui fut remise. Cette lettre, écrite en espagnol par le secrétaire de Charles Quint, ne contenait que quelques condoléances pompeuses avec la signature de l'empereur ; pas un mot de compassion, rien sur son avenir, ni sur les projets qu'elle caressait. La déception fut immense. Ce n'était pas un refus, mais que penser ? Elle ignorait que le même courrier, poursuivant vers Rome, apportait à l'ambassadeur espagnol, le comte de Cifuentes, des instructions détaillées.

Charles Quint, en premier lieu, n'approuvait pas le séjour de la princesse dans la citadelle et ne le jugeait pas digne de son rang : la fille de l'empereur ne pouvait être aux yeux du monde une « sans logis ». Il suggérait qu'elle revienne dans le royaume de Naples et retrouve, à Gaète, Madame de Lannoy ; Andrea Doria mettrait à sa disposition les galères nécessaires. Au sujet du mariage avec le duc de Florence, il se montrait réticent. Il ne cachait pas qu'il estimait avoir payé sa dette envers Clément VII et que, puisque celui-ci était mort, il était quitte envers les Medicis ; d'ailleurs Cosme était désargenté et n'avait rien à lui offrir. On ne pouvait mieux dire que ce mariage était « une mauvaise affaire ». Mais l'empereur ne dévoilait jamais toute sa pensée en même temps et jamais à la même personne. La lettre ne laissait pas deviner s'il avait en tête une « meilleure affaire ».

Au reçu de cette missive, le comte de Cifuentes vint lui-même à Florence et le cardinal Cybo, soulagé, le mit au courant des subtilités de la situation. Cosme insistait pour que la duchesse douairière restât en Toscane, disant qu'il prendrait son départ comme une offense. Alors Cifuentes décida que Madama et sa suite s'installeraient à Prato, près de Florence. L'ambassadeur vit Marguerite, mais ne lui dit rien de l'opposition de son père envers le mariage qu'elle souhaitait si ardemment. Il l'entretint en revanche longuement de la politique que l'empereur voulait voir menée à Florence, une politique de réconciliation où les bannis pourraient rentrer dans la cité et y reprendre leur rôle. Aussi, quand, avant son départ, Marguerite fit ses adieux au Sénat, lors d'une séance solennelle à laquelle assistait le duc, elle fit à ces magistrats assemblés un véritable discours politique qui parut à tous étonnant dans la bouche d'une si jeune personne. Elle conseillait le pardon, l'obéissance au duc, et donnait à chacun le sentiment de parler au nom de l'empereur et d'être, entre eux et lui, l'intermédiaire voulu par la Providence. Le public en fut impressionné et l'historien Varchi ne cache pas son admiration, disant que Madama, ce jour-là, se montra « esser nata di chi ella era... » : être en un mot la digne fille de son père.

L'euphorie fut de courte durée. Le beau rêve de Marguerite qui la portait au-dessus d'elle-même allait bientôt se dissiper.

D'abord, les bannis ne firent aucun cas du pardon qu'on leur offrait. Ils estimaient n'avoir pas de grâce à recevoir mais le droit de rentrer dans leur patrie la tête haute. Comme toujours chez les exilés, l'entente ne régnait pas entre eux et leurs motivations n'étaient pas toutes héroïques, certains « se servant du nom de la liberté, et sous ce manteau cherchant à se tromper secrètement l'un l'autre... ». Leur résistance était attisée par les promesses de la France, et même par les incitations secrètes de la cour de Rome. Ils en vinrent, avec Piero Strozzi, à réunir une véritable armée aux alentours de Bologne et cette menace ne pouvait plus être prise à la légère. C'était la guerre déclarée.

Quant à l'installation de Madama à Prato, elle n'allait pas de soi. Lorsque se présentèrent devant la ville la princesse, accompagnée du comte de Cifuentes, du cardinal Cybo, de sa petite cour, de son convoi de bagages et de trois cents soldats espagnols, on ne leur en ouvrit pas les portes. Les édiles vinrent trouver respectueusement le comte de Cifuentes pour lui faire comprendre qu'ils accueilleraient volontiers Madama et sa suite, mais point les trois cents Espagnols dont la réputation n'était plus à faire : il n'y avait pour eux ni le vivre, ni le couvert. Cifuentes sonna alors la retraite et décida de se rendre à la villa « al Poggio di Caiano », à quelques lieues seulement de Prato. En quelques heures, la petite cohorte arriva dans ce séjour improvisé où Marguerite se retrouvait, non sans émotion, pour la troisième fois ; les soldats campèrent dans le parc.

Le séjour à Poggio ne fut pas de longue durée. Les bandes de « fuorusciti » étaient menaçantes et les fausses nouvelles faisaient qu'on croyait les voir partout. Lorsque Cifuentes eut regagné Rome, le cardinal Cybo, qui se voyait mal soutenant un siège dans la villa, décida à nouveau de gagner Prato et de se mettre sous la protection des bourgeois de la ville. Il se passerait de la soldatesque espagnole qu'en bon Italien il détestait. Mais bientôt, à Prato, la panique le saisit à nouveau et il décida de quitter la Toscane et de mettre Madama en sûreté à Pise. Marguerite était devenue une pauvre princesse errante et ses illusions s'en allaient en morceaux. Elle ne voyait plus Cosme de Medicis, restait sans nouvelles de son père et on ne lui disait rien. Le duc, quant à lui, avait été amené à livrer bataille aux « fuorusciti » entre Prato et Pistoia et leur chef, Filippo Strozzi, avait été capturé et jeté dans un cachot où il devait peu après trouver la mort.

A Valladolid, lorsque, trois semaines après le drame, l'évêque de Forli avait été reçu en audience par Charles Quint et lui avait remis son message, l'empereur, qui n'avait pas coutume de réagir immédiatement aux nouvelles, avait gardé le silence et s'était plongé dans ses réflexions. Mais un tel événement ne pouvait échapper à la cour, et le bruit s'en était aussitôt répandu. Les circonstances de l'assassinat, mais surtout le veuvage de Marguerite, excitaient les imaginations. Vers Rome, vers Bruxelles, les courriers se hâtaient, porteurs des commentaires et des conjectures de chacun.

Au deuxième examen, il avait paru à l'empereur que cette disparition d'Alexandre pourrait être une sorte de cadeau du Bon Dieu. Sa « fille bien-aimée » était à nouveau libre et, qui plus est, elle jouissait d'un douaire important. En effet, outre les meubles et bijoux qu'elle avait emportés avec elle, le cardinal Cybo avait veillé à ce que tous les biens immobiliers des Medicis, le palais, les villas, les terres et les immeubles fussent mis sous scellés. Puisqu'on ne pouvait les emporter, il avait imaginé un contrat avec le duc, moyennant quoi, la propriété en demeurant à Madama, il pouvait en garder la jouissance pour une somme annuelle de 7 000 ducats. L'argent restait un souci majeur pour Charles Quint, en un temps où, à proprement parler, il était « le nerf de la guerre », et où il fallait payer comptant non seulement les mercenaires sous peine de les voir passer à l'ennemi, mais encore l'armement, les fournitures, l'artillerie, les galères... Désormais Madama était riche et ne coûterait plus rien !

Cosme continuait d'insister auprès de l'empereur par l'intermédiaire de son ambassadeur, Giovanni Bandini, pour obtenir, en même temps que son investiture à Florence, la main de Marguerite. Sa situation était peu enviable. Il avait contre lui tous ceux qui restaient favorables aux bannis, ainsi que le parti français. Et, à Rome où, jusqu'à une période récente, les

Medicis avaient fait la loi, il rencontrait chez le nouveau pape une certaine hostilité.

Paul III Farnèse avait vécu trop longtemps l'ère des Florentins sur le trône pontifical pour ne pas mesurer l'étendue du désastre dont ils étaient responsables. Son animosité n'épargnait pas le nouveau duc et, lorsque Cosme en personne vint à Rome avec l'espoir de recouvrer les possessions Medicis qui provenaient de l'héritage de Léon X et de Clément VII, il trouva, là aussi, que l'on y avait mis les scellés. Par une argutie subtile, Paul III avait estimé que la succession de Clément VII, passée au cardinal Hippolyte de Medicis, puis à Alexandre, devait revenir à Lorenzo, mais qu'un assassin était « ipso facto » privé de tous ses droits. Ainsi, ces biens reviendraient à la Chambre Apostolique : ce n'était que justice, disait-il, puisque Clément VII avait largement puisé dans les fonds pontificaux pour financer le siège de Florence et assurer la dot de Catherine de Medicis... Cosme revint donc les mains vides. Il était frustré d'un considérable héritage qui comprenait le palais Medicis, dans le quartier des Lombards, la « vigna del papa », avec la villa construite par Sangallo et Raphaël sur le Monte-Mario, le Castel S. Angelo à Tivoli et une importante somme d'argent au Mont-de-Piété ([1]).

Lorsque Cosme rentra à Florence, il pouvait se considérer à juste titre comme ruiné, sans appui et sans pouvoir, puisque même ses forteresses étaient toutes occupées par les Espagnols. Mais Charles Quint jugea finalement qu'il n'était pas nécessaire de créer des troubles supplémentaires à Florence et de rejeter par désespoir le duc Cosme dans le camp français. Il lui fit faire, peu après, un courtois message par son ambassadeur Aguilar, dont la teneur était la suivante : Sa Majesté n'avait pas d'objection à laisser au duc le gouvernement de Florence. Elle ne souhaitait rien tant que de donner sa fille au successeur de son gendre décédé. Mais... hélas ! avant que ne fussent connues en Espagne l'accession de Cosme au duché de Florence et sa demande en mariage, Sa Sainteté le Pape avait

([1]) En outre, il incombait à Cosme de payer à Madama son douaire, à savoir 120 000 ducats, dont 50 000 tout de suite et le reste en deux mois. En échange, l'empereur lui donnait des domaines dans le royaume et une baronnie aux Pays-Bas.

prétendu, pour un de ses descendants, à la main de Madama, et S. M. se devait d'attendre le développement et la conclusion de ces pourparlers. Une telle union revêtirait une importance immense pour la paix en Italie et pour l'unité et le bonheur de la chrétienté. Dussent ces négociations aboutir, l'empereur se soucierait de trouver au duc une épouse de haute naissance et richement dotée, de sorte que s'affirment à Florence son pouvoir et son autorité.

Ce n'était qu'un demi-mensonge de la part de l'empereur. Cosme avait, en effet, été devancé par Rome dans ses prétentions matrimoniales.

5

OTTAVIO FARNÈSE

Un mois à peine après l'assassinat du duc de Florence, le cardinal Guidiccioni, nonce à la cour de Valladolid, sollicitait de l'empereur la main de Madama pour le petit-fils du pape : Ottavio Farnèse.

Paul III, le pontife plein d'onction et d'équanimité qui, en accueillant Charles Quint à Rome, venait d'abolir le passé et de se poser en arbitre entre les souverains rivaux, ne pouvait — l'eût-il souhaité — effacer le souvenir de sa propre jeunesse. Elle avait été turbulente et l'ascension d'Alexandre Farnèse était liée au scandale. Né d'une famille de condottières provinciaux qui s'était illustrée au service de la papauté, il en avait hérité la vitalité et l'esprit d'aventure, qu'une éducation humaniste, terminée à la cour de Laurent le Magnifique, avait tempérés de finesse et de culture. A Rome, et dans le premier quart du siècle, l'esprit de la Renaissance ne pouvait mieux s'incarner qu'en ce jeune homme à qui tout paraissait possible, riche d'avenir, exaltant.

Sa sœur Julie était la plus jolie femme de la cour. Elle était la maîtresse du cardinal Rodrigue Borgia et, lorsque celui-ci fut devenu pape et qu'Alexandre, peu après, reçut le chapeau de cardinal, cette nomination ne passa pas inaperçue. Les mauvaises langues s'en emparèrent. On l'appelait le cardinal « zimarra-gonella ».

A partir des récits de cette époque, apocryphes mais savoureux, et particulièrement de l'un deux intitulé « Origine delle grandezze della famiglia Farnese », Stendhal a bâti le schéma de son roman *La Chartreuse de Parme.* « Je prends quelques-unes des aventures de cet homme aimable » — dit-il — « dans un manuscrit moitié en patois napolitain et moitié en mauvais italien, et dont le principal mérite est la naïveté. » Là s'arrête la ressemblance, car le manuscrit italien, comme le roman, fait de Giulia Farnèse une tante du cardinal, et prête à celui-ci de nombreuses aventures amoureuses difficiles à vérifier. Il est vrai toutefois que, puni par le pape pour quelques excès bruyants, il se retrouva enfermé au château Saint-Ange, dont il s'évada à l'aide d'une corde : « Avec cette corde, il eut le courage de descendre du haut du château jusque dans les fossés ; la corde avait bien trois cents pieds de longueur et était d'un poids énorme... » Il y avait de quoi enchanter Stendhal.

Le jeune cardinal — il ne s'agit plus de fiction — vécut ensuite maritalement avec une noble dame qui resta pour l'Histoire « la dame inconnue ». Il s'en sépara lorsqu'il reçut les insignes de la prêtrise ; « ses amours durèrent longtemps et avec un tel secret qu'il n'en résulta plus aucun scandale ». Aucun scandale, mais plusieurs enfants, dont l'un devait mourir prématurément — et le second l'accabler de chagrin.

Ce fils, en effet, avait hérité intact l'esprit « condottiere » de ses ancêtres et en usait sans nuances à une époque où cette notion commençait à évoluer et où une certaine idée de fidélité se superposait lentement au concept purement mercenaire. Rien de semblable chez Pier-Luigi Farnèse ; il sert son intérêt sans vergogne. A tel point que, lors du sac de Rome, il se trouvait aux côtés du connétable de Bourbon et des lansquenets luthériens, escaladant les murailles et assiégeant — en même temps que le pape — le cardinal Farnèse, son propre père, enfermé avec Clément VII au château Saint-Ange. Il ne fut en rien gêné par les brutalités inouïes qui suivirent l'assaut, étant capable lui-même des pires exactions, si l'on en croit les récits des contemporains, impossibles à reproduire ([1]).

([1]) La manière scandaleuse dont le gonfalonier de l'Eglise humilia l'évêque de Fano qui lui avait fait des objections sur sa conduite figure dans les chroniques du temps (Varchi, *Storia fiorentina*). Bien que l'époque ne fût pas particulièrement bégueule, les contemporains en furent stupéfaits.

Rome mit longtemps à lui pardonner ; il fut frappé par Clément VII « d'excommunication majeure, d'anathème pour rébellion, perduellion et lèse majesté ». Il fallut l'accession au trône pontifical de Paul III et toute la faiblesse paternelle du pontife envers ce guerrier insolent qui lui faisait peur, pour qu'il soit réhabilité. Le nouveau pape en fit le gonfalonier de l'Eglise, lui conserva plusieurs fiefs importants dans le Latium qui représentaient autant de revenus exemptés de taxes et, pour un capitaine tel que lui, une réserve inépuisable d'hommes d'armes, et érigea l'un d'entre eux — Castro — en duché. A travers la fortune du nouveau duc et de sa descendance, Paul III poursuivait le rêve d'asseoir glorieusement l'avenir de la maison Farnèse.

Cette faiblesse n'avait pas échappé à ceux qui voulaient le servir, non plus qu'à ceux qui souhaitaient l'exploiter. Le cardinal Guidiccioni se trouvait parmi les premiers. Ami de jeunesse de Paul III, il était à Valladolid le représentant du pape lorsque la nouvelle de l'assassinat du duc de Florence et du veuvage de Marguerite parvint à la cour. En un éclair, il eut l'intuition du profit que pourraient tirer les Farnèse d'un lien matrimonial avec la maison de Habsbourg et, tout en glissant cette idée à l'empereur, sans toutefois insister, il écrivit dans les quarante-huit heures au pape pour lui soumettre son plan. Parmi les quatre fils de Pier-Luigi — qui se trouvaient être les petits-fils de Paul III —, l'aîné, Alessandro, avait déjà reçu le chapeau de cardinal à l'âge de quatorze ans (Rabelais l'appelait « le cardinalicule »). Pourquoi ne pas demander la main de Marguerite pour le second fils, Ottavio ? Il n'avait que treize ans, mais, avec le temps qui s'écoulerait pour mener à bien les tractations, il aurait atteint, au bout du compte, l'âge requis pour faire un mari présentable. L'essentiel était de poser au plus tôt sa candidature. Le Saint-Père pourrait peut-être détacher du domaine pontifical une seigneurie qui remplacerait Florence pour la duchesse, quitte à indemniser l'Eglise avec la dot de Madama ? Pourquoi pas Parme et Plaisance ? Pour la première fois, il était question de ce futur duché qui allait faire par la suite couler beaucoup d'encre, de sang et de larmes.

En moins de deux semaines, l'écho de ce projet circulait dans Rome et avait atteint Bruxelles, mais l'empereur se taisait.

Cette proposition ne le laissait pas indifférent. La campagne de Provence contre François Ier, l'année précédente, avait été pour lui une défaite. Il avait trouvé en face de son armée un pays volontairement dévasté, et la politique impitoyable de la « terre brûlée » l'avait obligé à se rembarquer avec ses soldats affamés. Ce souvenir le laissait abattu. Ses rapports avec la France étaient encore aggravés par la mort subite du fils aîné de François Ier : la rumeur d'un empoisonnement faisait naître toutes les suspicions. Enfin, en Allemagne, les progrès du luthéranisme étaient pour lui un souci grandissant.

A remâcher ces échecs récents, le souvenir glorieux de l'expédition de Tunis avait pour Charles l'éclat d'un paradis perdu. Cette campagne franche, sans équivoque, qui avait rassemblé les princes dans un élan de croisade, pour laquelle même les protestants avaient fait taire leurs revendications, le réconfortait en pensée par son aspect simple, pieux et loyal. De surcroît, toute atteinte portée au Turc était une botte pour son odieux rival, François Ier.

Charles mûrissait donc à nouveau une croisade et commençait dans ce but à jeter les bases d'une « Sainte Ligue ». Pour ce faire, il avait besoin du pape : mieux, celui-ci devait en être l'âme, tandis que l'empereur en serait le bras armé, aidé de Venise, de tous les princes chrétiens volontaires et des galères de Doria. Puisque Paul III Farnèse voulait obtenir Madama pour ennoblir sa maison, ce serait là un mince sacrifice à lui consentir au regard de sa collaboration dans cette entreprise immense.

Il était sous-entendu toutefois que ce sacrifice signifierait un rapprochement entre le pape et le parti impérial et un désaveu du roi de France, si impudemment favorable aux Infidèles. Mais Paul III ne voulait à aucun prix se départir de sa neutralité. Soumis aux pressions rapaces de sa famille et torturé dans sa conscience, il résistait encore à la tentation de cette alliance flatteuse et demeurait dans l'expectative. L'empereur, de son côté, ne manquait pas de conseillers pour lui dire que bientôt le pape allait mourir et que les Farnèse se retrouveraient nus. Il se jouait là une partie d'échecs serrée, rendue interminable par la lenteur des échanges, les hésitations du pape et la duplicité de Charles Quint, jusqu'au moment où l'ennemi turc dénoua la situation. En juillet 1537, il avait débarqué dans les Pouilles et investi les îles proches de Venise. Il menaçait l'est de l'Europe, tandis que le suppôt de Barberousse, Dragut, écumait la Méditerranée. Le danger fit l'union sacrée. Sous cette menace pressante, Paul III souscrivit à la Sainte Ligue et l'empereur acquiesça au mariage. Marguerite était tenue ignorante de ces négociations.

Ces heureuses dispositions devaient trouver leur conclusion lors de la rencontre de Nice à laquelle Paul III avait obtenu que François Ier participât avec Charles. Cette réunion de famille où le pape réconcilierait ses « chers fils » et les obligerait à la paix démontrerait à l'évidence son bon vouloir et son impartialité. Les quelques années qui s'étaient écoulées depuis son élection lui avaient déjà permis d'affirmer fortement sa personnalité, toute d'intelligence et d'habileté. Il avait, deux ans auparavant, posé la première pierre du concile, à Mantoue, et lancé simultanément un mouvement de réforme intérieur à l'Eglise ; il avait entrepris la restauration de la ville de Rome et cette « paix de Nice » allait enfin être le couronnement de ses efforts dans le domaine de la diplomatie. Paul III allait pouvoir maintenant s'entremettre pour le bien de tous entre ces deux adversaires crispés et exsangues et terminer une guerre ruineuse qui menaçait de s'éterniser.

Le territoire du duc de Savoie avait été symboliquement choisi pour sa neutralité. Un tel « sommet » nécessitait de longs préparatifs et la rencontre n'eut lieu que l'année suivante, au printemps de l'année 1538. Malgré tout, lorsque l'empereur se présenta devant Villefranche avec les 21 galères de sa suite, le duc lui refusa le château de Nice où devaient se tenir les conversations, arguant « que ses sujets ne le voulaient consentir ». Il s'était autrefois opposé à ce que la ville soit le théâtre du mariage de Catherine de Medicis. Le duc Charles était-il peu prêteur — ou simplement prudent ?

Charles Quint prit ses quartiers modestement aux environs, tandis que le pape allait habiter le monastère de St. François hors de la ville. Lorsque François Ier arriva plus tard, en grand équipage, il était accompagné de ses fils, de sa belle-fille, Catherine de Medicis, de la reine Eléonore, sœur de l'empereur, mais aussi de sa maîtresse, la duchesse d'Etampes, de la plus grande partie de sa cour, deux cents gentilhommes et sept mille hommes de troupe. Il s'installa au château de Villeneuve, magnifiquement embelli pour la circonstance.

L'éloignement de ces diverses résidences, les complications du protocole et, sans doute, une certaine réticence de la part de chacun des partenaires qui n'était pas encore surmontée, firent qu'il n'y eut jamais de réunion tripartite. François Ier ne pouvait oublier complètement sa captivité à Madrid, la dureté de Charles Quint à son égard et envers ses enfants. Il n'avait jamais revu l'empereur depuis lors. Paul III surmontait, lui aussi, les amers souvenirs de son emprisonnement au château St. Ange où le hasard lui avait donné le même geôlier espagnol qu'au roi de France, autrefois. Charles, quant à lui, se considérait comme trompé et trahi, partout et toujours, et rendait ses interlocuteurs responsables de voir son mirage sans cesse de dérober devant lui. Infatigable, ce fut le vieux pape qui fit le va-et-vient entre les deux souverains. Après que ceux-ci lui eurent fait la visite de courtoisie qui s'imposait, il passa la plus grande partie de son temps avec l'un ou avec l'autre, s'entretenant de longues heures durant, à la recherche d'un terrain d'entente.

Les incidents ne manquaient pas. Pour l'une de ces rencontres, on avait, par une belle journée, dressé dans les vignes une tente somptueuse, ornée de tapisseries, où le pape s'enferma avec l'empereur, tandis que les cardinaux, les ambassadeurs et la suite attendaient en devisant dans un jardin d'orangers. La conversation durait et chacun regardait l'horizon se charger de nuages : un orage se préparait ; quelques minutes encore et il fut sur la brillante assemblée qui n'avait nulle part où s'abriter, transformant ces hauts dignitaires en statues ruisselantes et désolées. Le velours, les panaches, la pourpre et les ors dégouttaient tandis que, sous la tente, la conversation s'éternisait : il y allait de l'avenir de la chrétienté. Lorsque le pape et l'empereur sortirent après quatre heures d'un entretien dont ils semblaient enchantés, l'aspect de leur suite acheva de les mettre en joie et Paul III eut un large rire qui obligea ses victimes à se dérider.

Un peu plus tard, pour la visite de sa sœur la reine de

France, qui arrivait en galère, l'empereur avait fait constuire une passerelle de bois qui entrait dans l'eau « pour facilement désembarquer les dames ». Sa Majesté étant sur le pont ainsi que la reine et sa suite, « la foule chargea tant que le pont rompit et tombèrent tous en mer, néanmoins qu'il n'y eut nul péri ni blessé ». Là encore il fallut se sécher. Quant à l'ambassadeur de Russie qui venait aux nouvelles, arrivant de Gênes sur un brigantin, il fut pris par les pirates, qui cependant le relâchèrent et « fut ledict ambassadeur, par les Turcs tout saccagé et dépouillé ».

Ces petits faits divers ne nuisirent pas à l'heureuse promulgation d'une trêve de dix ans entre la France et l'Empire qui, faute de vraie conclusion, prolongeait pacifiquement le « statu quo » et dont le pape espérait que « durant le dit temps les inimitiés enracinées dedans les cœurs pourraient se mitiger finalement ». Paul III et Charles Quint s'embarquèrent alors ensemble pour Gênes « auquel lieu — nous dit le chroniqueur — fut conclu le mariage du seigneur Ottavio Farnèse, fils de Pierre-Loys, dont le pape était grand-père, et de la fille bâtarde de Sa Majesté, veuve du duc de Florence ». Il s'agissait de la signature de l'accord qui décidait du sort de Marguerite, en son absence.

Il y eut, à cette paix de Nice, un épilogue imprévu lorsque François Ier et Charles Quint, laissés à eux-mêmes, se rencontrèrent presque par hasard devant Aigues-Mortes où la flotte de l'empereur avait jeté l'ancre. « Après disner le roi avec sa compagnie, en petites barques tapissées, vint voir Sa Majesté en sa galère. » Le plus amicalement du monde, à la surprise générale, ils se firent mille grâces et de sérieuses promesses et échangèrent en gage d'amitié les insignes qu'ils portaient, le collier de la Toison d'Or et celui de l'ordre de St-Michel, chacun se dépouillant pour l'autre.

Cet épisode est le thème d'une fresque de Salviati que l'on peut voir au Palais Farnèse à Rome. L'artiste qui a brossé à grands traits les souverains, l'air heureux et triomphants, les fait aller la main dans la main (et il signe son nom discrètement sur le front même de l'empereur !). Beau spectacle sans lendemain, car la légèreté mensongère de François Ier et la méfiance congénitale de Charles devaient en faire un faux-semblant. Les deux adversaires ne pouvaient se dégager d'un lourd passé et, à ces quadragénaires, déjà effleurés par la maladie et la vieillesse, la vie ne permettait plus d'innover.

Depuis que les environs de Florence avaient été pacifiés par la victoire de Cosme sur les « fuoriusciti », Marguerite avait pu regagner Prato et s'installer au château impérial près de la petite ville. C'était une forteresse carrée, flanquée d'énormes tours, construite au XIIIe siècle par Frédéric II Hohenstaufen, et qui avait la même apparence imposante et dissuasive que son château octogonal de Castel del Monte dans les Pouilles. Dans ce provisoire qui se prolongeait, Marguerite laissait passer le temps et, avec l'optimisme de la jeunesse, se prenait à espérer : l'empereur pourrait peut-être l'oublier en Toscane, laisser aller les choses selon leur pente naturelle, céder à la pitié... Pour échapper au triste château fort et se retrouver dans la nature, elle partait avec ses gens chasser plusieurs jours durant, passant la nuit, au gré du gibier, dans les fermes ou les abris de fortune. Parmi ses cavaliers se trouvait le jeune cardinal de Santiago, récemment arrivé d'Espagne, chargé sans doute de protéger la princesse, sinon de la surveiller. Il était loin de lui déplaire. Au reste, il y avait peu de protocole autour d'elle et la vie était gaie et légère. Cosme de Medicis venait souvent la voir. Lui aussi se trompait sur la signification des silences de l'empereur ; lui aussi le croyait capable de changer d'avis.

Au mois de novembre de cette même année 1537, Charles se rappela à sa fille en lui annonçant qu'il allait placer auprès d'elle un grand maître, en la personne de don Lope Hurtado de Mendoça, qui dirigerait sa maison et l'aiderait de ses conseils, tandis que son épouse, doña Maria de Rojas, lui servirait en quelque sorte de gouvernante. Ils arrivèrent peu après, et la raideur du protocole espagnol, avec eux, s'installa dans la forteresse. L'empereur avait fait savoir aussi qu'il ne convenait pas à sa fille de courir la campagne et « de s'exposer ainsi aux mauvais propos ». Elle ne devrait plus désormais s'échapper jour et nuit.

Don Lope Hurtado avait reçu de Charles Quint des instructions orales qui demeurèrent secrètes. Outre la surveillance de la jeune femme et les mesures destinées à éviter toute manœuvre du côté florentin, il devait jouer un rôle dans les pourparlers avec Rome au sujet du mariage Farnèse. L'empereur, selon son habitude, avait chargé le grand maître d'une mission différente de celle du marquis d'Aguilar, son ambassadeur auprès du pape, et sans doute volontairement, n'en avait pas averti les intéressés.

C'est ainsi que Marguerite, en peu de temps, se trouva prise au piège. Elle donna toute sa confiance à Lope Hurtado qui venait de quitter son père et qui lui révéla les projets de l'empereur à son sujet, en lui faisant probablement valoir que le salut de la chrétienté et la réalisation de la Sainte Ligue contre le Turc passaient par la promesse d'un mariage avec le descendant du pape, mais qu'étant donné l'âge du Saint-Père — que Dieu dans sa miséricorde ne manquerait pas de bientôt rappeler à lui —, il ne s'agirait que d'un geste de bonne volonté qui ne serait peut-être pas suivi d'effet. Il semblait à Marguerite entrer dans un jeu dont les intentions nobles la flattaient, qui valorisaient son importance et lui donnaient l'occasion de prouver sa reconnaissance à ce père admiré.

Il n'en allait pas de même à Rome où le marquis d'Aguilar avait reçu de Charles Quint l'ordre de rendre effective au plus vite la Sainte Ligue pour entreprendre une croisade jusqu'à Constantinople, et où l'impatience de l'empereur rejoignait le souci du Saint-Père de marier sans tarder son petit-fils et de battre le fer tant qu'il était chaud. La mission d'Aguilar était claire : il fallait se hâter. Et, aussitôt après la rencontre de Nice, le 9 juillet 1538, Marguerite vit arriver au Castello Imperiale l'ambassadeur qui venait lui demander une procuration en vue de signer à sa place le contrat de mariage avec la famille Farnèse. Fidèle à son rôle, la princesse signa cette pièce sans soupçon, assurant l'ambassadeur qu'elle était prête à se régler en tout sur les désirs de Sa Majesté.

Le lendemain, elle reçut une visite plus troublante encore en la personne d'un notaire bourguignon, mandé par l'empereur, M. de Pommereulx. Celui-ci présentait à sa signature un acte qui désavouait complètement le document de la veille. Rédigé dans le langage juridique de l'époque, en voici quelques extraits : « En présence de moy, Claude de Pommereulx, notaire et personne publique (...) Dame Marguerite d'Autriche

(...) a dict et déclaré (au sujet de l'acte de procuration de la veille) que tout ce qu'elle en a fait a esté pour révérence et crainte dudict Seigneur Empereur et pour non oser désobéir à ce que S. M. luy a commandé et fait dire. Et que jamais son intention n'a été, ny est, consentir au dit mariage (...) Et pour ce a révoqué et révoque le dit pouvoir et a protesté (...) de la nullité de tout ce que par (...) son dict procureur y sera fait. Dont ladicte Illustre Dame a prêté le sairement [serment] aux Saints Evangiles de Dieu es mains de moi, notaire... » et Marguerite parapha ce texte volontiers, y reconnaissant la preuve évidente que la procuration de la veille n'était qu'un épisode de la manœuvre politique.

Il n'a pas manqué d'historiens pour interpréter la visite du notaire comme une tentative de révolte de Marguerite contre le mariage Farnèse, appuyée par don Lope Hurtado. C'est peu vraisemblable. Où aurait-on vu au XVIe siècle une fille de quinze ans — bâtarde de surcroît — s'insurger contre son destin et affronter un père tel que Charles Quint ; non plus qu'un seigneur de la maison impériale prendre le risque de s'associer à une entreprise aussi folle ? Le document du notaire repose dans les archives de Simancas, preuve de son origine et de sa légitimité. On peut penser que Charles Quint avait pris cette précaution supplémentaire pour faciliter, le cas échéant, l'annulation de dernière minute d'un mariage dont il aurait déjà épuisé le bénéfice.

Le marquis d'Aguilar, quant à lui, tout aux préparatifs de la Ligue, se hâtait de nouer les liens de l'union Farnèse, sans deviner les arrières-pensées de son maître. Et, dès le 6 octobre, Marguerite reçut un envoyé de l'ambassadeur, le capitaine Maldonado, muni d'une nouvelle pièce à signer requérant son assentiment pour le déroulement de la cérémonie des fiançailles par procuration. Les termes du document étaient impérieux, le capitaine insolent, et la princesse le renvoya sans autre forme de procès. Aguilar en conçut un vif mécontentement qui explosa dans une lettre à peine polie qu'il fit tenir à Marguerite quelques jours plus tard. Il s'indigne de sa désobéissance, de son manque de parole, d'une conduite aussi déplaisante envers l'empereur, certainement suscitée par de mauvais conseillers, et, qui sait — ajoute-t-il perfidement — si son père, pour un tel acte de rébellion, ne va pas la répudier pour sa fille ?... Cette lettre odieuse — et cette note de chantage — touchaient au vif la princesse au point le plus sensible : sa parenté avec l'empereur, son appartenance Habsbourg. Ce lien était sa seule patrie et en souligner la fragilité était, envers l'enfant bâtarde, d'une grande méchanceté, comme une menace de la rejeter dans les ténèbres extérieures. Tout son entourage en fut ému et Lope Hurtado n'écrivit pas moins de trois lettres à Charles Quint pour disculper sa maîtresse, lui envoyant tous les documents incriminés et demandant des ordres précis. « Cette dame, ajoute-t-il, doit être touchée avec des gants. »

Le départ de Prato était cependant décidé et la petite cohorte de Marguerite partit sur les routes avec gens et bagages. Pour quitter Florence et marquer le sens de cet adieu, tout le monde s'était vêtu de deuil. Par Signa et San Giminiano, Madama se dirigeait vers Sienne. Le va-et-vient des courriers avec Rome, le ton plus pressant des missives et les silences de l'empereur lui rendaient la résistance toujours plus difficile. A Sienne, elle apprit que l'on avait passé outre à ses refus et que la bénédiction des fiançailles « per verba de presenti » venait d'avoir lieu solennellement à Rome, le 12 octobre, cérémonie où le marquis d'Aguilar avait pris sur lui de la remplacer. C'était aux yeux de tous la confirmation officielle de la nouvelle de son mariage qui se chuchotait dans la capitale depuis plusieurs mois et qui occupait une large place dans les correspondances diplomatiques. Elle ne pouvait plus se dérober.

Le cœur lourd, Marguerite demeura à Sienne deux semaines encore, faisant aux alentours quelques promenades mélancoliques. Le jour de son départ, Cosme de Medicis vint lui faire ses adieux et escorta la cavalcade jusqu'aux limites de la Toscane, puis rebroussa chemin. Le cavalier qui s'éloignait emportait avec lui le secret de deux années d'un amour discret, romanesque et courtois. Marguerite ne devait jamais le revoir.

La princesse ne manquait pas de courage et savait ce qu'elle devait à son rang. Parader était pour elle de longue date un exercice où elle excellait ; elle avait revêtu un costume « à l'espagnole » et mis sa suite en tenue de fête. Tout en chevauchant, elle se berçait de l'espoir que ces démonstrations n'étaient qu'une mise en scène où elle jouerait jusqu'à l'extrême limite le rôle qui lui était assigné, mais qu'au dernier moment, le tout-puissant « deus ex machina » la délivrerait par miracle. Aussi bien, le pape avait-il organisé son accueil de telle façon qu'elle n'ait plus un instant pour réfléchir et se raviser. Il avait à sa disposition tous les membres de la famille Farnèse, unis comme un clan dans un réseau serré d'intérêts et, malgré leur diversité, tous semblables par le dynamisme, l'intelligence et l'ambition.

Dès que Madama aborda les Etats Pontificaux, ce fut Pier Luigi, son futur beau-père, qui se porta au-devant d'elle. Elle avait déjà remarqué à Naples ce sombre condottiere. Titien, aux limites de la caricature, a révélé son aspect inquiétant et son visage d'oiseau de proie : tout est noir dans ce portrait, le regard du guerrier et son armure qui brillent du même éclat métallique. Mais le noir chevalier s'était fait allègre pour recevoir Marguerite. A Naples, il était encore quémandeur; ici, il parade. Ses ambitions sont loin d'être apaisées, mais il a obtenu de l'empereur le marquisat de Novara, 9 000 ducats de revenu, une pension de 15 000 écus... Il est duc de Castro et Antonio de Sangallo s'emploie à fortifier pour lui la petite ville ([1]). Il a commandé à l'architecte une citadelle, un palais ducal, un « hôtel de la Monnaie ». Maintenant, il peut tout attendre du mariage de son fils; lui-même n'a que trente-trois ans! Il veut faire de l'arrivée de Marguerite une fête inoubliable. Il amène à la princesse la propre chaise de Sa Sainteté et une haquenée blanche dressée au pas de l'amble pour faire ses « joyeuses entrées » dans les villes des Etats Pontificaux. Cette monture est un cadeau du cardinal Alessandro Farnèse, Chancelier de l'Eglise. Marguerite fera à Rome la connaissance de ce futur beau-frère qui a commencé sa carrière ecclésiasti-

([1]) Il ne reste rien de Castro, qu'une gravure au Musée des Offices. Cette petite ville modèle achevée par Sangallo en 1543, fut plus tard détruite par la vengeance du pape Innocent II contre le duc de Parme, Ranuccio II. Elle fut entièrement rasée et les habitants dispersés. Il ne reste de l'œuvre de Sangallo qu'une colonne érigée sur le site et qui porte ces mots : « la fu Castro ».

que à huit ans et demi comme archevêque de Parme et se trouve à dix-neuf ans au sommet de la hiérarchie.

Pour l'heure, Pier Luigi a entrepris de faire visiter à Madama les domaines Farnèse, sans doute pour lui démontrer que ces guerriers, nés dans les « rocche », ont le sang plus fier que les Medicis, que le lys Farnèse, emblème d'une vieille et rude noblesse d'épée, surpasse les six « palle » des banquiers florentins, aussi dorées soient-elles. Alors, après avoir lentement gravi le col de Radicofani, puis traversé triomphalement la petite ville d'Acquapendente, la princesse séjourna dans le vieux pays étrusque, sauvage et accidenté et les âpres forteresses d'où les condottières tenaient la région. Du château de Capodimonte, on descendit vers les douceurs du lac de Bolsena. C'était au mois d'octobre et, aux alentours, Pier Luigi organisa des chasses au faisan, au héron, des exploits de fauconnerie et des fermés de gibier derrière des filets, qui ne furent pas pour déplaire à Marguerite. Une excursion fut organisée jusqu'à l'île de Bisentina où l'ancêtre Ranuccio l'Ancien, condottiere du pape Eugène IV, avait sa sépulture, grandiosement isolée par les eaux du lac de Bolsena. Là encore, après un moment de recueillement, on courut le gibier et Marguerite n'était pas loin d'en oublier ses soucis. Les lettres de Pier Luigi témoignent de son contentement : « Demain, nous allons à Viterbe et j'ai organisé une grande chasse pendant notre parcours pour la mettre dans la meilleure disposition possible. »

La princesse, pendant ces belles journées d'automne dans la campagne romaine et au cours de ces poursuites haletantes, toute à l'animation du moment présent, découvrait Pier-Luigi, et à travers lui les Farnèse, sous leur meilleur jour. On s'était gardé de mêler Ottavio à ces préliminaires et il n'existait encore dans l'esprit de Marguerite que sous la forme abstraite d'un devoir incertain et d'une formalité à venir. On allait s'employer les jours suivants à masquer plus encore à ses yeux l'insignifiance du fiancé et à substituer à son image celle de l'ensemble du clan Farnèse dans sa variété et sa splendeur. Elle fut donc accueillie, au terme de cette équipée, et avant d'aborder Rome, à Ferraioli — l'actuelle « Isola Farnèse » — par Girolana Orsini, sa future belle-mère et par la sœur de Pier Luigi,

Costanza Sforza. Le soulagement était tel de la voir enfin prise au filet du mariage après les réticences qu'elle avait si ouvertement marquées, que l'accueil des dames fut chaleureux. Nul ne pouvait pressentir la solide inimitié qui opposerait bientôt Marguerite et Costanza. Tout au plus la princesse, du haut de ses seize ans, parut-elle un peu altière à cette comtesse qui avait déjà un fils cardinal. Consciente d'être seule dans la partie qui se préparait, Madama se voulait, face à ces principicules italiens, rayonnante de l'« aura » des Habsbourg et, dans ses raides vêtements, ne perdait pas un pouce de sa taille. Elle était la fille de l'empereur ; il ne faudra jamais l'oublier.

Le lendemain était la grande journée prévue pour son entrée à Rome et sa présentation au pape. Elle revêtit tôt le matin un costume « à la portugaise », de satin blanc rehaussé d'or, et le béret basculé dont la plume blanche ombrageait son visage et ondulait à la brise. Une réception, qui réunirait autour des Farnèse tout ce qui comptait à Rome, avait été prévue pour le repas de midi au Monte Mario, en un lieu agreste qui portait encore le nom de « Vigna del Papa » et dont les douces collines descendaient jusqu'au Tibre. Léon X, et plus tard Clément VII, avaient fait construire sur ce terrain, qui appartenait au chapitre de Saint-Pierre, une champêtre villa romaine où la nature assiégeait les portiques. Raphäel et Sangallo avaient rivalisé pour en moduler les lignes élégantes et les inventions de Giulio Romano foisonnaient aux murs de la loggia dans des entrelacs de stucs. Il y avait, dans le jardin, un bassin, des statues géantes et, en guise de fontaine, sculptée dans la pierre, la tête du populaire éléphant de Léon X, « Annone », déversant l'eau par sa trompe. On ne pouvait imaginer un ensemble plus raffiné et charmant, et Marguerite ne put qu'être troublée par ce rappel obsédant de la Toscane.

L'heure n'était pas à se souvenir, et Madama devait se conduire là en hôtesse du lieu, car elle y était chez elle. Cette « vigna » faisait partie des biens Medicis que le pape lui avait fait restituer lors du contrat de mariage ; bientôt elle s'appellerait « villa Madama ». Dans la loggia ouverte sur le jardin secret, les invités en grand nombre se pressaient, attendant de la rencontrer. Les cardinaux, les nobles romains, les sénateurs, les conservateurs, les notables lui furent présentés à tour de rôle. La cérémonie était longue, l'après-midi s'épuisait. Le défilé des visages inconnus, l'appel des noms sonores, la rumeur de la curiosité mondaine avaient tué le charme des lieux. Dans sa fatigue, Marguerite perdait quelque peu de vue le pourquoi de toute cette agitation lorsqu'à la fin, on lui nomma : « il prefetto di Roma ». C'était Ottavio Farnèse...

Perdu dans l'orgueilleuse assemblée, l'adolescent faisait piètre figure. En un instant, Marguerite eut la vision, qu'elle ne devait jamais oublier, de ce garçon de treize ans, emprunté, plus petit qu'elle et qui la fixait d'un regard à la fois timide et insolent : son fiancé.

6

LE MARIAGE

Le moment était venu pour Madama, ce 3 novembre 1538, de faire son entrée dans la ville et, depuis la veille, des petits groupes de personnalités se portaient à sa rencontre pour l'escorter.

Lorsque la réception au Monte Mario fut terminée, le cortège s'organisa selon un protocole très étudié et emprunta la via Flaminia. La nuit était tombée lorsqu'il se présenta devant Rome, et l'entrée se fit à la lueur des torches. On abordait la ville par la « Porta del Popolo ». Celle-ci n'était qu'un gros appareil défensif, sans aucune ornementation, qui ouvrait sur la place, vaste carrefour de terre battue dépourvu de monuments.

Le cardinal Farnèse fut le premier à accueillir Madama et prit place à côté d'elle — avec le jeune cardinal de Santiago de Compostelle —, tandis qu'elle chevauchait sa jument blanche dont un petit page tenait la bride. Elle était escortée de douze dames romaines de sa suite, vêtues des robes de velours rouge qui marquaient leur appartenance. Suivaient les matrones de la maison Farnèse, couvertes de bijoux.

Ce précieux petit groupe sur lequel se concentra l'admiration bruyante d'une foule en liesse avait été précédé par le train tumultueux des chariots bâchés aux couleurs impériales, des gens, des palefreniers et des mules, suivis à distance par les personnalités masculines, romaines et étrangères, de la cour et de la ville, et enfin de Pier-Luigi, le duc de Castro, solitaire, fier et plein de morgue.

Le cortège emprunta la « via papale » et fit halte au campo de'Fiori où Marguerite entendit un premier discours de bienvenue auquel elle répondit avec aisance et à-propos. On s'était arrêté au voisinage du palais de la Chancellerie, résidence du cardinal Alessandro, qui brillait des mille flammes de ses « fiaccole », et on devinait au loin la masse sombre du palais Farnèse dont la façade ne s'élevait que sur deux étages et auquel manquait la corniche. Inachevé, mais déjà imposant, il était à l'image du destin de cette famille, qui se construisait laborieusement mais sûrement, selon la devise de Paul III, « Festina lente... ».

Le cortège remonta ensuite vers le château Saint-Ange. Depuis que la forteresse avait abrité et sauvé le pape lors du sac de Rome, la statue de l'ange protecteur couronnait l'édifice et Marguerite voyait sur le ciel rougeoyant se détacher sa silhouette tutélaire et martiale. Une salve d'artillerie à son passage ébranla les vieilles pierres. Le cœur des Romains se serrait à nouveau d'angoisse au bruit de la canonnade qui, dix ans auparavant, aurait dû arrêter les hordes qui se pressaient aux murailles. Personne n'eut le cœur, en ce jour de fête, d'évoquer devant Marguerite ces temps dramatiques. Sa venue, mieux que ne l'avait fait celle de l'empereur, ramenait la paix et la joie.

Le trajet n'était plus très long jusqu'au Vatican. Par les petites rues médiévales enchevêtrées, on débouchait devant la basilique, dont la façade constantinienne intacte masquait le gigantesque chantier. Un clocher sur la droite flanquait la « loggia des bénédictions » et l'escalier du palais offrait ses marches en pente douce aux visiteurs. Le cardinal Alessandro tendit une main galante à Madama pour l'escorter jusqu'aux loges de Raphaël, et là il s'effaça devant le petit Ottavio qui accompagna à son tour la princesse jusqu'aux appartements du Saint-Père. Ottavio crut opportun d'embrasser alors sa fiancée aux yeux de tous. Les courtisans ne manquèrent pas de déceler sur le visage d'Alessandro une certaine déception. Avec sa bonne mine et ses vingt ans, il eût mieux convenu à Madama, et ils échafaudèrent aussitôt la fable que le cardinal avait un coup de foudre pour sa belle-sœur et jetterait bien pour elle son chapeau aux orties. Ces sentiments échappent à l'historien, mais une telle rumeur prouve que même les esprits blasés des gens de cour étaient choqués par cette union et par le maquignonnage dont elle était le prix.

Paul III avait choisi pour l'arrivée de Marguerite la date du 3 novembre, anniversaire de son couronnement, comme une journée où tout devrait lui réussir. Et, lorsqu'il vit s'avancer la belle Habsbourg de blanc vêtue qui allait devenir sa petite-fille, il ne fut pas loin de penser que ses astrologues avaient eu raison. A peine la laissa-t-il s'incliner pour le traditionnel baisement de pied ; il la releva aussitôt, la serra dans ses bras et lui dit avec émotion : « Benvenuta sia la nostra buona figliola da noi tanto desiderata. »

C'était la seconde fois de sa vie — et toujours pour le même motif — que Marguerite vivait cette scène où un pontife ému lui ouvrait les bras comme à une enfant bienvenue. Comme Clément VII, Paul III portait une vaste barbe, symbole de deuil depuis le sac de Rome, et, entre ces deux glorieux vieillards, elle ne faisait aucune différence. Elle n'éprouvait que le sentiment accablant d'être un jouet du destin, condamnée pour toujours aux bâtards de la papauté. Lorsque, après la cérémonie, Paul III s'entretint avec elle familièrement, elle aurait pu remarquer l'intelligence de son regard et la bienveillance de ses propos, mais elle était convaincue d'avoir en face d'elle un adversaire qu'il allait falloir jouer, un vieil homme dont elle devait d'urgence souhaiter la mort. Elle s'efforçait de cacher ces sentiments sous un visage lisse et des dehors polis. Il n'y avait place en elle pour aucune sympathie, aucune indulgence. Le pape, quant à lui, fut charmé par son maintien, sa grâce et la pertinence de sa conversation : Marguerite avait progressé dans l'art de la dissimulation.

Après avoir remis en cadeau à la princesse un coûteux bijou, Paul III se retira, la laissant en compagnie de sa famille. On raconte que Pier Luigi, perdant toute retenue, et peut-être rendu familier envers Marguerite par les chevauchées du voyage, lui demanda bruyamment ce qu'elle pensait du petit homme qu'on lui donnait en mariage, le « maritino ». Avec aplomb, elle lui riposta que, « tandis que les autres femmes verraient se dégrader leurs époux, le sien ne pourrait que s'améliorer »... Ces propos rapportés dans la chronique de Rome n'étaient que le début des potins qui allaient distraire et passionner la ville pendant des mois : les célèbres « chiacchiere ». Certains rapports diplomatiques étaient plus venimeux et n'hésitaient pas à dire du pape qu'il avait « acheté la duchessina » et de l'empereur, qu'il « avait vendu sa fille ».

Madama allait résider au palais Cesi, que l'on avait fait aménager pour elle dans le Borgo, près du Vatican. Lorsqu'elle y arriva, elle dut encore recevoir les dames de la société romaine et agréer leurs baisemains. Passé minuit, enfin s'achevait cette rude journée.

La situation restait ambiguë. La procuration envoyée à Marguerite pendant son voyage n'avait toujours pas été signée et sa venue à Rome ressemblait un peu à un enlèvement. Hurtado, qui était responsable d'elle aux yeux de l'empereur, n'avait reçu de Valladolid aucun ordre précis. Paul III brusqua les choses et, le soir même de l'arrivée de Madama à Rome, avisa l'ambassadeur Aguilar que la bénédiction du mariage était prévue pour le jour suivant. On ne pouvait guère s'y opposer.

Le lendemain matin donc, Marguerite se retrouva dans la chapelle Sixtine, devant le Saint-Père, entourée du clan Farnèse et d'un grand concours de cardinaux et d'ambassadeurs étrangers. Une messe glorieuse commença, puis le cardinal Alessandro fit le panégyrique des époux, et enfin le pape sollicita leur consentement pour le sacrement. A la question traditionnelle : « Marguerite, voulez-vous prendre Ottavio pour époux ? » Madama ne répondit que par un mortel silence. Il y eut un moment de stupeur dans l'assistance, aussitôt couvert par les chœurs des célèbres chanteurs de la Sixtine. L'âme en paix, après ce refus héroïque, Marguerite détournait son regard du Saint-Père en ornements d'apparat et de la foule chatoyante et le laissait flotter vers les géants bibliques de la voûte. Au-dessus de l'autel, on devinait, derrière les planches et les cordes d'un gigantesque échafaudage, les premières esquisses vengeresses du « Jugement dernier » auquel Michel-Ange travaillait sans relâche.

Où Marguerite avait-elle trouvé la force d'un silence qui n'était pas passé inaperçu ? Elle venait probablement de recevoir — trop tard pour elle — la réponse aux lettres anxieuses qu'Hurtado avait écrites à l'empereur depuis Sienne, au début de l'automne. De Valladolid, on lui envoyait maintenant à signer un acte de désaveu de son contrat avec les Farnèse, daté du 20 octobre et rédigé en espagnol, qui rappelait, en d'autres termes, le document du notaire Pommereulx. Le courrier qui venait d'arriver à Rome lui inspirait de continuer à jouer le double jeu qui semblait si bien concorder avec la volonté de son père.

Le pape n'avait guère prêté attention au refus de Marguerite, les Farnèse avaient fait mine de l'ignorer, et, le soir même, la fête connut son apothéose. Paul III offrit à sa petite-fille un pendentif orné d'un superbe diamant, ainsi que des rubis. Ces pierreries appartenaient, selon son astrologue, au signe du lion qui était celui de la princesse et lui porteraient bonheur. On dressa pour elle une petite table à côté de celle du pape et le reste de l'assistance dut tendre l'oreille pour capter la conversation animée qui s'établissait entre Paul III, visiblement charmé, et la jeune femme toute à son rôle mondain. Ottavio, le marié, n'avait que le droit de regarder de loin son épouse — sa timidité et son embarras allaient croissant ; l'angoisse lui serrait la gorge lorsque, sans sourire, elle le toisait.

En faisant le récit de cette soirée à l'empereur, le marquis d'Aguilar lui rapporta que le souverain pontife avait insisté pour que la consommation du mariage, prévue dans le contrat pour les alentours de Noël, ne tardât pas. Paul III visiblement se hâtait, et jusqu'à présent les événements lui avaient donné raison.

Il se trouvait qu'en novembre, précisément, Charles était tendu vers les préparatifs d'une seconde expédition au Levant. Sous le commandement d'Andrea Doria et de Ferrante Gonzague et avec l'appui de Venise, il ne s'agissait de rien moins que d'aller attaquer Constantinople. L'entreprise était téméraire et Marie de Hongrie, sa sœur, régente des Pays-Bas, l'en dissuadait : « Dans quelle situation nous retrouverions-nous si nous perdions la partie... si même vous ne reveniez pas du tout ? »

Charles est entêté, et sous des dehors circonspects, il est la proie de son imagination : tout doit servir l'idée du moment. Il a plus que jamais besoin de la Sainte Ligue pour appuyer sa croisade. Puisque le pape a été « prompt et malin », que le mariage de Marguerite a été mis dans le sac et le lacet serré, puisqu'enfin un sinistre atout sur lequel il comptait, la mort du pape, lui a fait défaut, il abandonne « sa fille bien-aimée » à son sort et écrit, le 29 novembre, au majordome de Marguerite de s'en remettre au pape pour choisir le moment de la rencontre des époux « en buena hora ». Il était bien dans la manière de ce joueur consommé, ayant perdu un coup, d'en tirer aussitôt les conséquences et de changer aussi vite d'orientation, laissant ses malheureux comparses déboussolés.

Marguerite croyait toujours servir l'empereur par son refus. Après avoir réussi à retarder l'échéance fatale par des rhumes et des faiblesses, elle accepta une rencontre que Paul III, sur le conseil de ses astrologues, avait fixée au 30 décembre, à quatre heures du matin. A cette heure tardive, Ottavio se faufila dans la chambre et, comme Marguerite le révéla par la suite, « il ne se passa rien de plus que s'ils n'avaient pas dormi ensemble ». Ottavio était un mélange de petit voyou et d'adolescent timide. Il mouillait encore son lit et l'angoisse du moment n'était pas pour le guérir de cette infirmité. Marguerite avait décidé que cette expérience serait un fiasco, mais elle ne s'attendait pas à pareille humiliation. Le lendemain, elle n'osa s'en ouvrir à personne, et ce n'est que plus tard que Lope Hurtado, mis dans le secret, décrivit l'incident à l'empereur, pour excuser la conduite de la princesse.

Ottavio se vanta bruyamment à Rome du succès de ses entreprises, usant du langage cavalier des tournois. Les Farnèse se réjouirent. Des félicitations, dont celles du vice-roi de Naples, affluèrent, mais la ville curieuse ne tarda pas à se douter de quelque chose. Les courriers entre les capitales européennes étaient pleins de bavardages et de questions. Le roi Ferdinand, frère de Charles Quint, qui désapprouvait le gâchis de ce mariage, écrivait pour s'enquérir d'Ottavio. Ce garçon de quatorze ans « est-il capable ? » — « Si — e di avantaggio ! » fut la réponse.

Pour Marguerite, la question était réglée : elle ne voulait

plus le voir. A sa détermination sur le plan politique : faire le jeu de l'empereur, se réserver pour une situation plus brillante, s'ajoutait maintenant la répugnance envers ce galopin. Elle se fixa un alibi et une ligne de conduite : attendre un an qu'il soit devenu homme. En une année, tant de choses peuvent se passer ! Un mariage non consommé est facilement annulé. La manœuvre lui paraissait d'autant plus évidente que l'expédition prévue par son père contre le Turc avait échoué, que la Sainte Ligue s'était dissoute dans les rivalités entre Doria et Gonzague, tandis que Venise se dérobait, et que les Cortès d'Espagne refusaient à Charles les crédits nécessaires. A quoi bon, alors, un sacrifice dérisoire ?

Les Farnèse voulaient croire aux vantardises d'Ottavio et le pape s'ingéniait à séduire et à distraire Marguerite. Après dix ans de deuil et de misère, Rome se remettait enfin des horreurs du sac et Paul III jugeait de bonne politique de la rendre à ses jeux.

Cette année-là, il restaura le carnaval dont les préparatifs à eux seuls occupaient de longues semaines et dont on parlait ensuite des mois entiers. Chaque quartier de la ville, chaque « rione », décorait un char dont certains étaient si lourds et surchargés qu'on devait les atteler de buffles. Ils évoquaient par des tableaux vivants symboliques les événements du jour : la guerre contre le Turc, la paix avec l'empereur, le mariage de Madama... Précédés par les jeunes gens de la ville en cavaliers romains et suivis des autorités, sénateur, gonfalonier, conservateurs vêtus à l'antique, Marguerite put les voir défiler depuis le balcon du palais Cesarini et, dans le joyeux hourvari, mesurer amèrement la distance entre la réalité et l'Histoire. Le carnaval fut prolongé une semaine plus tard par une manifestation bien plus romaine que les innocents déguisements du défilé : la fête du Testaccio. Aux alentours de ce monticule, il y eut un lâcher de bêtes féroces à qui furent livrées plusieurs voiturées de cochons hurlants. Le combat inégal qui dura tout l'après-midi se termina par une mise à mort générale, devant les spectateurs frissonnants de terreur et de joie.

Marguerite promenait dans ces concours tapageurs son attitude altière et triste. Ottavio, qui avait renoncé à jouer au mari en public, y venait accompagné de jeunes garçons peu recommandables pour qui on lui prêtait des amitiés ambiguës. Marguerite était humiliée. Socialement, elle ne représentait rien, puisque Ottavio n'avait encore reçu en partage aucune principauté. Tout en étant consciente d'être au-dessus de « ces gens-là », elle ne faisait pas figure à leurs yeux.

Le jour de la Befana, anniversaire de la mort d'Alexandre, invitée à dîner au Vatican, elle s'était remise en grand deuil, sans même une collerette blanche ni un bijou. Le pape, qui la recevait, fit mine de ne rien remarquer, sinon que le noir seyait à sa jeunesse. Cette démonstration était pourtant éloquente. Elle signifiait que Florence palpitait encore dans le cœur de la princesse. Et, si elle obtenait un jour son annulation... Aussi sa déception fut-elle immense lorsqu'au printemps de la même année, elle apprit le mariage de Cosme de Medicis avec Eléonore de Tolède. Une fenêtre encore se fermait, un espoir s'évanouissait.

Restait à Marguerite l'amitié du cardinal de Santiago. Mais l'empereur veillait. Une lettre à sa fille la mit en garde de ne s'écarter point du chemin du devoir : « Vous devez indubitablement honorer et favoriser le cardinal selon que sa personne et sa dignité l'exigent... Mais il faut le faire avec la modestie, la modération, la convenance qui sont requises pour ne pas causer de déplaisir à Sa Sainteté ni aux autres membres de la famille Farnèse et pour ne pas laisser paraître en cela de partialité... »

Le contrat de mariage stipulait que le pape devait constituer pour Ottavio une importante principauté, sans en préciser le lieu ni les modalités. Les jeunes Farnèse, dont on a vu l'ambition, mettaient la barre très haut ; ils rêvaient de Milan, sinon de Sienne ou de Florence, en tout cas d'un territoire d'importance politique. Momentanément, on se rabattit sur la seigneurie de Camerino qui appartenait au pape et dont les habitants réclamaient un duc « de la maison de Sa Sainteté ». Ils souhaitaient, disaient-ils, être gouvernés « en père de famille » et « pouvoir vaquer à leurs affaires » tranquillement. L'empereur ne pouvait y trouver rien à redire. Encore fallait-il qu'Ottavio et Marguerite fussent un couple normal et que — pierre angulaire de la future dynastie Farnèse — on pût en attendre des héritiers. Ce n'était pas le cas. Hurtado rend compte, jour après jour, à Charles Quint des déboires de Marguerite. Il l'a mis au courant de ses secrets d'alcôve et il ajoute qu' « il serait opportun d'éloigner Ottavio, sans qu'il cherche à répéter une tentative inutile ». Alors que la princesse « est déterminée à mourir plutôt que de se rapprocher d'Ottavio », il est prématuré de songer au duché.

La fiction du mariage ne trompe plus personne. Paul III se désole, on le voit même pleurer de déception. Pierre-Luigi et sa sœur s'entremettent, d'abord discrètement, puis sans ménagements. Marguerite prend avec hauteur les remontrances de Costanza et les deux femmes en viennent à se détester. Dans le microcosme de la cour, deux clans bientôt se forment. Les Farnèse trouvent l'appui de l'ambassadeur Aguilar contre Madama, toujours tendrement aimée du pape, et soutenue par son grand maître espagnol avec son épouse, doña Maria de Rojas. Bientôt toutes les lettres qui partent de Rome sont chargées de dénonciations contre les Hurtado. Même le cardinal Alessandro, qui a un tempérament conciliant, écrit qu' « à Madama on ne peut parler sans témoins » et qu' « on ne cesse de la persuader qu'elle n'est aimée d'aucun de nous... la malheureuse ne peut résister au poison qu'on lui instille quotidiennement ». — « On nous charge de tous les péchés du monde », se défend de son côté le majordome. Convoqué par le pape, il le prend de haut et envoie aussitôt à Charles Quint la proposition de sa démission.

L'empereur réfléchit, entouré de son conseil. Il ne voit pas encore la nécessité de brusquer les choses et se contente d'envoyer à Rome un messager, le marquis d'Andelot, qui parlera à Marguerite. En retour, elle trouve le courage d'écrire à l'empereur, dans son italien cahotique et plein de fautes d'orthographe : « ... quant à ce que Votre Majesté m'a commandé, de contenter le pape, je m'y efforce de mon mieux et m'y efforcerai, mais il y a une chose en quoi je ne puis m'efforcer, quand bien même je le voudrais et pour cela je prie Votre Majesté de me pardonner »... Elle croit encore à sa compréhension et à sa complicité ; mais elle est de plus en plus seule pour assumer sa résistance et n'est pas loin de ressentir l'affolement des animaux sauvages qu'elle a elle-même si souvent traqués. Lorsqu'Ottavio paraît, elle se réfugie dans la crise de nerfs et Hurtado peut écrire qu' « en le voyant, Madama devient triste et désespérée jusqu'à ne plus dormir ni manger. Ses yeux sont une fontaine... »

Au palais Cesi, elle est l'hôte du pape et se sent prisonnière. Pourquoi ne s'installerait-elle pas au palais Medicis, comme Hurtado l'y encourage ? Il lui appartient, puisque Clément VII a autrefois désintéressé Catherine de Medicis, l'héritière légitime, de toutes les possessions familiales, en échange d'une dot considérable. Lors de l'assassinat d'Alexandre, la future reine a toutefois engagé une action pour que le palais lui revienne à la mort de Marguerite et les deux cousines, sans jamais se revoir, vont passer, à son sujet, leur vie en procès ([1]).

Du palais où s'installe Madama, on connaît mal la physionomie d'alors, sinon par un acte de vente de 1509 qui énumère autour de la demeure « les vestiges et parois des anciens Thermes, « tinelli », cantines, puits, jardin, tour, écuries, boutiques... » Il occupait une surface de 60 pas sur 40 et possédait à l'étage noble une seule rangée de cinq fenêtres. L'entrée était ornée d'une loggia décalée vers la droite, ouvrant sur une cour carrée où subsistent encore six colonnes antiques et des arcades légères. L'église S. Salvatore in Termis datant du VIe siècle jouxtait la demeure. Au temps où Jean de Medicis s'en était rendu acquéreur, il y avait abrité la précieuse bibliothèque de Laurent le Magnifique, arrachée au saccage de la révolution par Savonarole, et récupérée manuscrit par manuscrit. Le cardinal s'était créé un jardin secret orné d'antiques admirables exhumés des fondations de la propriété. En outre, il caressait un ambitieux projet, proposé par Giuliano de Sangallo : relier le cortile central du palais à la place Navone par deux bras de portiques et faire ainsi de l'ancien cirque romain une place grandiose. Surélevés de cinq marches, ces portiques auraient permis de jouir du spectacle de l'inondation de la place et des jeux nautiques qui s'y dérouleraient.

Ce plan n'avait pas vu le jour, mais, tel qu'il était, le palais avait encore belle apparence. Les mois de séquestre l'avaient

([1]) Il s'agit du Palazzo Madama, corso Rinascimento, aujourd'hui siège du Sénat italien.

toutefois laissé, à l'intérieur, délabré et presque inhabitable. On y voyait un salon d'honneur voûté, une douzaine de pièces nobles, des étages disparates de niveaux différents, quantité de cellules qui n'avaient de chambres que le nom. Heureusement pour Marguerite, la saison se prêtait au déménagement et elle y prenait un certain plaisir. Des travaux qu'elle pouvait entreprendre, avec peu de moyens, on a la description d'un petit bureau décoré pour elle par Daniel de Volterra. Vasari écrit : « L'artiste a peint dans huit espaces vides, huit historiettes des faits et œuvres illustres de Charles Quint, empereur, avec tant de talent et d'adresse qu'on ne peut mieux faire. » Un autre contemporain évoque la décoration de stucs, « un travail supérieur à celui des orfèvres ». On voit que la princesse se crée déjà, plutôt qu'un boudoir, un « pensoir », où dorénavant elle va se livrer à son occupation favorite : la correspondance. Dans la demeure, elle dispose tous les trésors enlevés à Florence : le temps de courtes retrouvailles, les objets Medicis vont être à nouveau réunis.

Quand l'hiver viendra, Madama aura du mal à faire vivre le palais glacial. On s'apercevra qu'en sous-main elle a dû faire gager à Anvers quelques-uns des bijoux qu'elle a reçus de toutes parts depuis son enfance. Qu'importe, son esprit d'indépendance est satisfait. Elle est chez elle, au « Palais Madama ».

Dans la solitude morale où se trouve Marguerite, face aux Romains qui ne lui veulent aucun bien, une miraculeuse amitié vient lui tendre la main, celle de Vittoria Colonna. Elle est plus âgée que la princesse et, depuis ses jeunes années, pleure son mari, Fernand d'Alavos, marquis de Pescara, mort des blessures reçues à Pavie. Les sonnets qu'elle lui a consacrés — plus de cent — lui ont créé une réputation de poétesse dans toute l'Italie et, à Rome, les cerles littéraires, les « académies », demandent à la « diva Vittoria » de leur réciter, ou chanter, ses vers. Sa douleur est sincère, profonde, inextinguible. Malgré sa beauté, elle n'accepte aucun hommage qui puisse porter ombrage au souvenir. Elle ne tolère que l'exaltante amitié de Michel-Ange qui, pour elle, redevient poète. Vouée tout entière à la religion, elle entraîne le grand homme sur les sommets d'un amour platonique où il brûle de joie. Ses sonnets en témoignent : « Comment ne suis-je plus moi ? — Qui m'a dérobé à moi-même ? Qui a pu se faire plus proche et plus puissant que moi sur moi-même ? » et ailleurs — car le chemin est rude :

« Dans mon ardente passion — elle se joue de moi, dehors pleine de pitié — et dans son cœur dure et féroce... »

Il lui a proposé de fixer cette harmonie dans la pierre, et elle a refusé. A sa mort, il dira : « Mon cœur n'est plus que cendres et charbon... » ([1]).

L'attitude religieuse qu'a choisie Vittoria est partagée par les plus belles et saintes intelligences d'Italie, mûrie dans de discrets cénacles, autour de l'humaniste espagnol Jean Valdès à Naples, avec le pieux capucin Ochino et, à Rome, à l' « Oratorio del Divino Amore » où l'on prie, chante et contemple. Une religion d'amour qui emprunte à Luther la « justification par la Foi » et délivre le chrétien de la hantise de la mort et de la raideur des pratiques. Cette élite est fille spirituelle d'Erasme et a suscité la bienveillance de Paul III. N'a-t-il pas offert le chapeau de cardinal au philosophe trois ans auparavant ?

Lorsque Marguerite la rencontre, Vittoria revient de Ferrare. Elle a passé dix mois à la cour de Renée de France et a apporté son réconfort à la jeune duchesse qui lutte pied à pied contre son entourage pour garder le droit de croire et de pratiquer à sa manière. Celle-ci a fait de Ferrare le refuge des

([1]) Michel-Ange a écrit 53 sonnets, 50 madrigaux, 2 pièces de vers en stances pour Vittoria. Certains de ces sonnets ont été recueillis par Fulvio Orsini, bibliothécaire au Palais Farnèse. « Ces feuilles sont écrites dans tous les sens, parfois en caractères assez serrés, plus souvent encore de cette grande écriture si connue (...) qui se développe largement sur la page et qui semble mettre à l'aise sa pensée. Il compose sur le dos d'une lettre ou au milieu d'anciens croquis... » (Pierre de Nolhac) :

« Come puo esser ch'io non sia piu mio ?
Chi m'ha tolto a me stesso ?
Ch'a me fosse piu presso
O in me potesse piu che non poss'io ? »

Vittoria de son côté écrivait :

« Maintenant vers le Seigneur qui seul possède le remède, je me tourne...
Ce sont d'autres sources, d'autres sommets lointains que foulent mes pas
Là où sans aide, nul homme ne peut s'élever. »

« mal-sentants ». On y a vu Clément Marot et même Calvin, avec qui elle est en étroite relation. Renée de France est l'amie intime de Marguerite de Navarre. Ces grandes dames, instruites et lettrées, de goût délicat et de plume élégante, à la piété exemplaire, tissent inconsciemment un réseau favorable à ce qui sera bientôt l'hérésie, contre laquelle le pape, quoi qu'il en ait, devra alors sévir.

La piété de Vittoria Colonna s'accompagne d'une active charité, soucieuse de la condition de la populace de Rome qui traîne par les rues sa misère et son impiété. L'hiver est glacial, meurtrier, la famine règne et elle a créé des abris pour recueillir et convertir les prostituées. Marguerite trouve en cette aînée le modèle intellectuel et moral dont elle a toujours été privée et puise dans son amitié chaleureuse un renouveau de sa conception religieuse rigide et formaliste. Elles se voient chaque jour.

L'opinion de Vittoria concernant le drame de sa protégée est qu'elle doit obtenir l'annulation de son mariage et entrer ensuite au couvent. Ces suggestions vont dans le sens des désirs passionnés de Marguerite — au moins quant à la première proposition ! — et affaiblissent encore les chances des Farnèse. Lope Hurtado sent que sa pupille lui échappe car elle lui fait moins de confidences. Il fait état auprès de Charles Quint d'une influence « intellectuelle », dont il fait semblant d'ignorer l'origine et dont il rapporte qu'elle rend la princesse « ingouvernable ».

Au début de l'année 1540, les Farnèse exaspérés ne vont reculer devant aucun moyen pour contraindre Marguerite. La diplomatie, en premier lieu ; c'est là le rôle du cardinal Alessandro. Après s'être rendu une première fois en Espagne sans résultat, il va trouver de nouveau l'empereur qui est maintenant dans les Flandres, occupé à mater la révolte de la ville de Gand. Au mois de mars, il obtient deux audiences, dont la première se déroule courtoisement. La seconde fois, il est accompagné du cardinal Ricci de Montepulciano, et l'entrevue devient une « terribile disputatione ». Le pape l'a chargé d'exiger « une médecine énergique » ; il fait dire sans ambages qu'il soupçonne une complicité déloyale entre Charles et sa fille et que, s'il en était ainsi, il pourrait se retourner du côté français.

En même temps, à Rome, Pier Luigi exerçait sur Marguerite une autre diplomatie plus proche du chantage. Puisqu'elle déclarait son mari « incapable », il obligerait Ottavio à faire ses preuves ailleurs. Puis, dans une conversation avec la princesse, il l'enveloppa d'une sorte de séduction menaçante, de telle sorte qu'elle crut deviner que, si elle n'acceptait pas son fils, il pourrait bien se charger lui-même d'assurer avec elle l'avenir de la dynastie... Marguerite comprit qu'il ne plaisantait plus et Lope Hurtado ne prit pas ces menaces à la légère. Pier Luigi était capable de tout en ce domaine. Don Lope écrivit à l'empereur que Madama devait être éloignée de Rome, et non dans une propriété Farnèse car elle y serait en danger. Le duc de Castro pourrait la violer, comme il l'avait fait de sa propre sœur et d'autres femmes de sa famille.

Cependant le Saint-Père, si malheureux qu'Aguilar en est « soulevé de compassion », convoque Marguerite au Vatican ; il lui expose avec bonté qu'Ottavio pourrait se rendre un certain temps à la cour de l'empereur pour y parfaire son éducation, mais qu'il faut d'abord « que la paix soit faite avant son départ » et que lui soit donnée « la satisfaction que la raison requiert entre mari et femme ». Il fait observer que son petit-fils a maintenant quinze ans. Sans se démonter, Madama répond « qu'il est trop sale pour entrer dans son alcôve ; elle-même qui est si propre ne peut le supporter ». Elle prie « qu'on ne le lui envoie sous aucun prétexte ». Le fameux « secret » semble être devenu un secret de Polichinelle puisque le cardinal Alessandro se plaint même qu'un domestique de Don Lope le lui ait lancé à la figure ([1]).

A bout d'arguments, les Farnèse font arrêter le confesseur de Marguerite : le frère Pallavicino, un moine disert dont les prêches de carême avaient été remarqués comme le reflet des conceptions spirituelles de l' « Oratoire du Divin Amour ». Vittoria Colonna l'avait recommandé à son amie, contre l'avis

([1]) Le 7 avril 1540, le cardinal Farnèse rapportait qu'un « criado » de don Lope « ha dicto de novo, per quanto intendo, che Ottavio piscia nel letto e qualche volta ci fa altro et che mette Madama in voglia et poi non gli la puo cavare... » (C. Capasso, *Paolo* III).

de Lope Hurtado qui le jugeait « un âne ». On voulait savoir ce qu'il avait à dire sur le mystère de la conduite de Madama et, pour ce faire, on le pendit un peu les bras en l'air. Au premier tour de corde, il promit des révélations intéressantes, et aussitôt décroché, fit l'aveu singulier d'avoir employé les pratiques de nécromancie, sorcellerie et diablerie « pour rendre le seigneur Ottavio et sa femme insupportables l'un à l'autre ». Don Lope et son épouse perçaient d'épingles le portrait d'Ottavio et brûlaient son effigie avec des formules magiques. Le malheureux frère écrivit peu après au pape pour expliquer sa faiblesse et à Marguerite pour s'excuser. Mais le mal était fait et la calomnie allait son train.

Madama était dans un tel état de détresse qu'elle écrivit à l'empereur des lettres exaltées et étranges qui finirent par l'inquiéter : « Je supplie Votre Majesté qu'elle ne m'ordonne pas « cette chose » maintenant, car je me jetterais à la mer plutôt qu'aller avec lui, comme je l'ai dit à Lope Hurtado. (Que Votre Majesté me pardonne, il me manque quelqu'un à qui je puisse tout dire.) « El ennemico » (le diable) m'a conduite à cette extrémité au-delà de laquelle il ne pourra plus y avoir que du mal... » C'était une menace voilée de suicide...

Charles comprit que le moment était venu de trancher. La situation ne mûrissait plus, elle pourrissait. Il avait amené sa fille à la limite de la folie et son allié, le pape, se détournait de lui. On devine que la seconde raison était de poids à ses yeux, puisque Paul III avait menacé de donner sa petite-fille Vittoria Farnèse en mariage à un prince français et, avec l'aide du roi de France, d'attaquer le royaume de Naples. Néanmoins la solution passait par Marguerite et c'est à elle qu'il écrivit :

« Ma fille, je suis bien mary que la première lettre que je vous écris de ma main, faut qu'elle soit sur si fâcheuse matière... Par la lettre que vous m'écrivez, je vois la chose être en pires termes que jamais... par quoi je vous prie et, comme père, commande que non seulement usez de tels termes mais encore ne veux que les pensez : car ce sont termes de personne hors de raison et mus par tentation du diable... » La longue lettre pleine d'affection se termine par l'espoir que sa fille finira par céder à ses instances « comme le devez à vous-même et à moi en bonne fille que m'êtes, vous assurant que toujours me trouverez bon père ».

En faisant sauter le cachet impérial et en découvrant pour la première fois l'écriture de son père, Marguerite était déjà ébranlée. Telle était l'admiration qu'elle lui portait que l'idée ne l'avait jamais effleurée de le rendre responsable de son malheur ; et il suffisait que le grand homme lui fît tant soit peu confiance, remît entre ses mains la moindre parcelle du sort des Habsbourg, pour susciter de sa part un dévouement sans limites.

Charles savait faire la part des choses. Face à l'exaltation passionnée des Farnèse, il proposa que Marguerite elle-même demande l'éloignement des Hurtado, et que les raisons que la princesse avait avancées pour obtenir son annulation soient examinées par une « consulta » qui jugerait de leur valeur. On se soumettrait à cet arbitrage. Qui pouvait s'imaginer que, dans la ville même du pape, des juristes allaient prendre le risque de contrarier le souverain pontife par une réflexion objective ? Les pauvres arguments de Marguerite ne pesaient pas lourd. Elle invoquait son silence à la chapelle Sixtine, qui annulait la valeur du sacrement ; l'infirmité d'Ottavio et, enfin, les vices de son père. On disait, en effet, que Pier Luigi, qui avait « le mal français », l'avait transmis à son fils. Etait-ce exact ? Quand on connaît la virulence de cette maladie au XVIe siècle, on reste étonné de l'apparente bonne santé d'Ottavio Farnèse... Plus compromettantes auraient dû paraître les propositions éhontées du duc de Castro à sa belle-fille, qui confirmaient encore sa mauvaise réputation.

Tout cela ne paraîtrait que peccadilles à la « consulta ». Charles prit les devants en envoyant à Madama son homme de confiance, d'Andelot, avec mission de la convaincre enfin. Il rencontra la princesse à Tivoli, où elle avait choisi de se soustraire aux intrigues de Rome dans son château de Castel San-Angelo. Il allait désormais rester à ses côtés et la décider en douceur à « remplir ses devoirs de princesse ». Il réussit dans sa mission. Marguerite accepta d'écrire une lettre aimable au pape et peu après toléra la visite d'Ottavio. On avisa aussitôt l'empereur : « el S.A. Prefetto havia dormito con Madama et havia finito e consumare quelle manchava per il matrimonio... » Le rapport se termine par la description de la joie de Paul III.

Deux ans avaient passé depuis la « joyeuse entrée » à Rome ; Marguerite avait dix-huit ans. Au consistoire suivant, le Saint-Père annonça publiquement qu'il avait doté son petit-fils Ottavio du duché de Camerino. Pour prix de son sacrifice, Madama était payée d'une dérisoire couronne du duchesse.

La soumission de Marguerite n'était qu'apparente ; elle restait maîtresse du jeu et se refusait à donner à Paul III ce qu'il souhaitait si vivement : un héritier pour la dynastie Farnèse. Ottavio était humilié ; il lui arrivait de finir ses nuits à l'auberge lorsqu'il avait déplu à Madama, ou de revenir au Palais Farnèse, chez le duc de Castro où il se faisait morigéner. Elle n'attendait que le moment où, selon la promesse qui lui avait été faite, Ottavio partirait rejoindre la cour de l'empereur. Le Pasquin de Rome, ce débris de statue antique où le peuple placardait ses libelles moqueuses et anonymes, ne l'épargnait pas. Au nom de Marguerite, Pasquin ricanait : « Amenée pour rien sous le joug conjugal, je bois le calice que m'a donné mon père. »

Dans cette atmosphère de morne résignation, Madama chercha le secours de la religion. Mais son amie, Vittoria Colonna, avait dû quitter Rome. La tension religieuse s'était aggravée jusqu'au point où même les esprits les plus tolérants devaient durcir leur position et choisir leur camp avec un redoutable simplisme. Paul III avait donné le coup d'envoi au concile en réunissant une commission de réforme préparatoire où figurait le cardinal Jean Paul Carafa. L'ordre des Théatins auquel il appartenait était né au sein de l'« Oratoire du Divin Amour » et le cardinal était bien placé pour mesurer les séductions de l'hérésie naissante. Aussi, dans les deux années qui suivirent, le pape, sous son influence, fut-il amené, bon gré mal gré, à créer l'Inquisition pontificale, dont les agents, les Dominicains, se répandirent ensuite dans toute l'Italie : c'était l'échec de sa politique irénique de réconciliation. Même le discours d'Erasme était devenu suspect. Vittoria Colonna se faisait oublier à Viterbe ; son ami, l'ermite Ochino, avait gagné Genève, Jean Valdès était mort et Renée de France se trouvait séquestrée dans sa propre ville de Ferrare pour ses convictions calvinistes. Charles Quint s'inquiétait dans ses lettres de ce que sa fille eût pu se compromettre avec ces exaltés.

Au même moment, Ignace de Loyola arrivait à Rome et mettait au service de Paul III ses soldats de Dieu, tout emplis de ferveur religieuse mystique et de tradition chevaleresque. Le pape eut l'esprit de comprendre aussitôt ce qu'il pouvait attendre de la valeur de cette future armée — et de son « général » — au service du redressement religieux, et lui accorda un statut hors pair : Ignace et ses « Jésuites » étaient dans la place, avec leur intelligence lucide, leur esprit d'organisation et leur inlassable activité.

Au milieu de ses malheurs, il restait à Marguerite le privilège de croiser les grands destins de son siècle, et Ignace de Loyola — saint Ignace — devint son directeur de conscience. Mieux qu'aucun autre, il pouvait éclairer la princesse et tempérer son exaltation envers les théories de Vittoria Colonna et le mysticisme des adeptes de « l'Oratoire du Divin Amour ». Ignace avait appris des « marranes » — ces Juifs convertis espagnols qu'il avait fréquentés — le spiritualisme, et la tolérance érasmienne familière à ces communautés et que l'orthodoxie dorénavant condamnait. N'avait-il pas lui-même été interrogé par l'Inquisition espagnole, comme suspect d'appartenir à la secte des « alumbrados », des « illuminés », quiétistes avant la lettre ? Il retrouvait cette dangereuse illusion qui sévissait maintenant à Rome, jusqu'à la cour… La « justification par la Foi » ? soit. Mais point sans la caution des œuvres. Il jeta Marguerite dans la charité, et l'invita à reprendre sous sa protection la fondation qu'avait créée Vittoria Colonna pour arracher de pauvres filles aux bas-fonds de Rome. Elle aidait de sa présence, de son influence et de ses quelques deniers la « casa S. Marta » qui était l'un de ces refuges.

Marguerite est pieuse et sincère ; elle croit au dévouement et à la charité ; elle s'efforce, mais bientôt baisse les bras. Ce n'est pas sa vocation. Elle est jeune et la vie ne lui a pas donné assez d'amour pour qu'elle puisse en dispenser sans compter à autrui. Elle se lasse ; elle renonce à la direction d'Ignace : il exige trop. Mais alors, que veut-elle ?

Puisque sa vie conjugale est un échec, elle veut la gloire, la richesse, les honneurs ; beaucoup de gloire, beaucoup de richesses, beaucoup d'honneurs. D'autant plus qu'enfant bâtarde, elle ne se sent pas assurée de son sang royal et que la secrète fêlure de sa naissance lui donne un sentiment d'angoisse et d'insécurité qui, toute sa vie, la minera.

7

LES ANNÉES ROMAINES

Rome, au temps où y vivait Marguerite, était le plus important carrefour diplomatique d'Europe : centre de tous les intérêts politiques qui gravitaient autour de l'autorité religieuse du pape, vivier de toutes les nouvelles. Elle était aussi la capitale d'un Etat où le prince ne pouvait se perpétuer à travers sa dynastie et où les caprices de la Mort pouvaient renvoyer au néant des catégories entières de parents, de partisans et de clients, renverser des alliances longuement mûries. Remplie d'ambassadeurs, de messagers et d'espions, on y vivait dans une tension permanente, inconnue ailleurs. Le va-et-vient des pèlerinages y amenait des flots d'argent et une population cosmopolite, qui avait ses bases dans les pieuses fondations étrangères créées pour leur venir en aide : chaque « nation » avait son quartier et son église. Les Romains pesaient de peu de poids à Rome : ils y étaient représentés par quelques familles nobles qui y tenaient leurs palais et un monde d'ecclésiastiques. Point d'ouvriers « mécaniques », comme dans les villes du nord, mais des artisans et une foule de mendiants et de prostituées. On y vivait dans un grand farniente, auquel contribuaient, ajoutées aux dimanches, les quelque cinquante fêtes chômées de l'année, avec leurs processions, leurs spectacles et leurs jeux.

Le Champ de Mars, où se trouvait le Palais « Madama », était en plein essor, devenait à la mode et achevait de supplanter le « Borgo », quartier du Vatican. Il y régnait une activité extraordinaire, commerciale au marché du Campo de'Fiori, à la douane de Saint-Eustache et au Mont de Piété, touristique dans les quelque trois cents auberges où se pressaient les pèlerins. On l'avait élu pour les fêtes; la procession de Saint-Eloi, patron des orfèvres, se déroulait dans les petites rues au tracé capricieux, la course du « palio » dévalait la via Giulia, rectiligne, ainsi que d'autres concours burlesques où rivalisaient « des enfants, des vieillards, des Juifs, des animaux », et même des bossus. En tragique contraste, le bûcher du Campo de'Fiori s'allumait parfois pour une exécution exemplaire.

Entre les trois demeures tenues par les parents du pape, ce quartier était un fief Farnèse. L'eût-elle voulu, Marguerite aurait pu voisiner quotidiennement avec le grand palais. Mais, outre qu'elle détestait Costanza et méprisait Pier Luigi, la maison n'était guère avenante, inachevée, bruyante et mouvementée. Le gonfalonier du pape partait sans cesse pour de courtes et rapides campagnes dont le butin lui servait à payer les ouvriers du chantier; car l'argent manquait, tant étaient coûteux les plans ambitieux de l'immense construction et de ses portiques en pierre taillée. Seul havre de paix, dans la poussière des travaux et le cliquetis des armes, la bibliothèque offrait aux savants les manuscrits grecs et latins collectionnés par Paul III dans sa jeunesse. Ils avaient été préservés du sac de Rome par la présence de Pier Luigi, allié des Impériaux et traître au pape, alors que la bibliothèque vaticane était saccagée par les reîtres. Mais Marguerite n'était pas une érudite...

Plus attrayante était, à quelques pas de là, la résidence du cardinal Alessandro au Palais de la Chancellerie. Ce jeune homme affable, déjà mécène à vingt ans, tenait maison de prince. Trois cent quatre-vingt-onze personnes, gentilshommes, camériers, chapelains, pages, officiers, bouffon... rien n'y manquait et les intellectuels, familiers de la cour de Paul III — comme l'historien Paolo Giovo — s'étaient instinctivement regroupés autour de lui; les peintres aussi, et bientôt Vasari serait, en même temps que le décorateur du palais, l'âme de ce groupe d'artistes, et le premier à avoir l'idée de le décrire.

La comédie, les jeux littéraires, l'élaboration de thèmes

picturaux tenaient une grande place dans ce milieu; mais Rome était la proie d'une autre passion : la collection d'antiques. Le labourage du Forum, pour la venue de Charles Quint, avait mis au jour d'innombrables statues dont Paul III s'était approprié un grand nombre pour embellir le palais Farnèse, et l'on fouillait maintenant les thermes de Caracalla. Chaque résidence avait ses « antiques » qui envahissaient les pièces, les cours, les escaliers quand on ne les agglomérait pas aux murailles. Telle était la vogue de ces objets qu'on en faisait présent à ses amis, comme s'il se fût agi de simples babioles.

Marguerite, à cet égard, n'était pas en reste. Le palais Medicis avait révélé dans ses fondations des marbres pergaméniens très originaux et la villa « Madama » était un petit musée. Il est difficile de savoir si elle ressentait envers ces objets d'art une émotion esthétique sincère ou un simple engouement. Plus probablement leur attribuait-elle une valeur de symbole social. Cette année-là, elle dépouilla sa villa d'un « Zeus sur un trône » qui en ornait les jardins et le fit envoyer au ministre de Charles Quint, Nicolas Granvelle, pour qu'il plaide sa cause auprès de l'empereur. Le « Zeus », non sans un coûteux et laborieux transport, se retrouva à Besançon où, posé sur une colonne au centre d'une fontaine, on put l'admirer longtemps au palais Granvelle ([1]). Un autre Jupiter, « cosa rare », fut offert au roi de France.

Il est bien probable, en effet, que Marguerite se prêtait à ce jeu mondain et cultivé pour mieux asseoir sa nouvelle influence politique, pallier, par sa propre importance, l'insuffisance d'Ottavio et obtenir pour eux un plus brillant apanage. La cour pontificale ne comptait que très peu de dames bien nées, intelligentes et belles, et aucune qui pût rivaliser avec elle dans sa situation exceptionnelle de fille de l'empereur et de protégée du pape. Les potins de Rome et les correspondances qui partaient de la capitale ne se privaient pas de remarquer les attentions du « Vieux » pour sa petite fille, les bijoux qu'il lui offrait, les entretiens auxquels il la conviait. De ce côté-là, elle eut très vite la réputation de pouvoir tout obtenir — et, comme elle était assez adroite pour laisser croire que l'empereur aussi

([1]) La statue se trouve aujourd'hui au musée de Louvre.

tenait compte de ses avis, ses salons ne désemplirent pas, du jour où elle décida de jouer le rôle politique et mondain dont elle attendait le succès.

Dorénavant, elle se montra moins maussade à l'égard des attentions du Saint-Père qui s'ingéniait à la distraire. Au début de l'année 1541, il organisa pour elle une course de taureaux devant le Palais Farnèse. Il avait fallu plusieurs années pour dégager la place des maisons médiévales qui l'occupaient et elle offrait désormais son espace harmonieux en contrepoint à la masse de pierre. Marché aux chevaux pour les gens du quartier, elle était ornée d'une vasque de marbre antique extraite des thermes de Caracalla. Ce jour-là, une palissade l'entourait et on avait lâché dans le champ clos les taureaux enrubannés, les chiens, et les hommes armés d'épées, de lances et de boucliers. Le jeu était dangereux ; il y avait souvent mort d'homme et, sur une gravure qui représente ce spectacle mémorable, on voit que certains, point trop braves, avaient roulé là des tonneaux pour s'y dissimuler. Le pape et Marguerite assistaient à la course depuis la fenêtre-loggia du premier étage du palais.

Par ailleurs, l'horizon s'éclaircissait pour la princesse, car Ottavio faisait ses préparatifs pour rejoindre la cour de l'empereur. Bientôt Marguerite serait délivrée et allait pouvoir mener ses affaires à sa guise. Aucune personnalité ne passait par Rome sans lui rendre visite et son palais devint bientôt un centre diplomatique et mondain d'importance où se pressaient les dignitaires et les ambassadeurs étrangers avides de nouvelles et d'intrigues. Elle commençait à prendre un véritable plaisir à ce nouveau rôle. Son attitude, toutefois, était sans nuances : Dieu était du côté des Habsbourg ; elle encourageait tout ce qui pouvait servir les intérêts de l'empereur et, avec bonne conscience, nuisait de toutes ses forces à la cause française. Des sentiments aussi entiers ne pouvaient s'accommoder de la subtile politique de neutralité du pape et étaient appelés à pâtir des développements ultérieurs de la manœuvre de Paul III ; car, bon gré mal gré, Marguerite se trouvait embarquée sur la galère des Farnèse.

Le moment n'est cependant pas encore venu pour elle des choix déchirants ; le pape et l'empereur semblent toujours poursuivre de concert les mêmes objectifs : la lutte contre le Turc, la convocation du concile. Pour l'heure, elle jouit de son importance croissante, de son ascendant. Elle a trouvé dans son beau-frère, le cardinal Alessandro, un ami fidèle et subtil qui tente de l'initier au sens des nuances. Charles lui-même finit par remarquer le rôle que joue sa fille, puisqu'il recommande à ses ambassadeurs de « rester constamment en contact avec elle ».

Elle a trouvé sa voie, mais c'est une voie austère : autour d'elle, il est rarement question de jeux ou de divertissements, encore moins de galanterie. Si quelque romance avait pû naître au cours de ces réceptions, de ces festins, de ces chasses, l'œil aigu de la société romaine n'eût pas manqué de la déceler et la plume volubile des ambassadeurs vénitiens d'en rendre compte à la « Sérénissime ». Madama n'en donne pas l'occasion.

La cause impériale avait besoin de défenseurs aussi ardents que Marguerite, car l'empereur inspirait plus de crainte que d'amour. Les petits Etats italiens formulaient en cachette le vœu qu'exprimera plus tard Venise envers un autre Habsbourg : « Nous ne souhaitons pas que l'Autriche devienne plus humaine, nous demandons qu'elle s'en aille ! » Avec l'arrivée des étrangers, ils avaient perdu, à la fin du quattrocento, la « liberta d'Italia », ce mythe fragile qui reposait sur l'indépendance des Etats et l'autonomie de l'Eglise et qui ne pouvait survivre que par la façon très particulière qu'avaient les Italiens de s'arranger entre eux. L' « Italianità » était un rêve fracassé, sur lequel méditait sombrement l'historien Guichardin.

Quand on connut en Italie la venue prochaine de Charles Quint pour une entrevue avec le pape, un sentiment d'inquiétude et même de peur se répandit à travers la péninsule. Le seul fait que l'empereur fût suivi de son armée réveillait de vieilles hantises. Sous des prétextes divers, chacun se fortifia : un contingent de mercenaires est vite levé. Le pape lui-même fit le nécessaire et, pour que l'empereur n'en conçoive pas trop de ressentiment, il fit savoir qu'il s'armait à tout hasard contre les Turcs, contre les Colonna — et, pourquoi pas, contre un mauvais coup des Français. En vérité, il se donnait les atouts de la négociation.

La rencontre était fixée pour la mi-septembre dans la petite ville de Lucques et, lorsque Charles arriva dans le Trentin par le col du Brenner, les représentants de tous les Etats étaient là pour l'accueillir. De son côté, le pape s'était mis en route. Marguerite et son escorte, ayant fait une partie du voyage par mer jusqu'à La Spezia, se trouvèrent aussi à Lucques le 10 septembre.

Depuis plusieurs semaines, la princesse écrivait des lettres pressantes à son père — elle voulait, dans la perspective de cette rencontre, s'assurer qu'elle obtiendrait de lui la faveur d'une longue entrevue en tête à tête. Dans ces missives, elle ne lui exposait que l'un des nombreux problèmes dont elle souhaitait l'entretenir : qu'on ne la prive pas d'avoir auprès d'elle un grand-maître espagnol au moment où d'Andelot risquait de lui être enlevé. « Si je devais ne plus être entourée des gens de Votre Majesté, je ne pourrais plus vivre que désespérée, et en mourir » — écrivait-elle — « je supplie Votre Majesté qu'elle ne m'abandonne pas, en attendant de pouvoir lui baiser les mains et les pieds et lui dire alors tout ce qui ne peut s'écrire maintenant. » Il est clair que le motif qu'elle invoque est un prétexte pour enfin pouvoir lui ouvrir son cœur. Elle espère, contre toute espérance, que le grand homme a encore le pouvoir d'arrêter le destin qui la broie.

L'empereur qui apparaît alors à ses sujets, à ses vassaux, aux princes et aux plénipotentiaires est — selon la chronique — « lugubre ». Il est vêtu de drap noir, avec le seul collier de la Toison d'Or sur les épaules, son cheval est houssé de deuil, son équipage des plus simples. Deux ans auparavant, alors que l'impératrice mettait au jour prématurément son dixième enfant, elle était morte dans ses bras après plusieurs jours d'agonie. Le récit de la douleur de Charles est émouvant.

« Le matin, environ les neuf heures, [la dépouille] fut apportée embas dedans une salle qu'estoit toute tendue de noir, devant un autel... où tout le jour l'on avait célébré messes... Sa dicte Majesté estoit secrètement en une fenêtre en hault, de laquelle pouvait veoir sur ledict autel... » Après que se furent déroulés les rites de l'inhumation d'Isabelle dans la ville de

Grenade, « incontinent Sa Majesté se retira à Sainct-Hierosme, hors de Toledo où il demoura jusques le vingt-sept de juing... » Ainsi Charles, replié sur son chagrin, avait fait retraite deux mois — jusqu'à la pompe des funérailles officielles.

Les mois qui avaient suivi ce deuil, dont chacun s'accorde à dire que Charles était inconsolable et que son caractère en était profondément changé, ne lui avaient apporté que des soucis. Il avait dû mater sans ménagements la révolte de Gand et rentrait maintenant de Ratisbonne.

Six mois durant, dans cette petite ville d'Allemagne, il avait multiplié les efforts pour obtenir une réconciliation religieuse. Tous les espoirs étaient encore permis. Melanchton et plusieurs théologiens luthériens s'étaient présentés au colloque ; le cardinal Contarini dirigeait la délégation romaine. La discussion s'ouvrait sous d'heureux auspices ; en une semaine, on en était presque arrivé à une entente sur la « justification par la Foi » et sur le rôle des œuvres dans le salut. Elle commença à achopper sur les sacrements et la transsubstantiation dans l'Eucharistie. L'empereur s'énervait ; pragmatique, il souhaitait un raccourci théologique satisfaisant qui lui permît de restaurer son autorité sur l'Allemagne. On le soupçonnait de n'être pas très versé en la matière. Granvelle lui-même se lamentait : « Ainsi, pour un seul mot, tout devrait s'en aller en fumée ! » Lorsqu'on aborda le sujet de l'autorité de l'Eglise, la fracture apparut totale : la « tunique sans couture » était déchirée. Voyant le rôle que prétendait jouer l'empereur dans ces questions théologiques, le pape ressentit l'atteinte faite à son magistère et, de ce jour, comprit qu'il devait mettre toute son énergie au service du futur concile dont les définitions rigoureuses, désormais, n'échapperaient plus à Rome.

Ce colloque avait eu lieu vingt ans trop tard et finissait dans l'amertume. Pour en tirer quelque avantage, Charles abandonna en privilège à ses luthériens allemands l'arrêt de toute persécution jusqu'aux conclusions du concile, et, à plusieurs princes fidèles, un édit de « tolérance » envers le luthéranisme dans leurs Etats. Il outrepassait évidemment les limites de son autorité civile. Ce n'était que l'un des nuages qui s'accumulaient silencieusement dans le ciel encore serein des relations entre le pape et l'empereur.

A Lucques, dès le premier jour, Marguerite obtint une audience de son père au palais de la Seigneurie ; le lendemain, ce fut lui qui prit la peine de lui rendre visite en personne et, le dernier jour encore, elle vint lui faire ses adieux. Elle se trouvait devant l'empereur tel que Titien l'a représenté sur le second versant de sa vie, assis sur un raide fauteuil, vêtu de velours noir sans aucun ornement, le regard pénétrant, mais l'expression du visage désabusée et marquée par la souffrance.

La rencontre avec le tableau est intimidante ; comment imaginer que Marguerite, qui n'avait pas vu son père depuis cinq ans, n'ait pas éprouvé un tel sentiment ? Mais cet homme austère lui parle avec bonté, la laisse s'épancher, puis la réconforte aussitôt... au moins sur un point qui ne lui coûte rien : il laissera auprès d'elle un grand-maître espagnol qui a sa confiance ; c'est le Dr. Valenzuela, il est déjà nommé. Il est aisé ensuite d'imaginer comment il séduisit la princesse. Il lui parla du lourd poids de l'empire et de la chrétienté qui reposait sur ses épaules ; peut-être se fit-il pitoyable ? Il l'était, en effet, cet homme triste, forçat du pouvoir. Il lui fit part de ses desseins et l'invita à s'y associer. Il était urgent de se concilier le pape, de l'arracher à sa neutralité, de le détourner de la France traîtresse, de le rallier sans réticence à la cause impériale : Marguerite « devait » s'entremettre. Il était urgent — et là son regard se passionnait à nouveau — de reprendre la guerre contre le Turc. Soliman venait d'entrer à Bude, en Hongrie, d'y massacrer quatre cents prisonniers chrétiens ; mais ce n'est pas là que l'on allait le combattre. L'empereur irait lui-même déloger son vassal, Hassan Aga, du repaire d'Alger ; les préparatifs de l'armada étaient déjà en cours... Il s'enflammait : Alger serait un nouveau Tunis, un triomphe, les chrétiens se réconcilieraient autour de cette victoire. Et l'empereur allait emmener Ottavio ; il serait « chef de l'avant-garde de l'armée impériale », il allait se couvrir de gloire, il serait récompensé... Charles avait pour principe de ne faire jamais de promesses, mais il savait faire miroiter les espérances.

Marguerite est flattée, admire, remercie, pleure, lui baise les mains. Elle comprend qu'il est de son devoir de donner une postérité aux Farnèse et, le jour du départ, se rend aux bains de Casciano qui favorisent la fertilité.

Les entretiens de Charles avec le pape suivent le même schéma, mais l'interlocuteur est plus coriace. D'abord, il campe sur sa neutralité : le roi de France est en droit de demander réparation, car on vient de lui assassiner deux ambassadeurs. Ceux-ci sont tombés dans un lâche guet-apens tendu par le vice-roi de Lombardie, homme de l'empereur. Leur barque a été arraisonnée sur le Pô et ils ont été massacrés sur une petite île solitaire. François veut reprendre les armes ; la précieuse trêve de Nice, objet de tant de soins, risque de se rompre. Charles accepte de faire un geste pour éviter le pire. Mais cette sollicitude du pape envers la France l'irrite. Paul III ne vient-il pas d'envoyer à la cour de France son troisième petit-fils, Orazio Farnèse ? L'enfant, âgé de dix ans, s'est mis en route discrètement pour Fontainebleau le 15 juillet, accompagné d'une petite troupe et de son maître Florido ; et ceci au moment même où Ottavio, suivi de 350 cavaliers et d'une douzaine de nobles seigneurs, rejoignait la cour de l'empereur.

Charles sait dissimuler. A Lucques, pour lui deux problèmes sont prioritaires : le concile — pour lequel il a l'assentiment de Paul III — et la croisade d'Alger. Sur ce point le pape ne peut s'opposer, mais il est consterné. C'est la Hongrie qui a besoin d'armes et de soldats, de manière urgente. Que va rapporter cette campagne, sinon ruiner tout le monde et peut-être échouer, car la saison est déjà fort avancée et les risques énormes ?

L'empereur ne manque pas de suite dans les idées. La croisade aura lieu.

Andelot avait quitté Madama pour participer à la campagne d'Alger et lui avait laissé un testament pitoyable et respectueusement amical : « Je supplie Votre Excellence de se comporter et de monstrer contentement pour le bien de ses affaires... faut ung peu dissimuler à présent pour donner à connoistre à Sa Majesté que Votre Excellence est contente de la venue du signor Prefetto... » Mais, puisque Casciano n'a pas fait de miracle, que Marguerite n'est pas enceinte et que le « signor

Prefetto » est au loin, elle peut reprendre ses activités romaines, la conscience tranquille et le cœur un peu plus léger.

Ottavio a pris possession, avant de partir pour la cour, de son duché de Camerino, le temps de se faire introniser et d'y prélever ses hommes d'armes ; on ne l'y verra plus. Marguerite ne songe pas davantage à y résider. En ce temps-là, on ne « réside » en province que contraint et forcé et, si l'on a un pied à Rome, on n'en bouge plus ; pas plus les grands seigneurs dans leurs fiefs que les évêques dans leurs évêchés, hélas ! Seule la chasse peut tirer la princesse hors de la capitale, et encore va-t-elle plus volontiers à sa « vigna » — la villa Madama — qui lui sert de pied-à-terre dans ses randonnées. Que pensait la jeune Flamande, dans sa raide collerette, devenue héritière de ce que la Renaissance avait créé de plus voluptueux et raffiné, la villa avec ses nymphées, ses jeux d'eaux et sa « Vénus jouant avec les amours » ? Eh bien, elle l'aima. On dit que lorsque la villa fut mise en vente pour couvrir d'anciennes dettes Medicis, elle en racheta la jouissance sur sa propre cassette, et l'agrandit même, pour 1 200 écus d'or, de quelques terres avoisinantes.

Néanmoins, le centre de ses intérêts demeure à Rome. Une princesse de son rang y a ses journées remplies et tout d'abord par l'omniprésence des devoirs religieux. Une partie de sa vie baigne dans le monde enchanté des cérémonies, des chœurs, de l'encens et des cierges, où elle s'enivre de solennité et de grandeur. Elle entend la messe chaque matin, assiste aux vêpres, écoute les sermons de carême, participe au cycle liturgique toujours renouvelé, dont la ville entière est le théâtre et l'appel des cloches, le langage. Dans son intimité encore, elle fait oraison dans la chapelle du palais. Il y a aussi des œuvres et de pieuses visites ; elle est elle-même constamment la proie des solliciteurs selon un protocole très absorbant. Le moindre déplacement requiert équipage et escorte. En somme, les journées sont pleines — mais de lenteur.

Parmi les événements qui tranchèrent sur cette monotonie, vint le jour où Michel-Ange dévoila aux yeux du Saint-Père et de la cour la fresque du « Jugement dernier » dans la chapelle Sixtine. On peut sans peine imaginer la stupéfaction de l'assistance ; mais chacun réglait ses réactions sur celle du pape et, comme l'on sait, ce grand homme était un « inconditionnel » de Michel-Ange. Le goût de sa jeunesse avait été formé dans la première moitié du siècle, où les audaces ne faisaient pas peur et où le nu antique se mêlait aux effusions religieuses en toute innocence. Paul III ne permit jamais ce que feront ses successeurs : tendre une tapisserie devant le « Jugement » lorsque le pape tient chapelle à la Sixtine. Il ne pouvait cependant être insensible à la disparité qui régnait entre la voûte et le « Jugement » : il avait vécu le sac de Rome et reconnaissait, dans le tragique de la dernière œuvre, l'irrémédiable coup porté par ce drame à l'optimisme du siècle naissant.

Dans l'immense fresque aux tons crépusculaires, une étrange dépouille semblait flotter parmi les ombres violettes, à la gauche du Christ vengeur : une peau vide, un visage, celui de Michel-Ange, dirait-on ? N'avait-il pas prévenu Vittoria Colonna, dans un sonnet qu'il lui adressait :

« Il advient que dans la pierre apparaisse une ressemblance — et qu'au lieu d'une autre image — on se mette soi-même, cadavérique et mort — Souvent je me représente ainsi — Car c'est ainsi que je suis pour elle... ».

Vittoria était au loin. Et Marguerite contemplait ce puissant artiste, déjà âgé, qui se décrivait lui-même comme tordu et déformé par les travaux épuisants de la fresque, « tendu comme un arc syrien ». Elle le reverra, car le pape lui commande au même moment la décoration de la chapelle Pauline ; il lui confie le chantier de Saint-Pierre et — ce qui lui tient le plus intimement à cœur — la corniche du Palais Farnèse.

Vasari rapporte que Paul III « voulait avoir la corniche la plus belle et la plus riche qu'aucun palais au monde eût jamais possédée », et organisa un concours entre ses meilleurs artistes. Au grand chagrin de Sangallo, Michel-Ange emporta la commande. Au même moment, on travaillait aux plafonds du palais et, pour masquer les énormes poutres de soutènement — dont on disait qu'elles venaient tout droit du chantier de Saint-Pierre —, on les habillait de caissons délicatement sculptés. Le palais coûtait de plus en plus cher. Fierté de Paul III, symbole de sa réussite familiale — pendant les dernières années, les travaux dépasseront même les dépenses engagées pour le concile de Trente.

Quels étaient les sentiments de Marguerite envers cette entreprise ? — Indifférents. Elle ne se voulait pas concernée par les projets Farnèse. Toutefois, ses relations avec sa belle-famille — « cette race » — s'amélioraient un peu. Ottavio était loin, le pape lui continuait ses faveurs et Pier Luigi semblait s'assagir. Il fit même faire à cette époque un portrait de la princesse pour l'envoyer à l'empereur, mais les événements ne permirent pas de l'acheminer et le tableau semble perdu. Un historien contemporain croit l'avoir retrouvé à la Galerie Borghèse sous la rubrique « Portrait d'une inconnue » [Ecole de Raphaël] ([1]).

Peut-on considérer cette période comme une accalmie dans la vie de Madama ? Oui, sans doute, mais de celles qui précèdent les tempêtes.

([1]) « Cette femme mélancolique, amaigrie, très mondaine, sans doute aristocratique, a de Madama le front haut, les cheveux frisés châtains et la bouche bien dessinée. Elle est vêtue du costume empesé « à l'espagnole » dans lequel aucune femme de la société italienne n'aurait voulu s'enfermer. Et elle porte sur la poitrine un fabuleux bijou avec un rubis énorme et un diamant qui pourrait être le cadeau de mariage de Paul III » (Dr de Jongh).

8

D'ALGER A DÜREN

Depuis la campagne victorieuse de Tunis, l'empereur déplorait de ne pas avoir alors poussé ses avantages et conquis Alger. La chute héroïque de la forteresse espagnole du Peñon en 1529 ne lui laissait plus en Afrique que quelques « presides », Oran, Bougie, Tlemcen, tandis qu'Alger demeurait la place forte orgueilleuse des Maures en Méditerranée, le point de départ de toutes leurs pirateries.

L'expédition qu'il entreprenait maintenant aurait en outre l'avantage d'ouvrir contre le Turc un second front qui soulagerait la pression sur la Hongrie. Gage de succès, on espérait de la fourberie du gouverneur d'Alger, Hassan Aga, un Sarde converti à l'Islam, qu'il n'offrirait qu'une résistance feinte.

Ce 28 septembre 1541, les préparatifs étaient achevés et Charles Quint s'embarqua à La Spezia, sur sa galère capitane, suivie de six navires d'Andrea Doria. Le condottière l'avait mis en garde sérieusement contre les dangers de l'équinoxe pour entreprendre une expédition en mer. Mais il était trop tard pour renoncer. Que ferait-on de ces mercenaires levés dans toute l'Europe et coûteusement équipés si on ne pouvait leur offrir le butin d'Alger comme complément de solde ? Charles répliquait : « Le temps est dans la main de Dieu ». A rames, à voile, longeant la Corse, la Sardaigne, les Baléares, il n'arriva en Sicile que le 13 octobre, déjà tard en saison. Les troupes, les chevaux, l'artillerie, les munitions, les vivres, partis en ordre dispersé, convergeaient vers l'île avec, comme objectif final, le rendez-vous dans la baie d'Alger.

Ottavio, à qui l'empereur avait confié un rôle dans son avant-garde, se trouvait mêlé, avec ses gens, aux troupes espagnoles ; mais il n'écrivit pas ses souvenirs et dut vivre ces journées avec l'insouciance de Fabrice del Dongo à Waterloo : il n'avait que seize ans. Un chroniqueur qui se trouvait auprès de Charles Quint pendant la campagne put toutefois suivre l'ensemble des opérations et nous en a laissé le récit.

« Sitôt tout embarqué », écrit-il, « et que les naves eurent mis voiles au vent, S. M. fit tirer droit vers Alger... où arrivâmes en moins de trois journées. » La galère impériale jeta l'ancre en un lieu d'où l'on découvrait entièrement la ville étagée sur ses hauteurs. Le reste de la flotte joignit à point le rendez-vous et « il n'y eut faute de saluades, à grosses pièces d'artillerie... et sonnant par cent trompettes et tambours et fifres pendant une grosse heure d'horloge ». Il y avait, à bord des lourdes naves, 22000 fantassins, dont 7000 Espagnols, tous soldats pratiquants et experts, 6000 Allemands, qui semblaient être la fleur de la Germanie, des Italiens ramassés çà et là au nombre de 6000, les chevau-légers du royaume de Naples, les genètaires espagnols et, par-dessus tout, les chevaliers de Rhodes, au nombre d'environ 400.

La nuit même, on ordonna à ces troupes de se tenir prêtes « sans se charger d'autre chose que de harnoys et bastons de guerre, pour le lendemain se désembarquer ». Les Maures tentaient quelques reconnaissances, auxquelles l'artillerie des galères mettait bon ordre, tandis qu'au petit matin la manœuvre s'effectuait. Dans la galère de l'empereur, entre l'enseigne de Saint-André et l'aigle impérial, droit au milieu, le grand étendard dépassait tous les autres. Il portait l'image du Christ en croix, « ce qui donnait grand cœur aux nostres... Devant ce portrait, en allant prendre terre, chacun s'inclinait, lui jurant sa foi, lui recommandant ses armes ».

Ce jour-là, l'armée ne put cheminer vers la ville que d'environ une demi-lieue, puis la nuit tomba. « Nous fûmes contraints de la passer tous quasi sans dormir... car nos ennemis, qui tenaient le haut des montagnes, dévalaient dans la plaine et, à leur mode accoutumée, faisaient une grande huée, criant comme enragés, ayant grand nombre de petits tambours et musettes, et ainsi avec un tel bruit, nous venaient travailler merveilleusement avec force flèches, viretons et dards. » Le lendemain, les troupes déjà fatiguées reprirent leur chemin ; l'ennemi, sans cesse repoussé, semblait redoubler en nombre. Au moment de boire l'eau d'un ruisseau, les soldats « soudain qu'ils avaient bu, tombaient morts étendus » : la source avait été empoisonnée.

L'accès d'Alger était montueux, et les collines longues et pénibles à escalader. Les Espagnols parvinrent au sommet, l'empereur et ses Allemands campèrent à flanc de coteau et on confia la marine aux Italiens. De la sorte la ville était cernée. Enfin, la nuit tomba, dont toute l'armée se réjouissait fort, quand, hélas ! advint une très grande infortune... « jamais ne cessa de pleuvoir très fort, avec grande véhémence des vents de brise et autres ». Les gens n'avaient rien emporté pour se protéger, nulle tente pour s'abriter. « Ils furent tous percés jusqu'à la chair nue... et leur défaillait la force et aussi le courage. » En même temps, la mer se déchaînait et plusieurs naves pesantes, après avoir rompu les grosses cordes de leurs ancres, s'en furent donner de travers contre les digues et se rompirent ; d'autres, remplies de vagues, allaient au fond. Le jour venu, les vents et pluies étaient en si grande rage qu'on ne pouvait tenir debout.

Ottavio dans sa montagne ne connaissait encore de la bataille que la grêle et les bourrasques ; mais les Espagnols furent bientôt attaqués et résistèrent bravement. Les ennemis, profitant du bruit de la tempète, avaient assailli en grand silence les gens du guet, agissant par surprise et les tuant tous. Simultanément, ils attaquèrent les Italiens qui tenaient la marine. Appuyés par les chevaliers de Rhodes, ceux-ci furent néanmoins débordés. Les Arabes avaient l'avantage du site et des armes, car la pluie avait mouillé la poudre des arquebuses. « A la belle pique, main à main et à la peine et course de corps, les convenait assaillir. Nous retardait la tactique de ces petits cavaliers arabes, toujours courant et raccourant leurs chevaux », jetant leurs traits, mettant le désordre et « s'ils sont poursuivis, tournent bride soudain et viennent environner et enclore les chrétiens et puis, en très grande diligence, les mettent à mort ». De la ville sortaient des fantassins maures, mêlés aux cavaliers et aussi rapides qu'eux à la course, escarmouchant les soldats et les poursuivant follement, tandis que d'autres, juchés sur les murailles, faisaient donner l'artillerie.

Les Italiens prirent la fuite et les chevaliers de Rhodes tinrent bon. Alors les Arabes attaquèrent avec leurs longues javelines, mais les chevaliers étaient décidés à se faire tuer jusqu'au dernier, « afin qu'il fût mémoire d'eux par après et, s'il convenait de mourir, faire auparavant dommage aux ennemis plutôt que de se laisser tuer en fuyant vilainement ». A la pique, ils avaient quelque avantage, car les Arabes combattaient nus, sans cuirasse. L'arrivée de l'empereur avec ses Allemands, « merveilleusement désirans de combattre, faisant des croix, baisant la terre », découragea les petits hommes agiles.

L'empereur, au cœur du combat, « ne démontra avoir crainte ni peur... Ni ne changea sa face de couleur ». Les Allemands remplacèrent les Italiens sur la plage, et selon le chroniqueur — qui partage visiblement les préjugés des Allemands — leur firent dire, assez cruellement, qu'ils allaient désormais « mettre leurs talons où ils avaient mis la pointe de leurs pieds ».

On s'arrangeait pour la nuit suivante, récupérant quelques voiles des naves dématées, avec l'idée de mettre la poudre des arquebuses au sec. La pluie ne diminuait pas ; au contraire, la tempête ne cessait de s'enfler et les navires coulaient l'un après l'autre. Ce que voyant, les Arabes s'approchaient de la mer et là « s'occupaient à tuer nos gens lesquels la fortune de mer avait jetés vifs à terre ». Les malheureux n'avaient le choix qu'entre la noyade et le massacre. Maintenant cent trente navires gisaient par le fond.

Ces malheureux accidents « mirent l'Impériale Majesté tout au bout de ses sens, quasi désespérée ». Il réunit ses gentilshommes et leur fit un long et bouleversant discours sur la situation sans issue. Tant de morts, plus de flotte, plus de vivres ni de munitions : il allait falloir renoncer à Alger. Ceux-ci, parmi lesquels se trouvait Cortès qui en avait vu d'autres au Mexique, le supplièrent de dissimuler son deuil afin que ses gens de guerre ne perdent pas courage. Il restait plusieurs navires, et, à terre, quelques chevaux ; on allait les manger. Avec les bateaux coulés avaient disparu les provisions, et sur ceux qui flottaient encore, il avait fallu tout jeter à la mer ; les chevaux n'avaient pas été épargnés, « tant genets d'Espagne que beaux coursiers de Naples tandis que leurs maîtres les regardaient piteusement périr et noyer devant leurs yeux » ; et cela pêle-mêle « avec les coffres et malles pleines de bagues et accoutrements..., les armes, bastons de guerre, harquebutes à crocs, canons et doubles-canons... toute la grosse artillerie, poudre, munitions, qui furent repêchés plus tard par les ennemis ».

On se mit en ordre pour la retraite. Le spectacle était navrant de la troupe affamée, trempée de pluie. Plusieurs tombaient raides morts, d'autres ne pouvaient plus cheminer... La terre était si fangeuse et abreuvée que si les cavaliers voulaient dormir ils devaient planter leur pique en terre et ainsi prendre leur repos. Mais ceux-ci étaient pour la plupart démontés, marchant souvent avec la troupe dans la boue des marais, traînant leurs blessés, harcelés par les Arabes sur les ailes et les arrières. Ils allèrent ainsi trois jours entiers, longeant la baie, passant à gué deux rivières gonflées de tourbillons, jusqu'au cap Matifou où se dressaient les murs en ruines d'une ville antique et où, tant bien que mal, ils établirent leur camp.

Ottavio avait fait la route en tête avec l'avant-garde, mais il incombait maintenant aux Espagnols de protéger le retranchement improvisé, pendant le laborieux rembarquement des troupes. L'angoisse les étreignait fort d'être laissés pour compte. En effet, les premiers navires prirent la mer, profitant d'une accalmie, puis la tempête sévit à nouveau, sans merci ; les dernières naves perdaient leurs mâts et rompaient leurs amarres. L'empereur attendait de pouvoir les remorquer en haute mer à force de longues cordes et de rames, puis il dut partir, laissant quatre galères au secours des naves désemparées. Plus tard, on apprit que celles-ci s'étaient brisées et les marins noyés, tandis que les survivants jetés à terre « s'en allaient cheminant droit vers la ville pour se combattre jusqu'au dernier homme, faisant à Dieu de leur corps sacrifice ». Ottavio avait été rembarqué.

Charles Quint était arrivé à Bougie, ville espagnole. Le plus dramatique était passé. Alors il décida de recourir à la miséricorde divine et, pendant trois jours entiers, il y eut des processions générales, des confessions, des communions. Néanmoins, l'empereur fut encore retenu au port trois semaines par le mauvais temps. On était au bord de la famine et on ne pouvait envoyer de nouvelles. Déjà tous étaient séparés, certains navires devaient aboutir à Majorque, d'autres en Sardaigne. L'empereur à force de rames gagna Carthage, puis Murcie où il fit faire au jeune comte d'Egmont, mort à ses côtés, des funérailles solennelles. Egmont avait vingt et un ans. Enfin, arrivé à Valladolid, il sut que son armée errait au gré des vents en Méditerranée et qu'il ne reverrait les survivants qu'au printemps suivant. Là où ils accostèrent, après tant de privations, nombreux « étant en terre trop bien traités moururent en moins de huit jours, sans avoir pu se réaccoutumer à une bonne gouverne ».

Pendant la campagne de Tunis, Charles avait emmené son peintre Vermeyen qui avait croqué sur le vif les scènes de la bataille. Ces dessins avaient servi de cartons pour une suite de douze tapisseries des Flandres intitulées « Le siège de La Goulette », dont il s'entourait volontiers. Y eut-il un peintre à Alger ? Sans doute. Mais, de tapisseries, point.

A Rome, la tension montait car on était sans nouvelles de l'expédition. Celles-ci filtraient parcimonieusement, recueillies de la bouche des premiers rescapés échoués sur la péninsule qui avaient quitté l'Algérie avant l'empereur. Il leur semblait avoir échappé à l'enfer et y avoir laissé leur chef. La rumeur s'enflait. Charles fut donné pour mort dans toute l'Europe pendant plusieurs semaines et l'effet de cette nouvelle, dans certaines provinces reculées, ne s'effaça que lorsque Charles s'y montra, parfois après plusieurs années. On dit que, pendant cette période, le pape ne manifesta pas un bien grand chagrin et les ambassadeurs remarquèrent que, malgré son extrême usage diplomatique, quelques éclairs de joie maligne apparaissaient souvent sur son visage. Il était bien davantage inquiet pour Ottavio, dont on était également sans nouvelles. Quant à Marguerite, elle croyait se réveiller à nouveau veuve et —

autrement grave à ses yeux — orpheline. Qu'allait-elle devenir ?

Ces rumeurs furent bientôt démenties et, au début de l'année 1542, tous les détails de la malheureuse campagne étaient connus. Ils étaient flatteurs pour Ottavio. Marguerite apprit qu'il s'était valeureusement conduit et qu'il en sortait avec les honneurs de la guerre. Epuisé et malade, il avait échoué quelque part dans le sud de la Sicile, ayant perdu tous ses biens, mais l'empereur l'avait bientôt fait revenir auprès de lui en Espagne et l'avait nommé, à la cour, « capitan de la casa ». Marguerite avait enfin une raison d'être fière de lui.

Bientôt, après avoir tout craint, elle se remit à tout espérer. Son père ne lui avait-il pas fait miroiter, à Lucques, une récompense possible, tant pour la participation d'Ottavio à la « croisade » que pour sa propre abnégation conjugale ? Que ne pouvait-elle espérer ? Lors de cette rencontre, on avait joué avec les principautés, et puis rien n'avait été conclu : c'était prématuré avant la campagne. Mais maintenant ?... le mot magique de Milan avait été évoqué. C'était autre chose que le duché de Camerino ! Marguerite se voyait déjà dans cette magnifique capitale riche, active, nordique, pleine d'églises lombardes, d'œuvres d'art, de monastères, d'ateliers, de banques, habitant l'immense castello Sforzesco avec ses tours carrées...

Elle savait n'être pas seule sur les rangs. Depuis Pavie, les Français étaient hors jeu, malgré leurs prétentions héréditaires, mais Charles jouait parfois avec l'idée d'appâter son ennemi François Ier par une donation envers l'un de ses fils, une manière de se l'annexer. Depuis la mort du dernier duc Sforza, il avait rattaché le Milanais à sa couronne et en avait donné l'apanage à son fils Philippe — on pouvait toutefois obtenir d'être duc de Milan et vassal de Philippe, à condition d'y conserver une certaine souveraineté qui serait à marchander.

Ainsi allait l'imagination de Marguerite, tandis qu'à Rome, comme dans l'Europe entière, chacun supputait ce qu'il allait résulter du désastre d'Alger pour le malheureux vaincu. En Allemagne, les princes rebelles à l'empereur voyaient d'un bon œil son abaissement qui leur rendait les coudées franches. Le Turc, aux frontières de l'Autriche, s'enhardissait. En France, le roi, qui avait remis d'un an sa déclaration de guerre, fourbissait maintenant ses armes. Il préparait une triple attaque en Flandre, en Roussillon et à Nice.

A Rome, enfin, autour de Marguerite, on estimait qu'il ne pouvait être que favorable à la cause Farnèse que l'empereur ait besoin d'un peu d'aide pour les multiples desseins qu'il formait et qui dépassaient ses moyens.

Pour l'heure, Charles était à Valladolid, profondément malheureux. Sa souffrance morale était immense. Son armée était disloquée, ses compagnons morts, sa grande entreprise se lézardait et, par-dessus tout, il s'était trompé. Avoir tort, quand on est Charles Quint, quelle blessure ! Dieu l'avait abandonné.

Il s'y ajoutait l'épreuve de la goutte. Charles souffrait de cette maladie depuis dix ans ; mais la crise qui l'assaillit après les tribulations d'Alger fut inhumaine. Elle dura quatre mois et, quelquefois, l'empereur « pour la grande douleur qu'il en avait se faisait ouir de huit ou dix maisons hors de la cour ». On le sait, cette infirmité lui venait d'une boulimie pathologique qui le faisait engouffrer à longueur de journée des quantités énormes de nourriture. Il commençait au grand matin par un poulet cuit au lait avec sucre et épices, arrosé de bière glacée, pour continuer par des pâtés d'anguille et autres aliments aussi indigestes. Suivaient, aux repas, cinq ou six plats de viandes faisandées et fortement épicées pour lesquelles il ingurgitait chaque fois une pinte de vin du Rhin. Les chroniqueurs français parlent avec dégoût de sa « gloutonnerie ». Un historien belge, plus indulgent pour son prince bourguignon, lui trouve des excuses dans le prognatisme de sa mâchoire et la configuration de son palais « en ogive » qui l'obligent à enfourner la nourriture directement dans son estomac comme on ferait du foin dans une grange. Quoi qu'il en soit, la maladie est là et Charles la soigne avec de la tisane de pois de Chine et une diète qui lui coûte énormément. Il soigne aussi son âme au monastère de Mejorada, par une de ces longues retraites qu'il affectionne et bientôt retrouve, avec le goût d'agir, une certaine philosophie.

Cette alerte cependant l'a ébranlé et il met à profit cette

année 1542 pour nommer son fils Philippe « roi régnant » en Espagne, gardant pour lui-même le titre de « roi possessant ». Il donne à ce garçon de seize ans, respectueux de Dieu et de son père, en même temps que le pouvoir, des instructions détaillées qui sont un modèle de sagesse et de modestie et qui ont, sur celles de Machiavel, la supériorité de venir d'un homme qui a gouverné. Enfin, Charles marie son fils avec l'infante Marie de Portugal, sans trop se soucier d'une consanguinité qui sera lourde de conséquences.

L'Europe le requiert, il renonce aux aventures méditerranéennes, son conseil lui ayant fait valoir « qu'il valait mieux garder le certain, qui était sa vache de Flandres, que de se mettre en hasard de conquerre l'incertain ». Il ne reverra l'Espagne qu'après son abdication.

Le premier des gentilshommes italiens à accueillir l'empereur lorsqu'il débarqua à Gênes le 25 mai fut Pier Luigi Farnèse, bientôt rejoint par son fils, le cardinal Alessandro. On était en 1543 et, depuis cinq ans qu'un lien matrimonial avait été établi entre la maison de Habsbourg et les Farnèse, ceux-ci jugeaient que l'avantage retiré de cette union était bien mince : une princesse rétive et hautaine, point d'héritier et, pour seules acquisitions territoriales, Castro et Camerino qui étaient plutôt le fait du pape. Il leur semblait que le moment était bien choisi pour obtenir davantage et — n'ayant, semble-t-il, que vaguement consulté Paul III — ils abordèrent Charles Quint avec une proposition mirobolante.

Si Sa Majesté y consentait, Ottavio pourrait devenir duc de Milan ; au duché, Sa Sainteté adjoindrait les principautés de Parme et Plaisance, propriétés de la Chambre Apostolique, et verserait à l'empereur immédiatement deux millions or en ducats. C'était une belle somme, comparée à ce que Cosme de Medicis venait de verser : 150 000 ducats, pour être assuré définitivement de son duché de Florence.

L'empereur n'apparaissait pas aussi humilié qu'on s'y attendait après son échec d'Alger et, suivi de son armée, comme à l'accoutumée, il impressionnait. L'offre fabuleuse de Pier-Luigi ne suscita bien entendu aucune réaction immédiate de sa part, mais fut ressentie par Charles comme un baume inespéré sur une plaie pour lui mortelle : la plaie d'argent. Une fois de plus, le Trésor était vide. « Tout l'argent du royaume est tari, lui écrivait-on d'Espagne ; après le manque de monnaie d'or commence le défaut d'argent. Votre Majesté ne saurait croire le grand besoin qu'il y a de monnaie. » Où passaient donc les monceaux de métal précieux d'Amérique que l'on déchargeait à Séville au pied de la Tour d'Or ? En un demi-siècle, 1748 navires, chargés de 101 tonnes d'or, 577 tonnes d'argent, dont le cinquième, le « quint », est propriété personnelle du roi.

De longue date, et de plus en plus, cet or sert de gage aux banquiers du Nord, les Fugger surtout, qui font crédit à 14 % : il arrive que le Trésor leur doive plus de 2 millions de ducats. Charles a tout essayé : établir des impôts en Espagne, vendre les charges, les commanderies des ordres, les magistratures, baisser l'aloi des ducats. Il vit comme un particulier dans la gêne. « Je ne puis même pas payer ma cour », écrit-il à sa sœur. Il en vient à essayer de vendre en sous-main les chaussures de son épouse décédée, « les chapins de l'impératrice aujourd'hui en gloire », et n'y renonce que lorsque le vice-roi de Naples lui fait valoir que ce n'est pas convenable.

Alors, pendant les quelques journées de chevauchée qui le séparent de Pavie et de Bussetto, lieu retenu pour la rencontre avec Paul III, Charles soupèse en imagination ces deux millions de ducats. Mais il songe aussi au Milanais et, pour cet homme concret, la belle province avec sa capitale est autrement parlante que les chiffres alignés par les comptables. A Milan, les empereurs viennent depuis plusieurs siècles ceindre la couronne de fer ; le lien est traditionnel. Et, pour l'heure, son intérêt stratégique, à l'intersection des routes qui mènent à Venise, à Gênes, aux cols du St.-Gothard et du St.-Bernard, est d'autant plus grand que l'Adriatique est maintenant sillonnée par les Turcs. Même s'il doit concéder Milan à Ottavio, il a déjà décidé, en son esprit, que les forteresses en resteront occupées par les garnisons espagnoles.

Marguerite, accompagnée de Costanza Farnèse, avait rejoint Pavie et, avant que l'empereur ne se rendît à Bussetto, avait saisi l'occasion de se jeter à ses pieds. A côté de Charles se trouvait un élégant seigneur d'apparence espagnole dans lequel elle mit quelques instants à reconnaître son mari. Il avait grandi, la guerre l'avait mûri ; ce n'était plus l'adolescent gauche et puéril qu'on lui avait imposé jadis et il avait même des allures désinvoltes de séducteur. Le soir même, Marguerite trouva moins difficile de satisfaire aux instructions que son père lui avait envoyées quelques jours auparavant : « Le duc, votre mari, est revenu auprès de nous ; je pense qu'il n'est pas besoin de vous dire comment vous devez l'accueillir car vous devez vous conduire selon votre devoir. » Ottavio fut si heureux de ce succès que, le lendemain même, il chevaucha jusqu'à Bologne pour annoncer la bonne nouvelle au pape. L'historien Paolo Giovo écrivit à un ami : « le beau duc Ottavio a dormi à Pavie avec sa dame et puis est venu ici “ ad sanctissimos pedes ” et ainsi est évanouie la mauvaise opinion qu'on en avait ».

Il n'empêche que pour Marguerite la notion de « devoir » avait tellement marqué ses premiers ébats amoureux qu'elle n'allait pas du jour au lendemain en faire une fête — il semble même qu'elle n'y trouvera jamais d'attrait. Quant à Ottavio, malgré la spontanéité de ces retrouvailles, l'humiliation qu'il avait ressentie autrefois auprès de l'altière Marguerite ne s'effacera jamais et rendra pour toujours leur relation inégale.

Les deux souverains arrivèrent à peu près ensemble dans la petite ville de Bussetto. Il y avait là un château avec deux portes « dont l'une ouvrait sur les champs et l'autre sur la ville. On mit le Saint-Père vers les champs et l'empereur vers la ville, chacun solidement gardé ». Ce dos à dos renvoie bien l'image de ce que furent les conversations qui durèrent une semaine : un dialogue de sourds enveloppé de courtoisie. Lorsque l'empereur comprit que le pape ne pourrait verser qu'un million or au lieu des deux promis par Pier-Luigi et qu'il refusait d'annexer à Milan, Parme et Plaisance ; lorsque le pape apprit que l'empereur se réserverait les forteresses du Milanais, l'affaire de Milan était bel et bien enterrée — mais sans fleurs ni couronnes, car si l'empereur ne disait que rarement « oui », il ne disait jamais « non » — et ainsi personne n'osa s'avouer cet échec.

Marguerite seule ne s'en doutait pas. Son père la reçut encore aimablement à deux reprises et la fausse nouvelle courait si sûrement que certains courtisans accentuèrent envers elle leurs égards et l'appelèrent « duchesse de Milan ». Le 24 juin, elle prit congé de l'empereur qu'elle ne devait jamais revoir. Partant guerroyer en Flandres, il emmenait à nouveau Ottavio.

Milan aurait pu être la fleur d'une négociation par ailleurs réussie. Il n'en était rien. Paul III avait vainement plaidé pour la paix et Charles Quint avait eu beau jeu de lui faire valoir que la coalition de François Ier et du Sultan la rendait impossible. L'empereur, quant à lui, exigeait encore une fois que le pape renonçât à sa neutralité : si le Saint-Père voulait la fortune de sa famille, qu'il se déclare ouvertement à ses côtés. Quelles que fussent ses ambitions dynastiques, Paul III sur ce point ne céda jamais. Ainsi, contre vents et marées, demeurait-il le dernier souverain indépendant en Italie.

Un acte encore de la très ancienne rivalité entre le sacerdoce et l'empire venait de se jouer à Bussetto.

Lorsque Marguerite se retrouva à Rome, nantie seulement de quelques vagues promesses qui s'estompaient avec le temps, elle se sentit à nouveau dupée.

Selon elle, toute la faute en incombait au pape qui avait refusé l'amitié de l'empereur, aux manœuvres pesantes de Pier Luigi et à celles, trop rouées, du cardinal Alessandro. Son père seul pouvait aider à son ambition, et ces sordides Farnèse avaient laissé passer l'occasion. Avec l'impulsivité de son caractère, elle se retourna à nouveau contre le clan. Chaque épisode révélateur des bonnes relations avec la France lui était insupportable. Ainsi du séjour du petit Orazio, le frère de son mari, qui se taillait un succès à la cour de François Ier et auquel le roi venait de donner, à treize ans, une compagnie de deux cents chevau-légers — en attendant d'obtenir quelques années plus tard la main de Diane de France, bâtarde de Henri II. Ainsi de Vittoria Farnèse, leur sœur, dont on négociait le mariage avec le duc d'Orléans.

Elle souhaitait passionnément la défaite du roi de France. Il était clair — disait-elle au cardinal Alessandro — que l'empereur allait bientôt se rendre maître de ce pays ; ce qui lui valut cette réponse, dépourvue d'héroïsme, sinon de sens politique : « Madame, au cas où nous croirions vraiment que Sa Majesté vise à cette dernière extrémité, nous devrions à l'instant nous ranger à ses côtés. Mais, qui sait ce que l'avenir réserve ? » L'animosité de la princesse envers les Français et leurs alliés allait jusqu'à lui faire souhaiter la punition des Farnèse : « Si Sa Majesté est victorieuse et ne se venge pas de tant d'ingratitude — s'écriait-elle — je veux me faire turque ! »

La politique d'équilibre de Paul III ne lui était pas facilitée par les alliances suspectes de François Ier. Peu après l'entrevue de Bussetto, on apprit que les galères de Barberousse remontaient le littoral de la péninsule. Elles s'étaient arrêtées à Ostie, où quelques pirates avaient débarqué, et la panique était grande à Rome. Mais les Turcs ne commirent aucune exaction, laissant savoir qu'ils ne mettaient pas pied à terre pour nuire aux biens de l'Eglise, « car ils en avaient fait la promesse au roi de France ». Sur l'une de ces galères avait pris place l'ambassadeur de France à Constantinople. On pourrait presque dire que le pape s'y trouvait moralement embarqué, tant cette courtoisie était compromettante !

La petite armada devait se joindre à la flotte française pour assiéger Nice dont le duc de Savoie défendait jalousement l'indépendance. François Ier avait fait le calcul stratégique d'empêcher le ravitaillement de Charles Quint par ce port en se faisant aider de Barberousse. Nice fut investie, accepta l'entrée des Français mais refusa les Barbaresques. Le capitan pacha n'était pas un allié très maniable : n'ayant pu s'installer à Nice, il exigea d'hiverner à Toulon et le roi dut prier ses Toulonnais d'évacuer leurs maisons pour faire place aux Maures. Cela n'était pas très bien vu.

Après la douloureuse expérience d'Alger, ces manœuvres étaient odieuses à Charles Quint qui, plutôt qu'à son ennemi, s'en prenait au Souverain Pontife. Il avait envoyé à Rome un ambassadeur orgueilleux et sans manières : Juan de Vega, qui appliquait brutalement les instructions de son maître de ne flatter en Italie que les feudataires totalement dévoués — comme l'étaient devenus Cosme de Medicis, et surtout Ferdinand de Gonzague. Les autres, et en premier lieu les Farnèse, ne méritaient plus que défiance.

Pourtant le jeune Ottavio Farnèse se battait bravement aux côtés de l'empereur. Après l'entrevue de Bussetto, Charles était parti avec son armée voler au secours des Pays-Bas, non seulement contre François Ier dont les troupes y étaient déjà entrées, mais contre le duc de Clèves qui prétendait garder la Gueldre indépendante et avait fait sa liaison avec les troupes françaises. Le duc avait un terrifiant mercenaire, le maréchal van Rossem, un soudard nordique assoiffé de carnage, qui depuis plusieurs mois guerroyait contre les troupes de la régente et ne laissait après son passage que ruines fumantes. Il clamait : « l'incendie est le Magnificat de la guerre ». Quand l'empereur se présenta devant Düren, le 22 août 1543, la ville lui opposa une résistance héroïque, mais l'artillerie eut raison de ses murailles. Mêlé aux officiers espagnols, italiens et allemands qui suivaient l'armée impériale, Ottavio entra dans la ville sur les pas de Charles qui, revêtu d'une casaque d'or par-dessus son armure, avait pris la tête de la colonne d'assaut. Düren conquise fut livrée à l'horrible routine du pillage ; la panique s'empara des habitants qui se jetaient du haut des remparts dans les fossés. Charles avait donné l'ordre qu' « il ne fût fait injure aux femmes, jeunes filles et enfants, non plus qu'aux églises », mais le feu prit aux maisons de bois et l'incendie ravagea les trois quarts de la ville.

Le jeune homme vivait son deuxième baptême du feu, mais c'était sa première expérience de guerre dans les plaines du Nord, avec un tel cortège de cruautés. Il ne se battait plus contre les Maures mais contre d'autres chevaliers qui lui ressemblaient comme des frères, saccageant un pays pareil au sien. On était loin des tournois, loin des croisades : c'était une guerre fratricide.

François Ier s'arrangea pour ne pas avoir à combattre les armées impériales victorieuses avant l'hiver et l'affrontement fut remis au printemps. Mais l'empereur mit à profit ce laps de temps pour mener une vaste offensive diplomatique dont la principale victime était le pape à Rome. Il convenait à Charles de rompre avec le souverain pontife de manière spectaculaire ; ainsi on le ferait apparaître, par une grossière propagande, comme l'allié du roi de France, et donc du Turc. Aux yeux des princes allemands luthériens, il perdrait ipso facto le droit de trancher dans les problèmes religieux ; leur règlement pourrait intervenir entre laïcs, sous la haute autorité de l'empereur, avec un maximum de concessions aux Luthériens. Charles Quint avait besoin des princes allemands pour la guerre qui se préparait et il avait adopté cette tactique pour se les concilier.

A Rome cette manœuvre se traduisait par une atmosphère irrespirable d'intrigues et de calomnies. Le pape avait à souffrir des insultes de l'ambassadeur Juan de Vega, destinées à provoquer la rupture diplomatique. Il craignait même qu'on l'assassinât, à tel point que son fils Pier Luigi devait dormir la nuit en travers de sa porte. Un contemporain fait remarquer que, si le pape ne mourait pas de chagrin, étant donné son âge, c'est qu'il était immortel. On lançait à l'avance des pronostics sur sa succession, et Paul III voyait se profiler par-dessus tout la menace de l'empereur de prendre en main le destin de la chrétienté. Charles s'arrangeait pour lui faire savoir que, dans les précédentes diètes, « les envoyés du pape avaient fait plus de mal que de bien ; qu'il allait s'occuper lui-même de la réforme et de la répression des abus, et qu'ainsi il aurait fait son devoir de prince chrétien ».

Ainsi passèrent le morne hiver de 1543 et les premiers mois de l'année suivante. Ottavio était toujours aux côtés de l'empereur et Marguerite se morfondait, impatiente et irritée, continuant de jouer la carte impériale en toute inconscience.

La guerre reprit au printemps. La victoire de Cerisoles donnait l'avantage à François Ier en Italie mais le laissait en grand danger d'être écrasé dans le Nord et même de perdre Paris. Il avait fait une campagne fantaisiste, entouré de sa cour, « les dames n'avaient jamais quitté le roi et chaque jour on allait à la chasse... ». Le cœur n'y était plus. Il souffrait cruellement du mal qui allait l'emporter trois ans plus tard. Au reste, il était fatigué de son encombrant allié Barberousse et avait dû lui verser 800 000 écus d'or pour s'en débarrasser. Charles Quint de son côté était totalement désargenté. Ses soldats n'étaient plus payés et commençaient à déserter. Un même sentiment de lassitude, qui était le commencement de la sagesse, s'emparait des belligérants.

La paix fut signée à Crépy, le 18 septembre 1544. Paul III n'y avait joué aucun rôle et Charles avait refusé d'y voir participer les envoyés du Saint-Père, Morone et Grimani : la coupe était amère. Le pape voyait ses efforts pour la paix couronnés par le hasard, « la fortuna » chère à l'historien Guichardin. La morale n'y avait aucune part.

Ottavio, qui s'était valeureusement conduit, qui avait été par trois fois fait prisonnier et s'était évadé, avait mérité que son beau-père lui exprimât « la buona opinione » qu'il avait de lui. Il avait été invité à la réception donnée aux Pays-Bas pour le duc d'Orléans, avait dîné à la table de l'empereur et participé aux tournois qui avaient suivi. Mais le héros de la fête était sans conteste le duc d'Orléans, dernier fils de François Ier, à qui Charles avait promis en mariage une princesse Habsbourg — peut-être sa propre fille, Marie — qui lui apporterait en dot tout l'héritage bourguignon. Il n'y avait aucune récompense pour Ottavio, pas même une promesse, et lorsqu'il rentra à Rome, quelques semaines plus tard, il avait les mains vides.

Charles avait souvent parlé de l' « ingratitude des Farnèse » ; Marguerite elle-même avait repris l'expression dans ses propos et dans sa correspondance. On peut se demander où était l'ingratitude, et s'il y avait place en politique pour un tel sentiment, ou pour son contraire.

9

PARME ET PLAISANCE

En ce début d'année 1545, le pape Paul III put penser que le cours des astres lui était favorable. La princesse Marguerite était enceinte et avait rendu la nouvelle publique au milieu du mois de janvier. La ville était en effervescence au sujet de cet événement attendu depuis sept ans et les courriers galopaient sur les routes d'Europe, chargés des commentaires des diplomates.

Paul III, qui, malgré son optimisme et sa robuste nature, avait vécu ces années comme une course entre sa propre mort et la survie de sa maison, était profondément heureux. Ainsi, il verrait naître un Farnèse de la quatrième génération avant de quitter ce monde ! Il ne pouvait se douter que ce serait le seul — ni combien cette nouvelle vie serait précieuse pour sa dynastie. Un peu imprudemment, il avait fait de deux de ses petits-fils des cardinaux, et les astres ne lui avaient pas prédit que le quatrième, Orazio, qui vivait à la cour de France, mourrait à vingt ans sans postérité.

Avec l'éternelle jeunesse qui refusait de l'abandonner, il fit du printemps qui s'annonçait une fête continuelle. Le carnaval de 1545 fut le plus brillant de son règne et il y assista avec les siens depuis le balcon du palais Farnèse, transformé en claire loggia par Michel-Ange. On vit renaître tout le faste que les années noires n'avaient pu lui faire oublier. Les banquets se succédaient, avec les tables chargées de vermeil et d'argenterie, la chère confiée à un maître de cuisine français, les vins de

Malvoisie, de Grèce ou de Calabre. Il subvenait aux splendeurs de toute sa famille qui, cependant, raillait sa parcimonie, Pier Luigi s'écriant, avec sa délicatesse habituelle, que « si le pape manquait d'argent, il n'avait qu'à donner celui de l'Eglise ».

Paul III avait son écurie, sa meute, ses fauconniers et ses oiseaux de rapine, souvent reçus en cadeau de princes étrangers. Cet hiver-là, Marguerite suivit les chasses de loin, avec d'infinies précautions. Elle était déconcertée et rêveuse, prise à contre-pied dans ses certitudes par l'idée d'abriter en son sein un enfant de cette « race » décriée, et de ce mari qui, malgré tous ses efforts, restait à ses yeux un « bon à rien ».

Le temps cependant faisait son œuvre, avec la grâce d'état. A la fin du printemps, un portrait de Madama la révèle plus humaine et féminine, abandonnée dans une ample robe d'où ont disparu le col haussé et les armatures, le regard pensif et comme intériorisé. Marguerite n'est pas une nature capable de se résigner à l'absurde. Il lui faut sans cesse recréer des certitudes. Il est permis de dire que, pendant cette attente, elle se force à oublier son allergie envers les Farnèse pour ne pas avoir à haïr la vie qu'elle porte en elle, mais que cette discipline mentale lui permet, en même temps, de les nier dans la création de l'enfant à naître, et de ne voir en lui à l'avance que son œuvre personnelle : la dynastie de Marguerite d'Autriche. Cette attitude cadre bien avec l'indépendance altière qui fait le fond de sa nature.

Vint enfin le moment de la naissance. Madama ne manquait pas de courage mais c'était là une épreuve d'un tout autre ordre que les dangers qu'elle avait pu traverser jusqu'alors. Un mois auparavant, la femme de Philippe d'Espagne, sa belle-sœur, la petite Portugaise de seize ans, était morte en donnant naissance à don Carlos. On l'avait tant saignée pour « aider » à la délivrance qu'elle avait été emportée exsangue, huit jours plus tard, par la fièvre puerpérale. Elle n'était pas la seule princesse à connaître ce sort ; il était très fréquent de mourir en couches et Marguerite savait le danger des parturitions.

Cela se passa un jour d'août, dans la grosse chaleur romaine. Tout était prêt au palais, les femmes allant et venant avec leurs linges et leurs aiguières, le barbier-chirurgien veillant auprès de ses lancettes, de ses plats, de ses tenailles et de ses onguents.

La famille bruyante se tenait un peu à l'écart avec les matrones, le prêtre, l'astrologue... Derrière des paravents, Marguerite se battait et souffrait. Elle mit bientôt au monde un garçon ; et l'on s'aperçut alors qu'il y en avait un deuxième qui, après un certain temps, finit lui aussi par venir au jour. C'était le 27 août à six heures du soir. Madama était bien portante mais la journée avait été rude.

On lava les enfants à grande eau — ce serait le seul bain de leur existence — puis on les recouvrit d'une cire épaisse destinée à les protéger du « mauvais air » ; on les ficela dans leurs langes comme de petites momies et on les abandonna à leurs nourrices et à leurs « berceresses ».

On dut ondoyer sur le champ l'un des enfants qui montrait des signes de faiblesse et la princesse décida aussitôt de donner aux enfants les noms de leurs deux grands-pères, Charles et Alexandre. Le pape jubilait de bonheur. Il vint voir les deux petits Farnèse quarante-huit heures après leur naissance, leur fit cadeau de pièces d'or et de chaînes magnifiques avec des pendeloques. Marguerite reçut deux mille écus de la caisse pontificale et une vasque de toilette en or. De généreux pourboires ruisselèrent sur tout le personnel, jusqu'aux musiciens du palais.

Les jumeaux furent baptisés deux mois plus tard, le 3 novembre, à la date anniversaire du couronnement, régulièrement choisie par le Saint-Père pour les événements familiaux. Devant vingt-trois cardinaux et un grand concours de noblesse, les deux bébés emballés dans des flots de dentelle reçurent l'eau lustrale. La cérémonie eut lieu à Saint-Eustache, où l'on peut encore voir une plaque commémorative de cette journée scellée sous le porche de l'église ([1]). Le pape refusa de participer au déjeuner de famille et alla se retirer à la « vigna » de Madama. Il avait besoin de solitude.

([1]) Une plaque sous le porche de l'église Saint-Eustache commémore le baptême des jumeaux Farnèse :

« Venus au monde ensemble la sixième calende de septembre 1545, sont nés à nouveau dans les eaux salutaires des fonts baptismaux de ce temple, à la joie de toute la ville. Le chapitre et les chanoines, pleins d'admiration pour la vertu des Farnèse qui, en la personne d'Alexandre, accomplit de grandes choses pour le Christ, le Bien public et la Religion et accrut la gloire de la Patrie, ont posé cette pierre en l'an 1600. »

Deux ans plus tard, l'un des deux enfants allait mourir. Seul survivrait Alexandre Farnèse.

En ce temps-là, le paysage politique pouvait être aussi mouvant que la mer. Il dépendait des variations d'humeur de Charles Quint. Lent, pensif et rusé, il tirait en silence les conclusions de ses méditations et changeait de cap sans préambules ni explications. L'Europe médusée en subissait les ondes de choc.

Si Charles a accepté la paix de Crepy, c'est pour avoir les mains libres du côté français et pouvoir s'attaquer au problème allemand qui lui semble maintenant prioritaire. Il y a quinze ans déjà que la couverture idéologique du luthéranisme masque chez les princes électeurs et chez plusieurs évêques, ainsi que dans les grandes cités riches et prospères, des ambitions de tous ordres, et d'abord la résistance instinctive aux visées centralisatrices et absolutistes de l'empereur, au nom des « anciennes libertés germaniques ». Une ligue est née dans la petite ville de Smalkalde en Thuringe, après la diète d'Augsbourg de 1530 et les conclusions autoritaires que Charles Quint y a apportées. Le prince électeur Jean Frédéric de Saxe en a pris la tête avec le landgrave Philippe de Hesse, le prince d'Anhalt et les cités de Strasbourg, Ulm, Constance, Magdebourg, Lübeck et Brême. Charles a dû sans cesse composer avec eux — souvent à cause de la sympathie qu'il portait instinctivement à ses sujets allemands, souvent parce qu'il était occupé ailleurs — et tout dernièrement pour obtenir contre François Ier leur appui, leurs soldats et leur argent.

Mais maintenant, cette mosaïque de principautés en effervescence n'est plus aux yeux du souverain que la caricature diabolique de son grand rêve d'une chrétienté unie. Quel dérisoire symbole sont devenus « la couronne, le sceptre et le monde » ! « Le dessein des princes, écrit-il, est d'établir entre eux un gouvernement nouveau abolissant l'autorité de l'empereur. »

La mystique de la Réforme n'est pas le premier souci des ligueurs. Jean Frédéric de Saxe ? C'est « une montagne de chair, surmontée d'une tête en pain de sucre, barbu, couperosé, cou de taureau, mains énormes... grand buveur, grand chasseur... ». Quant à Philippe de Hesse, il est bigame. Pour pouvoir quitter sa femme légitime et ses sept enfants, il a conclu — avec une bénédiction arrachée à Luther — un « mariage turc » avec la jeune fille qu'il aime. Le manteau de l'Evangile cache mal ces faiblesses et ces ambitions.

Les princes sont même insolents. L'électeur de Saxe moque « Charles de Gand, celui qui se croit empereur ». Celui-ci a décidé de porter le fer dans la ligue de Smalkalde : s'il l'anéantit, les Luthériens perdront leur appui politique et se montreront plus souples pour un compromis au concile de Trente. Il paraît évident et nécessaire que le pape, non content de proclamer la réouverture du concile pour la fin de l'année, accorde une aide substantielle en argent et en forces pour la destruction de la ligue hérétique.

Rome devient alors l'objet d'une offensive diplomatique de charme qui donne soudain au pape le sentiment d'une réconciliation. Il est grand temps. Paul III, en effet, indigné par l'attitude offensante de Charles et son mépris pour la fonction apostolique, vient de délivrer un blâme public à l'empereur sous forme d'un « bref », rédigé en termes bibliques, lancé « ex-cathedra » et qui a été commenté par toute l'Europe. On a vu alors le souverain faire une réponse plutôt humble et respectueuse pour se disculper.

L'incident est clos. Paul III se radoucit. Il promet de donner à Charles une somme de 10 000 ducats, de lui envoyer, pour participer à la campagne contre la ligue de Smalkalde, 12 000 Italiens et 500 cavaliers, sous le commandement d'Ottavio Farnèse, et il se hâte de proclamer la réouverture du concile pour le 15 décembre 1545.

L'amélioration des rapports avec l'empereur a ranimé les espoirs des Farnèse, mais ils sont sans illusion sur ce que Charles Quint voudra bien leur accorder de son propre chef. Il est clair qu'il les berce de mirages, que le temps passe et que, lorsque le pape aura quitté ce monde, ils n'auront plus rien à espérer. Pier Luigi, qui a travaillé plusieurs années en vain à obtenir Milan pour son fils, comprend maintenant qu'il faut savoir se servir tout seul. Et, puisque le mariage Habsbourg n'attire sur la tête d'Ottavio aucune faveur particulière, c'est pour lui-même qu'il va agir. Il jette son dévolu sur Parme et Plaisance.

Ces deux villes faisaient partie des Etats pontificaux et étaient gouvernées par un cardinal-légat. Lorsque Paul III entendit les prétentions de Pier Luigi, il se montra réticent à dépouiller le Saint-Siège au profit de son fils, mais il ne pouvait rien lui refuser. Pier Luigi créait chez le vieux pape, par ailleurs courageux et volontaire, une sorte d'inhibition par la crainte et le chantage. Paul III voyait-il en cet homme redoutable l'incarnation diabolique de ses péchés et de sa seule faiblesse, le népotisme ?

A son corps défendant, il fit bientôt le nécessaire : on démontra à la Curie que Parme et Plaisance étaient dangereusement exposées et mal protégées par la seule présence d'un cardinal-légat, que leur sécurité serait mieux assurée par un homme de guerre éprouvé, gonfalonier de l'Eglise, à qui l'on conférerait la dignité ducale. Les Etats pontificaux s'enrichiraient en échange des duchés de Camerino et de Nepi, propriétés Farnèse. La bulle fut approuvée le 26 août. Les commentaires allaient bon train : « Etrange chose que de voir ériger un duché en une nuit, comme un champignon ! », écrivait-on. Ailleurs, on plaisantait : « le pape échange un " camerino " (un cabinet) contre deux salons ! »

Mais y avait-il un pouce de terrain en Italie sur lequel l'empereur n'eût droit de regard ? C'était lui qui avait permis autrefois à l'Eglise de s'enrichir de ces deux villes. Le pape n'envisageait pas de prendre une décision de cette importance à son insu. Il envoya donc à Worms, auprès de Charles Quint, son meilleur diplomate, le cardinal Alessandro Farnèse. Celui-ci arrivait chargé des généreuses promesses de Paul III en argent et en troupes contre les princes luthériens et devait obtenir en échange le « nihil obstat » de l'empereur : un hochement de tête, un regard, un murmure... quelque chose qui dirait « oui ». Il n'obtint que le mutisme le plus glacial. Sa nature optimiste en tira la conclusion qu'il n'y avait pas de veto impérial et, sans attendre davantage, il quitta Worms subreptícement dans la nuit et rentra bride abattue à Rome. En vérité, Charles était furieux.

Il y avait dans la capitale une personne encore plus dépitée que l'empereur : c'était Madama.

Malgré le mystère et le silence dont Pier Luigi et le Saint-Père avaient entouré les préparatifs de ce coup de force, la nouvelle avait filtré. Comment imaginer qu'un événement de cette importance pût demeurer secret à Rome ! C'est de Parme, où il s'était rendu au titre de ses prérogatives de gonfalonier, que Pier Luigi dirigeait les tractations, tandis que Paul III s'efforçait de convaincre un à un les cardinaux. On savait que, pour ne pas prendre de front Charles Quint, Alessandro Farnèse à Worms n'avait pas mentionné le nom de Pier Luigi, mais avait évoqué la cession de Parme et Plaisance à « la maison Farnèse ».

Lorsque ces rapports parvinrent aux oreilles de Marguerite, qui n'avait pas encore mis au monde ses enfants, elle pensa aussitôt à mettre en avant la candidature d'Ottavio. Elle se rendit chez le pape dont elle savait pouvoir tout obtenir, particulièrement maintenant qu'elle portait en elle les espérances de sa dynastie, et se jeta à ses genoux pour qu'il la fasse duchesse de Parme et de Plaisance. Curieusement — et pour la première fois —, Paul III se montra ferme et, avec sa douceur coutumière, intraitable. A plusieurs reprises, elle revint à l'assaut, lui offrant son beau visage de vingt ans baigné de larmes, allant même, disent les contemporains, jusqu'à simuler des crises de nerfs qui eussent pu compromettre sa santé et celle de l'enfant à naître. Le vieil homme lui objectait que la défense de Parme et Plaisance contre les appétits de la France, de Milan, des princes voisins, contre les désordres créés par la noblesse locale et les soldats espagnols débandés, requérait un capitaine d'âge et d'expérience : Ottavio et Marguerite hériteraient de Pier Luigi le moment venu. Hériter ! Pier Luigi avait quarante ans ! Madama était patiente — mais pas jusque-là.

Alors, elle fit jouer les diplomates espagnols. A Worms, Charles Quint, qui n'était pas particulièrement primesautier, avait eu après le départ du cardinal le temps de réfléchir. Puisqu'on l'avait mis devant un fait accompli, au moins que le duché soit donné à Ottavio. Envers un gendre, le contrat serait plus flou et ambigu et pourrait donner lieu à de nouveaux marchandages. L'ambassadeur d'Espagne reçut ces instructions à la veille du consistoire, mais les dés étaient jetés.

Une bulle pontificale nommait Pier Luigi duc de Parme et de Plaisance. Ottavio devenait duc de Castro, gonfalonier de l'Eglise et héritier de tous les biens patrimoniaux des Farnèse. C'était le 27 août, le jour même de la naissance des jumeaux de Madama.

Il est un point sur lequel Marguerite et Ottavio semblent tout à fait d'accord, et même complices, c'est de ne pas s'arrêter en chemin. Mais il s'inquiètent de voir leur ascension si lente au regard du « decrescendo » de leur protecteur. Celui-ci a maintenant soixante-quinze ans. Les Romains l'appellent le « poverello vecchierello », avec ce mélange d'affection et de désinvolture qu'ils ont — et auront toujours — pour « leur » Saint-Père. Il ne peut plus monter à cheval... Il est épuisé par l'effort qu'il a fait en affrontant la Curie, l'empereur, les princes italiens, et en compromettant sa réputation, pour établir Pier Luigi. Qu'Ottavio aille se distinguer dans les armées de Charles Quint et qu'il en tire lui-même sa récompense !

Ottavio prend donc le commandement des 12 000 fantassins et des 700 cavaliers réunis par les Etats pontificaux pour s'associer à la lutte contre la ligue de Smalkalde. Au même moment, le cardinal Alessandro a été nommé légat du pape auprès de l'empereur et c'est ensemble que les deux Farnèse chevauchent vers le Nord. C'est un beau spectacle que ce départ auquel assiste Marguerite, à nouveau pleine d'espoir.

Les troupes furent passées en revue à Bologne et présentées, au mois d'août 1546, à Charles Quint qui les trouva superbes. Il nous est donné de voir Ottavio et son frère, le cardinal, cavalcader derrière l'empereur, sur une fresque du Palais Farnèse due au pinceau de Salviati. Le peintre fut bien inspiré de les illustrer au début de la campagne, car la fin ne devait pas en être glorieuse.

A l'orée de l'hiver, les nouvelles déjà devenaient mauvaises. Les Italiens avaient compris que la guerre serait longue et rude. Il n'y avait que de petits engagements — par ailleurs meurtriers — que l'empereur se refusait à considérer comme décisifs. Il ne s'arrêterait qu'après la capture de deux grosses proies, les chefs de la ligue, l'électeur de Saxe et le landgrave de Hesse, qui ne cessaient de se dérober. Pendant ce temps, les pauvres méridionaux souffraient, dans les rudes plaines d'Allemagne, du froid, du désœuvrement et même de la faim. La peste fit son apparition. Démoralisés par l'attente, un grand nombre d'entre eux désertaient. Lorsque le cardinal Alessandro, découragé, rompit son établissement, plus de 1 000 soldats se débandèrent. Ottavio, qui savait faire preuve d'une grande bravoure personnelle, était incapable de gérer ses troupes. Il vivait luxueusement — mauvaise note aux yeux de l'empereur — et dépensait pour lui et ses amis la paie de ses soldats. Bientôt, tandis que la guerre s'enlisait, le nombre des Italiens avait diminué de moitié.

A Rome, Paul III est déçu de la tournure des événements. L'empereur le fait harceler grossièrement pour qu'il paye les sommes promises pour la campagne, et entre en fureur lorsque le pape — qui ne voit plus aucune motivation religieuse à cette guerre interminable — rappelle définitivement le reste des troupes pontificales et leur capitaine.

C'est sans eux que Charles va aller à la victoire en avril 1547, à Mühlberg. En personne à la tête de ses troupes espagnoles, torturé par la goutte et la jambe soutenue par un méchant bandage, il passe à gué, de nuit, dans l'eau glacée et environné de brouillard, toute la largeur de l'Elbe, surprend ses ennemis et les met en déroute. A propos de cet épisode, Titien a fait de l'empereur le glorieux cavalier à la lance que l'on peut voir au Prado. Mais la réalité avait été plus cruelle et, après une victoire aussi chèrement payée, Charles Quint n'était plus qu'orgueil et mépris envers ceux qui l'avaient déçu et, pensait-il, abandonné.

Les crises se dénouent toujours, mais parfois tragiquement. Il devait en être ainsi de la tension grandissante qui s'était établie entre le pape et l'empereur.

A Parme, Pier Luigi avait pris possession de son duché. Actif, entreprenant, brutal à l'occasion, ses défauts, sur le terrain, étaient devenus des qualités. En deux ans, il avait fortifié Plaisance, attiré à Parme des savants et des artistes, rétabli l'administration des deux villes de manière remarquable et résolument moderne, en piétinant, sans trop d'égards, les privilèges de l'aristocratie locale. Il créait des rancunes, mais le peuple l'aimait.

Pour son malheur, il avait de longue date un ennemi mortel en la personne de Ferrante Gonzague. Le frère du duc de Mantoue était aussi l'oncle du connétable de Bourbon : un même poison coulait dans leurs veines. Il avait participé au sac de Rome et s'était livré, au profit de sa famille, à une véritable razzia d'objets d'art. Fils cadet, il s'était donné à Charles Quint sans réserve et avait été fait général des chevau-légers de l'empereur. Mais son suzerain était mauvais payeur et l'impécuniosité aigrissait don Ferrante. Lorsque Charles avait vu Parme et Plaisance aux mains des Farnèse, il avait nommé Gonzague gouverneur de Milan pour qu'il exerce une surveillance sur ces provinces.

Pour don Ferrante, « surveiller » Pier Luigi était un euphémisme. Il voulait la mort de son ennemi. Le complot fut long à mettre sur pied, car il fallait à l'assassin l'aval de l'empereur et Charles Quint n'acceptait jamais de signer les mauvaises actions qu'il couvrait. Une interminable correspondance s'installa donc entre Gonzague, d'un côté, et l'empereur, de l'autre, parfois relayé par Granvelle et par un certain Natali Musi. Elle était secrète et l'on avait même pris soin d'en écarter le confesseur de Charles.

Don Ferrante créa d'abord adroitement une intolérable suspicion envers Pier Luigi, jusqu'à en faire un traître dangereux et obtenir de Charles cette réponse ambiguë : « il faudrait le châtier ». Puis il s'employa à faire valoir que ce « châtiment » pourrait plus facilement trouver place du vivant du pape, car le duc ne se méfierait pas. « Le pape vivant, écrivait-il, Pier Luigi dort à son ombre » ; et il ajoute : « Je désire savoir de Votre Majesté si elle approuverait que je reprenne Parme et Plaisance, présentant la chose comme faite de mon propre chef, sans ordre... » En même temps, il trame la conjuration avec la noblesse locale mécontente. Enfin, le 12 juillet 1547, après deux ans de manœuvres sournoises, il obtient l'approbation de l'empereur qui, cependant, à toutes fins utiles, se dit hostile à un assassinat. Mais le complot est monté de telle sorte que le meurtre en est la pièce maîtresse, et l'empereur a promis par écrit qu'il n'y aurait pas de poursuites engagées contre qui que ce soit, en cas de mort d'homme.

Le 10 septembre, Pier Luigi se trouve dans l'ancienne forteresse de Plaisance. Au début de l'après-midi, mal protégé par une garde somnolente, il s'apprête à recevoir ses visiteurs en audience. Quatre conjurés recrutés dans la noblesse du duché, avec à leur tête Giovanni Anguissola, se jettent sur lui et le transpercent de leurs dagues. Puis ils s'emparent de la dépouille sanglante, la hissent par-dessus l'allège haute et étroite de la fenêtre médiévale et la balancent dans l'eau verdâtre des douves. On se livre à un pillage en règle. Un coffre en fer sous le lit du duc où se trouvent 15 000 ducats est emporté, les tapisseries arrachées. Les conjurés avertissent par trois coups de canon les garnisons espagnoles avoisinantes. Pour donner à l'acte une apparence d'insurrection, ils hurlent « Viva la liberta ! » et font répandre le cri séditieux à travers la ville. Tandis que les bourgeois demeurent impavides, les troupes espagnoles, avec Ferrante Gonzague à leur tête, s'emparent sur-le-champ de la forteresse.

Gonzague écrit à Charles Quint : « J'ai reçu avis que le peuple de Plaisance s'est soulevé contre le duc Pier Luigi et certains disent qu'il est mort... » L'empereur lui-même, dans les « Commentaires » qu'il a érigés comme une stèle à sa propre mémoire et qui sont rédigés noblement à la troisième personne, joue l'innocence : les sujets de Pier Luigi se sont débarrassés de leur duc et ont reçu don Ferrante comme représentant de l'empereur, note-t-il : « Sa Majesté accepta et ratifia le dict traité. » De ce mensonge, l'Histoire a fait litière. Elle peut aujourd'hui, sans risque de calomnie, évoquer la culpabilité de l'empereur et son évidente complicité.

Le pape était à Pérouse lorsque Alessandro lui fit part de la nouvelle qui l'atteignait en plein cœur. Il se domina, tant que sa cour l'entourait, mais dans la solitude on l'entendit pleurer et gémir à haute voix. Le meurtre était signé de Charles Quint et Paul III ne se faisait aucune illusion. Il eut cependant la sagesse diplomatique de ne pas l'en accuser et, au contraire, se tourna vers lui pour demander justice et obtenir le châtiment des assassins. Comme père, il ne réclamait rien, mais à travers lui, l'Eglise était offensée. Dans son désespoir, son premier mouvement était de se débarrasser de ce duché empoisonné et de le rendre au Saint-Siège. Mais, à tout hasard, il avait fait renforcer la défense de Parme.

Ottavio n'était point de cet avis — et Marguerite moins encore. Un tel renoncement leur paraissait sénile. Ils étaient les héritiers de Pier Luigi et entendaient le faire valoir. Le cardinal Alessandro, leur aîné, les incitait à l'action et Ottavio ne manquait pas de rapidité dans la décision. Le 16 septembre, six jours seulement après le meurtre, il arrivait bride abattue à Parme et la ville lui ouvrait ses portes avec soulagement. Dix jours plus tard, revêtu d'un habit de satin blanc, il entrait pour son avènement sous la coupole de la cathédrale et lorsque, entouré d'un jeune et brillant cortège, il en sortit en jetant à la foule des pièces d'or sur la place ensoleillée, l'accueil du peuple fut délirant.

Marguerite, une fois de plus, était mise par Charles dans une situation difficile. Le rôle de l'empereur dans ce meurtre pouvait laisser planer un doute sur ses propres intentions. N'aurait-elle pas poussé son père à assassiner Pier Luigi pour hériter du duché ? C'eût été le sujet d'une belle tragédie. C'était toutefois lui prêter plus d'influence qu'elle n'en avait. Elle était simplement, comme chacun, stupéfaite, mais, dans sa douleur légèrement théâtrale, elle gardait la tête froide. A la même date, elle écrit à l'empereur qu'elle va venir sur-le-champ le trouver, avec ses enfants, « pour le convaincre » et que, « n'y ayant pas réussi jusque-là, elle les tuerait, et elle avec, en sa présence ». On a compris qu'il s'agissait de convaincre son père de la laisser, avec Ottavio, devenir duchesse de Parme et de Plaisance, et de libérer des Espagnols la forteresse indûment occupée.

« Libérer Plaisance » ! Ce leitmotiv, Marguerite devra le répéter sur tous les tons pendant trente-huit années de sa vie. Mais, pour l'heure, ce n'est pas encore le thème principal de sa revendication.

Il était dans le destin de Madama de voir toujours son but se dérober au moment de l'atteindre. Elle ne partit pas rejoindre le seigneur Ottavio à Parme avec ses enfants et ses bagages, ce qui eût été un heureux épilogue à ses tribulations. C'est au contraire le jeune Farnèse qui dut rentrer à Rome après plusieurs mois passés dans son duché, et ce, sur l'ordre du pape.

Les deux années qui suivirent le meurtre de Pier Luigi furent de celles où la disparition d'une génération vient détruire les fragiles équilibres de l'Histoire.

Luther était mort en 1546 ; Charles Quint avait vu disparaître le moine arrogant qui l'avait traité, lors de leur première rencontre, de « sac à vers, misérable mortel », mais qui avait réservé au pape son dernier libelle : « la papauté fondée à Rome par le diable ». François Ier s'était éteint à Rambouillet, le 31 mars 1547, dans de grandes souffrances et Henri VIII, depuis longtemps déjà malade de son obésité, l'avait précédé de peu dans l'au-delà.

Paul III et Charles Quint étaient les derniers grands rôles survivants de la tragédie qui venait de se jouer sur la scène européenne pendant un quart de siècle. Des deux protagonistes, maintenant irréconciliables, ce n'était pas Paul III le plus sénile. Charles Quint était usé avant l'âge. L'ambassadeur du roi de France le décrit ainsi, en février 1549 : « Il a l'œil abattu, la bouche pâle, le visage d'un homme plus mort que vif, le cou exténué et grêle, la parole faible, l'haleine courte, le dos fort courbé et les jambes si faibles qu'à grand-peine il peut aller avec un bâton à sa garde-robe. » Il le juge prématurément vieilli. Pitoyable, certes, mais, comme les malades, toujours plus autoritaire, atrabilaire et soupçonneux. De trente ans son aîné, Paul III, bien que traumatisé par le meurtre de son fils et bourrelé de remords envers l'Eglise, reste un adversaire déterminé ; l'âge toutefois l'a rendu irréaliste sur le choix des moyens.

Lorsque Parme se trouva aux mains d'Ottavio, Charles Quint n'eut de cesse de reprendre le duché. L'impopularité de l'Espagne en Italie et les troubles qui naissaient de toutes parts justifiaient sa méfiance. Alors il engagea avec le pape une polémique juridique serrée, destinée à nier à l'Eglise l'appartenance originelle des deux villes et à semer le doute dans les esprits. C'est pourquoi Paul III se résolut tardivement à rappeler Ottavio à Rome et à envoyer à Parme un légat pontifical, mieux apte à défendre les intérêts de la Curie, en écartant, aux yeux du monde, la suspicion du népotisme.

Au Vatican, il réunit autour de lui ses petits-fils et, au cours d'un entretien mouvementé, leur dit courageusement leur fait : il y avait une fin aux concessions ; il avait œuvré à les rendre grands et puissants toute sa vie et Dieu lui en avait fait payer le prix lourdement ; maintenant, il allait restituer Parme à l'Eglise.

On peut se douter du tollé que pareille décision suscita dans le clan des jeunes Farnèse, tous unis sans réticence dans la rébellion contre « il vecchio ». Et, si l'imagination nous fait défaut, il se trouve que cette scène de famille a fait l'objet d'un célèbre tableau du Titien, où l'on voit le pape assis sur sa sedia, la tête coiffée du « camauro », très voûté mais le regard étincelant. Ottavio s'incline devant lui avec une feinte soumission et un rien de servilité. Derrière le pape, le cardinal Alessandro offre un visage lisse et ennuyé. En vérité, les deux frères sont de mèche et préparent les événements à venir. Le tableau est resté inachevé ; peut-être était-il trop révélateur ? Il est rare de voir une telle intensité psychologique dans les portraits de cette époque, où les modèles sont sévères et gardés et ne se livrent pas. Les tons rouges, dégradés, élus par le peintre, achèvent de donner à la scène sa force dramatique ([1]).

De son côté, Marguerite ne restait pas inactive. Dans les palabres qui se tenaient au palais Madama, alimentés par l'arrivée des courriers de l'empereur ou par les rumeurs de la ville, elle jonglait avec les projets les plus contradictoires. Chez elle, les principautés s'échangeaient et se jouaient quotidiennement — dans les imaginations, s'entend — car, en réalité, il ne se passait rien d'autre que ce que permettaient les silencieux calculs de Charles Quint, tapi au centre de sa toile. Elle intrigua notamment pour obtenir Sienne, et pour que cette

([1]) Sur le tableau, la radiographie a fait apparaître des changements dans la psychologie des personnages. Dans l'esquisse sous-jacente, les sentiments étaient plus violents et la physionomie du pape plus impétueuse.

ville lui doit donnée à elle seule, nommément, et non point à Ottavio ; mais ce fut sans résultat.

En vérité, l'empereur craignait les Farnèse, voulait réduire leurs ambitions et, au mieux, leur accorder quelques terres sans importance politique, assorties de promesses en argent — dont on sait ce qu'elles valaient. En somme, il voulait en faire des petits vassaux inoffensifs.

C'était mal les connaître.

10

LA MORT DE PAUL III

Dans la nuit du 20 octobre 1549, Ottavio quitta secrètement Rome par la « porta del Popolo ». Il était escorté de ses familiers et d'une poignée de « bravi » — stipendiés par le maître et toujours prêts à l'aventure. En cette saison, il se rendait souvent dans le Latium pour chasser sur les terres Farnèse et on ne le revoyait de plusieurs jours. Son départ passa inaperçu.

Le complot était monté avec le cardinal Alessandro qui lui avait fourni des fonds sur sa cassette personnelle et procuré, d'une ville à l'autre, quelques contingents de soldats et un peu d'artillerie. Il fallait discrètement organiser le ralliement des troupes, éviter Florence et ses environs, obtenir le passage sur les terres du duc de Ferrare. Mais la vraie manœuvre diplomatique se situait au terme de l'expédition. Car, après la mort de Pier Luigi, les troupes de Ferrante Gonzague qui occupaient Plaisance s'étaient répandues dans le pays jusqu'à la petite rivière du Taro, à quatre lieues seulement de Parme.

Mis au courant de l'entreprise d'Ottavio, Gonzague jugea assez adroit de laisser le jeune Farnèse tenter avec ses propres forces la reprise de Parme et accepta, le temps de la campagne, de se maintenir dans une sournoise neutralité. C'était un mauvais coup pour le pape, dont le légat, Camillo Orsini, risquait d'être jeté hors de la ville et ce serait une bonne affaire pour l'empereur, qui trouverait peut-être en son gendre un vassal docile. De la sorte, Parme et Plaisance rentreraient dans l'orbite impériale. Tel était le calcul de don Ferrante.

Cependant, le coup de main ne se déroula pas comme Ottavio l'avait prévu. Arrivés au but, les deux mille hommes de sa petite armée se heurtèrent aux murailles bien gardées de la citadelle et ne purent en avoir raison. Le légat du pape, Camillo Orsini, défendait âprement la ville. Le duc, qui était arrivé convaincu que Parme allait l'acclamer, dut se replier à quelques lieues de là. Il prit ses quartiers dans le château-fort de Torrechiara, construit jadis par un seigneur du lieu pour y mettre en sûreté sa maîtresse. Pour romantique que fût ce séjour, c'était pour Ottavio une piteuse situation où il s'impatientait, tandis que ses troupes désœuvrées vagabondaient dans la campagne. L'effet de surprise était manqué.

A Rome, depuis la veille, le pape avait appris l'incartade de son petit-fils et, devant le cardinal Alessandro dont il soupçonnait la complicité, il avait — dit-on — « fulminé ». Convoqué à trois heures de la nuit, celui-ci avait reçu l'ordre de dépêcher sur-le-champ un messager au légat Orsini pour le conforter dans sa résistance. Deux cardinaux iraient trouver Ottavio à Torrechiara pour lui faire entendre raison : gonfalonier de l'Eglise, il avait trahi sa charge en s'absentant sans autorisation hors des Etats pontificaux. Il devait revenir aussitôt pour obtenir son pardon.

Plus de cent lieues séparaient Rome de Parme et le pape attendait, dans une cruelle anxiété, la soumission de l'enfant prodigue. Marguerite vint à deux reprises lui rendre visite. Le moment était opportun — pensait-elle — pour fléchir la volonté du Saint Père, mis devant le fait accompli. Elle lui amena le petit Alexandre, âgé de trois ans, pour l'attendrir sur l'avenir de sa dynastie. Mais elle sortait de ces vaines entrevues les larmes aux yeux.

Pour calmer son impatience, Paul III avait décidé de passer la nuit suivante hors de Rome, à Magliana, et la princesse l'accompagna. Ils rentrèrent dès le lendemain par une maussade matinée de novembre. Madama n'avait rien obtenu. Le vieil homme sentait qu'il était seul contre une sorte de conjuration de palais; que ses descendants avaient, tous ensemble, joué contre lui la carte de l'empereur et que

Marguerite n'était pas la moins coupable. En lui croissaient, avec l'attente, la colère et la détermination.

La conduite inconsidérée d'Ottavio le privait de ses atouts dans la partie politique serrée qu'il menait. Personne ne croirait que le jeune Farnèse n'avait pas agi avec la complicité de son grand-père. La tare du népotisme dont il avait essayé de se laver en rendant Parme à l'Eglise venait à nouveau entacher sa réputation comme souverain de la chrétienté. Il serait ridiculisé...

Les nouvelles arrivaient au compte-gouttes, mais lui permettaient de reconstituer peu à peu la trame du complot. Il comprit qu'Ottavio avait partie liée avec Ferrante Gonzague — l'assassin de son propre père — et qu'une sorte de pacte avait été conclu entre eux. Ne pouvant tenir en place, il repartit, dans le froid glacial, se réfugier dans sa « vigna » de Montecavallo où il fut bientôt rejoint par le cardinal Alessandro. Celui-ci avait en mains une lettre de son frère qui avait été rapportée de Torrechiara, en toute hâte, par les deux cardinaux-messagers. Ottavio refusait de rentrer à Rome tant que son titre de duc de Parme ne lui serait pas reconnu. Il arguait que Sa Sainteté ne pouvait lui en vouloir de prendre en mains lui-même ses intérêts puisque son propre grand-père ne s'en occupait pas. Il avait des amis fidèles qui l'aideraient dans son entreprise — et parmi ceux-ci, don Ferrante Gonzague qui, au fond, était un homme « excellent » et qui lui avait promis son appui...

Cette lettre confirmait les pires appréhensions de Paul III et ce fut comme si Alessandro avait agité devant ses yeux un chiffon rouge. Il entra dans une colère terrible. Il se dressa sur sa sedia et proféra des paroles vengeresses, tant envers le duc absent qu'envers le cardinal : « il les appelait traîtres, indignes des faveurs qu'il leur avait prodiguées » et il ajoutait que « ce qu'il avait été capable de faire pour eux, il le déferait ». Joignant le geste à la parole, il saisit la barrette pourpre d'Alessandro, symbole de son élévation, et, de rage, la froissa et la jeta à terre. L'éclat de ses imprécations s'entendait au-delà des portières et semait la consternation dans son entourage.

Un mortel silence suivit cette explosion de colère et de chagrin. Paul III était retombé, livide, sur son siège et ne disait mot. Le choc nerveux et la fatigue qu'il avait bravés pendant ses allées et venues dans le froid glacial des derniers jours avaient eu raison de sa forte constitution. Le soir même, il s'alitait, grelottant de fièvre.

Ottavio était tenu au courant, jour après jour, par son secrétaire Franchino : « Le pape a reçu votre lettre après dîner, à Montecavallo, au Quirinale, où il se trouve. De douleur il s'est mis au lit, chose qu'il n'avait jamais faite ; il est anéanti par le refroidissement et la fièvre et ne trouve pas le repos. Néanmoins, il vous aime encore du fond du cœur, plus que tout autre... » On voit à travers ces lignes que, si le pape était malade de colère, il l'était encore davantage de l'atteinte portée à son sentiment paternel, émotif et chaleureux. Il n'échappait pas au puissant sentiment italien de la « famille », source secrète de force, mais de vulnérabilité, pour chacun de ses membres. Charles Quint ne courait certes pas le risque de succomber sous le coup de telles émotions.

Ottavio reçut le message les larmes aux yeux, bourrelé de remords par la dernière phrase de Franchino : « Je supplie Votre Excellence, en pleurant, de ne pas causer la mort d'un si noble grand-père et l'infortune de sa maison. » Il n'était pas loin d'obéir aux injonctions et aux conseils qu'il recevait de toutes parts. Est-ce la lettre de Marguerite, écrite avec un sang-froid remarquable, qui le retint au moment où il allait tout abandonner ? Elle lui conseilla de recevoir le duché de Parme des mains de l'empereur, comme étant le meilleur moyen d'obtenir ensuite la restitution de Plaisance ; de maintenir en tout cas sa présence et de garder ce gage pour l'échanger ultérieurement contre une récompense valable « telle que l'empereur sait en donner à ses fidèles serviteurs » ! Cette attitude n'empêchait pas la princesse de rendre visite au malade et de verser des larmes, sans doute sincères, à son chevet... Politique oblige. Le vieil homme trouvait encore pour elle des paroles pleines de douceur.

Le pape avait quatre-vingt-deux ans et l'on pouvait s'attendre au pire. Le cardinal Alessandro prit les mesures nécessaires pour que la nouvelle de cette menace ne s'ébruitât pas prématurément et pour que soit maintenu aussi longtemps que possible le « statu quo ». Il fit fermer les portes de Rome et dépêcha des courriers à la limite des Etats pontificaux, vers

Naples, la Toscane, Venise et Bologne, donnant ordre aux postes de surveillance de ne laisser passer personne « sans passeport de lui ». Il fit en outre fortifier le château Saint-Ange.

Le lendemain, il se rendit au chevet du Saint-Père et profita d'un léger mieux dans son état pour obtenir de lui le pardon pour Ottavio et la signature d'un « bref » qui enjoignît au gouverneur de Parme de remettre la place entre les mains du duc. Cette missive fut confiée à un messager qui partit aussitôt la consigner à Camillo Orsini.

Le 9 novembre, la fièvre et l'étouffement avaient repris et le pape souhaita réunir autour de lui en séance solennelle tous les cardinaux. Il leur confia les intérêts de l'Eglise et les pria de veiller sur sa famille. Cependant, voyant qu'on lui apportait les saintes huiles de l'Extrême-Onction, il eut encore la force de se dresser sur son séant en criant d'une voix de stentor : « Pas encore ! » Et il reçut longuement Marguerite en larmes, avec le petit Alexandre, puis mangea deux œufs avec un verre de vin. Peu après, il entra en agonie, accepta les derniers sacrements et s'éteignit en marmottant des paroles inintelligibles où l'on ne discernait que le mot de « Parma ». Alessandro put écrire à son frère : « Il est mort du déplaisir que vous lui avez causé et dont il n'a pu supporter la douleur. » Et, de fait, les médecins, à l'autopsie, trouvèrent que le robuste vieillard ne souffrait de rien d'apparent, sauf au cœur, où l'on trouva « trois gouttes de sang coagulé », fruit de la colère.

Pendant qu'à la cour impériale on se réjouissait bruyamment de la disparition d'un pape « aussi néfaste aux intérêts de l'empereur », dans la basilique Saint-Pierre, une foule triste et recueillie défilait, trois jours durant, devant la dépouille de Paul III. Rome était abattue, et même le « Pasquin » se taisait. Les Romains rendaient un hommage silencieux au compatriote qui avait rénové leur ville, tandis qu'à l'occasion des funérailles solennelles du pontife le panégyrique de Romolo Amaseo développait le même thème : « Paul III, restaurateur de la cité. » De la muraille aurélienne au Capitole, des excavations du Forum aux plans de la basilique Saint-Pierre, du Belvédère au Palais Farnèse, faisant, en bon urbaniste, démolir autant que construire, ouvrir et à la fois fortifier la ville, exhumer et désherber les antiques endormis, certes, Paul III avait fait revivre les pierres.

Mais, lorsqu'il avait voulu mettre en œuvre les conceptions politiques et religieuses nées de son esprit clairvoyant, c'est le roc qu'il avait rencontré. Comment eût-il pu imposer sa vision humaniste à une Europe dominée par le rêve totalitaire de Charles Quint, par la passion religieuse de Luther et par l'ardeur belliqueuse des princes, dont l'unique vocation était la guerre — une Europe cernée et menacée par le Turc ? Il avait cependant usé toutes les forces de sa diplomatie au service de la paix. Dans la confusion des tensions religieuses, il avait réussi à fixer clairement le rôle du concile de Trente pour la définition du dogme, et à conserver au pape celui de défenseur de la chrétienté, contre les prétentions de l'empereur. Il avait fondé sur l'action des Jésuites une réforme catholique qui allait, en se développant, devenir beaucoup plus qu'une « contre-réforme »... De ces efforts, justice ne lui serait rendue que par le temps.

Cependant ses contemporains se préparaient à lui ériger un mausolée. Ils en confièrent le soin à Guglielmo della Porta qui, au titre de sculpteur et restaurateur de statues, avait côtoyé Michel-Ange au Palais Farnèse pendant les deux dernières années du règne. Il lui avait à l'occasion soumis ses dessins et cette collaboration explique sans doute la parenté qui apparaît entre ce tombeau et les chefs-d'œuvre de la chapelle Medicis. On mit vingt-sept ans à le terminer (et 27 autres années à payer le salaire de l'artiste à ses héritiers). Michel-Ange et della Porta se brouillèrent au sujet de l'emplacement à choisir dans la basilique toujours en construction. Celui-ci changea à plusieurs reprises et ce n'est qu'en 1628 qu'on opta pour le site actuel, dont l'exiguïté obligea à renvoyer au Palais Farnèse deux sur quatre des grandes figures sculptées : l'Abondance et la Paix. Il reste maintenant, auprès du tombeau, la Prudence et une Justice si belle et provocante qu'on crut devoir l'habiller, par décence, d'une chemise de métal. Ces deux statues sont dominées par la noble figure de Paul III donnant sa bénédiction.

Passée la pompe officielle des funérailles et des condoléances, les Farnèse, privés de leur protecteur, se trouvaient dans une situation délicate. Le bref arraché à Paul III sur son lit de mort pour confirmer à Ottavio le duché de Parme n'étant parvenu à Camillo Orsini que le 11 novembre, le gouverneur avait déclaré ne vouloir en tenir compte qu'avec l'assentiment du nouveau pape. Le duc se trouvait donc toujours à Torrechiara, rongé d'impatience, avec l'obligation d'entretenir au seuil de l'hiver une armée qui s'amenuisait. Par ailleurs, la situation financière de la maison était catastrophique. Tous les revenus Farnèse étaient hypothéqués et Paul III avait contracté envers le trésor pontifical une dette d'un demi-million d'écus. On ne pouvait en ce moment difficile compter que sur l'habileté du cardinal Alessandro.

Celui qui mériterait plus tard le nom de « Grand Cardinal » approchait maintenant la trentaine. Il avait déjà fait ses preuves de remarquable diplomate auprès de Charles Quint ainsi qu'à la cour de France, son influence était grande à la Curie et il n'était pas loin de se croire « papabile ». Mais il lui manquait pour y réussir le caractère — fût-il mauvais — de son grand-père, sa fermeté et son pouvoir de dissimulation. L'imprudence et la spontanéité anéantissaient souvent ses calculs, par ailleurs subtils.

Le conclave s'ouvrit le 29 novembre et le cardinal y entra, décidé à gagner Parme pour sa famille, tout en ne compromettant pas ses propres chances à l'égard de la tiare pontificale. Il était peu probable, étant donné son âge, qu'il l'obtienne lors de cette élection, mais l'occasion ne manquerait pas de se représenter. Il était de son intérêt d'encourager les cardinaux du parti français qui se montraient favorables à sa candidature, mais il se devait aussi de ménager le parti impérial en faveur d'Ottavio.

Le temps ne lui manqua pas pour négocier, car les quarante-huit cardinaux demeurèrent en conclave plus de deux mois sans parvenir à un consensus. Campés dans des cellules précaires échafaudées pour la circonstance et dépourvues de tout confort, les princes de l'Eglise tentaient de se réchauffer avec de modestes poêles au charbon de bois et l'atmosphère confinée était suffocante. On en vint à craindre une épidémie.

Il ne se passait pas de journée sans que l'on sortît de la Sixtine quelque malade. Le secret et la clôture n'étaient qu'un leurre. Les nouvelles circulaient avec l'extérieur par l'intermédiaire des quelque trois cents cinquante domestiques qui allaient et venaient en ville. Elles alimentaient des paris et se vendaient cher aux comptoirs des banquiers. Le cardinal réussissait sans peine à correspondre régulièrement avec Madama pour la tenir au courant de l'évolution de la situation. Il la rassurait sur sa détermination à faire élire « un pape qui rendrait Parme au duc ». Il la priait aussi d'écrire à Ottavio qu'il s'abstienne d'amorcer un rapprochement avec l'empereur tant que le conclave n'aurait pas abouti, et lui dictait la conduite à tenir.

Toutefois, après plus de soixante jours vécus dans cette atmosphère délétère, le cardinal Alessandro, n'ayant pu réunir un quota de voix prêtes à se porter sur sa personne, se montra sensible à la sollicitation du cardinal Ciocchi del Monte dont on rapporte les termes : « Au cas où Votre Eminence m'accorderait quelque intérêt, elle devrait me choisir pour pape ; je devrais toute ma position à sa bonté et elle pourrait alors tout attendre de moi. » Il jurait également qu'il restituerait Parme au duc Ottavio. Cette élection semblait un moindre mal et la protection des Farnèse paraissait assurée : Del Monte devint pape sous le nom de Jules III.

Trente ans auparavant, le nouveau pontife avait vécu les horreurs du sac de Rome. Il se trouvait aux côtés de Clément VII derrière les herses du château Saint-Ange, parmi les quelque trois mille réfugiés qui s'y étaient entassés et, par les meurtrières, avait guetté le sinistre carnaval des lansquenets. Plus tard, après l'évasion rocambolesque du pape vers Orvieto, il avait été retenu en otage par les impériaux. Ces tribulations n'avaient pas provoqué par la suite chez le cardinal del Monte une prise de conscience, ni un sursaut d'héroïsme. Il avait réagi à sa manière pour en effacer le souvenir, par le luxe et la bonne chère. Et, lorsqu'il coiffa la tiare, ses contemporains soulignèrent en lui des défauts qui auraient rencontré plus d'indulgence avant l'heure de la contre-Réforme. Intéressé, paresseux et gourmand, sujet à des colères hystériques, il vivait avec un bel adolescent qu'il avait nommé, pour plus de commodité, cardinal, et à soixante ans, il considérait sa situation avant tout comme une source de profits. Il avait toutefois, aux yeux des Farnèse, le mérite d'être une créature de Paul III — ce qui provoquait la consternation dans le camp impérial — et, après son élection, il leur prouva sa gratitude.

Il fit exécuter sans tarder le bref arraché au pape Farnèse sur son lit de mort, qui rendait Parme à Ottavio « sous condition qu'il promît de ne la bailler point à l'empereur » : le duc de Parme resterait ainsi vassal de l'Eglise et Jules III le confirmait dans sa charge de gonfalonier avec un traitement augmenté de 2 000 écus par an et une avance supplémentaire de 10 000 écus. Il y ajoutait une courtoisie envers Madama, en lui maintenant la rente de 10 000 ducats que lui avait octroyée Paul III « pour sa table ». En outre, un de ses premiers gestes diplomatiques fut de faire demander à Charles Quint de reconnaître souverain le duc de Parme et de lui restituer Plaisance, occupée par les troupes espagnoles — démarche qui, par la même occasion, aurait remis la cité sous la suzeraineté du Saint-Siège, mais qui ne rencontra, de la part de l'empereur, que le mutisme habituel. Ainsi Jules III avait-il payé sa dette de reconnaissance.

Sans plus attendre, Ottavio Farnèse quitta sa retraite de Torrechiara et, quelques jours plus tard, Parme lui offrit une joyeuse entrée — la seconde de sa carrière — plus triomphale encore que celle qu'il y avait vécue trois ans auparavant.

Depuis qu'elle avait quitté Naples à l'âge de quatorze ans pour devenir duchesse de Florence, Marguerite n'avait pas connu une telle joie à faire ses préparatifs de départ. Le secrétaire d'Ottavio écrit que Madama « veut partir tout de suite rejoindre le duc, avec la ferme résolution de ne plus avoir ni colère, ni contrariétés, ni mélancolie, mais vivre toujours gaie et joyeuse ». Elle croyait quitter sans regrets cette Rome, pleine de mauvais souvenirs et où, de surcroît, son père était si mal aimé. Pendant des années, le palais Madama, tout au service de l'empereur, avait été, au cœur de la ville hostile, comme une de ces « presides » espagnoles sur la côte barbaresque et — dans un style plus feutré — les attaques n'y avaient pas été moins rudes. Madama s'était bien battue ; mais, avec Jules III, comme avec le pape Farnèse, le « parti français » ne cessait de tenir le haut du pavé. Il était brillamment représenté par le cardinal Du Bellay, venu là prendre sa retraite, mais, en sous-main, fort actif au service des intérêts politiques de son maître. Libéral, ami du faste, il mettait Rome à l'heure française. Il stimulait avec talent le va-et-vient des artistes avec la France et avait dans ses bagages d'aussi fins lettrés que son neveu Joachim ou son médecin et astrologue, Rabelais. Le cardinal savait donner des fêtes mémorables pour la plus grande gloire de la couronne. On connaît par le récit de Rabelais celle qu'il organisa place des Saints-Apôtres pour la naissance du duc d'Orléans, avec une joute gigantesque qui laissa les Romains pantois. Quel plaisir eût pu trouver Madama à fêter la naissance du fils de Catherine de Medicis, cette cousine par alliance, devenue une royale rivale, et qu'elle rencontrait partout sur son chemin ? Catherine convoitait Florence où régnait l'ami de Marguerite, Cosme de Medicis, le fidèle vassal de l'empereur. Catherine prétendait lui reprendre l'héritage de son mari assassiné, Alexandre de Medicis ; elle lui contestait même son propre palais, le « palais Madama » !

Dans l'incertitude du sort réservé à cette demeure qu'elle quittait sans idée de retour, il est probable que Madama fit transporter les statues de la collection Medicis, qui en étaient l'ornement, au palais Farnèse. Quel que fût le désir de se créer sans tarder un séjour digne de son rang, elle ne pouvait songer à les faire transporter sur-le-champ à Parme : ces collections n'auraient pas trouvé place dans la simple résidence de l'archevêque où Ottavio s'était installé. Nul doute que ce dernier s'emploierait bientôt à faire construire un palais ducal à la hauteur du premier représentant de la dynastie Farnèse et de la fille de l'empereur.

Les statues des Medicis allaient donc rejoindre, dans la grande bâtisse inachevée, l'impressionnante collection d'antiques qui s'y trouvaient déjà, le monumental « taureau Farnèse », les gigantesques Hercule... Le palais de famille auquel Marguerite faisait ses adieux devenait, de jour en jour, davantage musée, bibliothèque, pinacothèque. Des grandes figures Farnèse magnifiées par le pinceau du Titien, certaines s'estompaient, figées, dans la légende. Il y avait, voilés pieusement par des tentures de velours, trois portraits du pape voisinant avec celui de Pier Luigi dans sa sombre armure, ainsi que la dramatique scène de famille réunissant Paul III et ses petits-fils, scène dont Marguerite gardait encore le souvenir poignant. Titien avait peint la plupart de ces portraits, ainsi que celui d'Ottavio, pendant les deux années (1545-1546) où Rome l'avait accueilli et fêté comme un prince et lui avait accordé la citoyenneté romaine.

On voyait maintenant dans le palais plus de portraits que de Farnèse vivants. Seul y demeurait le jeune cardinal Ranuccio, âgé de vingt ans. Il ne faisait guère parler de lui, étant de caractère amène et conciliant et n'étant mêlé à aucune aventure. Gardien du trésor, surveillant des travaux, vivant au milieu des tailleurs de pierre et des charpentiers, il abritait cependant sous son toit une petite société d'hommes de cabinet et d'étude, retenus au palais par l'intérêt de la bibliothèque et des collections épigraphiques.

Disparu, celui qui avait été entre ces murs jeune cardinal et y était revenu pape ; morts, le condottière Pier Luigi et la violente Costanza Farnèse ; évanouies, les amours et les ambitions, la fureur et le bruit : la poussière qui enveloppait la paresseuse construction et le silence des galeries donnèrent-ils à Marguerite pour la première fois la dimension du passé ? On dit que le cardinal Ranuccio et son beau-frère Alessandro la consultèrent sur le programme des fresques destinées aux parois des salons du premier étage, toutes à la gloire du pape Paul III. Une salle était déjà décorée par Daniele da Volterra ; elle ne put qu'acquiescer, pour la seconde, au projet d'une légende qui ferait du premier ancêtre Farnèse un héros antique, une sorte de demi-dieu : son sang ne coulait-il pas dans les veines du petit Alexandre ?

Son fils avait alors cinq ans. Jusqu'alors, comme le jeune Gargantua de Rabelais, il n'avait fait que « boire, manger, dormir ». Si ses nourrices le grondaient, elles faisaient appel, sans doute, à l'ogre de Rome, « Borbone » (de sinistre mémoire, le connétable de Bourbon), mais à l'insu de Madama ! Le cardinal Alessandro avait jugé sa petite personne assez importante pour confier à son homme de lettres, Annibale Caro, le soin d'inventer pour le prince une « impresa ». C'était, selon la mode précieuse de l'époque, une devise imagée et coloriée dont le symbole subtil, et parfois obscur, évoquait la personnalité et l'avenir de celui à qui elle était destinée. Pour Alexandre, ce fut une flamme ailée montant vers le ciel à la rencontre de Pégase. La destinée du brillant capitaine rendit aisée par la suite l'interprétation de cette image, maintes fois reproduite aux côtés de son blason.

Sans se soucier de la canicule, Madama quitta Rome avec sa suite et ses bagages vers la mi-juin. A Bologne, quatre ambassadeurs de la ville de Parme étaient venus à sa rencontre, accompagnés de quarante cavaliers. A Modène apparurent plusieurs seigneurs de l'aristocratie parmesane suivis de leurs épouses en carrosse. Au sortir de cette ville, le cortège s'accrut de nombreux citadins endimanchés et, plus loin encore, d'une foule de cavaliers « de bel aspect » dont les montures étaient houssées et harnachées somptueusement. A Reggio, le duc était venu l'accueillir, accompagné de sa garde de cavalerie légère. Le cortège grossissait à vue d'œil et se déroulait comme un interminable ruban le long de la route étroite, accidentée et poussiéreuse. Du plus loin, ce nuage glorieux attirait les badauds qui lui faisaient haie à l'approche des villes. Marguerite était à son affaire ; elle aimait cavalcader au milieu des acclamations et le faisait royalement. A la fin du parcours, les dames nobles de la cité, qui, derrière Luigia Pallavicino, l'attendaient sur le grand pont de Lenza, l'escortèrent jusqu'à un couvent où elle prit quelque repos. On était le 2 juillet ; elle voyageait depuis plus de quinze jours.

Prête pour la joyeuse entrée que Parme lui réservait, elle rencontra d'abord le gouverneur et les édiles de la ville, puis un groupe charmant de jeunes gens, tout de blanc vêtus jusqu'à la plume de leur béret ; un deuxième groupe suivait, tout noir, celui-là, portant le même costume. A la porte San Michele, l'évêque la congratula et lui donna la croix à baiser. Par les rues parées de festons et d'oriflammes, enjambées d'arcs de triomphe, on se rendit enfin à la cathédrale. A l'intérieur, le soleil d'été illuminait la coupole, révélant aux yeux de Madama l'incroyable envolée des anges du Corrège qui tournoyaient autour de la Vierge dans une spirale de lumière et de couleurs immatérielles. Le premier, Corrège avait eu le génie d'éclairer sa voûte et d'ouvrir le ciel, sans limites, à l'assomption de la Vierge et aux ébats des putti et des séraphins. Ce jour-là, Marguerite voyait son avenir emporté dans leur mouvement joyeux.

Passées les journées de fêtes, la duchesse trouva le temps d'adresser une longue lettre éperdue de reconnaissance à son père. « Sainte et Catholique Majesté » — écrivait-elle — (...) je m'efforce ici de remercier Votre Majesté pour l'immense grâce et faveur qu'avec Sa Sainteté elle m'a faite ainsi qu'à mon mari et mon fils. C'est, depuis que je suis au monde, ce que jai toujours le plus désiré. Jamais moi-même, non plus que mon mari et mon fils, ne l'oublieront et ils vous en manifesteront bientôt leur sincère reconnaissance. Je supplie Votre Majesté (..) de ne pas mettre en doute la fidélité de mon mari. (...) Avec respect et vénération, je baise la main royale de Votre Majesté et prie que le Seigneur Dieu lui envoie tout le bonheur possible. » La lettre — en italien — est signée : « De Votre Majesté, l'humble Marguerite d'Autriche » (10 juillet 1550).

Outre la sérénité que ne pouvait manquer de lui procurer le sentiment d'avoir touché au but, cet automne à Parme offrait à Marguerite tout l'attrait de la nouveauté. Elle découvrait la richesse et le savoir-vivre de cette ville au passé communal, solidement campée derrière ses murailles avec sa forteresse, sa cathédrale et son université. Parme était comblée ; elle exportait dans toute l'Italie la surabondance de ses produits, et même son lin blanc jusqu'à Constantinople. Boccace, autrefois, avait consacré un chapitre à ce pays « où l'on attache les vignes avec des saucisses, où l'on a une oie pour un denier, avec une oiselle en sus, où se dresse une montagne de parmesan sur laquelle sont assis des gens qui ne sont occupés qu'à faire des macaronis et des raviolis, à les cuire dans un bouillon de chapon et à les jeter à la ronde ; et là, en bas, court un ruisseau de " vernaccia " (petit vin blanc du pays) de la meilleure qualité qui soit, sans qu'y soit mêlé une goutte d'eau ». Le pays de Cocagne, en somme. De Parme, on se faisait des cadeaux de gourmandise : on sait que l'Arétin se faisait envoyer vin, champignons et fromages.

Très vite, la lumière brumeuse de septembre enveloppa la ville et nimba de mystère les contours du baptistère et de la cathédrale, qui, depuis l'archevêché, constituaient le décor quotidien de Madama. Rien à Rome ne l'avait préparée au style lombard, tant roman que gothique, de ces monuments. Aucun peintre méridional n'annonçait le Corrège ni le Parmesan. Elle découvrait avec amusement et stupéfaction, au couvent Saint-Paul, la salle à manger de la mère abbesse, Giovanna Piacenza ; sur la fresque festonnée de fruits et de guirlandes, le Corrège a peint l'abbesse elle-même, en Diane chasseresse, entre Cérès, la Fortune et un faune luxurieux, les amours nus gambadant alentour avec les chiens et leur disputant leur proie... Parme, à n'en pas douter, éloignée des chemins battus, était peuplée d'originaux raffinés.

Marguerite a vingt-huit ans. Le portrait attribué à Gatti, qui se trouve à la Congrégation S. Filippo Neri, à Parme, la montre jeune, fière et belle dans sa robe de satin blanc ornée d'une lourde châtelaine d'or. Tout au plus la devine-t-on un peu trop raide et tendue pour pouvoir jouir sans arrière-pensée des douceurs d'une vie provinciale. A la même époque, Ottavio a toute la séduction que lui a prêtée Titien dans son tableau « L'homme aux yeux verts », que certains reconnaissent comme le portrait du duc de Parme. Comment s'entendent-ils ? Il s'agit, entre eux, sinon d'amour, du moins d'une solide complicité dans la poursuite d'un but commun. Marguerite admire la ténacité, le courage, et même le cynisme de son époux : sur ce terrain, elle a trouvé son maître. Ils chassent dans la campagne giboyeuse, séjournent parfois dans le vieux château médiéval de Colorno, jettent ensemble les plans du palais gigantesque qui abritera leur dynastie.

Marguerite va commencer l'éducation d'Alexandre et songe déjà à son mariage...

11

LE SIÈGE DE PARME

Marguerite s'était montrée avisée en assurant l'empereur de la fidélité à toute épreuve d'Ottavio, car on ne saurait la soupçonner d'humour en ce domaine. En vérité, Charles Quint éprouvait la plus grande suspicion envers son gendre car, dès avant la mort de Paul III, la maison Farnèse était fort engagée dans ses relations avec la France. Aussitôt après l'assassinat de Pier Luigi, Henri II avait dit « vouloir courir la même fortune que le pape » et avait vivement encouragé la résistance du clan à la politique impériale. Il avait accepté de fiancer le jeune Orazio Farnèse, qui vivait à sa cour, avec sa fille naturelle, Diane, l'avait intronisé dans l'ordre royal de Saint-Michel et avait octroyé la même faveur au duc de Parme.

Or, la possession du Piémont était constestée au roi de France par le duc de Savoie et par Charles Quint. Henri II avait besoin, pour la confirmer, de créer un mouvement en sa faveur à travers toute l'Italie et de s'y faire des alliés. Pauvres princes italiens qui, en ce milieu du XVIe siècle, sont de frêles esquifs pris dans les vents contraires, victimes de politiques dynastiques qui passent au-dessus de leur tête ! Certains restent solidement arrimés à une fidélité chevaleresque, ou simplement vitale : c'est le cas de Cosme de Medicis envers l'empereur ou du duc de Ferrare à l'égard du roi de France. Ailleurs, ces influences rivales suscitent des révolutions, comme à Naples et à Gênes. Quant à Ottavio, il s'est emparé de son duché tout seul et tout lui sera bon pour le garder. Dût-il jouer la carte française.

Justement, à l'orée de cette année 1551, Parme lui est, de nouveau, de toutes parts disputée. Non seulement Charles Quint ne lui a pas rendu Plaisance, mais il lui refuse même les régions avoisinantes : Castel Ghelfo, Borgo San Donnino, Bussetto et Corte Maggiore, occupées par les troupes espagnoles.

En outre, il retrouve sur son chemin le gouverneur de Milan, Ferrante Gonzague, le vieil ennemi des Farnèse, l'assassin de son père. Celui-ci est plus que jamais sanguinaire, avare, envieux. La haine entre eux est d'autant plus forte qu'ils se connaissent trop bien, compagnons d'armes aux côtés de l'empereur à Alger, à Düren, diaboliquement complices pendant quelque temps pour l'occupation du duché de Parme. Après la mort dramatique de Pier Luigi, les Farnèse ont essayé de faire assassiner don Ferrante; il le sait. Depuis qu'Ottavio est à Parme, Gonzague le harcèle sur ses frontières et, par des escarmouches incessantes, entretient chez son ennemi un sentiment angoissant d'insécurité. Il mène une campagne sournoise contre le duc, en le noircissant dans l'esprit du pape et en le dénonçant à l'empereur comme « un ingrat qui se prépare à devenir un traître ». En vérité, Ottavio cherche un secours d'où qu'il vienne.

Cependant, à Rome, son plus fidèle soutien, le pape, semble avoir changé de disposition d'esprit : il prête maintenant l'oreille aux suggestions des cardinaux du parti impérial et, puisque le concile doit reprendre ses travaux, il accepte de le convoquer à Trente — et non plus à Bologne. Le roi de France, qui y est formellement opposé, fait savoir que ses prélats ne s'y rendront pas et Jules III entre alors dans une de ses célèbres « saintes colères ».

Il menace Henri II d'excommunication, et, comme il a eu vent, par les dénonciations de don Ferrante, de pourparlers entre le duc de Parme et la cour de France, dans l'esprit de l'irascible pontife, Ottavio est embarqué sur la galère française. Ce « misérable vermisseau » verra révoqués ses droits sur le duché dont on confiera l'administration à un fidèle des Habsbourg.

La réaction du pape n'est pas seulement émotionnelle. Cette formule permettrait de réunir Parme à Plaisance et d'éviter au duché — avec l'infidélité probable d'Ottavio — une dérive vers la France. Le duc se voit poser l'ultimatum suivant : rompre avec la France, ou restituer Parme et recevoir en échange le duché de Camerino.

Camerino ! ce misérable duché qu'on lui avait déjà octroyé lorsqu'il avait dix-sept ans et qu'on lui avait repris ! Ottavio se voit revenu en arrière, en quelque sorte à la case « départ ». Même Marguerite, malgré la situation intolérable qui se prépare pour elle, encourage son mari à refuser tout net.

Le résultat ne se fait pas attendre. Bientôt, le duc est excommunié pour « rébellion ouverte contre l'Eglise » et privé de tous ses revenus et de toutes ses charges. Jules III lui déclare la guerre et ses armées investissent la ville par le sud ; simultanément, celles de Ferrante Gonzague l'assiègent au nord, avec l'approbation tacite de Charles Quint.

Voici Parme encerclée à la fois par les troupes pontificales et impériales. C'est une très petite ville ; don Ferrante fait détruire systématiquement alentour les fermes et les récoltes, abattre le bétail et disperser les paysans — en très peu de temps, la cité est affamée et proche du désespoir. Gonzague est cependant assez habile pour veiller à ce que Madama et son entourage ne manquent de rien et leur fait tenir des provisions ; il le fait savoir à l'empereur pour se faire bien voir et, incidemment, lui propose d'en finir avec Ottavio : les moyens ne manqueraient pas pour organiser un nouvel assassinat dont la responsabilité se diluerait dans le trouble général. Mais, cette fois, l'empereur refuse.

Madama a bien d'autres soucis que la famine. L'alliance que le duc a négociée avec la France est un pacte avec le diable et ce pacte est conclu contre son père, envers lequel, jusqu'à ce jour, sa fidélité n'a jamais failli. Pour avoir les mains libres, l'empereur lui a enjoint de quitter Parme et d'abandonner Ottavio à un sort qui ne peut manquer d'être funeste. C'est l'écroulement de tous ses rêves.

Entre deux fidélités, où est le chemin de l'honneur ? C'est l'intérêt qui va en décider. Son avenir est en jeu ainsi que celui de son fils, liés maintenant à la fortune d'Ottavio et au duché de Parme. D'ailleurs, les sujets de Madama s'interposent pour la retenir ; elle est leur duchesse — et leur otage... Pour la première fois, Marguerite va s'opposer à la volonté de son père. Elle manifeste sa détermination, en même temps que son désarroi, dans une longue lettre à l'empereur où se révèlent ses sentiments contradictoires. « Si mes prières auprès de mon Seigneur Duc avaient été entendues durant la négociation, les choses n'en seraient pas venues à ce point (...) Je me trouve dans cette situation non par ma faute, mais par la volonté de Votre Majesté qui m'y a mise — et pour lui obéir. Votre Majesté m'a donné le duc Ottavio pour mari et moi, comme mari, je le garde et je reste auprès de lui pour plaire à Dieu et à V.M. J'ai toujours cru ainsi me conformer à sa volonté et n'ai jamais songé à autre chose... Il est dans les mains de V.M. de faire ce qu'il lui plaît et de me traiter en sa servante obéissante, ce que je ne manquerai jamais d'être. Jamais je ne cesserai de l'aimer et de la révérer de tout mon cœur, de toute ma reconnaissance — seulement je souffre et souffrirai éternellement de ce que moi et mon fils ayons à pâtir des erreurs d'autrui. Ne sachant qu'ajouter, je ne puis que baiser humblement les mains saintes de V.M. Que Dieu la garde dans le bonheur » (21 mai 1551).

Promise plus tard à une situation comparable, Marie-Louise d'Autriche écrira à l'empereur, son père : « Songez à ce que serait ma position dans de pareilles conditions. Je n'y pourrais survivre. Vous ne pouvez mesurer combien il est triste pour moi que vous ayez été dans une guerre avec votre gendre... » et elle mouillera sa lettre de larmes. Mais là s'arrête la ressemblance entre les deux princesses Habsbourg, les deux duchesses de Parme.

Charles Quint ne répondit pas à la lettre de sa fille. Froide comme un couteau, une missive rédigée en espagnol par son secrétaire lui fit savoir que, puisqu'elle voulait rester à Parme aux côtés du duc, les biens de sa dot lui seraient confisqués. L'empereur « n'admettait pas qu'on lui fît la guerre avec ses propres deniers ». Le 9 juillet, elle eut confirmation par son homme de loi que les propriétés reçues de la couronne de Naples, Campli, Leonessa, Monreale, Civita Ducale et Penne étaient séquestrées. Etait-il plus moral de prendre les « propres deniers » de sa fille pour lui faire la guerre ? On peut se poser la question.

La rupture est consommée lorsque le duc, dans un geste conforme aux règles de la chevalerie, renvoie à Charles Quint son collier de la Toison d'Or. Une action aussi spectaculaire ne pouvait qu'être ressentie passionnément par Marguerite et sans doute par l'empereur lui-même, qui était mystiquement attaché à l'ordre créé jadis par son ancêtre Philippe le Bon, duc de Bourgogne, symbole pour lui des plus pures traditions féodales d'honneur et de fidélité. Charles aimait ses chevaliers. Ottavio, il y a peu, prononçait les vœux solennels devant le paon et le héron, sous l'emblème de la toison « où Gédéon recueillit la gelée royale ». Il était admis parmi « les gentilshommes de nom et d'armes sans reproche ». Qu'en est-il maintenant ?

Marguerite continue d'exprimer son désespoir dans les lettres qu'elle adresse à ses fidèles. A don Juan de Luna, elle écrit : « Mon âme ne peut en aucune façon se donner la paix, ni supporter avec patience que mon seigneur duc, perdant espoir dans le pardon et dans la faveur de l'empereur, mon seigneur se soit donné à la France. »

Cependant, à Rome, les deux cardinaux Farnèse, qui avaient pourtant été dans le conclave d'influents électeurs de Jules III et qui espéraient du souverain pontife un traitement moins rigoureux que celui réservé à Ottavio, durent bientôt déchanter. Le chancelier de l'Eglise et le cardinal Ranuccio jugèrent prudent de prendre la fuite. Celui-ci s'en fut résider à Venise, tandis qu'Alessandro trouvait refuge à Florence. Et, puisqu'ils restaient éloignés de Rome malgré ses ordres, Jules III fit saisir et vendre les meubles de leurs palais : cette vente rapporta 30 000 écus. Le cardinal Alessandro n'était pas complètement innocent. Comme à l'accoutumée, il avait joué sur les deux tableaux et venait d'envoyer à son frère Orazio, qui se trouvait à la cour de France, un relevé précis du matériel de guerre nécessaire à la défense de Parme.

A la cour du roi de France, la tension n'avait cessé de croître et, sous la pression du parti des Guise, l'opinion prévalait que le moment était venu d'une intervention en Italie. L'affaire de

Parme et la menace d'excommunication de Jules III avaient joué le rôle de boutefeu.

Depuis longtemps, les émigrés italiens, et particulièrement les Florentins, avaient trouvé auprès de Catherine de Medicis refuge et appui. Elle avait réussi à convaincre le roi du bien-fondé de leurs revendications et, surtout, de l'intérêt qu'il y aurait à reprendre Florence, soit pour y régner avec lui, soit pour y restaurer la République. Les plus fougueux partisans de cette restauration étaient les quatre fils de Philippe Strozzi, que l'on a vu à Naples, lors de la visite de l'empereur, à la tête de la délégation des « fuorusciti ». Philippe est mort en prison après que Cosme ait battu ses troupes à Montemarlo (1538). Mais son fils, Piero Strozzi, le plus entreprenant de la famille, marié à la sœur de Lorenzaccio, est chambellan du roi depuis 1541. En dehors des protégés de Catherine, le roi pensionne presque une centaine de ces émigrés, dont un grand nombre de Napolitains. Il en attend, le moment venu, qu'ils soulèvent les populations lorsque, sur les traces de ses ancêtres, il repartira à la conquête de l'Italie — « ce mirage, cette nécessité ».

Pour la deuxième fois, on allait se mobiliser pour les Farnèse, et cette fois serait la bonne. Mais la délivrance de Parme ne devait être que le premier volet d'un dessein beaucoup plus vaste qui englobait la reconquête de Sienne, de Florence et même de Naples. Ottavio serait sauvé par les Français et attaché à leur fortune. Son duché, par la suite, épaulé par les places de Mirandole et de Ferrare, servirait, dans la campagne, de point d'appui, de verrou. Dans cette optique, on n'épargna pas les faveurs envers les Farnèse. Les fiançailles d'Orazio avec « Madame la Bâtarde » furent rendues officielles et le jeune capitaine reçut à cette occasion un commandement de 1 000 cavaliers pour voler au secours de son frère. Ottavio lui-même eut en outre la promesse de 2 000 fantassins, de 200 chevau-légers et d'un subside de 12 000 écus d'or. Le cardinal Alessandro qui s'était compromis pour la France reçut les riches évêchés de Grenoble et de Cahors et le roi lui offrit l'hospitalité à Saint-Germain. Marguerite ne fut pas oubliée et, en compensation des spoliations que Charles Quint lui avait fait subir, le roi de France lui céda le douaire de la reine Eléonore, la sœur de l'empereur, veuve de François Ier, qui s'était retirée à Bruxelles. La couronne lui avait procuré l'assurance de revenus qui se montaient à plus de 300 000 écus « au soleil ».

A Parme, Ottavio, attendant du secours, s'était solidement retranché derrière ses murailles. Bon artilleur lui-même, il avait à ses côtés — et c'était là un autre héritage Medicis — un remarquable ingénieur dans l'art militaire : Francesco Marchi. Celui-ci était passé du service d'Alexandre de Medicis à celui de Marguerite et la princesse avait suscité de sa part un tel dévouement qu'il ne la quitterait plus jusqu'à sa mort. En hâte, il fortifia Parme. A ses moments perdus, il écrivait — bien qu'à demi analphabète — un traité sur l'artillerie et l'architecture militaire dont on dit que Vauban fit plus tard son livre de chevet.

Dès le mois de mai, Piero Strozzi, devenu capitaine général de l'infanterie italienne, avait réussi à se faire envoyer par le roi en Italie pour couvrir les opérations. Il allait enfin pouvoir atteindre le but de sa vie : venger son père et rentrer en Toscane. Auparavant, il lui fallait affronter dans les plaines parmesanes Ferrante Gonzague : un autre capitaine, comme lui tenace et passionné. Italiens, ils le sont tous deux, mais combien dissemblables. Piero Strozzi affiche les manières glorieuses et légères des Français. De don Ferrante on connaît la froideur et la dissimulation, acquises au service de l'empereur. Quant aux mercenaires qui les suivent, ils se ressemblent tous et n'attendent que la paie et le pillage. Quelle que soit la fortune des armes, une chose est sûre : le pays sera dévasté.

Strozzi s'est adjoint Orazio Farnèse avec ses cavaliers et le seigneur de Termes. Don Ferrante est déjà campé à la Mirandole et occupe le château de Cólorno. La campagne débute de façon hésitante. Côté Strozzi, il y a quelque zizanie parmi les capitaines. Passée la frontière, l'unité se désagrège, à l'image des rivalités de la Péninsule. Des chefs, l'un est florentin, l'autre romain. Les alliés, Ferrare, Mirandole, sont chez eux, le Français n'est plus qu'un étranger. En face, dans l'armée impériale, qui est comme partout un mélange de soudards de toutes origines et de lansquenets allemands, les soldes sont rarement payées et l'on est toujours au bord de la mutinerie.

Cependant, en haut lieu, le plan du roi de France se réalise méthodiquement. Il a renoué avec Soliman, et sa force navale — renforcée par les 137 navires du Turc — lui donne, à la faveur de la saison d'été, une supériorité écrasante. Déjà les galères du Croissant longent les côtes de l'Etat pontifical et la panique gagne Rome. Le pape use alors de son arme ultime, jette l'anathème sur le roi de France et lance un appel désespéré à l'empereur. Mais il doit bientôt céder et, le 4 septembre de cette même année 1551, il fait porter ses excuses à Henri II, premier pas vers une solution négociée qui n'interviendra que le 20 avril de l'année suivante. C'est une capitulation en règle du souverain pontife qui doit même accepter, pour satisfaire le roi de France, de clore les travaux du concile. Le duc Ottavio est restauré à Parme et Jules III ordonne à don Ferrante de s'éloigner de la province.

Ce premier volet de l'expédition française sur la péninsule se soldait par un franc succès dont le duc de Parme était le premier bénéficiaire. S'imaginer qu'il ne songeait pas à tirer de son alliance avec le vainqueur d'autres avantages substantiels serait mal le connaître. Mais, pour l'heure, on ne lui offre aucun commandement dans la campagne qui se prépare en direction de Sienne, Florence et Naples : c'est la chasse gardée des Strozzi. On compte seulement que Parme restera une place fidèle et sûre dans le cadre de nouvelles opérations en Italie. Les quatre frères Farnèse représentent autant d'atouts, guerriers et diplomatiques, pour le roi Henri II. Les deux cardinaux sont rentrés à Rome la tête haute, leur absolution a été consacrée par un banquet offert au pape dans leur « casino » du Mont Palatin, et les noces du jeune Orazio avec Diane de France sont prévues pour le début de l'année 1553 ([1]).

Marguerite a enregistré l'apparent succès des Farnèse avec réticence. Elle a senti le vent du boulet et éprouve un certain soulagement à se trouver encore duchesse de Parme, mais cette victoire s'est faite contre elle et contre sa conviction intime

([1]) Diane de France, l'épouse d'Orazio Farnèse, était la fille de Henri II et de Filippa Ducci. Née avant que Catherine de Medicis donnât des enfants au roi, elle était appelée Mademoiselle la Bâtarde. Elle fut ensuite légitimée et confiée à Madame de Brézé.

qu'hors des Habsbourg, il n'est point de salut. Elle n'y a joué qu'un rôle négatif et cela ne lui ressemble guère. Autour d'elle, tout lui donne le sentiment qu'elle n'occupe plus qu'une place de second rang. Dépossédée de ses biens en Italie, elle se sent diminuée. Ottavio a la haute main sur les options politiques — Ottavio est « le duc ». A Rome, elle trônait seule au palais Madama ; elle avait la faveur du pape et on la créditait de la confiance de l'empereur ; on rapportait ses propos et ceux qui s'échangeaient dans son salon. Depuis qu'elle est à Parme, on ne se soucie guère de son opinion — et, puisque le duc est rebelle à l'empereur et au pape, on ne compte pas sur les interventions de la duchesse. Ce ne sont plus des Espagnols qui vont et viennent à la cour, ni des clients du parti impérial, mais des Français pleins de projets audacieux, le bruyant Strozzi, cousin de la reine et ennemi juré de Cosme de Medicis, ou encore des Italiens aventureux et comploteurs, comme le condottière Carlo Carafa.

Noyée jour après jour dans la douce brume de la ville, Marguerite s'ennuie, sans oser l'avouer, et se sent étrangère à ce qui l'entoure. A peine peut-elle sortir de Parme, dans la campagne immédiate. Plaisance reste entièrement occupée par les Espagnols, ainsi que les bourgs avoisinants. Malgré la trêve, une sorte de blocus a été maintenu, confié au marquis de Marignan, capitaine de l'empereur. De ce jour, Marguerite ne pense plus qu'à Plaisance. Restituer son intégrité au duché et que la place forte soit libérée par son intervention personnelle ; qu'elle devienne en quelque sorte « duchesse de Plaisance » par le rôle qu'elle aura joué dans la délivrance de la cité... Mais, pour cela, il faudrait rentrer dans le giron des Habsbourg...

Le moment serait mal choisi. Henri II a déclaré la guerre à Charles Quint et s'est ligué avec les princes protestants d'Allemagne dans une sorte de « confédération » dont le ciment le plus fort est la haine de l'empereur, à quoi s'ajoute une complicité, plus politique que théologique, pour rejeter le concile et l'autorité de Rome. Dans cette guerre qui n'est pas d'opérette et qui se joue simultanément dans l'Est de la France et au Tyrol, Charles a manqué de peu d'être fait prisonnier à Innsbrück, par les troupes de Maurice de Saxe. Il a dû quitter subrepticement la ville, de nuit, à la lueur des torches et, en une étape harassante, gagner Villach en Carinthie, par la haute vallée de la Drave. C'était le 19 avril 1552. Les princes ont-ils au dernier moment hésité à capturer, sinon l'homme, du moins le symbole intouchable de l'Empire, sacré à Aix-la-Chapelle ? On se pose encore la question. Maurice de Saxe aurait déclaré « qu'il ne possédait pas d'assez grande cage pour enfermer un tel oiseau »... La vulnérabilité du souverain et l'illusion tragique de son dessein impérial sont alors apparues au grand jour. Cet échec va déclencher en chaîne d'autres insuccès qui, en peu d'années, auront raison de la figure de César. Le jour est proche où, replié à Bruxelles, il sera ce vieil homme triste et malade qui prie à la lueur de sept flambeaux dans un modeste oratoire tendu de noir ; qui écoute plusieurs messes par jour et occupe le temps qui lui reste à des travaux d'horlogerie et de mécanique céleste.

Marguerite n'a pas la douleur de voir la statue de son héros jetée bas de son socle, mais les bonnes langues se chargent de lui en communiquer la nouvelle, et cela ajoute à son désarroi. Après ces mois cahotiques où elle a côtoyé la guerre et son cortège de désolation, où elle s'est vue condamnée à un choix déchirant par l'absurdité des « erreurs d'autrui », pour la première fois on ne reconnaît plus en Madama la jeune princesse rebelle, mais une femme plus mûre, meurtrie et momentanément résignée. Ottavio est infidèle, sans cesse au loin à guerroyer. Elle semble s'en accommoder et faire preuve d'indulgence et de détachement. Il y a même une certaine douceur lointaine dans la lettre qu'elle lui adresse le 4 août 1533. Le frère du duc, Orazio Farnèse, vient d'être tué au siège de Hesdin, en Artois. Le jeune marié de la cour de France n'avait que vingt-deux ans. « Monseigneur et Eminente Excellence », écrit-elle, « A la souffrance que j'ai ressentie moi-même pour le sort tragique du duc Orazio, il s'ajoute un chagrin qui aggrave ma peine, à savoir la tristesse que Votre Excellence doit ressentir. Bien que la douleur ne puisse s'extérioriser bruyamment, je voudrais que mes paroles vous expriment l'immensité de cette perte ainsi que ma souffrance personnelle. En de semblables circonstances pour lesquelles il n'y a aucun remède, on doit se ressaisir avec résolution, se défendre autant que possible du chagrin et se plier à la volonté de celui qui nous gouverne. Je supplie V. E. de le faire et, par-dessus tout, de prendre soin d'elle-même et de se soucier de sa sécurité de sorte que je puisse vivre rassurée. Je baise votre main, ensemble avec Alexandre. »

Alexandre, qu'elle associe désormais à des événements aussi graves, est sa grande joie et son grand souci. A travers lui, elle sent encore palpiter l'avenir, les projets, les ambitions. Ottavio, qui est loin d'être inculte, fait donner au prince l'éducation humaniste qui est de tradition chez les Farnèse — greffe qui n'a pas toujours pris sur ces tempéraments bouillants. C'est peu dire que, chez Alexandre, il y a un phénomène de rejet. L'enfant peine à écrire en latin des missives respectueuses à son oncle le cardinal Farnèse. En revanche, il est passionné par tout ce qui touche, de près ou de loin, aux arts martiaux. Montures, harnais, armes blanches, canons et engins de siège polarisent son intérêt depuis l'âge le plus tendre. Il ne manque pas à la cour de mentors pour l'initier. Déjà fort et agile, d'une adresse surprenante, il deviendra plus tard un remarquable homme de guerre.

Personne n'y trouve à redire. C'est dans la bourgeoisie que de fortes études sont considérées avec respect comme un tremplin vers une ascension sociale. Chez les princes, la culture n'est qu'un luxe et un plaisir, et la fortune se fait à la pointe de l'épée.

Marguerite encourage l'enfant avec une nuance d'attendrissement. Bon sang ne saurait mentir.

12

L'ABDICATION DE L'EMPEREUR

Depuis la malheureuse campagne d'Allemagne où il a failli être capturé par ses sujets, et où il a dû signer avec eux une paix humiliante à Passau, l'empereur dans le secret prépare son abdication. Tous ses efforts vont tendre à résoudre au mieux les problèmes de son empire pour pouvoir partir l'âme en paix.

A Passau, les protestants et les catholiques s'étaient vu accorder des droits égaux. Trois ans plus tard, à Augsbourg, la religion réformée est autorisée en Allemagne. Selon la formule célèbre, « cujus regio ejus religio », la liberté de conscience est accordée... mais au prince seulement ! Première et discrète abdication : Charles doit tolérer cette faille dans la religion monolithique de son enfance. Mais on ne le voit pas pleurer sur Rome.

La question religieuse n'est qu'un des aspects du problème allemand. Aussi grave aux yeux de Charles Quint est l'incertitude sur la succession impériale. En 1531, il a accordé à son frère Ferdinand le titre électif de « Roi des Romains ». C'est un droit implicite à la couronne de Charlemagne. Le nouvel empereur sera donc issu de la branche cadette des Habsbourg — celle qui gouverne depuis deux décennies en Autriche et à qui Charles a délégué ses pouvoirs en Allemagne. Quinze ans plus tard, lorsque Philippe d'Espagne est devenu ce « fils ordonné, réfléchi, respectueux, ce disciple qu'il s'est plu à former », l'empereur a eu un tardif regret. Il a tenté de reprendre la donne, et d'imposer à sa famille et aux électeurs une de ces solutions tortueuses dont il a le secret : Ferdinand sera empereur, mais Philippe sera élu par la diète « Roi des Romains » et héritier potentiel de la couronne impériale ; après ce détour espagnol, celle-ci pourra ensuite revenir à la branche autrichienne. Pour faire accepter cette solution bâtarde, il a réuni à Augsbourg en 1550 un conseil de famille, qui n'a pas duré moins de six mois. Les âpres conciliabules, qui se sont tenus en français, étaient parfois houleux et les échos en parvenaient au-dehors. Titien, hélas ! n'était pas là pour fixer telle scène de famille qui aurait fait un beau pendant à celle des Farnèse.

Charles a fait venir son fils pour le présenter aux princes électeurs allemands et ils ont vite jaugé le jeune souverain espagnol qu'on leur propose pour incarner à l'avenir la férule impériale et la loi catholique dont ils ne veulent rien savoir. On entend même dire que certains « préféreraient le Turc ». L'Empereur excédé a tranché par un « diktat » rédigé nuitamment par son ministre Granvelle sur l'écritoire de sa chambre à coucher : Philippe d'Espagne héritera du titre de « Roi des Romains » et ceindra la couronne après Ferdinand. Il est investi, en outre, du titre de « Vicaire Impérial » pour les terres italiennes. Charles croit-il viable la construction qu'il vient d'échafauder ? On sait ce qu'il en est des testaments. Mais il a gagné du temps.

Le souverain croit pouvoir miser sur Philippe comme sur un autre lui-même. Le prince d'Espagne est veuf depuis la naissance de son fils, don Carlos. Charles emploie son astucieux ambassadeur, Simon Renard, un franc-comtois, à négocier le remariage du futur roi avec l'héritière de la couronne d'Angleterre, Marie Tudor. En 1553, à la mort d'Edouard VI, celle-ci est montée sur le trône contre vents et conjurations. Lorsque Philippe demande sa main, la reine s'emploie à rétablir le catholicisme dans son royaume. Ce mariage est un coup de maître. Lorsqu'il contemple son œuvre, l'année suivante, Charles Quint voit se déployer devant son imagination, jamais à court, un spectacle dont il n'osait rêver : avec les Pays-Bas, toute l'Europe du Nord-Ouest devenue forteresse de la maison d'Autriche et bastion du catholicisme. Philippe a vingt-sept ans, Marie trente-huit. Les codicilles du contrat qui énumèrent les droits de l'héritier à naître de cette union risquent de rester lettre morte. Mais sait-on jamais ?

Dans la corbeille qui se prépare pour le prince Philippe, où brillent déjà l'Espagne et les Pays-Bas, Naples et la Sicile, les Amériques, d'innombrables places fortes et provinces vassalisées, un seul don est encore absent : la paix. Avant de quitter la scène, Charles va s'employer à la rétablir.

En France, depuis qu'il a échoué à conquérir Metz après un siège harassant, pendant deux saisons successives la guerre s'est enlisée, n'apportant aucun succès décisif. Le nom des batailles n'évoque que deuils ou destructions. A Hesdin, Orazio Farnèse a trouvé la mort. A Thérouanne, on a rasé la ville jusqu'au sol et « jeté du sel sur les ruines ». De Marimont, le délicat château « à l'italienne » de Marie de Hongrie, il ne reste pierre sur pierre. Comme flux et reflux, les armées piétinent les campagnes des malheureuses provinces du nord.

Ce n'est pas, toutefois, la pitié qui va séparer les combattants, mais la ruine. Les difficultés financières que connaît Henri II ne sont rien auprès de celles de l'empereur. L'armée de Charles Quint, énorme et disparate, est un gouffre de soldes. En 1552, le banquier Fugger y a encore déversé 400 000 ducats, tandis qu'arrivait d'Espagne une caravane de quatre-vingt-dix mulets chargés de l'or et de l'argent des Amériques. En six mois, tout est déjà volatilisé. Les banquiers d'Anvers refusent de nouvelles avances. Le crédit de la régente aux Pays-Bas et celui de l'empereur sont épuisés. On devine le spectre de la banqueroute. Aussi la campagne de France s'arrête-t-elle faute de moyens, en août 1554, tandis que commencent les pourparlers de paix.

L'empereur demeure un redoutable maquignon et on ne peut attendre qu'ils aboutissent rapidement. Il faut que le pape s'entremette, ainsi que Marie Tudor. Charles pose dès l'abord des conditions inacceptables : Henri II devrait restituer toutes les coûteuses acquisitions récentes de la France, la Savoie, le Piémont, Metz, Toul et Verdun, la Corse, les conquêtes en Luxembourg, et abandonner toutes prétentions en Italie. Avec de tels préalables, la première conférence de paix ne peut qu'échouer, mais des jalons ont été posés et, un an plus tard, la trêve de Vaucelles, conclue pour cinq ans, va mettre en évidence le désir de paix de Charles Quint et consacrer la victoire française.

Dans la vaste fresque européenne à laquelle l'empereur met la dernière main avant de se retirer, que représente le duché de Parme, de quel poids sont Ottavio et Marguerite, ces principicules italiens ? Sans aucun doute, Charles ressent les dérobades de son gendre comme une insolence. La petite musique effrontée de liberté qui monte de Parme irrite ses oreilles. Si chaque principauté se mettait à l'unisson d'une telle indépendance, dans toute la péninsule se déferait la mosaïque difficilement soudée de ses fidèles. Dans les conditions qu'il pose pour signer la paix, on le voit exiger qu'Henri II « rompe avec les Farnèse ».

Envers Marguerite, avec l'âge et le chagrin, le vieil empereur semble s'humaniser et se montrer plus paternel qu'autrefois. Il lui fait écrire par Granvelle qu'il demeure « en la mesme volonté et affection » que par le passé, qu'elle ne doit pas craindre « que mauvaise relation ou autre chose l'ait aliéné de l'amour qu'il lui porte ». La séquestration de ses biens, en aucune manière n'a été faite « pour lui donner chastoy » (pour la châtier), car il tient pour certain « qu'icelle n'a commis aucune faute ». Au moment de se retirer, il l'assure de ses sentiments : « En quelque lieu que nous soyons, vous trouverez en nous l'amour et l'affection d'un bon père comme toujours nous l'avons été. »

Les sentiments sont une chose, mais l'empereur demeure réaliste et méfiant. Parme est une clef stratégique importante. Il sait aussi par expérience que les Farnèse n'agissent jamais en ordre dispersé, mais comme un clan. S'aliéner Ottavio, c'est perdre à la Curie deux cardinaux influents, deux voix à chaque conclave. Dès l'été 1553, il commence, sur le conseil de Granvelle, une entreprise de séduction sur le couple ducal. Il leur envoie dona Isabella Manrique, veuve de l'ambassadeur d'Espagne à Rome, qui conseille à Marguerite et à son époux de demander grâce à l'empereur et de lui proposer leur ralliement. Cette démarche a lieu au moment où les affaires de Charles Quint sont au plus bas et où le roi Henri vient de faire à Ottavio une amicale proposition. Dans la lettre où il lui exprime ses condoléances pour la mort au combat d'Orazio Farnèse et le chagrin qu'il en ressent, il a proposé de prendre à la cour de France le jeune Alexandre. L'enfant y sera éduqué et pourra, plus tard, espérer d'Henri les mêmes récompenses flatteuses que son oncle.

Que pense Marguerite du projet de faire élever son fils chez l'ennemi d'hier, celui qu'elle a appris à détester depuis son enfance ? Alexandre n'est plus tout à fait de la lignée des Farnèse romains : la race s'en éteindra avec Ottavio. Alexandre — dans l'esprit de sa mère — est un Habsbourg. Déjà il leur ressemble. Livrer le petit-fils de l'empereur à la cour de France ! Marguerite se tait. Elle comprend, avec son esprit politique avisé, que si Charles fait un premier pas, c'est qu'il a besoin du duc de Parme. Et si elle se réjouit dans son cœur des prémices d'une réconciliation, elle souhaite la négocier âprement. Charles ne lui a pas rendu sa dot. Les Espagnols n'ont pas quitté Plaisance. Hors de ces deux conditions, on fera la sourde oreille.

Ottavio, quant à lui, n'a le cœur nulle part ; il attend. Pour tout dire, il se ronge à Parme. Il ne lui plaît pas de se trouver là où il ne se passe rien et où il n'y a rien à glaner. L'intérêt de son protecteur français est maintenant tourné vers les préparatifs de la reconquête de Florence, confiés aux Strozzi — qui s'en acquittent dans le plus grand tapage — et vers la défense du nord de la France. Parme, où l'on a restauré le duc, est en quelque sorte une affaire classée. Henri II semble ignorer qu'Ottavio continue d'y être menacé par Ferrante Gonzague qui intrigue contre lui avec ses ennemis. La crainte latente d'un assassinat règne à la cour. Courante, en cette époque féroce, c'est une psychose pour Ottavio Farnèse, encore hanté par le souvenir de la dépouille sanglante de son père, que les conjurés ont jadis balancée dans les douves de la citadelle de Plaisance. Marguerite ne peut le rassurer. Ne lui a-t-on pas, à Florence, rapporté le corps transpercé de son mari, roulé dans un tapis ? Elle avait alors quinze ans. Or, ils ne reçoivent du roi ni argent, ni secours.

A la fin de l'année 1553, le duc décide de se rendre en France pour plaider sa cause. Le voyage sera clandestin, car il craint que l'on ne profite de son absence pour tenter un coup de main sur le duché. Seule Madama — qui demeurera en charge de Parme — en est informée. Le 15 décembre, Ottavio quitte donc la ville, incognito et sans escorte, et, passant par la Suisse, se rend à Lyon où il attend, dans une modeste auberge, les envoyés d'Henri II, porteurs de l'argent du voyage. Une semaine plus tard, Ferrante Gonzague, tenu au courant par ses espions, écrit à Charles Quint pour l'aviser de la démarche du duc et le mettre en garde contre ses conséquences « dont on ne peut attendre que du mal ». Il ajoute : « J'ai fait prévenir l'homme qui m'a déjà promis de me livrer Piero Strozzi, mort ou vif, et l'ai chargé de me faire connaître les agissements d'Ottavio. Nous serons avertis de ses va-et-vient, de sorte que je pourrai aviser Votre Majesté en temps utile pour, au retour, lui tendre un piège. Que Votre Majesté me communique ses désirs... » Cette fielleuse proposition ne trouva pas d'écho à Bruxelles où Charles, malade, faisait retraite et oraison.

En février 1554, Marguerite vit revenir Ottavio sain et sauf, mais profondément déçu par son séjour à la cour de France. Le voyage entrepris au péril de sa vie ne lui avait valu que quelques attentions courtoises et de vagues promesses, rien de tangible. Granvelle suggéra alors à Charles Quint de tenter une deuxième démarche de conciliation par l'intermédiaire de don Francisco de Tolède, qui vint à Parme renouveler les propositions de l'empereur. La restitution de Plaisance n'y figurait toujours pas, et Marguerite tint bon. Toutefois on put la voir s'épancher, lettre après lettre, auprès de son père, le supplier d'épargner à Ottavio la présence des Espagnols à Plaisance, ressentie comme une marque de défiance et une vexation inutile, et même, pour la première fois, avoir un mouvement d'amertume : « Votre Majesté ne pourrait-elle penser un peu à la fille qui a tant fait pour la gloire de son nom ! » Encore vexé par l'accueil reçu en France, flatté, d'autre part, par les sollicitations de l'empereur, Ottavio, incertain, se contente d'observer, depuis sa citadelle de Parme, la fortune changeante des armées qui s'affrontent. Il hésite.

Au début de l'année 1554, Piero Strozzi, secondé par les quarante galères de son frère, le prieur Leone, est arrivé à Rome. Il se rend à Sienne pour lancer, depuis cette ville acquise à la France, l'offensive longuement préparée contre

Florence, tandis que la flotte l'appuiera à partir de la Corse. Sur son parcours, l'espoir s'est levé au cœur de tous ceux qui haïssent l'Espagne et la férule impériale, espoir attisé par les émigrés qui l'accompagnent. Tout ce que la péninsule compte de conspirateurs et d'aventuriers s'est joint aux troupes des frères Strozzi. Catherine de Medicis a contribué largement aux frais de l'expédition sur sa propre cassette. L'enthousiasme est indescriptible. En juillet commence l'invasion de l'état de Florence et le 2 août une bataille décisive est livrée à Marciano. Las pour les émigrés ! cet engagement tourne au désastre pour les troupes franco-italiennes qui laissent sur le terrain 4 000 morts et perdent 2 000 prisonniers. Piero Strozzi est gravement blessé ; son frère Leone, peu auparavant, a trouvé la mort. Le siège, mis par la suite devant Sienne par le duc Cosme, est destiné à s'achever après quelques mois par une lamentable capitulation. Catherine est au désespoir et porte le deuil de la « Toscane française », cependant qu'à la cour on ne manque pas de dénoncer les Italiens comme des aventuriers.

Marguerite ne peut qu'applaudir en secret à ce retournement de situation. Les larmes de Catherine ne l'émeuvent guère, bien au contraire. Elle voit son ami Cosme de Medicis conforté à Florence, tandis que les Français connaissent la déroute et que les « fuorusciti » payent cher leur morgue. Cela fera sans doute réfléchir Ottavio. Le duc refuse toutefois de tirer de cet événement des conclusions hâtives, car la France reste solidement implantée au Piémont et garde l'appui de Ferrare et de Venise. Le Pacte qu'il a signé avec Rome et le roi de France l'engage encore pour deux ans. Et, puisque l'empereur n'offre rien...

Survint alors un événement aussi prévisible que malencontreux. Le 22 mars 1555, le souverain pontife qu'Henri II jugeait « inconstant, variable et léger », mais donc chacun s'accomodait, le pape Jules III, vint à mourir. Le premier élu qui lui succéda, Marcel II Cervini, ne régna que vingt-trois jours et Rome connut en l'espace d'un mois l'effervescence de deux conclaves. Ce fut un proche du pape défunt qui coiffa la tiare le 25 mai suivant, avec l'appui du cardinal Alessandro Farnèse.

Paul IV Carafa, marquis de Montebello, était un grand

seigneur napolitain que l'on décrit, à quatre-vingts ans, comme majestueux, serein, éloquent, cultivé et autoritaire. Il méprisait le luxe, mais aimait le faste. Mystique au demeurant puisqu'il avait appartenu à l' « Oratoire du Divin Amour » et fondé l'ordre des Théatins, il était soucieux d'une réforme radicale et autoritaire de l'Eglise. C'était une des dernières grandes figures à avoir joué un rôle lors du sac de Rome. La haine qu'il avait alors conçue contre les Impériaux et les Espagnols demeurait vivace en cet homme passionné. Dès son arrivée au pouvoir, il ne mit aucune diplomatie à exprimer ses sentiments à leur égard. Il ressent, dit-il, « un infini déplaisir à voir ceux qui n'étaient que cochers et valets d'écurie prétendre gouverner en Italie », et il flétrit « ces damnés Espagnols, graines de Juifs et de Maures ». Il n'a pas l'intention de s'en tenir aux paroles, mais bien de débarrasser l'Italie de cette « vermine » et choisit, pour ce faire, de mettre aux affaires politiques et militaires du Saint-Siège son neveu Carlo Carafa. Celui-ci est un condottière au passé trouble, sans autre fortune que son épée, totalement dépourvu de scrupules et d'une ambition démesurée. Le saint pape, aveuglé, en fait un cardinal et l'installe au Vatican, dans les appartements Borgia.

Son premier soin est d'établir un contact avec le roi Henri II et de ranimer à la cour de France l'ardeur de tous les partisans d'une revanche en Italie. A quelques mois de la signature de la trêve de Vaucelles, rien ne pouvait être plus désastreux pour l'Europe que ce pape va-t-en guerre. Sa cause était juste, ses armes saintes, mais il les avait remises entre les mains d'aventuriers.

Le 5 juillet, Ottavio Farnèse vient à Rome et il renouvelle son serment d'allégeance au pape au cours d'une cérémonie fastueuse. Tous les droits qui lui avaient été reconnus sur Parme et Plaisance lui sont confirmés. Il a confié le gouvernement du duché à Marguerite et s'attarde dans la ville éternelle où il semble que le monde bascule. Le 30 septembre, Paul IV a signé un pacte avec la France en vue d'une expédition plus ambitieuse encore que la première ; les cartes vont être redistribuées. Y aurait-il pour le duc de Parme quelque avantage à glaner ? Mal assurés de sa fidélité, les Français se contentent pour l'heure de lui demander de lever des troupes sur ses terres. Déjà irrité — car, à la concurrence des exilés florentins et napolitains, s'ajoutent maintenant les prétentions de la clientèle de Carlo Carafa —, Ottavio refuse tout net, à moins qu'on ne lui donne un important commandement. On lui laisse espérer qu'il pourrait être « lieutenant-général d'Henri II en Toscane », s'il lève 4 000 hommes de guerre. Des miettes...

Cependant, à Parme, Madama le supplie de revenir. On a essayé, pendant cette nouvelle absence, de forcer le duché. Le danger est pressant. Aidée de Paolo Vitelli, son capitaine, et du fidèle Francesco Marchi, Marguerite a fait progresser les fortifications de la ville et démontré des qualités remarquables d' « homme de guerre ». Dans ce complot, Ottavio n'aurait pas perdu la vie, mais aurait été dépossédé. Peu auparavant, l'empereur, faisant allusion au duc de Parme, a soupiré, excédé, « qu'on lui enlève cette épine du pied ». L'agression vient de Milan, où Fernando Alvarez de Toledo — le duc d'Albe — a remplacé Ferrante Gonzague, mais les ordres émanent de Bruxelles. Don Ferrante en est-il l'instigateur ? Ce complot serait le dernier acte de zèle, l'ultime venin jeté à son rival par le vieux capitaine que la mort va bientôt emporter.

Le duc réfléchit. Etre « une épine au pied de l'empereur » est peut-être plus intéressant — plus gratifiant — que de n'être qu'un pion entre les mains des Français. Il persiste, en effet, à penser que toutes les faveurs du roi sont allées à ses frères et particulièrement au cardinal Alessandro, qui a si bien réussi à plaire à la cour de France, avec son savoir-faire de diplomate. D'Ottavio, on dit seulement « qu'il ne sait pas sourire ». Est-il seulement indispensable ? Ignorer ce fond de jalousie qui traîne dans son cœur serait méconnaîre le « puntiglio » italien — l'amour-propre — cher à Stendhal. Dans quelle mesure ce sentiment a-t-il orienté la décision que le duc dut prendre, en hâte, face aux événements qui se précipitaient ?

Malgré l'incroyable difficulté d'acheminement des courriers, les nouvelles circulent, et — en partie grâce à la correspondance assidue de Marguerite — on est remarquablement informé à la cour de Parme. En ce qui concerne les tractations que mène l'empereur pour la trêve de Vaucelles, on apprend qu'il a exigé que soient restitués à sa sœur, la reine Eléonore, veuve de François Ier, les revenus qu'Henri II lui avait confisqués pour en faire profiter Madama. La duchesse envisage cette ruine sans plaisir. Que lui restera-t-il ? Charles Quint a bien promis, en échange, de remettre sa fille dans les possessions qu'il lui a enlevées, mais on sait ce que l'on doit penser des engagement financiers du souverain. Qu'en sera-t-il si son gendre demeure dans le camp ennemi ? Qui plus est, Marguerite, déjà spoliée de toutes parts, subit avec impatience les procès que lui fait l'insatiable reine Catherine pour les biens Médicis. L'empereur, en outre, est en train d'abdiquer — ce n'est un secret pour personne — et déjà, sur plusieurs points, et notamment à propos de Parme, s'en remet aux conseils du prince Philippe. Ce que Marguerite pouvait toujours espérer d'un père, l'obtiendra-t-elle de son frère, cet inconnu ?

Dès le mois de novembre, la décision est prise de changer de camp. Des contacts sont établis avec les représentants de Philippe II à Rome. En échange de son concours, Ottavio met en avant, pêle-mêle, ses desiderata : la restitution totale de Plaisance — ou bien un échange de cette place contre Sienne, récemment reprise aux Français. Il n'exclut pas le gouvernement de Milan. Que Madama recouvre sa dot va de soi... ses interlocuteurs entretiennent en lui l'espérance, de telle sorte que les ponts soient rompus avec la France. Ottavio doit, en effet, promptement se retirer de la ligue créée par le pape et le roi Henri II. Il obéit et déclare forfait en même temps que le duc d'Urbin.

La réaction de Paul IV ne se fait pas attendre. Les cardinaux Farnèse encore une fois en font les frais et le chancelier est chassé ignominieusement de la Curie. A Saint-Germain, le roi « protecteur de la maison Farnèse » est encore incrédule. Jusqu'au milieu de l'année suivante, il refuse l'idée même d'une telle ingratitude. Il sait d'expérience que l'Italie est aussi changeante que la mer. Le duc de Parme cependant lui écrit longuement. Il s'excuse de son attitude, met en avant la bienveillance qui lui est témoignée par son beau-frère, le prince d'Espagne, et l'impossibilité de s'y dérober. Il avise officiellement le roi de n'avoir plus à compter sur l'appui de ses armes et l'assure de sa stricte neutralité dans les engagements à venir. Henri II alors ne peut plus ignorer ce qu'il appelle « les indignes comportements des Farnèse envers Dieu et le monde, les plus ingrats qui soient entre les vivants ». Il exige de Parme la restitution des munitions et des vivres qu'il y a fait déposer, ainsi que de nombreuses pièces d'artillerie ; il songe même, depuis le Piémont, à envahir le duché. Une punition plus offensante est réservée au duc : la dégradation publique de l'ordre de Saint-Michel, « pour avoir manqué au serment de fidélité des chevaliers de l'Ordre ». Ottavio n'est plus chevalier nulle part. Peu lui chaut, une telle tradition lui est étrangère. Ce Farnèse, fils et descendant de condottieri, a repris la liberté de se vendre sans honte au plus offrant.

A Bruxelles, cependant, Charles Quint a abdiqué solennellement de son gouvernement des Pays-Bas et du magistère de l'ordre de la Toison d'Or. Aux yeux de l'Europe incrédule, l'empereur a accompli le premier pas d'une démarche dont le terme sera le couvent des moines hiéronymites de Yuste, un site inaccessible dans les montagnes de l'Estremadure, au cœur de l'âpre et splendide Espagne. Cette cérémonie, par l'émotion qu'elle a suscitée, reste le symbole du plus grand renoncement que le monde ait connu.

Le 25 octobre 1555, un peu avant trois heures, Charles a quitté la modeste maison qu'il occupe au fond du parc du Coudenberg et gagné, au pas d'une petite mule noire, la grande salle du palais. Elle a été décorée de douze tapisseries tissées d'or et d'argent représentant la légende de Gédéon et l'emblème de la licorne. Charles est arrivé, appuyé sur l'épaule de son ancien page, Guillaume d'Orange. Il est vêtu de noir et ne porte que le collier de la Toison d'Or. Il a pris place sur l'estrade où un dais haut placé surmonte un raide fauteuil. Deux autres sièges sont réservés au prince Philippe et à la reine Marie de Hongrie, ainsi que des bancs tapissés pour les chevaliers de l'ordre, les grands seigneurs, les ministres et les membres des trois conseils. En contrebas, siègent les représentants des dix-sept provinces, des duchés, des comtés et des seigneuries. Derrière une barrière se presse une foule compacte, près de mille personnes.

Après quelques discours d'accueil, l'empereur s'est levé et, serrant dans sa main le petit aide-mémoire qui ne le quitte jamais, s'exprimant en français qui est sa langue natale, il a parlé à ses sujets comme un père à ses enfants. Il a retracé ses travaux et ses peines, énuméré ses voyages harassants — plus de trente à travers l'Europe —, ses navigations périlleuses — huit fois la Méditerranée, trois fois l'Océan —, évoqué longuement ses batailles, ses espoirs et ses échecs. En péroraison, il a regardé la foule, les yeux pleins de larmes : « Je sais, Messieurs, qu'en tout mon temps j'ai fait de grandes fautes. Mais bien vous puis-je certifier que jamais je n'ai fait force, tort ni violence à mon escient à aucun de mes sujets. Si j'en ai fait quelqu'une, ce n'a été à mon escient mais par ignorance. Je le regrette du fond du cœur et je supplie les présents ainsi que les absents, de bien pouvoir me pardonner ». L'émotion de la foule était intense. Un témoin assure que « le plus grand nombre pleurait et d'autres sanglotaient ». L'empereur ajouta encore, en s'excusant : « Si je me laisse aller aux pleurs, messieurs, ... c'est parce que je suis obligé de quitter le pays de ma naissance et dire adieu à des vassaux tels que ceux que j'avais ici ».

L'attention se porta alors sur le prince Philippe : il s'était agenouillé aux pieds de l'empereur et se relevait après avoir reçu les paroles qui l'investissaient de la souveraineté des Pays-Bas. Bien que d'élégante prestance, le raide jeune homme au regard hautain parut froid et déplaisant à ces Néerlandais. Il ne parlait que l'espagnol et leur dit ces seuls mots : « Combien que j'entends raisonnablement le langage français, si ne l'ai-je pas encore si prompt que pour vous pouvoir parler en icelui. Vous entendrez ce que l'évêque d'Arras vous dira de ma part ». L'auditoire, consterné, dut écouter avec déférence les déclarations du nouveau souverain traduites par la bouche de Granvelle. Entre le prince et ses vassaux, le charme était déjà rompu.

Au récit de cette cérémonie, qui fut bientôt connue de toute l'Europe et même reproduite par la gravure, Marguerite se laissa aller, elle aussi, à la douceur des larmes. Son chagrin était tempéré de savoir combien les tentatives de rapprochement avec l'empereur avaient déjà porté leurs fruits. La maison Habsbourg était sa seule famille et, à cet égard, elle ne partageait en aucune manière le cynisme d'Ottavio. Elle éprouvait à y rentrer le bonheur de l'enfant prodigue.

L'empereur, quant à lui, ne pouvait quitter Bruxelles aussitôt. Il lui fallait encore régler la cession de l'Espagne et de ses autres domaines au prince Philippe, ainsi que la remise à son frère Ferdinand de la couronne d'Or de l'Empire ([1]). Eût-il voulu hâter son départ, il ne le pouvait, faute d'argent pour armer les galères qui le ramèneraient en Espagne. Cette année noire était celle de la totale banqueroute espagnole et il n'était pas en mesure de liquider sa maison. Il cohabitait donc avec son fils au Coudenberg et, bien qu'il fît mine de ne plus s'occuper de rien, aux yeux de l'Europe le pouvoir restait bicéphale ; on croyait même à une ruse de sa part.

La négociation du traité entre le duc de Parme et la cour de Bruxelles occupa plusieurs mois et il ne fait aucun doute que l'empereur l'appuya de son autorité. Les prétentions d'Ottavio n'étaient satisfaites qu'avec la plus grande mesquinerie. La province et la ville de Plaisance lui étaient restituées, sous la condition que, tant pour Parme que pour Plaisance, il fasse acte de vassalité envers Philippe II. Cette clause faisait passer le duché des mains du Saint-Siège à celles du roi d'Espagne dans la plus totale illégalité — et Paul III dut se retourner dans son magnifique tombeau. Cependant, le roi se réservait l'occupation de la citadelle par ses troupes espagnoles. Ottavio aurait l'obligation de payer les soldes de cette garnison et d'entretenir la forteresse. Les nominations aux charges du gouvernement des deux villes seraient soumises à l'approbation du roi ; l'amnistie était garantie aux meurtriers de Pier Luigi ; enfin, le duc, vassal de l'Espagne, s'engageait à servir par les armes son seigneur, là où il en serait besoin.

Une dernière clause du traité concernait de plus près Madama. Elle devait s'engager à envoyer le petit Alexandre

([1]) Les deux princes avaient été séparés dès leur jeune âge et avaient reçu des éducations différentes. Charles remit à Ferdinand les États patrimoniaux de Habsbourg et la lieutenance de l'Empire en 1522 puis le fit élire roi des Romains en 1531. C'est Ferdinand qui, le 20 septembre 1555, ratifia les conclusions de la diète d'Augsbourg. Le 12 septembre 1556, Charles céda à son frère la dignité impériale, mais les électeurs ne reconnurent son successeur qu'en février 1558.

faire son éducation à la cour d'Espagne. Il serait là-bas le compagnon de jeux et d'études de l'infant don Carlos — proposition qui flattait l'ambition de la duchesse et promettait à son fils une brillante destinée. Mais proposition à double tranchant, car l'enfant devenait l'otage du roi et le garant de la fidélité de son père aux Habsbourg.

L'encre à peine séchée, Ottavio comprit qu'il était plus ligoté qu'une momie ; mais Marguerite était apaisée. Elle relisait les dernières lignes reçues de son père au moment de quitter Bruxelles : « J'ai beaucoup recommandé ce qui vous touche au Sérénissime roi mon fils, lequel, nous en sommes assurés, vous sera très bon frère. Nous tenons aussi pour certain que, les affaires s'accommodant, non seulement on aura pour le Duc, votre mari, les attentions particulières qui lui sont dues, mais encore on protégera et favorisera ceux de sa maison... » (Gand, 28 août 1556).

Charles devait s'embarquer le 15 septembre, accompagné de ses sœurs, la régente Marie de Hongrie et la reine Eléonore, veuve de François Ier. Les deux duègnes en noir étaient montées le même jour que leur frère sur la caravelle qui les emportait, sans esprit de retour, vers une retraite monastique, montrant par là au monde la qualité de l'esprit de famille chez les Habsbourg.

A bord, on avait bricolé pour l'empereur malade une sorte de siège, mi-fauteuil, mi-hamac, qui lui évitait les à-coups du roulis ; deux poêles surchauffaient la cabine. Dans son modeste bagage, il emportait, avec ses livres de prière aux pages usées, des romans d'aventures et de chevalerie : *L'Amadis de Gaule*, les *Chevaliers de la Table Ronde*. Désormais, dans les *Chroniques des Ducs de Bourgogne*, il allait méditer à loisir sur le vœu de Philippe le Bon de chasser les Turcs et de délivrer le tombeau du Christ, s'enchanter des vertus guerrières exaltées par Olivier de la Marche dans *Le Chevalier Délibéré*, y reconnaître ses plus vieux rêves.

Bientôt, poussée par des vents favorables, la nef enlèverait vers l'Espagne le vieil empereur énigmatique, fidèle à son image déjà figée pour la légende : celle d'un homme habité par de grands desseins, constamment malheureux, qui avait fait toutes choses avec passion, gravité et force d'âme — marchandeur jusqu'à la dernière minute et mystique comme au premier jour. Un « Prince », certes, mais point celui de Machiavel.

13

LE CAMP DU VAINQUEUR

Septembre 1556. Rien n'a changé encore en apparence dans la vie que Madama mène à Parme depuis six ans et qui semble avoir eu raison de ses velléités et de ses impatiences. Pendant ces longues années, elle n'a pas quitté la ville et a vu y alterner le brouillard des hivers et la chaleur lourde des étés. Dépossédée de ses biens, privée d'indépendance financière, elle n'a pu entreprendre la construction des palais qui habitent son imagination, ni même faire venir de Rome ses collections qui dorment au palais Farnèse. La guerre qui a sévi, le flux et reflux des troupes qui foulent encore le duché, compromettent tout projet glorieux d'embellissement ou de faste. Et Plaisance, à deux postes seulement de Parme, reste investie et inaccessible.

Entourée de ses dames, assise sur un raide fauteuil dans l'embrasure d'une fenêtre médiévale où l'on capte mieux la lumière avare, Marguerite brode des heures durant. Cet art de l'aiguille, qu'elle a acquis auprès de sa mère adoptive, la rend patiente et permet la réflexion. Elle y est experte et, noués par ses mains, les fils d'or et d'argent rehaussent de vrais petits chefs-d'œuvre. Autour d'elle, on fredonne des airs oubliés : quelque « chanson de toile », plaintive et linéaire, composée jadis par une châtelaine lorsqu'elle tissait en attendant le retour de son seigneur.

La princesse a reçu aux Pays-Bas, dans sa jeunesse, une plus sérieuse éducation musicale. Elle est capable de se joindre à ces chœurs de quatre ou cinq voix, dont la mode a gagné l'Italie du nord, et où l'on chante « a capella » motets et madrigaux. Enfant, elle avait étudié les chansons mélancoliques et les motets sévères de Pierre de la Rue, protégé de sa tante, la régente Marguerite. La Flandre était alors une pépinière de musiciens, de mystiques et de poètes. Ces derniers étaient rois, et la musique se coulait tout naturellement dans les cadences des odes, les enveloppait, les exaltait, se pliait à leurs caprices, grâce à une mesure libre et imprécise toute au service du texte. On ne pouvait imaginer rien de plus délicat et achevé que ces petites pièces polyphoniques.

Le maître de chapelle du duc de Parme est Cyprien de Rore, un Flamand lui aussi, né à Malines et instruit dans la plus pure tradition d'Ockeghem et de Joskin des Prés. Il compose avec hardiesse musique religieuse et madrigaux, use du contrepoint et du chromatisme, invente des harmonies nouvelles. Il crée pour la duchesse ces « ricercari » qui vont rêveusement comme les rivières, sans retours, rappels ni refrains, et disent en quelques lignes toute la mélancolie du monde. Marguerite les chante — ou simplement caresse les cordes de son luth.

Ce sont là des abandons passagers et, le plus souvent, la princesse écrit. Elle s'est réservé, comme à Rome, un petit bureau où, sur la table de chêne aux colonnes torses, il y a toujours des rames de papier aux armes du duché, les plumes, le sable que l'on répand sur l'encre pour la sécher, le sceau et la cire à cacheter. Un petit brasero de faïence percé de trous et de la forme d'un vase lui sert à se réchauffer les mains. Seul lien avec le monde extérieur, ce pensoir est son refuge. D'ici, elle envoie des lettres par dizaines, suppléant à l'insignifiance de son rôle par une intense correspondance. Elle conserve minutieusement chacune des lettres qui lui sont écrites et la copie de la réponse qu'elle y a faite, jusqu'aux billets les plus anodins (1), et jusqu'au moindre brouillon. Réussissant de la sorte

(1) Les archives de Marguerite de Parme ont été transportées de Parme à Naples au début du XVIIe siècle par Charles de Bourbon. En 1799, une troupe de séditieux enleva ces papiers du palais royal pour les brûler. Ceux qui échappèrent aux flammes furent recueillis par un particulier et remis à la Bibliothèque bourbonnienne. En 1868, l'historien Gachard vint à Naples et relate qu'il vit les archives au palais royal, reléguées dans un grenier, sans aucun inventaire : « Je trouvai là une vingtaine de grandes et profondes

à se renseigner de toutes parts et à se situer au cœur des nouvelles de l'Europe entière, il lui semble à nouveau exister. A la porte de ce sanctuaire on lui remet de l'étranger les missives espérées, les plis royaux — elle fait sauter avec anxiété les larges cachets de cire rouge, dans l'attente d'un mot, d'une décision prise ailleurs, qui pourrait en un instant changer son destin.

Le 26 septembre 1556, le pacte qui doit unir désormais le duché de Parme à la couronne d'Espagne est paraphé à Gand. Lorsque Marguerite en reçoit la copie, elle peut y voir confirmée, parmi les clauses énumérées, l'obligation de remettre son fils Alexandre à la cour de Philippe II. Ce ne sont que quelques lignes au bas d'un traité. Mais bientôt, une lettre personnelle du roi à la princesse donne à ce projet une consistance et une réalité qui l'émeuvent bien davantage. Adressée à « Madame, ma bonne sœur », écrite en espagnol et signée « Moi, le Roi », la missive invite Madama à envoyer son fils à la cour de Bruxelles — et ce, sans tarder. Philippe ne s'explique pas davantage, mais on sait qu'il souhaite rencontrer la sœur inconnue que Charles Quint lui a chaleureusement recommandée ; c'est pourquoi il lui demande d'accompagner personnellement l'enfant dans ce voyage.

Avec ce pli cacheté aux armes d'Espagne, l'aventure, l'inconnu font à nouveau irruption dans la vie de Madama. Du jour au lendemain, le calme paysage de ses journées en est bouleversé. Elle est femme d'action, et la joie de revivre l'emporte largement chez elle sur le chagrin qu'elle devrait éprouver de la séparation qui s'annonce. Séparation n'est pas un vain mot en un temps où l'on va au pas du cheval sur des routes impraticables, semées d'embûches, où ceux qui restent associent, dans la même prière, les voyageurs avec « les

---

armoires, toutes remplies de papiers. Une chose me frappa... c'est le soin minutieux que Marguerite apportait à la conservation de ses papiers... elle gardait tout ce qui lui était écrit ou qu'elle écrivait elle-même... » Pendant la guerre de 1940-1945, un conservateur prudent emporta ces archives chez lui, mises en caisses pour leur éviter vol ou destruction. Lors de leur départ précipité de la ville, les Allemands mirent le feu à ces caisses « suspectes » ainsi qu'à la maison (30 sept. 1943).

malades et les agonisants », où les courriers se perdent ou bien n'arrivent qu'après l'événement, à temps pour pleurer. Certes, la distance sera immense et elle va perdre Alexandre, sa fierté et le seul amour qu'elle garde dans le désert affectif qui l'entoure. Cependant, elle s'affaire.

La cour de Bruxelles est parmi les plus élégantes et mondaines d'Europe et il y faudra briller. Alexandre doit y faire bonne figure et l'on s'occupe en hâte de son « accoutrement ». Comme pour le départ de Marguerite, jadis, vers l'Italie — elle avait le même âge, onze ans —, les maîtres-tailleurs, les pelletiers, les armuriers, s'activent. Les finances de Parme, asséchées par la guerre, ne permettent pas de grandes dépenses. Néanmoins, Alexandre aura belle allure. On sait, par le portrait d'Antonis Mor, peint à Bruxelles lors de son arrivée, comment se présentait l'élégant petit jeune homme. Il porte la culotte bouffante des pages, un justaucorps de soie boutonné, le haut col et la fraise discrète, si rehaussée que le visage semble posé directement sur les festons. Charmante et légère silhouette, à peine alourdie par la courte pelisse fourrée et la longue épée au côté. Egayée par le béret de velours à plume blanche, l'expression est avenante, sérieuse, point encore sévère.

Au début de novembre, les préparatifs étaient terminés pour Marguerite et Alexandre, comme pour ceux qui allaient composer leur cavalcade, dames et seigneurs, cavaliers, hommes d'armes, jusqu'aux derniers mulets chargés des coffres et des vivres. La première étape importante était Plaisance, que les Espagnols s'apprêtaient à quitter pour honorer le traité de Gand, hormis la citadelle où ils demeureraient. Madama allait enfin entrer dans la ville en duchesse régnante.

Du plus loin, tout en cheminant, elle découvrait la cité qui dominait la plaine, lisse à perte de vue : le clocher de la cathédrale — une curieuse tour polygonale — avec d'autres campaniles émergeaient des murailles. A un demi-mille de la porte, on passait entre deux majestueuses colonnes portant une inscription latine. Jalons de l'ancienne voie Emilienne, témoins des gloires du passé dressés sur le néant de la plaine humide, annonçaient-elles quelque magnificence ? Certes, la ville était grande, nobles la place principale, le palais communal et le dôme gothiques, mais les maisons étaient mesquines et les rues, non pavées, fangeuses. S'il faut en croire Montaigne, « on n'y voyait rien de remarquable ». Tel était pourtant le pouvoir du désir et de l'espérance chez Marguerite qu'en cette maussade journée de novembre, elle s'appropria la ville en imagination et résolut de s'y installer dès son retour.

Jusqu'à Milan, la caravane pataugea. On était au confluent de plusieurs rivières et, avec la mauvaise saison, on voyait l'eau sourdre de toutes parts. Les routes, construites comme des levées au-dessus des plaines détrempées, ne permettaient guère de se croiser et les manants, sur le passage du cortège, devaient céder le pas, au risque de se noyer en contrebas dans les fossés. Certains étaient heureusement pourvus d'échasses. Litières, cavaliers et mulets durent traverser le Pô sur un pont de bateaux ambulant, sorte de bac halé par des cordes, des plus précaires. Les sabots des chevaux dérapaient sur les planchers mouillés, les chargements basculaient ; au milieu des cris et des gesticulations, ces manœuvres prenaient un temps énorme.

La duchesse fut reçue pompeusement à Lodi, puis à Milan, comme elle l'avait espéré. Dans son esprit, cette randonnée devait être à nouveau un voyage-spectacle qui démontrerait la grandeur de la maison de Parme et l'importance du futur héritier. Au moment de revenir dans son pays natal, elle souhaitait vivement impressionner.

Sa déception toutefois fut grande en arrivant à Milan de constater qu'Ottavio n'avait pas envoyé les fonds auxquels elle s'attendait pour poursuivre le voyage dans le même style fastueux. Il regimbait et lui faisait savoir qu'il ne pouvait contribuer davantage aux frais de l'expédition. Que la princesse — à nouveau apanagée par les effets du traité de Gand — subvienne elle-même aux dépenses qu'elle engageait si allègrement. Il est clair qu'Ottavio était jaloux de tout ce tapage auquel il ne participait qu'en le finançant. Sans doute était-il aussi irrité et triste d'avoir dû laisser partir son fils en otage. Ce voyage prouvait, s'il en était besoin, qu'il était vassalisé. Il n'y avait pas de quoi en faire une fête.

La réaction de Marguerite fut violente. Elle reprit la plume. Si Ottavio était aussi avare, ses frères, les cardinaux Farnèse restés à Rome, n'avaient qu'à venir en aide à l'unique héritier de leur dynastie, qui, par leur faute à tous, « se traînait dans un équipage pitoyable », bientôt la risée de l'Europe. Elle devait entretenir ses dames, ses gens et toute sa suite dans un voyage qui s'annonçait très difficile. « Un homme même hésiterait à l'entreprendre » — ajoutait-elle. Il lui allait falloir, par un hiver que les annales décrivent comme un des plus froids du siècle, aborder les cols des Alpes et les détours périlleux imposés à son cortège par l'état de guerre latent qui régnait avec la France. L'argent lui étant enfin parvenu, Marguerite put poursuivre sa randonnée. Ce fut, à vrai dire, une équipée extrêmement aventureuse et la princesse n'arriva à Bruxelles que dans le courant du mois de décembre 1556.

Le voyage avait duré deux mois, avec de tels retards et de tels imprévus que, lorsque la cohorte de la princesse se présenta aux portes de Bruxelles, on ne l'attendait plus. La cour était en fête et Philippe participait à un bal masqué sur l'étang gelé du parc royal, qui faisait suite à une course de traîneaux dans les allées enneigées. L'atmosphère était d'autant plus animée qu'à la gaieté et aux vins s'ajoutait la nécessité de se réchauffer à tout prix. Marguerite et Alexandre vinrent aussitôt se présenter au roi et c'est à la clarté falote des torches, dans la nuit hivernale, qu'elle découvrit le visage de son frère.

Le prince le plus puissant d'Europe était de petite taille, mais de tournure élégante. Le front haut, les yeux bleus et les cheveux dorés l'apparentaient à Marguerite et à leurs communs ancêtres bourguignons. Le menton proéminent, dissimulé par une fine barbe blonde, plutôt qu'une disgrâce, était, dans son visage, la signature Habsbourg — un trait qui inspirait le respect. Aucun des défauts du roi, que Madama apprendrait à découvrir, ne pouvait lui apparaître ce soir-là. Philippe était courtois, urbain et, comme le rapporte l'ambassadeur de Venise, « imitant autant qu'il le pouvait la bienveillance et l'affabilité de S. M. Impériale ». Il était étonné, sans doute, de se trouver une certaine ressemblance avec sa sœur, ému lui aussi qu'en cette rencontre fût si présent l'empereur mythique qu'ils révéraient tous deux et dont la personnalité, à leur insu, les écrasait.

En quelques jours, la duchesse et son fils s'adaptèrent à l'atmosphère de fête qui régnait à Bruxelles. Ce moment était le premier — et sans doute le seul de sa vie — où le roi Philippe s'en donna à cœur joie. Depuis qu'il avait quitté l'Espagne, deux ans auparavant, pour se livrer à la « croisade matrimoniale » que l'empereur lui avait imposée en lui faisant épouser Marie Tudor, sa vie n'avait été que devoir. Il avait dû plaire aux Anglais, étouffer sa morgue espagnole et celle de sa suite, supporter celle des insulaires, être le chevalier servant de Marie, s'efforcer de lui donner un enfant — qui ne devait être à la fin que l'illusion d'une grossesse nerveuse... La cérémonie de l'abdication de Charles Quint, en le faisant revenir à Bruxelles, l'avait libéré. Marie pleurait encore en regardant la Tamise sur laquelle il s'était embarqué — et Philippe dansait. Fort bien, selon les chroniqueurs, et d'autant plus légèrement que son père était maintenant arrivé en Espagne et allait s'acheminer vers la retraite inexorable de Yuste. En France, une mauvaise langue osait alors décrire le roi comme « un jeune prince adonné à ses plaisirs, voluptés et délices. »

Il avait vingt-huit ans. C'était la moyenne d'âge de cette cour de jeunes seigneurs, tout occupés à se ruiner en banquets et en tournois, lorsque la guerre ne les envoyait pas — avec la même impétuosité — se faire tuer généreusement, le plus souvent à la fleur de l'âge. Mais la paix était revenue et, faute de mieux, ils s'offraient à eux-mêmes le spectacle de la chevalerie défunte en en reconstituant les épisodes au cours de fêtes qui duraient plusieurs jours. Ces lecteurs passionnés des *Chevaliers de la Table Ronde* et de l'*Amadis des Gaules* se donnaient le rôle du bon chevalier qui délivrerait la princesse triste, retenue par un enchanteur dans une tour inaccessible. L'assaut final, les batailles rangées faisaient souvent des victimes. Aucun détail n'était omis dans ces fictions : les blasons hauts en couleurs, les costumes somptueux dont la préparation requérait des soins minutieux ; retour nostalgique vers l'image du chevalier « sans peur et sans reproche », par lequel ils exprimaient inconsciemment le mouvement du siècle, le changement des mentalités.

A la cour, les deux chevaliers les plus en vue étaient Lamoral, comte d'Egmont, prince de Gavre, et Guillaume de Nassau, Prince d'Orange.

Egmont, à trente-quatre ans, faisait figure d'homme d'expérience. Depuis la campagne d'Alger, il avait combattu aux côtés de l'empereur avec une bravoure et un dévouement à toute épreuve. Fier de sa naissance, sûr de sa valeur, immensément riche, il avait de quoi être un peu infatué. Il était chevaleresque et bon, impulsif et sans grand jugement.

Orange était d'une tout autre texture. Il avait connu une enfance protestante dans sa famille allemande de Nassau, mais le fabuleux héritage de son cousin, René de Chalon, reçu à l'âge de onze ans, en avait fait un prince catholique, le premier des Pays-Bas. Pour l'heure, promu général dans les armées de Philippe et chevalier de la Toison d'Or à vingt-trois ans, il se montre sous un jour brillant et jouisseur qui ne laisse en rien présager la gravité du « Taciturne », ni son destin singulier. De tous, il est le favori, depuis que Charles Quint a choisi de s'appuyer sur l'épaule de son ancien page, le jour où il est venu faire ses adieux aux chevaliers de l'Ordre...

On ne peut ignorer, à leurs côtés, Antoine de Granvelle, évêque d'Arras, aussi différent des seigneurs flamands que de la suite espagnole du roi. Le fils du premier ministre de Charles Quint appartient au conseil de Philippe où il joue un rôle considérable par sa connaissance des affaires. Familier des grands, ce Franc-Comtois de la deuxième génération a perdu la raideur et la gravité des robins. Il est épicurien, cultivé, galant homme et a des manières de prince. Penché tout le jour sur les dossiers du roi, il est le soir de toutes les fêtes.

La duchesse Christine de Lorraine mène le jeu. Elle est belle. Elle a l'âge de Marguerite et a été comme elle élevée à Bruxelles. Mais, tandis que la petite bâtarde de Charles Quint menait autrefois une vie modeste chez ses parents adoptifs, la princesse, nièce de l'empereur, orpheline de la reine de Danemark, vivait comme chez elle au palais du Coudenberg. Cette rencontre n'était pas faite pour donner confiance à Madama : elle réveillait de lointaines et indélébiles blessures d'amour-propre. Tout aurait dû cependant rapprocher les deux femmes : Christine avait été comme Marguerite traitée en marchandise politique, mariée à douze ans par Charles Quint au duc Sforza, maladif et contrefait, remariée ensuite au duc de Lorraine dont elle était veuve, puis, comme régente, chassée de ses Etats par Henri II. Celui-ci avait emmené son fils en otage à la cour de France. Leur destin était parallèle, et particulièrement sur ce point cruel. Mais Christine était à l'aise aux Pays-Bas, familière avec le peuple, liée d'amitié avec les princes, mêlée à toutes les intrigues et décidée à jouer un rôle. Née pour jouir de la vie, son charme personnel et son savoir-faire étaient ses principaux atouts. Philippe lui faisait une cour discrète et l'arrivée de la sœur du roi ne pouvait en aucune manière faire plaisir à cette duchesse.

Rien n'affleura de la rivalité qui naquit instantanément entre les deux femmes, sinon pour les yeux exercés de quelques gens de cour. L'ambassadeur de Venise remarqua que Madama était pleine de prévenances envers Christine de Lorraine et, par ailleurs, faisait preuve d'une modestie et d'une réserve proches de la timidité. En vérité, elle gardait la tête froide et ne perdait pas de vue ce qui l'avait amenée à Bruxelles. D'abord, plaire au roi, qui, dans sa vie, désormais, allait prendre la place de l'empereur ; amener celui-ci à faire de Parme un duché à part entière, d'où serait levée l'hypothèque de l'occupation de la citadelle de Plaisance — enfin, arracher Alexandre à la médiocrité d'une éducation provinciale et le faire graviter près du soleil.

Sur ce point, elle semblait avoir réussi ; Alexandre avait plu instantanément au roi. Ses manières italiennes et son aisance naturelle le rendaient charmant et l'innocence de son âge lui permettait de ne voir de la cour que le chatoiement des fêtes et non point les intrigues. Il participait à la gaieté juvénile qui, à l'approche du carnaval, ajoutait au quotidien des réceptions le goût des surprises et des farces de château. On raconte qu'un soir où la duchesse était restée chez elle, un masque se présenta inopinément. C'était le roi. Il emmena l'enfant avec lui et ils revinrent tous costumés en Turcs, empanachés de turbans et drapés de soieries multicolores. Toujours en Turc, Alexandre exécuta une danse flamande endiablée qui lui valut le plus grand succès.

On ne voit pas Marguerite se déguiser, ni danser. Elle tient son rang et joue son rôle avec sérieux, offre de magnifiques soupers et jouit sans réserve de la considération que lui marquent le roi et les grands de la cour. Ottavio a réussi à lui faire parvenir, par des banquiers italiens d'Anvers, les sommes nécessaires pour soutenir son train — et les accompagne de quelques remontrances. Bientôt, à l'approche de Pâques, la raison dicte à la princesse de songer au retour, mission accomplie.

C'est alors que Philippe II lui fait une flatteuse proposition. Malgré la trêve de Vaucelles, les nuages s'amoncellent à nouveau dans le ciel européen, car le pape Paul IV a lancé sa croisade anti-espagnole et convaincu les Français de s'y joindre. Il faut au roi Philippe l'aide de Marie Tudor pour mener à bien la guerre qui va reprendre. Cette sage reine, dont il a fait une amoureuse passionnée, ne peut rien lui refuser. Encore faut-il qu'il se rende auprès d'elle pour réchauffer ses sentiments et la convaincre. Il décide — sans doute pour égayer cette corvée — d'emmener avec lui toute la nébuleuse de sa cour de Bruxelles et invite Marguerite et Alexandre à le suivre. Comment refuser l'occasion unique qui se présente de passer quelques semaines à Londres et de retarder le moment de se séparer de son fils ?

Madama accepte d'autant plus volontiers qu'elle n'a pas encore obtenu de Philippe une réponse satisfaisante sur la question qui lui tient à cœur : la libération de la citadelle de Plaisance, pour laquelle Ottavio la harcèle dans ses missives. Le duc s'impatiente. La présence des Espagnols dans son Etat nuit à son autorité. Elle confirme dans leur audace ceux qui ont assassiné son père en toute impunité, ces ennemis à qui le silence de l'empereur a donné raison. Il se sent en danger.

Le voyage sera pour Madama l'occasion de parler au roi. Il n'est pas facile d'avoir un entretien seule à seul avec lui et Marguerite commence à découvrir la capacité qu'a le souverain d'éluder les questions ou de les laisser sans réponse. Son attitude se fait alors lointaine, son regard glacial ; il serait choquant d'insister. Marguerite ne sait pas que l'empereur a recommandé à son fils de « ne jamais rien promettre » — c'est l'un des multiples conseils qu'il lui a légués, dans une sorte de « bréviaire du bon gouvernement » à l'usage du prince. Entre les mains de Philippe, les recettes du grand homme resteront lettre morte car les braises sont éteintes et il n'a pas, pour les ranimer, le souffle du génie… Néanmoins, il a déjà compris la force du silence, et met à la torture ceux qui attendent tout de lui.

Philippe partit sur la galère royale, tandis que Marguerite, dont le sort était lié par le protocole à celui de Christine de Lorraine, s'embarquait sur le même bateau que la duchesse. Le port de Calais était encore aux mains des Anglais. Deux cents ans s'étaient écoulés depuis que les bourgeois avaient fait amende honorable au roi d'Angleterre, « tous en linge et la hart ». Au détour d'une rue étroite, sur un porche, une inscription commémorait cette année 1347 et les lourdes casemates scellées dans la mer semblaient devoir défier l'ennemi pour les siècles à venir.

A voir l'activité portuaire, les voiles claquant dans le vent du nord, les galéasses chargées de ballots de laine, on était déjà outre-Manche. La traversée fut assez longue pour être fertile en distractions mondaines arrachées au tangage et, bientôt, Douvres apparut, offrant en primeur à la princesse le visage, nouveau pour elle, de l'Angleterre : les places fortes de brique et les monuments gothiques, ruisselant de pluie sous un ciel bas de fin d'hiver.

La reine Marie avait fait tirer le canon par tout le pays pour fêter le retour de son époux et ordonné des Te Deum dans les églises. Elle envoya au débarcadère sa propre chaise pour les princesses, des haquenées et des carrosses pour leur suite. A la première étape, elles furent accueillies par des dames de la cour et arrivèrent le lendemain soir au palais de Whitehall. Confisqué par Henri VIII à l'archevêque d'York, c'était alors, au cœur de Londres, la demeure royale. Philippe les reçut et les emmena aussitôt auprès de Marie Tudor.

Dans la grande salle sévère, la reine les attendait. Elle était petite et sans âge, raide comme une idole dans sa carapace de vêtements brodés et cloutés de pierreries. Elle avait le visage osseux, le regard triste et méfiant sous un large front ; toute sa personne revêtait un aspect comme décoloré par le climat et le chagrin. Marguerite fut présentée à cette cousine de l'empereur, devenue sa belle-sœur, et lorsque la vision figée s'anima pour lui dire les paroles de bienvenue, il apparut que la souveraine avait de l'intelligence, du cœur et un chaleureux don d'expression. Si longtemps malheureuse et réservée, la pauvre femme, proche de la quarantaine, rayonnait d'avoir retrouvé son jeune mari. Elle comptait bien — et le disait — obtenir cette fois l'enfant tant désiré. Mais, l'année suivante, ce fut la mort qui vint au rendez-vous...

Les témoignages de l'époque s'accordent pour décrire l'extrême courtoisie, la gentillesse attentionnée, la comédie amoureuse que Philippe jouait à Marie. Elle était parée pour lui d'un prestige mystérieux proche de l'inaccessible et, sans doute, à travers elle étreignait-il, incrédule, l'Angleterre rétive et encore frémissante d'hérésie avec un sentiment de vainqueur.

Les deux duchesses étaient logées au palais de Westminster dont Marguerite habitait avec Alexandre le premier étage. Elle voyait rouler sous ses fenêtres la Tamise mélancolique. On était aux deux dernières semaines du carême et une grande partie des journées se passaient en exercices religieux : l'office des Ténèbres, le Lavement des pieds, où le roi en personne s'humiliait devant les mendiants, jusqu'au grand vide consterné et méditatif du Vendredi Saint. Le temps approchait où, dans l'Angleterre retournée au protestantisme, Westminster ne connaîtrait plus ces effusions « dignes de Tolède ».

Pour Pâques, la cour se transporta à Greenwich et les fêtes furent d'autant plus joyeuses que la mortification y avait préparé. Il y eut des tournois, des courses de chevaux, des corridas et une battue dans le parc. Enfin, le 22 avril, ils retournèrent tous à Whitehall pour la fête des chevaliers de la Jarretière. Les nobles seigneurs défilèrent en une procession solennelle, enveloppés de leurs grands manteaux bleus qui balayaient le sol. La journée se termina par un banquet royal. Les usages bourguignons qui faisaient la mode en Europe avaient cours à Londres. On annonçait l'arrivée des plats en fanfare et les gentilshommes de haute naissance découpaient les viandes et les présentaient aux invités. La reine avait préséance sur le roi et occupait un siège plus élevé que lui. Elle avait droit à une vaisselle d'or et Philippe d'argent seulement. Alexandre était en bout de table, mais Marguerite vit avec fierté qu'on l'avait autorisé à rester coiffé de son béret, privilège accordé aux seuls princes du sang. Il s'amusait sans arrière-pensée.

Le mois de mai approchait et Madama s'apprêtait à revenir sur le continent. Dans les rares apartés qu'elle avait pu avoir avec son frère, elle n'avait rien obtenu en ce qui concernait Plaisance. En revanche, le sort d'Alexandre était fixé selon ses vœux : il resterait auprès du roi tant que celui-ci demeurerait en Flandres. C'était préférable à la vie de cour oiseuse qu'il aurait bien le temps de mener en Espagne.

Rentrée à Bruxelles, Marguerite fit ses préparatifs et, comme le jour de la séparation était venu, elle n'en avertit pas son fils. Au petit matin, elle prit le chemin de l'Italie, laissant au gouverneur de l'enfant le soin de lui apprendre son départ. Le chagrin la submergeait. Elle ne voulait pas laisser à Alexandre une image de faiblesse...

Dès son retour dans le duché de Parme, Marguerite n'eut de cesse de mettre à exécution le projet qu'elle avait formé de se fixer à Plaisance. Elle y serait indépendante et n'aurait pas à être le témoin des incessantes incartades sentimentales d'Ottavio. Le duc, quant à lui, ne voyait pas d'inconvénient à mettre quelque quinze lieues entre lui et son épouse, cette aînée toujours un peu autoritaire et méprisante à son égard.

Politiquement, il était souhaitable que les Farnèse fussent présents à Plaisance. La ville leur avait échappé pendant dix ans et il fallait recréer un lien avec elle. Elle abritait encore les complots des ennemis de Pier Luigi, il y avait aussi quelques hérétiques, enfin la citadelle espagnole était une source de désordre : duels, rixes et abus de la soldatesque toujours en retard d'une paye. Marguerite finançait en grande partie la construction d'une nouvelle demeure sur sa cassette personnelle : celle-ci porterait le nom de « Palais Madama ». Mais c'est en accord avec Ottavio et le cardinal Alessandro que l'on commanda à Barozzi, dit « il Vignola », les plans de la construction.

Le palais comporterait un majestueux corps central flanqué de deux ailes. Marguerite aimait par-dessus tout le grandiose, c'était sa manière de s'affirmer. Quant au style, l'époque voulait que l'on revînt à un classicisme de commande dont les principes se répandaient dans toute l'Italie grâce aux académies vitruviennes. Vignole travaillait alors à son traité sur « La règle des cinq ordres d'architecture », il se dépensait à Rome au service du cardinal Farnèse qui le recommanda à Marguerite. Inspiré de l'antique, le style noble et réservé de l'architecte ne pouvait trahir les goûts de la princesse.

En quelques mois, tout fut prêt pour poser les premières pierres de ce nouveau « géant Farnèse » au nord de la ville ; mais, comme les palais d'alors ne grandissaient qu'à la vitesse des arbres, Madama dut attendre dix ans pour pouvoir en contempler la seule aile droite, et il demeura inachevé ([1]).

En attendant, la duchesse habite dans un autre château et, lorsque son chemin l'amène à longer la citadelle, elle se détourne. A quelques années de là, Montaigne a décrit la forteresse, hélas inchangée : « Sa garnison est composée de trois cents soldats espagnols, mal payés, à ce qu'ils me dirent eux-mêmes. On sonne la diane, matin et soir, pendant une heure avec les instruments que nous appelons hautbois, et aux fifres. Il y a là-dedans beaucoup de monde et de belles pièces d'artillerie. » Il devait être difficile pour Marguerite d'ignorer, deux fois par jour, cette « diane » insolente.

Plaisance, cependant, non plus que Parme, ne pouvait rester à l'écart des troubles où la guerre, à nouveau, jetait l'Italie.

En choisissant le camp de l'Espagne, Ottavio avait misé juste. Au cours des deux années qui suivirent, Philippe II, avec le duc d'Albe, allait reprendre l'avantage sur la péninsule. La ligue du pape et du roi de France, en contradiction avec la trêve de Vaucelles, portait en elle dès l'origine les germes de l'échec, mais Catherine de Medicis et le parti des Guise l'avaient emporté, par leur insistance, sur la prudence d'Henri II et les combats avaient repris sur tous les fronts.

([1]) Le plan du palais était grandiose, plus important que celui de Rome. Il devait avoir, au-dessus du rez-de-chaussée, deux étages, vingt fenêtres à chaque étage de part et d'autre du portail. Celui-ci était encadré de pilastres, surmonté au premier étage d'un balcon et au deuxième d'un fronton à l'antique. Un belvédère terminait la construction et un grand ange se détachait sur le ciel. Un théâtre à gradins était prévu dans la cour du palais. Le projet fut plusieurs fois remanié et terminé sous la direction de Gian Battista Fornovo. Les travaux cessèrent en 1570 puis furent repris en 1588 sur les ordres d'Alexandre Farnèse qui commanda une église. Le palais est inachevé.

Le duché de Parme se trouvait sur la route des troupes françaises dont les chefs n'étaient pas disposés à l'indulgence envers leur ancien allié et Ottavio ne pouvait prétendre jouir en paix des fruits de sa politique. Il avait promis la neutralité et, sans ménagements, ils exigèrent de lui, au passage, accueil et ravitaillement. Marguerite put voir à nouveau les mêmes soudards, devenus ennemis, fouler les terres du duché, réquisitionner les vivres et occuper les villes.

Tandis que la guerre se déroulait avec succès pour les Français en Italie, il n'en était pas de même en France. Le 2 août 1557, Philippe II avait fait mettre le siège devant la ville de Saint-Quentin défendue par l'armée dérisoire de l'amiral de Coligny. Tous les renforts qui avaient tenté de forcer le siège avaient été taillés en pièces et, pendant les jours suivants, sous les murs de la place, des milliers de gentilshommes français et de soldats avaient trouvé la mort. Parmi les 7 000 prisonniers se trouvait le connétable de Montmorency. Coligny s'était rendu le 27 août et, pendant deux jours entiers, la ville avait été soumise à un pillage tel que le spectacle en avait paru insoutenable au roi d'Espagne lui-même ([1]).

Dans ces conditions, les troupes de Guise et de Strozzi furent contraintes de quitter l'Italie du sud et d'abandonner à son sort le malheureux souverain pontife qui avait si imprudemment engagé l'aventure. Rome n'était plus défendue et, le 26 août, le duc d'Albe se présentait devant la Porte Majeure avec ses 12 000 fantassins et ses 15 000 cavaliers, qui venaient de brûler et piller Tivoli, après avoir ravagé les Etats pontificaux depuis la frontière. 1527-1557 : trente ans tout juste avaient passé depuis le sac de Rome et, par toute la ville, la panique était à son comble. Mais ni Philippe II ni le duc d'Albe, son capitaine, n'étaient de la race des blasphémateurs. Le 19 septembre, don

([1]) Pour la première fois de sa vie, Philippe II était témoin des horribles scènes de la mise à sac qui durèrent deux jours entiers. Effrayé par ce spectacle, il essaya au moins d'épargner les femmes en les faisant mettre à l'abri dans les églises. Il put aussi faire sauver les reliques et les corps de saint Quentin et d'autres saints. Mais l'église dédiée à saint Laurent avait été pillée et détruite. La tradition veut qu'il ait alors juré à ce saint de lui reconstruire un sanctuaire et que le plan de l'Escorial évoque la forme du gril de Saint-Laurent.

Fernando Alvarez de Toledo vint faire acte d'humilité et d'obéissance au Vatican et baiser la mule du pape.

Au fond de son monastère de Yuste, Charles Quint enrageait. Pourquoi Albe n'avait-il pas donné une bonne leçon au pape en saccageant Rome ? Pourquoi Philippe n'avait-il pas participé en personne au glorieux siège de Saint-Quentin ? Pourquoi n'avait-il pas permis à ses troupes de marcher sur Paris ? Tant d'erreurs l'empêchaient de prier. Mais Philippe voulait la paix. Pendant sa régence, il avait dû saigner à blanc l'Espagne, essuyer les rebuffades des Cortès pour financer les campagnes de son père. Maintenant la banqueroute était là. Non seulement il ne comptait participer à aucune guerre, mais encore la guerre elle-même devait disparaître...

Paul IV avait compris la leçon. Il en voulait à Henri II de l'avoir abandonné et opéra un retournement politique total qui sonnait le glas des entreprises françaises dans le sud de l'Italie. Dorénavant, la main dans la main avec la catholique Espagne, le « Pontifex Terribilis » allait reporter sa fougue contre les ennemis de l'Eglise, fourbir à cet effet l'arme redoutable de l'Inquisition romaine et s'employer à désembourber le char du Concile universel.

Pour Ottavio, toutefois, la guerre n'était pas terminée. Philippe II exigeait de son nouveau vassal qu'il appuyât les opérations qu'il menait dans le nord de l'Italie et, notamment, qu'il réduisît à merci le duc de Ferrare. Il y avait entre Ottavio et Alphonse d'Este une solide querelle de voisinage : ce dernier se serait bien approprié le duché de Parme, tandis que son adversaire, pour prix de ses services, n'aurait pas dédaigné Ferrare. Ottavio cependant était réticent sur le rôle qu'on lui faisait jouer. Les finances de Parme étaient exsangues et il savait d'expérience que les dépenses qu'il engageait au service de Philippe II ne seraient jamais remboursées.

La seule personne que l'on voie se réjouir sans arrière-pensée de cette guerre fratricide est Marguerite. Elle est rentrée de Bruxelles éblouie, et ne se tient pas de joie de savoir son mari devenu capitaine général dans l'armée espagnole qu'il a rejointe, avec ses propres recrues, au mois d'octobre. Ses sentiments explosent dans les lettres qu'elle lui envoie régulièrement, tandis qu'elle le tient au courant des problèmes quotidiens du duché.

Lorsque, au début de 1558, les Ferrarais s'emparent de la petite place forte de Guardasone et qu'il apparaît que les troupes, les armes et l'argent font cruellement défaut, Marguerite se démène, écrit à Milan pour demander du renfort, offre de mettre ses bijoux en gage et stimule l'ardeur défaillante de son mari par ses exhortations : « On m'a promis de Milan 2 000 Allemands, 1 000 Espagnols, de la cavalerie légère et des hommes d'armes... de l'argent... et tout ce que je demanderai pour couvrir vos besoins. » Et, s'il le faut, ajoute-t-elle, on viendra de Milan avec des « guastatori » (des déprédateurs), « on fera couper les arbres, saccager les vignes, mettre tout sens dessus dessous dans le duché de Ferrare... et on en finira avec le duc ».

Belle véhémence de Madama qui pourrait faire croire qu'en elle s'éveille une « passionaria ». En vérité, elle se bat froidement pour la seule passion qui l'anime : l'avenir d'Alexandre. Le destin de son fils dépend du roi d'Espagne et de lui seul ; il faut trouver grâce aux yeux du souverain, lui prouver sa fidélité, mériter sa reconnaissance. Elle y croit encore.

Grâce à l'intervention vigoureuse de Marguerite, on put reconquérir Guardasone et la guerre prit fin au grand soulagement des deux adversaires. Le duc de Ferrare fit les frais de la paix et dut, à son tour, rejoindre le camp Habsbourg. Une à une tombaient les petites principautés italiennes qui avaient soutenu avec l'espoir au cœur la cause française. Le pouvoir espagnol, ses maîtres taciturnes, orgueilleux et soupçonneux, ses espions et ses petits tyrans, s'installaient pour longtemps sur la péninsule, desséchant sur leur chemin, comme herbe folle, toute fantaisie d'indépendance.

14

LE TOURNANT DU CATEAU-CAMBRÉSIS

Avec une surprenante vitalité, la France meurtrie s'était relevée du dramatique échec de Saint-Quentin. Le connétable de Montmorency et l'amiral de Coligny avaient été faits prisonniers par les Espagnols, mais le duc de Guise rentrait d'Italie avec des forces intactes et était accueilli sur tout son parcours comme un sauveur providentiel. Henri II lui accorda des pouvoirs considérables et, une fois encore, le pays se saigna pour financer la revanche. On vit la reine Catherine aller en personne plaider à l'Hôtel de Ville de Paris devant les notables de la capitale pour obtenir les fonds nécessaires à une reprise de la campagne.

Une opération militaire considérable fut préparée dans le plus grand secret. Au cœur de l'hiver, au moment où l'adversaire s'y attendait le moins, le duc de Guise mit le siège devant Calais et, le 9 janvier 1558, il y entra en vainqueur. L'effet de surprise et la stupeur furent immenses, à la mesure de la consternation de Marie Tudor et de la fureur des Anglais.

Le roi d'Espagne fit alors appel à tous ses moyens pour poursuivre la guerre et préparer la riposte du printemps. Marie lui avait accordé un crédit d'un million en or, et il disposait de la puissante flotte anglaise, au moment où les secours promis sur mer à Henri II par Soliman Pacha faisaient cruellement défaut. La France était menacée d'invasion par toutes ses côtes — tandis que Philippe réunissait dans le Nord une armée gigantesque.

Au mois d'avril de la même année, le duc de Parme fut prié par le roi Philippe de venir s'y joindre. Il aurait à se mettre avec ses troupes à la disposition du duc d'Albe. Ottavio continuait à payer cher son allégeance et s'y prêtait à contrecœur. Philippe l'employait sans jamais lui accorder en retour les faveurs qu'il demandait. De la forteresse de Plaisance, il n'était pas question, et le roi venait même de le provoquer en nommant gouverneur à Pavie le propre assassin de Pier Luigi Farnèse, Giovanni Anguissola. Ottavio détestait Philippe ; c'était entre Marguerite et lui un sujet supplémentaire de mésentente.

Le duc aurait pu se retrouver guerroyant aux côtés de Ferrante Gonzague, son vieil ennemi ; on avait encore vu le capitaine se dépenser devant Saint-Quentin. Mais, peu après, il avait succombé aux fatigues du siège et le roi venait de faire au fidèle serviteur de son père, à Bruxelles, des funérailles grandioses.

Ottavio se rendit donc auprès de don Fernando Alvarez de Toledo. L'antipathie qu'il portait au roi, et aux Espagnols en général, ne pouvait le rendre indulgent aux défauts de son capitaine. Un autre Italien, Contarini, ambassadeur de Venise, décrit ainsi le duc d'Albe : « Grand de taille, avec une petite tête, il est de complexion bilieuse et sèche. A la guerre il montre en toutes occurrences une grande timidité et si peu d'intelligence que l'empereur ne lui confia jamais de charge loin de sa personne. Ce n'est pas un homme vénal mais il est très avare. Présomptueux, gonflé d'orgueil, dévoré d'ambition, il est enclin à la flatterie et très envieux. Il n'est point aimé… et passe pour un homme de très peu de cœur. » Certains, plus objectifs, accordent au vainqueur de Mühlberg la belle allure d'un Grand d'Espagne et le savoir-faire militaire. Les portraits que l'on a faits de lui révèlent, en effet, la longue silhouette désincarnée et le visage triste d'un don Quichotte qui, malheureusement pour ses ennemis, ne prenait pas pour cible les moulins. Il savait faire régner dans son armée la plus grande discipline.

Le roi, pourtant, avait écarté Albe du commandement suprême en ce moment décisif. Il y avait, auprès de Philippe, un conseiller d'un tout autre tempérament en la personne de Ruy Gomez. Ce Portugais, page du roi depuis son enfance, avait toute son affection. Il était discret, plein d'intelligence et de savoir-faire, prompt à sentir le vent et à saisir les occasions. Deux courtisans aussi dissemblables ne pouvaient que se haïr et Philippe excellait à jouer de leur rivalité. S'il écoutait en ce moment les conseils de son favori plutôt que de suivre Albe dans sa tendance absolutiste, c'est que dans le ciel de cet été 1558 quelque chose d'imperceptible vibrait qui ressemblait au froissement d'ailes d'une colombe. Deux immenses armées se faisaient face dans le nord de la France, prêtes à un nouveau carnage. Elles occupaient le devant de la scène. Dans les coulisses, de timides contacts, des essais de pourparlers, s'amorçaient.

Un long chemin restait à parcourir pour que les deux princes ennemis en vinssent à s'avouer qu'ils avaient les mêmes problèmes. A des degrés divers, la guerre les ruinait, lentement mais sûrement. Au roi Philippe, la maison Fugger ne pouvait plus consentir de prêts, et ces riches banquiers ne devaient jamais se remettre de la faillite espagnole. On ne pouvait davantage pressurer les Cortès — et l'argent d'Amérique s'évaporait comme l'eau sur une plaque bouillante. De son côté, le roi Henri commençait à réaliser que, malgré une gestion financière plus moderne, les ressources de la France pourraient se tarir.

L'intendance n'était toutefois que l'aspect mineur de leur réflexion. Il leur apparaissait surtout que la guerre était en train de changer de nature. Elle échappait au concept séculaire, franc et loyal, qui consistait à occuper par la force ou à défendre des territoires à l'aide de mercenaires motivés par le seul appât du gain, à consacrer par la signature de la paix un état de fait transitoire et à le sanctionner en prenant en mariage une princesse de la maison adverse. Si la guerre était religieuse, on savait au moins qui était l' « Infidèle » et où le trouver. Maintenant, une idéologie sans frontières brouillait les cartes, créait par-dessus les murs des forteresses des complicités suspectes, des alliances contre nature. On retrouvait plus souvent l'ennemi derrière soi. L'idéologie incriminée était, bien entendu, le protestantisme qui déstabilisait aussi bien la France que les territoires du roi d'Espagne. La logique voulait donc que l'on arrêtât de se combattre et que l'on appliquât son effort à extirper l'hérésie, chacun dans son propre royaume et, si possible, la main dans la main. Le repliement sur soi, derrière des frontières stables, allait être consacré par la paix du Cateau-Cambrésis, qui mettrait fin à trente-huit ans d'affrontements meurtriers.

La paix naquit timidement et comme par hasard lorsque Christine de Lorraine — la rivale de Marguerite à Bruxelles — formula auprès du roi de France le désir de revoir son fils de treize ans, otage à la cour. Un sauf-conduit lui fut accordé et la rencontre eut lieu près de Cambrai, au mois de mai. Elle se fit accompagner de Madame d'Aerschot, d'Egmont et de Granvelle, tandis que l'enfant était sous la tutelle du comte de Vaudémont, régent de Lorraine, du secrétaire d'Etat Laubespine et du cardinal de Lorraine. C'étaient là gens importants dans les affaires de leurs cours respectives et les conditions étaient réunies pour l'amorce d'une négociation. Elle occupa toute l'année 1558 et la duchesse Christine, placée au centre de ces conversations à leurs débuts, profita de la chance qui lui était offerte pour jouer le rôle de conciliatrice dans les tractations qui suivirent, rôle dont elle s'acquitta à merveille.

Bien des points étaient litigieux et, à l'automne, on achoppait encore sur la restitution de Calais, lorsque, fort opportunément pour la France, la reine Marie Tudor vint à mourir. C'est elle qui portait, dit-on, Calais « gravé dans son cœur ». C'est elle aussi qui donnait à Philippe, dans la lutte, l'arme démesurée de l'appui anglais. Il y avait peu de chances qu'il réussît, ou même consentît, à épouser Elisabeth, l'héritière du trône, belle-sœur de Marie Tudor, qui était protestante. Veuf, il était ramené à plus de modestie.

On s'acheminait progressivement vers une vaste restitution réciproque de territoires. La France ne se privait pas sans douleur de la Savoie et du Piémont, elle ne renonçait pas sans nostalgie au rêve italien que cet abandon condamnait ([1]).

([1]) Progressivement, la France restitua la totalité du Piémont. Les derniers abandons furent le fait d'Henri III en 1574. Le cardinal Granvelle put écrire : « Véritablement ces négociations de paix ont été dirigées par Dieu lui-même, car, bien que nous ayons réglé les choses tout à notre avantage, les Français sont enchantés. »

Cependant, elle se fortifiait dans l'Est en gardant les évêchés de Metz, Toul et Verdun, et conservait Calais : un autre rêve — anglais, celui-là — se brisait à jamais. L'Italie, quant à elle, se retrouvait presque toute vassalisée, et jugulés pour longtemps les superbes princes, despotes et mécènes, qui avaient fait l'histoire tumultueuse de la Renaissance.

Même Philippe II opérait une sorte de repli. Son oncle Ferdinand de Habsbourg allait être couronné empereur et le roi comprenait l'inanité de prétendre hériter après lui de ce titre. Après avoir perdu l'Angleterre, il se résignait à voir largué « le lourd vaisseau de l'Allemagne ». Au même moment, et comme symboliquement, Charles Quint, garant de la couronne d'or, rendait le dernier soupir en son monastère de Yuste.

L'étrange paix du Cateau-Cambrésis était en harmonie avec la sévérité et la tristesse de l'époque qu'elle inaugurait : celle des guerres de religion, celle des guerres civiles. Elle fut signée les 2 et 3 avril 1559.

Restée seule à Plaisance, Marguerite avait ressenti douloureusement la mort de l'empereur. Chaque détail de cette fin, humble et exemplaire, la touchait au cœur, ainsi que les derniers mots du grand homme au moment de mourir : « Il est temps... » et enfin, dans un soupir, « Jésus ! »

Seize années s'étaient écoulées depuis sa dernière rencontre avec lui, à Bussetto. Elle n'avait vu son père que trois fois dans sa vie, et conservait pieusement les quelques lettres manuscrites qu'il avait pris la peine de lui écrire. Néanmoins, la rareté même de ces témoignages ajoutait à leur prestige. Marguerite vouait à ce père quasi divinisé un culte qui ne s'était jamais démenti, et les faibles protestations qu'elle avait parfois osé élever n'exprimaient pas le doute, tout au plus la souffrance du croyant devant les exigences de sa foi. Elle se désolait de se trouver au loin, dans son duché de Parme, alors que son mari et son fils participaient, aux côtés du roi Philippe, à la grandiose commémoration que Bruxelles offrait à Charles Quint pour ses funérailles.

L'empereur avait quitté ses Flamands le 25 octobre 1555 et les adieux qu'ils avaient faits ce jour-là à leur souverain épuisé avaient eu un goût de mort. Trois ans plus tard, l'immense cortège par lequel ils évoquaient ses hauts faits à travers les rues de Bruxelles avait, en revanche, quelque chose d'une résurrection par le souvenir.

Le 29 décembre 1558, sur le trajet menant du palais du Coudenberg à la cathédrale Sainte-Gudule, la ville entière était dehors, les notables suivant leurs étendards respectifs, les badauds dans la rue derrière de fortes bailles de bois. En tête de la procession cheminaient le clergé de la ville, la chapelle du roi, les évêques des provinces, puis les officiers, échevins, bourguemestres, députés des Etats, la chancellerie du Brabant au complet. Aux flancs du cortège se mêlaient « deux cents pauvres vêtus en deuil, portant chacun une torche ardente armoyée à double écusson des armes de ce bon empereur ». Venaient ensuite les hallebardiers du roi, sa maison et ses pages, les gentilshommes de la chambre, et, arrivés de l'étranger, les régents du royaume ; enfin, un superbe char transformé en navire, qui « par un merveilleux artifice cheminait sans conduite apparente de chevaux ou d'hommes et semblait tiré sur mer par deux monstres marins qui allaient devant la proue ». Cette caravelle était toute dorée et couverte d'inscriptions en vers. Elle portait, parmi les oriflammes des provinces, l'évocation des conquêtes de l'empereur sur les ennemis de la Foi, les vertus théologales et les colonnes d'Hercule. Derrière le char, des officiers en deuil menaient par la bride le cheval esseulé de l'empereur, d'autres portaient l'épée, le sceptre, le globe et la couronne, son heaume et son manteau de drap d'or. Philippe allait seul, revêtu d'une longue robe noire à capuchon et de la lourde chaîne de la Toison d'Or. A distance suivaient, deux à deux, les chevaliers de l'Ordre.

Dans la cathédrale, une chapelle ardente de trois mille cierges environnait le catafalque. Suivant la tradition, le roi se rendit devant le monument. Alors Guillaume d'Orange, frappant par trois fois de son épée le cercueil vide, dans le silence s'écria d'une voix forte : « Il est mort ! », puis, à nouveau : « Il restera mort ! », enfin : « Il est mort, et un autre s'est levé à sa place, plus grand même qu'il n'était ! » Rejetant d'un geste le capuchon noir qui dissimulait le visage du roi, il le révéla à la foule. Le chant psalmodié des Vigiles emplit alors la nef et apaisa l'émotion.

Dans la cathédrale, les cérémonies se déroulèrent toute la journée du lendemain, avec la grand-messe de Requiem, les supplications du « Dies Irae » et le lamento grave du « De Profundis », les chants polyphoniques et le fracas des orgues. Le glas de Sainte-Gudule tintait sur la ville. Charles, sans conteste, restait « le plus grand maître des cérémonies de tous les siècles ».

On porta le deuil pendant plusieurs semaines. L'époque aimait la mort et chacun vivait dans l'attente de cet instant immense dont on pouvait tout craindre et tout espérer.

Marguerite ne voulait pas être en reste. Rien ne serait assez beau pour le service funèbre de son père qu'elle organisa dans la cathédrale de Plaisance. Le vieux dôme lombard aux trois portails reçut une riche décoration mortuaire. Dans le chœur, au-dessus du catafalque, une lambourde de bois portait les chandelles ; les piliers étaient tendus de noir. La duchesse n'avait lésiné ni sur le luminaire, ni sur les aunes de drap et de velours. Elle avait fait habiller les mendiants de longues robes et de capuches noires, et les chœurs de son maître de chapelle emplissaient d'harmonie le vaisseau de pierre. Marguerite et ses gens répandaient de larges aumônes et portaient un deuil somptueux.

Il ne manqua pas de mauvaises langues pour dire que la princesse avait trop dépensé. Ottavio, le premier, ne voulait pas ruiner davantage son duché pour la mémoire de l'empereur qui avait tant fait pour le lui contester. D'autres virent dans les libéralités de Marguerite l'orgueil et l'ostentation. Personne ne songea à la créditer d'un geste qui pouvait être d'affection et de respect — comme ce parfum coûteux de l'Evangile, répandu jadis aux pieds du Seigneur « en pure perte ». Il se trouve des historiens pour juger encore aujourd'hui que « c'était trop cher ».

Cet hiver-là, de nombreux courriers galopèrent sur les routes du duché de Parme. Certains arrivaient d'Espagne et racontaient à Marguerite les derniers détails de la longue agonie de l'empereur. D'autres apportaient les condoléances des cours d'Europe. Enfin, le va-et-vient avec les Pays-Bas était intense.

La duchesse guettait les plis qui contenaient les petites lettres d'Alexandre ou les commentaires toujours louangeurs qu'on lui faisait à son sujet. Ainsi, le comte Feria, sachant lui faire plaisir, lui confiait : « J'ai l'impression qu'il sera un grand homme. » Certes, Alexandre plaisait à la cour de Bruxelles, assez pour que Philippe lui-même, peu prolixe et guère attentif aux sentiments d'autrui, prît la plume pour écrire à Marguerite : « Le prince, votre fils, se porte bien; il me donne beaucoup de satisfaction et se montre tel qu'il doit être. »

Ottavio, quant à lui, prodiguait les conseils pour la gestion du duché, morigénait et digressait sur ce que l'on pouvait attendre et espérer des événements. On ne se battait plus et il demeurait à Bruxelles pour y faire sa cour. Il avait été réhabilité dans l'ordre des Chevaliers de la Toison d'Or, ce qui ne pouvait que satisfaire Madama. Il s'inquiétait aussi d'engager déjà Alexandre dans un mariage avantageux. Ses ambitions pour l'heure ne visaient pas plus haut que l'union avec une princesse italienne bien dotée. Il ne déplaisait pas à Marguerite de le voir évoquer un mariage avec la fille de Cosme de Medicis, duc de Florence... Plus étrange, et particulièrement maladroit, aurait été le choix que suggérait Ottavio d'une jeune Carafa. La situation du cardinal-neveu de Paul IV s'était totalement dégradée à la faveur de la paix et l'irascible pontife, après avoir élevé ce condottiere sans scrupule aux plus hauts honneurs, s'apprêtait à le rejeter dans les ténèbres extérieures. Marguerite avait de bonnes raisons personnelles d'être réservée sur le bienfait des alliances avec les familles papales. Ce jugement était partagé par son beau-frère, le cardinal Farnèse, enfin rentré en grâce à Rome, qui exprimait les mêmes réticences dans ses lettres à la duchesse. Il connaissait d'expérience, et mieux que quiconque, la gloire et la fragilité des descendants des princes de l'Eglise. Le roi s'opposait à cette union. Parmi les instructions que lui avait laissées Charles Quint, figurait une phrase au sujet des princes italiens qui avaient le fumet d'une vieille expérience : « Ils ont tous besoin d'être surveillés », disait l'empereur. Philippe vit un risque à renforcer entre eux par un mariage les Farnèse et les Carafa, ces descendants de papes — les moins sûrs de tous et les plus traditionnellement hostiles. La défiance qu'Ottavio lui inspirait en fut encore accrue.

L'hiver 1558-1559 devait être le dernier que le roi d'Espagne passerait dans ses pays d'Embas. Ce fut aussi le plus lugubre. La régente Marie de Hongrie, qui avait pieusement suivi son frère Charles en Espagne, était morte en octobre, peu après l'empereur, et, en novembre, la reine Marie Tudor les avait rejoints dans la tombe. Ainsi, de trois mois, Philippe n'avait guère quitté le deuil, « le manteau traînant, le chaperon embronché... », ni le comportement de circonstance. Il avait fait retraite six semaines dans un couvent, après son veuvage, et reçu les condoléances du monde entier. Maintenant que la paix était signée, il voulait partir.

Depuis que, dix ans auparavant, son père l'avait appelé auprès de lui en Europe du nord, il n'était rentré en Espagne que pour un bref séjour. Or l'Espagne était sa patrie ; il y avait été régent à l'âge de seize ans et l'avait quittée, par obéissance filiale, laissant derrière lui tout ce qui lui tenait à cœur et, par-dessus tout, une maîtresse qu'il aimait et que les convenances avaient obligée, depuis, à entrer au couvent.

Philippe était casanier et abhorrait les voyages. Il haïssait plus encore la guerre et son simulacre, le tournoi, où il lui arrivait de s'évanouir. « Tout différent de S.M. Impériale — constatait l'ambassadeur Micheli —, il semble qu'il n'ait pour but que la tranquillité et le repos. » Pour cela, ses pairs ne le jugeaient pas « chevalier ». L'Espagne suffisait à son ambition. Or, Charles l'avait fait venir pour tenter de l'imposer aux électeurs germaniques en vue de la couronne impériale. L'aversion qu'il avait ressentie envers ces robustes ferrailleurs, grands buveurs de bière, n'avait eu d'égale que l'antipathie totale qu'il avait inspirée aux Allemands. Respectueusement adulé depuis l'enfance dans son pays, le jeune souverain espagnol ne supportait aucune familiarité et cette attitude altière l'avait rendu odieux. Incapable de convivialité, il transformait les chaleureuses ripailles nordiques en cérémonies compassées. Sa présence incarnait si visiblement la tutelle espagnole et catholique dont ces seigneurs avaient horreur qu'en un sens elle avait été un révélateur utile.

1

4

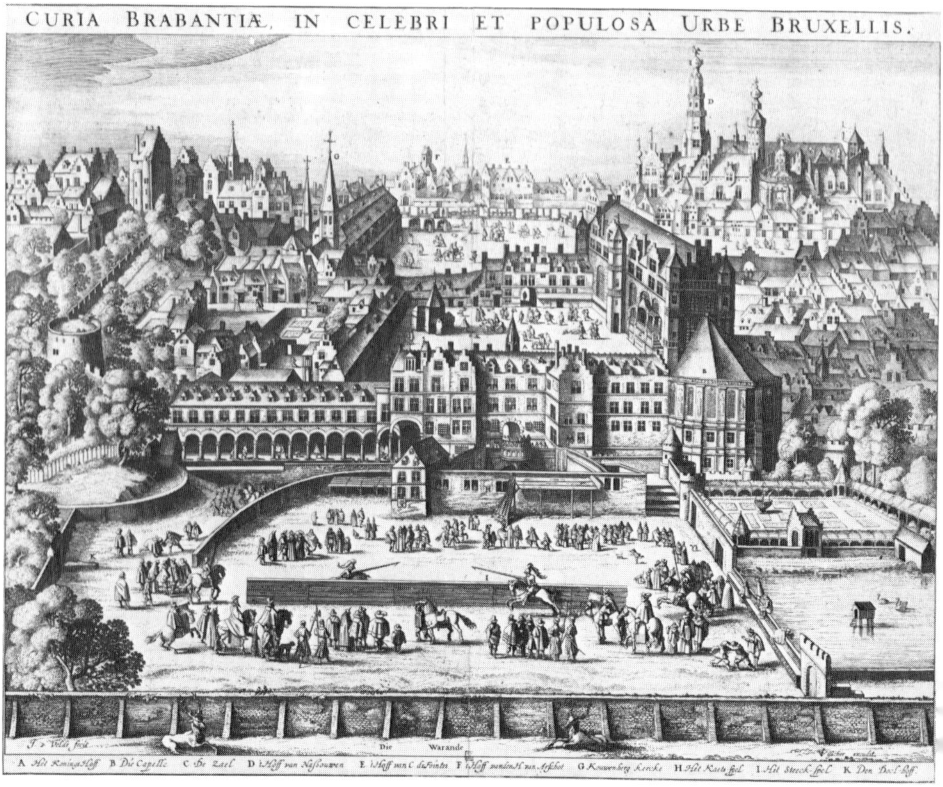
CURIA BRABANTIÆ, IN CELEBRI ET POPULOSÀ URBE BRUXELLIS.
Die Warande
A Het Konings Hoff B Die Capelle C De Zael D 't Hoff van Nassouwen E 't Hoff van C du Fointes F 't Hoff vanden H. van Arschot G Kouwenberg Kercke H Het Kaets spel I Het Steeck spel K Den Doel Hoff
6a

Gar viel vom Adell auß Brabant
Der von Parma stellen zu handt
Zu Brussel ein supplication
Von wegen der Religion
Da in seie all sementlich
Begeren vnderthenieglich
Das die Religion seie freÿ,
Ohn fewr, strick swerdt vnd tÿranneÿ.
Anno Dñj. M. D. LXVI. VI. Aprilis.
6b

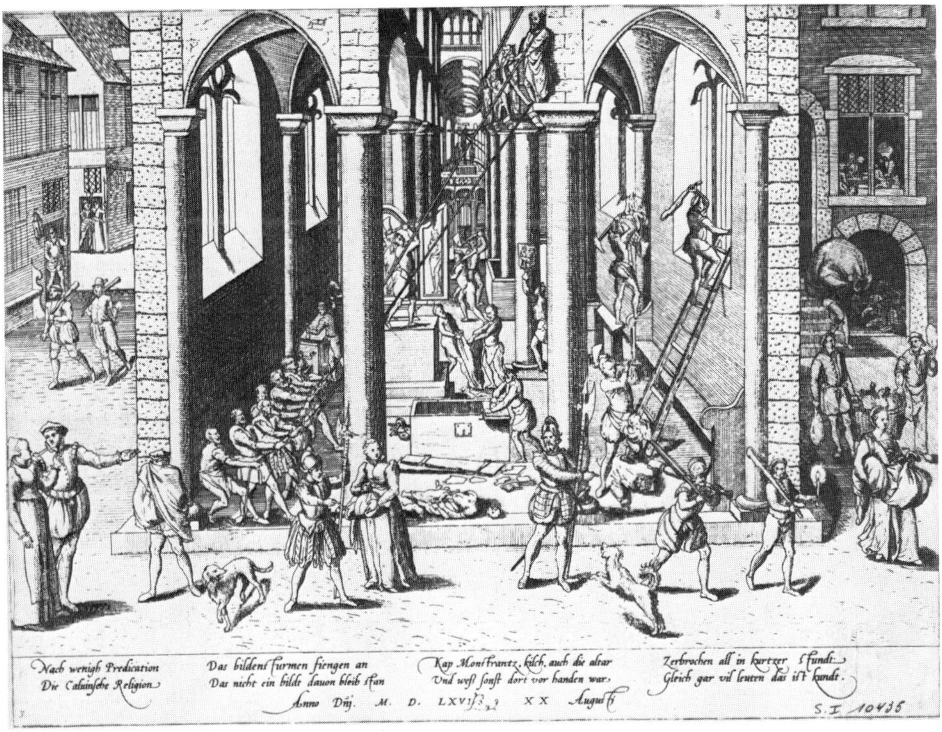
Nach wenigh Predication
Die Caluinsche Religion
Das bildens furmen fiengen an
Das nicht ein bildt dauon bleib stan
Kap Monstrantz, kilch, auch die altar
Vnd west sonst dort vor handen war,
Zerbrochen all in kurtzer stundt
Gleich gar vil leuten das ist kundt.
Anno Dnj. M. D. LXVI XX Augusti
S.I 10435

7a

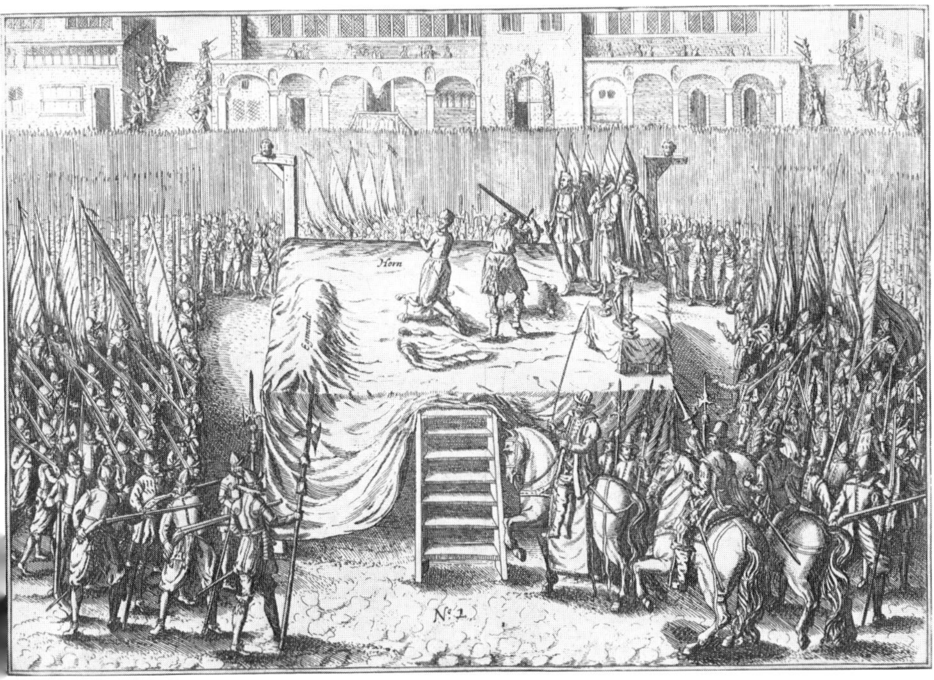
Horn
N°1

7b

Ill.mo et Ecc.mo sig.re sig.r lo. osservatiss.o

[ROY]ALE DE BELGIQUE

Recevetti hieri per la via di Venetia le lettere
de V.re mi mancavano di xxx di marzo
et xij di Aprile con le copie et avisi con essi
mandatomi et inteso particularmente delle
batterie et assalti dati a matriche et visto
la diligentia da voi usata che è stata
grandiss.a et ben credo se li altri et ciascu-
no nel suo grado havessi fatta la sua
parte che la villa si sarebbe presa come
tengo per fermo si pigliera mediante lo
aiuto divino et la v.ra prudentia et
valor. et si da alcuni non vi è corrispos-
to conforme al obligo che tengono convien
andare dissimulando et con bona manie-
ra rimediando mentre pero che il dissi-
mulare non porti danno al servitio di
S. M.ta et a voi che in tal caso usarete
della v.ra prudentia et vi torno a
dire che facciate ricapito et capitale
del conte di Mansfelt per che lo conos-
co cavaliero honorato et bon servitore

Auparavant, Philippe avait sillonné pendant une année entière les Pays-Bas, « pour être juré dans toutes les villes pour prince et seigneur naturel ». Les dix-sept provinces du Cercle de Bourgogne, dont la carte dessine harmonieusement les contours du curieux et fameux « Leo Belgicus », se devaient — à l'occasion du serment réciproque que chacune d'elles allait faire et recevoir — d'offrir des réceptions plus spectaculaires l'une que l'autre.

Mais l'important était le serment qui liait la province ou la ville à son « prince naturel » et s'échangeait en grande solennité. Le serment du prince Charles à Namur servait de référence. Le prince proclamait : « Je jure devant les saintes reliques et par les saints Evangiles de Dieu que je garderai les églises et suppost d'icelles, nobles, féodaux, opidains, communautés, veuves et orphelins des villes, pays et comté de Namur en leurs droits, usages, lois et coutumes louables et anciennes. » Le gouverneur et bailli répondait : « Je jure à vous, mon plus redouté Seigneur, Monseigneur le prince d'Espagne, que les nobles, féodaux, opidains et communautés d'icelluy comté et pays de Namur vous seront bons, vrays et loyaux sujets et serviteurs, comme ils doivent et sont tenus être à leur prince et seigneur. »

Le texte du serment pouvait changer, mais le sens demeurait. Le « Leo Belgicus » n'était pas une nation, encore moins une colonie espagnole. Son statut de « Cercle de Bourgogne » préservait l'originalité de chacune des provinces, avec « leurs droits, usages, lois et coustumes louables et anciennes ». Dans les Flandres, en Hollande, dans la Zélande et la Frise subsistait en outre le droit, octroyé en 1479 par Marie de Bourgogne, de « refuser obéissance au prince s'il enfreignait les franchises de ses sujets ». Les provinces dialoguaient avec le prince par l'intermédiaire de leurs « états », assemblée représentative composée de notables. Sans l'accord de ces états, on ne pouvait lever de taxes sur le pays, taxes qui portaient pudiquement le nom d' « aide volontaire », mais n'en étaient pas moins l'objet d'âpres marchandages. On comprend mieux alors les dix-sept serments, le faste et les assauts de courtoisie qui les enveloppaient.

Ces cérémonies s'étaient déroulées dix ans auparavant et, avec sa raideur et son inexpérience, Philippe avait déplu à ses sujets autant qu'il se déplaisait parmi eux. Depuis lors, les rapports ne s'étaient guère améliorés. Il continuait à ne parler qu'espagnol, ou bien un latin altier ; à peine comprenait-il un peu le français et souffrait-il qu'on lui répondît en cette langue. Ses maîtres ne lui avaient rien appris d'autre. Le latin, disaient-ils, était compris dans toute l'Europe. Ses amis n'étaient qu'espagnols. Espagnole aussi, sa piété, que d'aucuns jugeaient exagérée. « Il est attentif aux messes, aux vêpres, aux sermons ainsi qu'un religieux », remarque l'ambassadeur vénitien. Pendant le carême, elle devenait théâtrale. On avait vu le roi, le dimanche des Rameaux, suivre gravement à travers les rues de Bruxelles l'âne de Jérusalem, couvert de palmes. Les Flamands s'étaient moqués. Suivraient-ils un maître qui, lui-même, suivait un âne ? Le jeudi saint, ses gens, le torse nu et coiffés d'une cagoule noire, s'étaient flagellés mutuellement pendant la procession et, tout sanglants, s'étaient traînés à genoux jusqu'au chœur de l'église en psalmodiant des litanies d'une voix sépulcrale.

De telles démonstrations étonnent les nordiques. Le roi ressent cette incompréhension. Il a hâte de retrouver la sensibilité religieuse, passionnée et souffrante, de son pays, les processions de pénitents encapuchonnés, portant de grandes croix de bois rugueux. Des processions où l'on ne mêle point, comme ici, les saintes images à des spectacles burlesques, où l'on n'imaginerait pas la Madone escortée par des anges chevauchant des autruches, ou suivie par un diable qui crache la fumée. Le risible mêlé au sacré continue de le choquer.

Philippe est d'autant plus anxieux de revenir en Espagne que des nouvelles alarmantes lui sont parvenues, signalant là-bas une flambée toute nouvelle d'hérésie. Cette idée lui est intolérable. En vérité, il ne s'agit que de l'esquisse de nouvelles doctrines que l'on assimile à tort au luthéranisme. Elles semblent dériver des écrits d'Erasme qui ont connu un succès inégalé en Espagne. La plume d'Erasme fait courir au pouvoir le risque d'un éveil de l'esprit critique — et aux ecclésiastiques, celui de voir les fidèles se mettre en contat directement avec

Dieu. L'amalgame est facile, et bientôt, c'est toute l'œuvre du philosophe qui sent le fagot.

Le grand Inquisiteur, Fernando Valdès, archevêque de Séville, noircit le tableau pour accroître sa puissance et son importance. Il a obtenu l'appui sans réserve de Paul IV, dont l'Inquisition est la grande affaire — et désormais la seule.

Valdès n'attend pas Philippe pour procéder, en mai 1559, à un spectaculaire autodafé, et obtient du souverain deux mesures draconiennes qui vont peser sur l'avenir du pays et accroître son isolement. Il est interdit désormais aux étudiants de se rendre dans les universités étrangères, sous peine de bannissement perpétuel et confiscation de leurs biens. D'autre part, le roi fait promulguer par la régente un décret ordonnant que soient inspectées par les inquisiteurs toutes les librairies et bibliothèques publiques et privées. Le catalogue de l' « Index » doit figurer dans chaque boutique. Tout nouveau texte sera soumis au conseil royal, chaque page estampillée par le censeur. Pour qui tenterait de se soustraire à cette obligation, la punition peut aller jusqu'à la peine de mort.

Valdès encourage la délation. Les biens confisqués enrichissent les justiciers. L'ombre de l'envie se mêle désormais au reflet des bûchers sur le sinistre visage de l'Inquisition espagnole.

Pendant dix ans, le gouvernement de l'empereur, devenu celui du roi, avait résidé à Bruxelles, tandis que l'Espagne bénéficiait d'une régence. Malgré sa hâte et son impatience, Philippe ne pouvait déplacer cet énorme appareil ausi vite qu'il l'eût souhaité. Il lui fallait résoudre avant son départ un certain nombre de problèmes dont le moindre n'était pas celui de pourvoir ses « pays de par-deçà » d'une régence.

Tandis que l'Angleterre l'occupait, Philippe avait confié les affaires des Pays-Bas à son meilleur capitaine, Emmanuel Philibert de Savoie — ce « prince à la tour abolie » chassé de ses Etats par les Français. Mais la paix du Cateau-Cambrésis avait réservé au duc de Savoie une heureuse surprise. Il épouserait la sœur du roi Henri II, Marguerite de Valois, qui lui rendrait en dot la plus grande partie de son patrimoine.

La régence était donc libre et les langues allaient bon train à

Bruxelles. Les Grands, et particulièrement Egmont et Orange, estimaient qu'un des leurs pourrait tout naturellement gouverner les Pays-Bas. Pourquoi fallait-il toujours une « gouvernante » ? Jadis l'insurrection gantoise s'était dressée contre Marie de Hongrie — et l'une des principales revendications allait à l'encontre de ce pouvoir féminin. Mais il semblait que la tradition l'imposât et, puisqu'il fallait bien, aussi, les départager entre eux, les princes mettaient en avant la candidature de Christine de Lorraine. Elle avait à leurs yeux tous les atouts pour obtenir l'aval du roi. Elevée aux Pays-Bas et connaissant ces provinces, elle était de sang Habsbourg et venait d'affirmer ses qualités politiques pendant les tractations du Cateau-Cambrésis. Les Grands la connaissaient tous depuis sa jeunesse, qui était aussi la leur ; tant de souvenirs les liaient qu'elle n'aurait rien à leur refuser... On parlait aussi de l'archiduc Mathias, le fils de l'empereur Ferdinand, cousin germain du roi. Même Ottavio Farnèse, toujours présent à la cour, se voyait régent. Mais il était le seul.

Malgré l'urgence, Philippe réfléchissait. Il se reportait aux conseils de son père qu'il n'avait pas même besoin de relire tant ils étaient gravés dans sa mémoire. « L'expérience m'a montré — disait l'empereur — que les Flamands ne peuvent supporter d'être gouvernés par des étrangers et que, parmi ceux-ci, il n'y en a pas un que n'atteigne leur envie et leur haine. » Ce conseil allait dans le sens des princes. Mais Charles avait dit aussi qu'il fallait se servir d'hommes « élevés par la seule faveur du roi et dépendant de lui pour leur position... » ; qu'il ne fallait employer les grands que dans l'armée et dans les sinécures honorifiques... S'il ne l'avait dit, il avait montré par ses choix à quel point il pensait que la seule fidélité inaltérable vient du sang qui coule dans vos veines. N'avait-il pas confié jadis les Pays-Bas à sa tante Marguerite d'Autriche — puis à sa sœur, Marie de Hongrie ?

L'idée s'ancrait dans l'esprit de Philippe de confier le pays à son fils, l'Infant. Mais don Carlos n'avait que treize ans. Une longue transition restait à assurer. Philippe prenait quotidiennement l'avis de Granvelle qui, mieux que ses conseillers espagnols, connaissait les Pays-Bas. Enfin, Granvelle, sagement, suggéra au roi une princesse, née dans les Flandres, qui était de sang royal, qui n'avait partie liée avec aucune faction à Bruxelles, dont l'expérience politique était affirmée et les relations « internationales », qui cependant dépendrait entièrement de lui, pieds et poings liés, puisqu'il avait son fils en otage...

Le roi alors convoqua le duc de Parme et l'interrogea pour la forme. La duchesse accepterait-elle la régence des Pays-Bas en attendant la majorité de l'Infant ? Il le priait de lui en faire la demande en son nom. Ce n'était pas la première déception qu'Ottavio éprouvait à la cour de Habsbourg, mais il était assez rompu pour en saisir l'aspect favorable. Il assura le roi que son épouse accepterait et qu'il en prenait pour elle l'engagement — et écrivit aussitôt à Marguerite.

La lettre d'Ottavio parvint à Madama à la fin du mois de mars et, dans la solitude de Plaisance, elle eut tout le loisir de savourer l'importance de la nouvelle. Le souvenir de ses années romaines lui donna peut-être le sentiment que les astres lui devenaient favorables — mais il est plus probable qu'elle vit dans cette nomination un juste retour des choses, la récompense méritée d'une obstination qui ne s'était jamais démentie, malgré d'incessantes déceptions. Au-delà de la tombe, son père lui tendait la main. C'est lui qui l'avait chaudement recommandée à Philippe dans leurs derniers entretiens : elle ne s'était donc pas trompée en restant fidèle contre vents et marées à ce père exceptionnel. Un tel sentiment ne pouvait que la combler. On dirait aujourd'hui qu'elle baignait dans « l'état de grâce ». Mais Madama connaissait le sens des mots et, quelle que fût sa joie, n'aurait jamais prononcé pareille hérésie — car il se mêlait à ses états d'âme des sentiments de tous ordres.

La régence des Pays-Bas, ces provinces considérables par leur richesse et leur culture et d'importance internationale, lui paraissait enfin une tâche à la mesure de sa valeur et de son entregent. Elle frémissait d'orgueil de gouverner seule, sans tutelle, ayant en mémoire le pouvoir illimité de Marie de Hongrie sur les Flamands, sa main de fer, son autorité. Marguerite voyait encore la régente, comme elle l'avait quittée à l'âge de dix ans, toute-puissante avec sa cour dans le grand palais du Coudenberg, et s'identifiait à cette image. Au fil des heures, d'autres idées lui venaient — toutes enchanteresses. Philippe ne pourrait qu'être reconnaissant envers la maison Farnèse. Grâce à elle, et au dévouement dont elle ferait preuve, Plaisance serait délivrée des Espagnols et l'avenir d'Alexandre s'annoncerait plus brillant encore. Il n'était pas désagréable non plus d'avoir été préférée à Christine de Lorraine : c'était là une revanche, secrète, mais combien délicieuse.

Le 19 avril, Madama prit la plume et répondit au duc de Parme ; elle avait appris, non sans plaisir, que son nom avait été retenu pour la régence des Pays-Bas et le duc avait bien fait d'accepter pour elle de satisfaire à la prière du roi son frère. Les termes de cette lettre étaient, on le voit, réservés. Marguerite était si heureuse et sûre d'elle qu'elle n'avait plus besoin d'exprimer autrement sa joie.

Ottavio regagna bientôt Parme et l'on commença des préparatifs bien plus considérables que ceux du voyage précédent, car Madama emmenait avec elle un grand nombre de ses plus fidèles Italiens qui formeraient sa cour à Bruxelles. Enfin, le 25 mai, tout fut prêt pour le départ. De Rome, les cardinaux Farnèse étaient venus saluer la future régente et la caravane partit sous les acclamations. Elle allait emprunter, en direction de Besançon, des routes plus que jamais dangereuses, infestées de soudards revenant de guerre et de vagabonds sans feu ni lieu. Sous la garde de leur escorte armée, et après de nombreux incidents, Madame et sa suite atteignirent Bâle, le 10 juillet, et s'embarquèrent alors sur le Rhin, en direction de Cologne et des Pays-Bas, terme de leur voyage.

DEUXIÈME PARTIE

15

GOUVERNANTE DES PAYS-BAS

Tandis que Madama glissait sur les eaux du Rhin dans la brume chaude de l'été, parmi l'intense va-et-vient des barcasses chargées de marchandises, avec le sentiment exaltant de pénétrer au cœur d'une ruche bourdonnante, le roi Philippe hâtait ses préparatifs pour aller retrouver au plus vite le visage hiératique de son austère patrie.

Il n'emmènerait avec lui que ses conseillers espagnols, quelques fidèles de son entourage immédiat, ainsi qu'une solide escorte. Il lui fallait donc laisser sur place le restant de sa maison, qui représentait la population d'une petite ville.

Philippe employait à son service une soixantaine de gentilshommes « de la chambre » et « de la bouche », dix médecins, chirurgiens et apothicaires. On trouvait au palais tous les corps de métiers : tailleur, chaussetteur, brodeur, orfèvre ; dix-huit ateliers en tout. Les écuries et la grande fourrerie occupaient une centaine d'hommes. La protection immédiate était assurée par cent archers à cheval, cent hallebardiers allemands et autant d'Espagnols. Il y avait encore la chapelle du roi, les confesseurs, les aumôniers, et cinquante-cinq pages. Ce n'était là que le menu fretin. Les grands seigneurs en fonction, italiens, espagnols et néerlandais, étaient au nombre de trente-sept, et six, les juristes, « ceux de la longue robe », dans les divers conseils.

Liquider sa maison signifiait, pour Philippe, payer les gens, au moins les plus modestes, qui n'avaient touché de gages de plusieurs mois. Le roi en était bien incapable. Depuis longtemps, le domaine royal aux Pays-Bas était hypothéqué. Relevé de sa main — car il était minutieux —, le déficit de Philippe à cette époque est de neuf millions de ducats. Il lui faut mettre tous les moyens en œuvre, et la bonne langue de l'ambassadeur vénitien Suriano le suspecte de battre de la fausse monnaie : « Le roi fait faire depuis plusieurs mois de l'alchimie à Malines, écrit-il. L'opération est conduite avec le plus grand secret par le confesseur de Sa Majesté ». Philippe va être contraint de demander au « états » des provinces ces fameux « dons gratuits » qu'ils ont le pouvoir de voter, mais qui leur donnent l'occasion d'exprimer leurs doléances. Les états ne vont pas se priver de faire remarquer au roi que le solde des dépenses gigantesques de la guerre n'a pas à être supporté par les Pays-Bas, puisque celle-ci n'a servi que la plus grande gloire de la couronne d'Espagne. Le monarque, autocrate et fier, supporte mal ces observations.

La paix revenue a déjà mis sur le pavé, outre les mercenaires, nombre de gentilshommes. Lorsque Philippe « casse » sa cour, tous ces gens laissés pour compte forment un fort contingent de mécontents, surtout dans la petite noblesse désargentée, oisive et turbulente. Leur ardeur guerrière inemployée et le vide de leur escarcelle vont faire de certains petits châtelains de simples détrousseurs à la croisée des chemins. D'autres deviendront chevaliers d'aventure et hommes de main au service de plus puissant que soi. Ce sera là une masse de manœuvre disponible pour toutes les entreprises hasardeuses, avec qui la régente devra compter.

Les grands, par leur fortune et leur importance, échappent à cette tentation. Cependant, ils sont eux aussi mécontents et mis en situation difficile. Chacun d'eux est le gouverneur d'une province — le « stathouder ». Il représente, auprès du peuple et des états, le pouvoir royal. Confirmés dans leur charge par le roi, ils sont ses préfets. En outre, le serment de la Toison d'Or les oblige, sur l'honneur, à la loyauté, et il est juste de dire qu'ils ne manqueraient pas à ce serment de gaieté de cœur. Le peuple, cependant, leur fait confiance pour le défendre contre le pouvoir espagnol : il y a là un autre point d'honneur vis-à-vis de leurs compatriotes. Leur situation est donc ambiguë et toute en porte à faux. Philippe, d'une main les cajole — nécessité oblige — et de l'autre les tient rudement, sans amitié ni indulgence. A la différence de l'empereur, il n'aime pas ses chevaliers.

La nomination de Madama n'a fait aucun plaisir dans ce milieu. A Rome, à Parme, Marguerite paraissait nordique : entière, brusque, pas très cultivée. Ici, l'on se méfie à l'avance de voir arriver l' « Italienne ». Les seigneurs sont mortifiés que l'on ait écarté leur candidate, Christine de Lorraine. L'ambassadeur Antonio de Mula écrit : « La duchesse de Lorraine, cousine du roi, qui est une dame d'une grande bonté, et à l'entremise de laquelle est due la paix faite avec la France, est extrêmement mécontente que Madame de Parme lui ait été préférée pour le gouvernement. » Il entrevoit des débats pour la préséance...

Ces détails ne pèsent plus guère sur l'esprit du roi qui est déjà « ailleurs », occupé d'événements plus importants à ses yeux. Deux fois veuf à trente-deux ans, Philippe va de nouveau convoler. Après la mort de Marie Tudor, il s'est détourné des chimères anglaises et de la difficile Elisabeth et, puisque la fille du roi de France, aux termes du traité de Cateau-Cambrésis, était promise à son fils, l'infant don Carlos, il a substitué d'un trait de plume sa personne royale à celle du jeune prétendant. Elisabeth a quatorze ans ; elle sera « Isabelle », reine d'Espagne.

A Paris, la nouvelle, en même temps que la paix, a été annoncée à son de trompe. Le 15 juin, le duc d'Albe, devant représenter le roi à la cérémonie du mariage par procuration, s'est rendu dans la capitale, accompagné du prince d'Orange et du comte d'Egmont. Le cérémonial a eu lieu quelques jours plus tard et des fêtes splendides, festins, bals, mascarades, se sont déroulées pendant toute la fin de juin. Noces sanglantes, toutefois, car le roi Henri II, au cours du tournoi acharné qui l'opposait au comte de Montgomery, a eu, derrière la visière de son heaume, le visage transpercé par la lance de son adversaire et a rendu l'âme dix jours plus tard dans d'intolérables souffrances.

Le départ de la jeune Elisabeth est retardé par le deuil à la cour de France et elle ne rejoindra son époux en Espagne que six mois plus tard. Philippe se contente, en attendant, du ravissant portrait de sa jeune femme qui ne le quitte pas. Dans son impatience de laisser les Pays-Bas, il a déjà déménagé à Gand ce qu'il reste de sa cour, vidé le Coudenberg des tableaux, livres et tapisseries de sa collection, beaux objets dont il est grand amateur et connaisseur. Il n'attend plus que l'arrivée de la nouvelle régente pour faire voile vers l'Espagne.

A l'accueil fastueux qui lui fut réservé, Madama put juger de son importance nouvelle et en jouir pleinement. Tout acte remarquable était en ces temps concrétisé aux yeux du monde par un chatoyant tableau vivant où les protagonistes du spectacle avaient eux-mêmes l'occasion de mesurer leur pouvoir et leur faveur par le rang qu'ils occupaient dans les cortèges et les cérémonies. Ainsi, le 7 août au soir, aux abords de la ville de Gand, le roi s'était porté au-devant de Marguerite, accompagné de son gouvernement, et, d'un seul coup d'œil, elle avait eu la vision de l'Etat au grand complet, dans sa rigoureuse hiérarchie. Derrière le souverain, les grands seigneurs, les « stathouders », qui lui étaient déjà familiers ; un peu à l'écart, le ministre Granvelle et, dans l'ordre de leurs charges respectives, les membres des conseils, les hommes de robe et les représentants des Etats Généraux. Dans le cortège, elle reconnut instantanément la silhouette juvénile d'Alexandre et son cœur bondit de joie. Préfiguration de l'avenir ? L'image était loin d'être statique, car les chevaux impatients piaffaient et écumaient, sortant parfois du rang. Mais le spectacle était superbe de ces cavaliers noirs et fiers, se profilant sur les lointains de la plaine des Flandres.

Philippe pressait le mouvement. L'intronisation de la gouvernante aurait lieu aussitôt, et, peu après, Madama, raide dans ses plus beaux atours et ses plus somptueux bijoux, apparut aux côtés du roi dans la grande salle des Etats Généraux de Gand. Pourbus a fait d'elle alors un portrait. L'allure est princière. On ne lit plus ni doute ni impatience sur le visage de la duchesse. Réconciliée avec elle-même, Madama est — et ne veut plus être que — « la Gouvernante ». L'expression est sérieuse, très réservée. Elle reflète, toutefois, un peu de tristesse, on dirait même de l'angoisse... Marguerite a trente-sept ans.

Dans cette cérémonie d'intronisation, la gouvernante n'avait pas à prendre la parole et les assistants ne découvrirent ce jour-là que son visage fier et fermé, auquel le silence obligé donnait l'air quelque peu hautain. Granvelle officia en son nom et à la place du roi qui ne pouvait toujours pas communiquer avec ses sujets dans leur propre langue. Dans un long discours, il leur recommanda la régente que le souverain leur avait choisie « pour l'amour et singulière affection que toujours elle a porté aux pays de par deçà, comme y ayant esté née et nourrye et sachant les langues d'iceulx ». Il ajouta qu'elle aurait « tout tel pouvoir et auctorité que la feu reine douairière de Hongrie ». Dans ce discours-fleuve, sorte de testament de Philippe avant son départ, revu et corrigé par la subtilité de l'évêque d'Arras, il est probable que Marguerite ne retint que ces deux phrases décisives et que, bercée par le fonds sonore, chaleureux et flatteur, de la voix du prélat, elle scruta attentivement les visages qui l'entouraient et qui allaient l'accompagner dans sa mission pendant huit ans.

La séance des Etats Généraux occupa toute la journée du 8 août. Le roi, paternellement, faisait ses adieux et ses dernières recommandations au pays. Par la bouche de Granvelle, il exprima aux représentants des provinces son regret « de quitter ses bons sujets des Pays Bas, la résidence auprès desquels, si aucunement il luy éstait possible, il voudrait continuer jusqu'au bout de sa vie ». Paroles courtoises et insincères s'il en fut ! Il les assura qu'il leur enverrait son fils quand il serait en âge de gouverner et les incita jusque-là à ne pas se dresser contre la religion de leurs ancêtres, ce qui serait non seulement coupable envers Dieu, mais dangereux : « les pauvres, les fainéants, les vagabonds en profiteraient pour s'élever contre les riches ». Pour aider à cette résistance envers l'hérésie, il leur annonçait un remaniement prochain de la carte des évêchés. Puis il confirma les « stathouders » dans le gouvernement de chacune de leurs provinces.

Jusque-là, les représentants avaient écouté Granvelle avec respect et, lorsqu'il leur fut demandé de voter les crédits indispensables au départ du roi, ils firent mine de s'y prêter. Toutefois l'occasion était unique de présenter au souverain leurs légitimes revendications. Elles portaient sur deux points qui irritaient d'un bout à l'autre les Pays-Bas. Que le roi, d'abord, veuille bien ordonner d'atténuer la sévérité des édits contre les hérétiques. Les Flamands ne supportaient pas de voir les délits d'opinion punis « par le fer, la fosse ou le feu » : cette cruauté les révoltait et, tout autant — sinon plus —, la confiscation des biens des condamnés qui accompagnait la sentence. Les délégués, ensuite, insistèrent pour que le roi emmenât avec lui les troupes espagnoles qui demeuraient encore en Flandre. Désœuvrées et privées de solde, elles vivaient des exactions commises sur le pays. Ils demandaient au roi que l'on fasse garder « les fronts et forts par des sujets des païs de par-deçà et non par des étrangers ». Ce terme d' « étranger » piqua le souverain au vif. Ainsi donc on considérait les Espagnols comme des étrangers ! Ainsi, lui-même était un étranger en Flandre ! Dans la mesure où cette insolence était une vérité, elle n'en était que plus blessante.

Philippe était pris à contre-pied. Il n'avait pas de quoi payer les soldes et le rapatriement des Espagnols, mais il lui était nécessaire d'obtenir le « don gratuit » de ses sujets pour pouvoir quitter le pays. Il promit donc que les soudards seraient rapatriés dans les quatre mois à venir et remplacés par des milices locales.

Ce n'étaient pas seulement les termes de la pétition qui avaient heurté le roi, mais le fait même que l'on ait osé s'adresser à lui aussi abruptement et que sa personne quasi divine se fût trouvée au sein de cette assemblée houleuse qui lui paraissait vulgaire. Le cérémonial bourguignon, transposé en Espagne, avait inventé de multiples écrans pour éviter au souverain-idole semblables contacts. L'isolement qu'on lui ménageait évoquait les coutumes pharaoniques. Il devait par là rester inaccessible et inspirer la crainte, tandis que le mystère qui l'auréolait ajoutait au bonheur que ressentaient ses sujets à entrevoir sa personne royale.

Depuis dix ans qu'il résidait en Europe du Nord, Philippe s'était senti, à cet égard, malmené. Bientôt, dans son pays, il allait recréer un ordre auquel il croyait et dont il acceptait à l'avance les entraves et l'orgueilleux isolement. En attendant, l'aversion qu'il venait d'éprouver en face d'une assemblée pourtant bien peu démocratique, allait rester gravée dans sa sensibilité. Les Etats-Généraux seraient pour lui, désormais, le symbole même du sacrilège, du crime de lèse-majesté et, qui plus est, le brandon de la révolte. De longtemps, il n'en permettrait plus la réunion ([1]).

Le lendemain, le roi partit pour Flessingue où l'attendait la flotte : la galère capitane, avec ses cinq rangées superposées de rameurs, tous forçats enchaînés à leurs bancs, les nombreuses galères de ses proches — car chaque seigneur espagnol emmenait avec lui sa suite et ses meubles —, enfin d'innombrables corvettes et caravelles ; quatre-vingts navires en tout. Le vent n'était pas au rendez-vous et Philippe dut encore patienter quinze jours, visiter à nouveau les provinces du nord et supporter les civilités, les banquets et les discours incompréhensibles des bourguemestres. Dernière ville à avoir vu le roi, Flessingue, treize ans plus tard, serait la première des Pays-Bas à faire sécession. Un souverain plus chaleureux, moins maussade, eût-il pu changer le cours des événements ?

Le vent se leva enfin. Au moment de partir, Philippe fit ses adieux à son gouvernement, devant les mêmes protagonistes qui avaient accueilli Madama peu auparavant. Comblés par le roi de cadeaux somptueux et de larges prébendes, empruntées ailleurs à un taux usuraire, les seigneurs étaient partagés entre la joie de la délivrance et l'angoisse. Il leur restait un sentiment ancré de dévotion à leur « prince naturel ». Ils ne contestaient pas son rôle, mais lui en voulaient de le jouer si mal. Leurs larmes coulaient, ils lui baisaient les mains, mais se demandaient ce que l'on pouvait attendre d'un souverain qui se considérait comme l'envoyé de Dieu sur terre et dont ils avaient appris à connaître l'entêtement et l'obscur pouvoir de dissimulation. Certains avaient pénétré son dessein : celui

([1]) Philippe avait-il oublié le serment traditionnel d'allégeance des Cortès d'Aragon qui ne manquait pas d'insolence : « Nous autres, dont chacun pris isolément est autant que toi, nous qui réunis sommes plus que toi, nous te faisons notre roi. Si tu respectes nos lois et privilèges, nous t'obéirons ; sinon, non ! »

d'aligner les Pays-Bas sur les vice-royautés de Naples et de Sicile et de les faire gouverner de même, depuis l'Espagne, « à l'espagnole ». Le plus perspicace d'entre eux, Guillaume d'Orange, était déjà déterminé à s'y opposer de toutes ses forces.

La gouvernante avait rejoint le groupe officiel au dernier moment. Elle était accompagnée d'Alexandre et venait de passer avec lui les dernières heures de sa présence. Il allait suivre le roi en Espagne et, de plusieurs années, elle ne le reverrait. Marguerite était assez avisée pour savoir que le fils qu'elle retrouverait serait un autre. Elle ne connaissait pas l'Espagne, mais bien les Espagnols. Le charmant Italien, déjà pour son âge expérimenté et européen, reviendrait-il prince ombrageux et fier, sobre et protocolaire, tout de velours noir habillé et portant sur sa personne on ne sait quel deuil mystérieux ? Leurs destins allaient diverger. L'anxiété et le chagrin la dominaient entièrement au cours de cette longue séance d'adieux. Que pesaient en cet instant le pouvoir et les vanités, face à l'inéluctable ?

En moins de trois jours, la gouvernante fut de retour à Bruxelles où la tâche urgente d'installer sa cour secoua bientôt sa mélancolie.

Le grand château du Coudenberg était situé au nord-est de la ville, accolé à la muraille, sur une petite éminence autour de laquelle les marécages étaient, avec le temps, devenus des lacs, gelés en hiver et l'été agrémentés de cygnes. La partie la plus ancienne avait été bâtie par le duc Henri Ier au XIIIe siècle, autour d'une « place des bailles » qui avait donné à la demeure son nom familier de « cour de Bruxelles ». Chacun avait ajouté au château de nouvelles constructions. On devait à Philippe le Bon la grande salle de 45 m sur 17 où Charles Quint allait plus tard abdiquer et où se déroulerait maint événement historique. L'empereur lui-même avait fait construire une galerie de portiques quelque peu méridionale et une chapelle où était abrité le trésor de la Toison d'Or. Les cloches de N.D. des Sablons et de Sainte-Gudule se répondaient au-dessus des espaces, devenus parc, verger, jardin à l'italienne et carrière de tournois.

Les maisons des grands seigneurs se serraient autour de la Cour. Une sévère persécution avait, en 1370, chassé les Juifs du quartier Ravenstein et les palais avaient remplacé les ghettos. La demeure d'Egmont était située en haut du Sablon, l'hôtel de Culemborg lui était contigu. L'hôtel de Nassau se trouvait entre la montagne et la Cour, et non loin, les maisons de Brederode et de Mansfeld, des Lannoy et des Lalaing. Dans ce périmètre se déroulaient les fêtes et les jeux, les joutes, le tir du « papegay » à l'arbalète, et la grande cavalcade de l' « Ommegang », procession des confréries de tir à l'arc, avec ses statues géantes que l'on remisait le reste de l'année dans une grange du voisinage.

Nouveau voisin de la Cour, Granvelle venait, lui aussi, de se faire construire au Cantersteen un beau palais « à l'italienne », le premier de style Renaissance en cette ville. L'architecte Sébastien van Noye y avait apporté tous ses soins ; on l'appelait « la maison d'Arras ». Deux ailes latérales flanquaient le bâtiment central sur lequel était gravée sa devise « Durate ». Il abritait une galerie de marbre, ornée de statues antiques et de bustes d'empereurs : le dernier mot de la mode en Italie.

Un tel décor ne pouvait que provoquer chez Madama un peu d'envie, liée à ses souvenirs romains. Ses magnifiques collections d'antiques étaient encore pour longtemps retenues à Rome, au palais Farnèse. L'histoire ne dit pas si elle avait amené dans ses bagages quelques-uns des bibelots arrachés à la collection de Laurent le Magnifique : les cornalines, les améthystes, les calcédoines délicatement gravées d'aphrodites, de victoires, de faunes et de génies. C'eût été peu de chose pour emplir les vastes salles du palais, en grande partie dégarnies par les départs successifs de l'empereur, de Marie de Hongrie et du roi Philippe. Mais l'artisanat flamand était en mesure de pallier ces lacunes. Jamais l'industrie de luxe n'avait été aussi active dans les Pays-Bas du sud, qui exportaient alors à l'étranger peintures, retables, miniatures, tapisseries, orfèvrerie : tout le superflu de l'Europe — quand ce n'étaient pas les artistes eux-mêmes qui s'expatriaient.

Marguerite fut bientôt environnée d'une opulence toute nordique. Dans les pièces trop hautes, les meubles dessinaient une architecture plus humaine : frontons et piliers, sphynges et faunes, qui faisaient des buffets à deux corps des petits temples miniatures ; lits à colonnes en bois tourné, enveloppés de courtines richement brodées, vastes horizons bleutés des tapisseries, miroirs qui, avec les pièces d'argenterie et les cristaux, reflétaient les flammes des hautes cheminées et la douce lumière des candélabres. Tapis et portières, tableaux de chevalet, cuirs de Cordoue aux murs, émaux de Limoges, sièges nobles, ou bien légers et mobiles, enfin, chatoyants, les livres, reliés comme on le faisait à l'époque, de cuir, de velours vert, cramoisi, moiré, en damas noir, en taffetas blanc ou rose, certains brodés de perles, d'autres présentant une mosaïque de peaux ou de tissus : tel était le décor mystérieux, chaleureux et clos, recréé au Coudenberg par la régente. On ne voit pas toutefois qu'elle se soit fait installer un endroit comparable à la « stufetta » du cardinal Bibiena au Vatican : cette petite salle de bains plaquée de marbres rares et décorée à fresque par Raphaël des « Aventures de Vénus ». L'eau est ennemie de la santé — pense-t-on alors. L'aiguière d'or offerte par Paul III suffira aux ablutions.

Quelques mois plus tard, son fidèle majordome put écrire à Parme : « Ici, nous avons rajeuni la maison. Mais c'est tellement fantastique et différent de chez nous que je peux à peine écrire... ».

Marguerite dépense follement et semble n'avoir hérité en rien de la ladrerie proverbiale des Habsbourg. Sa « liste civile » est de 70 000 florins par an, mais elle se plaint déjà d'avoir été moins bien dotée que Marie de Hongrie, qui en recevait presque le double.

Noblesse oblige, elle s'est constitué une cour qui ne compte pas moins de deux cents personnes. Charles Quint avait recommandé à la reine Marie de ne s'entourer que de Néerlandais, mais Philippe II n'a pas renouvelé cette exigence. Marguerite a auprès d'elle une quarantaine de dames de cour avec leurs caméristes, toutes italiennes. Italiens aussi, bon nombre de fonctionnaires et d'ecclésiastiques, le prédicateur, l'aumônier et son propre confesseur. De même, les médecins et barbiers, les « officiers d'hostel et de la maison » (le fourrier, l'échanson), les artisans et « gens de métier » (tailleur, brodeur, orfèvre, bonnetier, lingère, serrurier...). Pierre de Groot, le maître de chapelle, est cependant néérlandais, ainsi que les quatre premiers soprani et la plupart de ses chanteurs et musiciens. Tout autre choix eût été une injure à la meilleure tradition musicale du temps. Les Flamands n'occupent, par ailleurs, mêlés à d'autres, que des postes subalternes. Dans les communs du château, on s'interpelle dans toutes les langues. Les cochers se nomment Aurelio et Giacomo di Piacenza, le charretier est espagnol et son compagnon, néerlandais. Le commandant des archers est italien, mais dans sa troupe hétérogène, il y a aussi des Allemands.

Précise et pratique comme l'était lui-même Charles Quint, Marguerite a organisé minutieusement le fonctionnement de cette petite communauté jusque dans les moindres détails. Non seulement les préséances, mais les droits et devoirs de chacun, leur logement et celui de leurs gens, leur traitement, leurs rations, enfin les multiples interdits qui empêchent que, par le biais du coulage, la cour ne nourrisse toute la ville.

Parmi les gens de confiance dont Marguerite ne se sépare plus, se trouve Francesco Marchi, artilleur et stratège, qui a fortifié et défendu la ville de Parme devant les troupes pontificales et qui la servait déjà à Florence, au temps d'Alexandre de Medicis. A Bruxelles, il devient le factotum de la cour et on l'emploie à résoudre tous les problèmes, tandis que le pauvre homme, illettré mais génial, se bat, à ses moments perdus, pour faire publier son œuvre sur l'art de la fortification, qui fera date en ce domaine. Francesco Marchi fait un peu figure de grognard auprès de la régente et, à travers les lettres qu'il a dictées au jour le jour, dans un italien approximatif et familier, on devine le dévouement que Marguerite est capable de susciter chez ceux qui la servent, à l'image de l'empereur, son père.

En cet été joyeux de 1559, les lettres de Marchi, pleines de détails pratiques, sont le reflet des nécessités de l'installation : que l'on envoie de Parme, pour Madama, une paire de gants, deux douzaines de lacets, de la poudre pour les dents. Lui-même expédie des cadeaux : des pièces de toile, des étoffes de soie. Entre Parme et Bruxelles s'établit le va-et-vient de tout un bric-à-brac ; il promet « une pierre philosophale », des chapeaux, demande le livret d'un opéra... et termine sur ces mots : « Son Altesse va bien et est plus belle que jamais ».

En contrebas de la « cour », un autre monde, celui des marchands, des banquiers, des commerçants, bourdonne autour de l'hôtel de ville. Le grand rectangle de la place est bordé de maisons flamandes surmontées d'un simple redent, mais dont les façades richement ornées révèlent l'opulence. Ce sont les maisons des corporations qui ont, peu à peu, supplanté les anciennes halles. Un entrelac inextricable de ruelles et d'impasses abrite alentour un commerce d'autant plus animé que l'espace manque. On va du « marché aux herbes » au « marché aux peaux », on s'égare dans l'impasse de la « Tête de Bœuf », ou « du Chapelet », on en sort par la « Rue d'Une Personne »... Il y a « la Grande Boucherie », la « Halle aux draps », la « Petite Rue du Beurre »... Les marchandises, cependant, circulent, grâce au port de Bruxelles. La voie commerçante qui joint le Rhin à la Flandre enjambe ici la Senne au « Pont des Poissonniers » et l'on a créé une place carrée, le Werf, qui sert de dépôt. Bientôt, Madama inaugurera un nouveau port et un canal.

Bruxelles est le centre du gouvernement, mais point encore une capitale. Elle n'est que le trait-d'union entre une fédération de provinces dont la régente ne soupçonne pas encore la richesse et la diversité. Aucun pays, sauf peut-être l'Italie, ne peut rivaliser avec ce carrefour européen en pleine effervescence économique où convergent par terre et par mer toutes les richesses du monde. Anvers, qui a supplanté Bruges enlisée, en est devenu le symbole : Anvers où l'on vend les épices indiennes, où les marchands allemands ont leurs entrepôts, les banquiers leurs établissements, où les Anglais négocient leurs laines, où se tiennent les foires et les bourses de toute l'Europe, où s'investit l'or du Nouveau monde qui fuit l'Espagne ruinée. Anvers, vitrine de ces autres villes solides de tisserands, de commerçants, de riches bourgeois — mais aussi de peintres, d'orfèvres, d'éditeurs et d'humanistes, qui ont nom Gand, Lille, Namur, Louvain, Amsterdam, Utrecht...

Pour l'heure, Marguerite, au Coudenberg, écoute la rumeur qui monte de Bruxelles, le carillon du beffroi qui a rythmé son enfance. Des mouettes, portées par le vent de mer, s'abattent sur les étangs avec des cris stridents et se disputent leur proie dans un tournoiement d'ailes. Une page blanche s'ouvre devant elle.

16

LES « PAÏS DE PAR-DEÇÀ »

Madama reçut bientôt des nouvelles d'Alexandre. Philippe II et sa flotte, après une traversée paisible, s'étaient trouvés jetés, devant Laredo, dans une gigantesque tempête d'équinoxe. Le jeune homme, aux côtés du roi, avait accosté aux rives de l'Espagne transi et mouillé jusqu'à l'os, sur une mauvaise chaloupe, tandis qu'au loin les galères chargées du précieux mobilier et des trésors du pays flamand sombraient, démâtées, dans les hurlements du vent et les clameurs des forçats enchaînés.

Alexandre, peu après, avait eu une autre expérience, que l'on n'ose qualifier d'intéressante. L'inquisiteur Valdès avait réservé au roi, pour son arrivée, un grandiose autodafé, et le jeune homme avait assisté à la sombre mise en scène qui, pour les condamnés, précédait le bûcher : revêtus de la robe de laine jaune chamarrée de flammes et de diables, le « san benito », vêtement d'opprobre, ils avaient défilé devant les tribunes tendues de noir. Une lugubre kermesse de démonstrations religieuses accompagnait leur procession, dans la rumeur des chants et des litanies, grossie par les cris de la foule. Le spectacle aurait semblé à quiconque insoutenable, mais, telle était la bonne conscience et la certitude du roi, qu'aucun doute n'effleura le jeune homme à ses côtés. Il forgeait là son âme de futur défenseur de la foi catholique, en attendant de lui consacrer son épée.

A la cour, il n'était pas seul de son âge. Le prince héritier était son contemporain, quasiment son jumeau. Mais don Carlos était maladif et malingre. Miné par le paludisme, il se développait avec retard, et le portrait qu'en a fait Sanchez Coello, sous de riches apprêts, ne réussit pas à masquer, chez l'adolescent, l'anomalie d'une tête disproportionnée avec un corps de complexion débile. Il boitait un peu et s'exprimait difficilement. Orphelin de sa mère à la naissance, son éducation solitaire et abandonnée avait développé en lui des instincts cruels et une agressivité morbide. Il torturait les animaux et se mettait dans des colères terribles, jusqu'à exiger que l'on pendît tel page qui l'avait contrarié. L'aberrante consanguinité, qui semblait être le maître mot des mariages dans la monarchie espagnole, se résumait en ce pauvre être, ivre d'imaginations glorieuses, parfois généreux, mais incapable dans tous les domaines. En ses veines coulait, pour les trois quarts, le sang portugais des Aviz, mêlé à celui de Jeanne la Folle.

Aux côtés de ce royal avorton, il était cruel de voir évoluer le séduisant don Juan d'Autriche, bâtard de Charles Quint, que Philippe II, suivant le testament de son père, venait d'arracher au secret de sa retraite. Il était le fils d'une plantureuse chanteuse flamande que l'on avait amenée à l'empereur, alors qu'en Allemagne celui-ci traversait un moment de cruelle mélancolie. Charles avait confié l'enfant à l'un de ses fidèles, un musicien de sa chapelle, pour qu'il l'emmenât en Espagne et il était demeuré longtemps caché dans un bourg campagnard de la nouvelle Castille, menant la vie des villageois. A quinze ans, don Juan était apparu à la cour. Il avait le même âge qu'Elisabeth de France, la jolie reine Isabelle qui venait enfin d'arriver à Valladolid, et que les deux fils de Ferdinand de Habsbourg qui étaient venus, pour leur éducation, s'initier à l'Espagne.

Ce petit monde n'était pas triste. Bientôt la cour se transporterait à Madrid et les jeunes gens iraient étudier à l'université d'Alcala de Henares, à quelques lieues de la capitale. Marguerite, rassurée, pouvait ranger, étiqueter, numéroter, comme elle avait l'habitude de le faire, ce parchemin porteur de bonnes nouvelles. Lisait-elle entre les lignes, devinait-elle, le désespoir caché du roi, sa jalousie secrète à comparer quotidiennement les jeunes princes avec son fils unique, déshérité ? Sans cet obscur chagrin, pourquoi Philippe eût-il été, plus tard, si injuste et ingrat envers son demi-frère et son neveu, devenus ses capitaines fidèles et ses plus loyaux serviteurs ?

Marguerite, cependant, s'exerçait au gouvernement.

Il n'était pas facile d'administrer ce pays de trois millions d'âmes, presque aussi vaste que l'Angleterre. Le centre : Flandre, Brahant, Hainaut, Artois, formait un ensemble homogène et accessible, mais les provinces du nord, Hollande, Zélande, Utrecht et Frise, en étaient séparées par un réseau de rivières, de digues, de lacs qui rendaient les communications difficiles. Les liaisons se faisaient en bateau par le Zuider Zee, mais plus souvent à pied, lorsque la mer indomptée brisait les digues qu'on lui avait opposées et envahissait le bas pays. Les provinces du nord-est étaient presque aussi inaccessibles et, au sud, la vieille terre bourguignonne de la Comté était coupée du centre par le duché indépendant de Lorraine. On parlait partout des langues différentes : français, néerlandais, bas-allemand, frison, ainsi que de nombreux dialectes. Il ne manquait pas de paradoxes dans ces « Païs de par-deçà », vitrine de l'opulence de l'Europe du nord : des villes magnifiques de plus de trente mille habitants, mais pas assez d'agriculture pour nourrir une population aussi dense ; des industries florissantes, mais aussi du chômage ; une quantité inégalée d'écoles, mais autant — et plus — d'estaminets...

Dans chacune des provinces, un solide barrage était dressé contre le pouvoir central par les « états », gardiens des privilèges dont la nomenclature, soigneusement rédigée en 1531, servait de base juridique à la contestation. Outre le pouvoir de collecter les taxes, les états possédaient celui de lever des troupes et de s'opposer à la présence de toute armée étrangère.

L'appareil du gouvernement à Bruxelles était celui que Charles Quint avait mis en place pour la régence de Marie de Hongrie, avec une évidente intention centralisatrice. Il comportait le Conseil d'Etat, chargé de la haute politique et composé des gouverneurs des provinces, le Conseil Privé, formé de juristes occupés à la tâche législative ; enfin le Conseil des Finances, pour les affaires fiscales. Les relais dans le pays appartenaient aux Conseils de Justice.

Ce limpide schéma d'un pouvoir central restait quelque peu abstrait. Réunies sous un vocable un peu vague : « La Généralité », les indépendantes provinces acceptaient volontiers le lien que créait entre elles leur « seigneur naturel », reflet d'elles-mêmes vis-à-vis de l'étranger, mais étaient d'avance hostiles à toute manifestation de son autorité. A ce jour, l'histoire avait déjà répertorié plus de trente-cinq révoltes des Pays-Bas contre leur prince.

Ce pouvoir, déjà aléatoire, avait été sournoisement mesuré par le roi à la régente. La déclaration solennelle devant les Etats Généraux, lui conférant « pleine, libre et absolute puissance », était corrigée par une instruction secrète qui en limitait les effets. Philippe II avait créé à ses côtés un véritable gouvernement occulte, la « Consulta », qui allait contrôler ses actes en tous points. Madama se retrouvait les mains liées à l'égard de toutes les décisions importantes — celles, justement, qui lui auraient permis d'asseoir son autorité — et dont le roi se réservait la prérogative : nomination des gouverneurs de provinces et des titulaires de nombreuses charges, disposition des bénéfices et des revenus des abbayes excédant une certaine somme, octroi des grâces pour crimes de lèse-majesté, et de toute espèce de privilèges aux villes, aux communautés et aux particuliers. Enfin, et par-dessus tout, elle ne disposait pas de l'arme absolue que représentait la convocation des Etats Généraux. On aurait plus vite fait d'énumérer ce qui restait entre les mains de la malheureuse gouvernante, hormis l'influence personnelle qu'elle réussirait à exercer sur les détenteurs du pouvoir aux Pays-Bas, et les décisions qu'elle parviendrait à arracher, par la persuasion, au tout-puissant autocrate de Madrid.

Madama ne devait que progressivement prendre conscience de la faiblesse de ses moyens d'action et, lorsqu'elle la mesura, ce fut pour réaliser que les assemblées que l'on avait mises au-dessus de sa tête étaient aussi impuissantes qu'elle. Dictée par le roi, la politique se faisait en Espagne.

Du jour où elle le comprit, elle prit son rôle pour ce qu'il était : écrire à Madrid des centaines de lettres, plaider auprès du souverain la cause de ses sujets ; et, au retour, aménager au mieux pour le pays les décisions royales. L'histoire de ses années de gouvernement se trouve ainsi résumée dans les missives presque quotidiennes, répétitives, par lesquelles elle tente de briser l'entêtement du roi. Cet échange est rendu dramatique par l'indécision pathologique de Philippe II, ses silences inexplicables, qui, ajoutés à la lenteur des communications, frappent d'inanité les efforts de la gouvernante.

Marguerite couvre des pages de sa grande écriture masculine, dans un style qui manque de concision et où abondent les plaintes et les lamentations. Elle a rapporté d'Italie cette manière un peu théâtrale, qui trompe sur son caractère par ailleurs ferme et courageux. Officiellement, elle écrit en français, mais elle utilise l'italien dans sa correspondance secrète avec le roi.

Philippe II avait fait de la « Consulta », ce gouvernement occulte, un « triumvirat » et la formule masquait pudiquement qu'un seul homme y jouait un rôle prééminent. Elle était présidée par Viglius, savant juriste qui avait la même situation honorifique au sommet des autres conseils. Ce fonctionnaire est décrit comme « docile et timoré, faible, sans caractère et prompt à se résigner ». Lucien Febvre rapporte qu'il s'appliquait à lui-même le proverbe « fidelis servus, perpetuus asinus » — preuve d'un certain humour, rare pour l'époque. A ses côtés, le baron de Berlaymont représentait la part donnée à l'aristocratie locale, mais le roi avait choisi ce seigneur pour sa fidélité insoupçonnable et pour le souci bien connu qu'il avait de ménager chacun avec habileté.

Antoine Perrenot de Granvelle, évêque d'Arras — « Monsieur d'Arras », comme beaucoup le nommaient —, surclassait ces insignifiants collaborateurs. En lui s'épanouissait la réussite exemplaire d'une famille bourgeoise de la Comté. Depuis l'aïeul Perrenot, forgeron à Dôle, les deux générations suivantes s'étaient haussées au sommet, à force d'études et de ténacité. Le père d'Antoine, Nicolas Perrenot, remarqué par le ministre Gattinara, puis par la régente Marguerite d'Autriche, tante de l'empereur, était devenu le premier collaborateur de Charles Quint qui lui accordait toute sa confiance. Il appliquait aux affaires le sérieux et la minutie qui, face à la légèreté et à la prodigalité des aristocrates, faisaient la force de la bourgeoisie montante. Il mettait le même soin à s'enrichir ; et, bientôt, en Comté, les Perrenot, devenus « de Granvelle » par l'achat d'une terre noble, possédèrent un nombre impressionnant de domaines ainsi qu'un superbe hôtel construit au cœur de Besançon. Selon Simon Renard, un de leurs compatriotes, brillant lui aussi, mais jaloux, « toute la Comté n'est qu'un fief des Perrenot ».

Monsieur d'Arras, élevé en Espagne, était moins provincial que son père. Il se considérait comme « étant de partout » et la fidélité aux Habsbourg était sa seule appartenance. Il avait coutume de dire : « Je me contente de m'entendre bien avec mon maître. » En cela, il s'apparentait à Marguerite. Auprès d'un maître aussi peu sûr que Philippe II, cette allégeance faisait leur fragilité.

Nous connaissons Antoine de Granvelle, peint par Antonius Mor, à l'âge de quarante ans : un beau visage ouvert, un regard aigu, pénétrant, interrogateur, la prestance d'un prélat de cour, un grand air d'élégance et de distinction. Il vivait en grand seigneur, entre son hôtel de Bruxelles, son château de Cantecroy, près d'Anvers, et une villa, avec un jardin de plaisance, aux environs de la capitale, où il soignait jalousement ses plantes rares, les truites de ses viviers, les tortues et les écrevisses des bassins. Il aimait les beaux tableaux et collectionnait les instruments de musique. On lui prêtait des maîtresses. Cet homme cultivé, de goûts raffinés, rompu à la politique depuis l'enfance, parlant toutes les langues et correspondant avec l'Europe entière, avait sans doute le tort de laisser deviner le sentiment qu'il avait de sa supériorité. Rentrant en Espagne, le roi ne l'avait pas conservé auprès de lui comme ministre. Pour quelle raison ? Jalousie du souverain, peut-être, et sans aucun doute, jalousie des courtisans. Granvelle n'allait pas tarder à susciter le même antagonisme chez les seigneurs des Pays-Bas.

La collaboration de Madama avec Granvelle commença sous les meilleures auspices. Marguerite avait tout à apprendre sur le pays qu'elle était appelée à gouverner et dont elle ne connaissait que les apparences. Jour après jour, Monsieur d'Arras venait lui en décrire la réalité.

La gouvernante devait savoir qu'elle arrivait aux Pays-Bas en un moment où tous les problèmes, mûris — et même pourris — par le temps, envenimés les uns au contact des autres, risquaient de devenir explosifs. La richesse du pays, expliquait-il, est plus voyante que réelle : quarante ans de guerre avec la France ont désertifié certaines campagnes. Sait-elle que cent quarante villages ont été abandonnés en Hainaut et que les loups y ont fait leur apparition ? que le nombre des pauvres en ces pays est un des plus élevés d'Europe, et que le paysan néerlandais mange, avec sa soupe salée, un pain noir « si noir qu'on n'en voudrait pas en Espagne » ?, qu'un pays où l'on importe le quart des denrées alimentaires est à la merci d'une mauvaise récolte, d'un hiver rigoureux, d'une inondation qui engloutirait les troupeaux de vaches frisonnes — que le prix du blé monte sans cesse, que la banqueroute du roi, deux ans auparavant, a ruiné de nombreux commerces et fait monter les taxes, qui absorbent maintenant les deux tiers des budgets communaux ? Cela ne va pas sans mécontentement : les Néerlandais ont la conviction qu'ils ont payé pour l'Espagne, et rien ne peut les en faire démordre.

Granvelle entretient Madama de l'hérésie. Depuis la condamnation de Luther, en 1520, elle a prospéré aux Pays-Bas sur un terrain rendu propice par l'influence d'Erasme, l'indépendance d'esprit des Flamands, la diffusion des livres, l'éveil critique des lettrés et bourgeois des grandes villes, le voisinage de l'Allemagne émancipée aux deux tiers. L'heure n'est plus aux doctrines mal définies qui ont secoué la première moitié du siècle, catalysant de confuses aspirations d'indépendance et de rejet. L'hérésie multiforme, qui avait pris le visage des anabaptistes, ou celui des disciples de Zwingli, de David Joris, de Cassander ou de Hendriek Niclaes, marque le pas.

Autrement dangereuse aujourd'hui est la progression de la doctrine de Calvin. Luther était a-politique. Calvin menace le pouvoir civil, puisqu'il propose un nouveau type d'Etat, quasi-républicain, où l'autorité laïque serait soumise à la censure de l'autorité religieuse, élue, du consistoire. Les ministres de Calvin sont prêts au martyre, efficaces, organisés. Chaque cellule calviniste qui se constitue reçoit un pasteur formé à Genève... Granvelle est bien placé pour savoir que Besançon, seule ville impériale de la Comté, a failli devenir une « Cité des Saints ». Les villes flamandes pourraient à chaque instant être soumises à la même tentation. Il vient de se tenir à Paris — Madama le sait-elle ? — le premier des synodes nationaux de l'Eglise réformée de France, sur le modèle de l'Eglise de Genève, avec des pasteurs désignés par Calvin. Le même Calvin est en train de publier, en français, la sixième édition de son maître-livre, l'*Institution de la religion chrétienne*, un petit volume facile, maniable, qui ne tardera pas à être colporté sur toutes les routes de Flandre par les marchands ambulants, camouflé dans des tonneaux de châtaignes à l'apparence innocente.

Ainsi parlait Granvelle, alertant la gouvernante sur les dangers à venir et renforçant son énergie dans le sens d'une autorité sans faille, reflet de celle du maître, en Espagne. Lorsque quelque détail avait échappé à ces longues conversations, il écrivait un petit billet à Madama qu'un courrier apportait de la « maison d'Arras » au Coudenberg tout proche, ou, simplement, à travers les corridors du château, du conseil restreint aux appartements de la gouvernante [1]. Dans l'atmosphère tranquille, à peine troublée par le bourdonnement de la ville, les cris des colporteurs, le pas des chevaux et la musique populaire qui jaillissait au coin des rues, les plumes couraient sans bruit sur le parchemin.

Marguerite admire Granvelle. De longtemps il ne lui a été donné le plaisir d'avoir à sa dévotion un homme de cette envergure intellectuelle et elle se soumet volontiers à son influence. Cette femme à qui l'on ne prête, depuis son malheureux mariage, aucune aventure sentimentale, que l'on dit, à tort, masculine, semble au contraire toujours à la recherche d'un conseiller à qui donner sa confiance et qui la

(1) Personne n'écrivit plus que Granvelle. Pendant son séjour à Bruxelles, il adressa à Madama 260 lettres et billets et 178 à Armenteros.

domine, surtout depuis la disparition de l'empereur. Elle est assez indépendante pour savoir vivre la solitude, mais point pour agir seule.

Elle compte aussi sur cette collaboration avec Granvelle pour qu'il fasse avancer ses affaires auprès du roi. Plaisance, pense-t-elle, ne pourra désormais qu'être très prochainement libérée. Et Granvelle s'y emploie loyalement ; sans aucun succès, bien entendu. On a rendu cet échec responsable des nuages qui plus tard s'élevèrent entre eux. Ce serait réduire la mentalité de la princesse à une seule idée fixe, alors qu'elle était capable d'horizons moins mesquins. Toutefois, son désir de se valoriser aux yeux d'Ottavio et de son fils par la « reconquête » de la citadelle de Plaisance était immense, et obsédant.

Au moins Granvelle l'aida-t-il à régler ses différends avec Catherine de Medicis. Elle pouvait maintenant parler d'un peu plus haut à cette cousine par alliance dont elle suivait le destin avec envie depuis leur première rencontre à Florence. Catherine était reine, mais les Français ne se privaient pas dans leurs libelles de la traiter de « marchande florentine », tandis que Madama se voyait reprocher sa bâtardise. Les deux « Italiennes » avaient le même goût réjouissant de la dépense effrénée et la passion de construire. Elles étaient, l'une comme l'autre, éprises de paix et relativement tolérantes dans une époque qui ne le permettait pas. Elles seraient toutes deux injustement critiquées. Elles auraient pu, la paix revenue, se réconcilier, si Catherine n'avait pas été aussi avide de récupérer ses biens florentins, si Madama n'avait point tant haï les Français. Elles se contentèrent de signer entre elles un acte par lequel Marguerite renonçait au « palais Madama » de la place des Lombards, à Rome, mais en gardait l'usufruit jusqu'à sa mort, tout en conservant pour la maison Farnèse la villa du Monte Mario. Cet accord mettait fin à vingt ans de tracasseries (1).

(1) L'accord fut négocié non sans peine entre les deux princesses par leurs agents, le 1er juillet 1560. Objets de litige : des domaines sur les territoires de Florence et de Pise, aux environs de Rome, à Rome, dans le royaume de Naples, des rentes sur le Mont-de-Piété, des bijoux, des objets d'art. Marguerite conservait les biens du royaume de Naples, les bijoux, l'usufruit des biens situés à Florence et à Pise, du palais Madama, du castel de

Non content de limiter le pouvoir de la régente par un conseil secret et par la tutelle de Granvelle, le roi lui avait imposé un secrétaire espagnol. Il se nommait Thomas Armenteros et était le neveu du secrétaire particulier du roi à Madrid, Gonzalo Perez. C'était, avec les comtes de Feria, de Vargas, d'Erasso, l'un des nombreux Espagnols que le roi avait laissés derrière lui en pays flamand dans les principaux rouages du système, pour les mieux contrôler. En revanche, il avait emmené à sa cour le comte de Hornes, dont il avait fait un conseiller aux affaires néerlandaises. A Madrid, Hornes ne fut consulté sur rien et revint, deux ans plus tard, joindre son mécontentement à celui de ses pairs. Cependant, Armenteros se rendait aimable. Non seulement il plaisait à Marguerite, mais il utilisait adroitement sa situation pour se faire des amis. L'argent ne lui était pas indifférent ; il monnayait ses services et fut bientôt surnommé « Argenteros ».

Madama prenait ainsi, dans le secret, les décisions qui lui étaient suggérées — car ses conseillers étaient assez diplomates pour lui laisser l'illusion du choix — et venait ensuite siéger au Conseil d'Etat, parmi les gouverneurs, chevaliers de la Toison d'Or. Elle apportait en cette assemblée ses travaux de broderie et, des heures durant, faisait aller ses aiguilles et ses ciseaux, mêlant aux dossiers les écheveaux de soies multicolores et écoutant sans impatience les discussions. Ses remarques étaient pertinentes et, objectivement, ses interlocuteurs durent l'admettre. Armenteros décrit à Madrid le « zèle admirable de Madama et l'étonnement des seigneurs sur sa connaissance des choses de l'Etat. » Granvelle note ailleurs combien « elle s'efforce de reconquérir la sympathie de son peuple ». De fait,

---

S. Angelo à Tivoli. Sur la villa Medicis (dite alors « vigna Medicis »), les droits des deux princesses étaient réservés.

Catherine de Medicis céda ses droits sur le palais Madama au grand-duc Ferdinand de Toscane lors du mariage de celui-ci avec sa nièce, Christine de Lorraine. Il était stipulé que le palais, destiné alors au représentant de la France, demeurerait à la disposition de l'ambassadeur « durant la vie du roi régnant ». En 1589, Henri III contresigna la renonciation au palais Madama. Catherine n'avait pas attendu pour disposer en faveur de Saint-Louis des Français « de toutes les maisons, les petits lieux et les boutiques autour du palais », dont Madama était usufruitière, en échange de prières et de messes à perpétuité à sa mémoire.

elle intervient pour moraliser certains usages — notamment les prébendes qui motivaient les nominations —, se montre généreuse envers les demandes particulières, attentivement examinées, des communes, et, en général, intervient avec fermeté et bon sens.

Mais le conseil ne se contente pas de cette comédie et les seigneurs ne décolèrent pas que l'institution où ils siègent soit frustrée de son pouvoir traditionnel par la « consulta » — ce petit comité sans statut officiel et sans responsabilité publique —, que leur autorité soit confisquée par Granvelle, un homme « de robe », qui plus est, comtois, et qu'un Espagnol puisse y user de son influence occulte.

Le comte d'Egmont est le plus légitimement indigné de ce manque d'égards. Par les services rendus à l'empereur sur tous les champs de bataille, par l'ancienneté de son nom, sa richesse, l'importance de ses charges — il est gouverneur des Flandres et de l'Artois —, il aurait pu prétendre à la régence. Sa qualité d'aîné et son tempérament impétueux le désignent comme le porte-parole du mécontentement.

On remarque moins Guillaume d'Orange. Pendant les conseils, Marguerite a le loisir d'observer l'attitude réservée et réfléchie du prince, son visage fin, ses yeux obliques. Le très jeune homme qu'elle a connu lors de son premier séjour à Bruxelles a maintenant vingt-sept ans. Depuis cet hiver insouciant, il a continué de mener la joyeuse vie des chevaliers, qui n'est plus la contre-partie justifiée de leurs exploits sur les champs de bataille. La paix est pesante, les seigneurs s'ennuient, ils font bombance et ripaille et l'hôtel d'Orange n'est pas le dernier à les abriter. Il s'y trouve — dit-on — un « lit à quinze places » où l'on peut rester cuver son vin jusqu'au lendemain matin. Ces « hauts-faits » des chevaliers sont — pour leur courte honte — récapitulés dans le grand livre de l'Ordre de la Toison d'Or et, par là, livrés à la postérité. Lorsqu'il en a pris connaissance, Philippe II, outré, a prétendu, avant de partir, leur imposer la messe quotidienne obligatoire : ils ont refusé.

Mais ces jeux n'amusent plus Orange. Au moment des adieux du roi, il a eu une vive altercation avec son souverain au sujet du maintien des troupes espagnoles aux Pays-Bas. A-t-il pris, soudain, conscience, en un éclair d'orgueil, que la sujétion à l'Espagne serait dorénavant intolérable ? La mort de son père, deux mois plus tard, est-elle venue lui rappeler qu'il était d'origine allemande et qu'il pourrait trouver là-bas une aire de liberté ? Le fait est qu'il devient alors chef de famille de la maison de Nassau, d'allégeance impériale... Un projet mûrit en lui ; il va le mener à bien contre vents et marées.

Orange a flambé en quelques années un revenu pourtant considérable, il est couvert de dettes et s'en explique légèrement à son frère : « Affaire de race — dit-il —, nous sommes un peu mauvais mesnagers en notre jeune temps ; mais, quand nous serons vieux, serons meilleurs, comme feu notre père. » Voire. Le comte de Nassau laisse derrière lui une situation financière désespérée : il doit un million de florins au landgrave de Hesse. Guillaume est veuf depuis peu. Il a perdu, avec sa jeune femme, tout ce qu'il pouvait investir de sentiment dans une union légitime. Il décide alors de faire un mariage politique, qui sera aussi un mariage d'argent. Et, en ce début d'année 1560, le jeune homme qui siège au conseil avec Egmont aux côtés de Madama vient d'écrire directement au roi à Madrid pour lui soumettre son projet. Il souhaite épouser Anne de Saxe, la nièce du Grand Electeur Frédéric. La dot de la princesse est considérable et elle sera précisément l'héritière du landgrave de Hesse. Il a volontairement omis de dire qu'elle est la fille de feu Maurice de Saxe, l'ennemi juré de Charles Quint, celui-là même qui a manqué de peu capturer l'empereur à Innsbrück — et que le grand-père de l'élue est Philippe de Hesse, autre conjuré de Smalkalde. Pense-t-il que le roi ne connaît pas l'arbre généalogique des maisons allemandes, ou qu'il a la mémoire courte ? S'imagine-t-il qu'aurait pu échapper au souverain la constatation que tout ce monde est luthérien ? La nouvelle est si considérable qu'à Madrid comme à Bruxelles elle plonge chacun dans la perplexité. Seul Guillaume semble inconscient du pavé qu'il a jeté dans la mare.

La gouvernante et Granvelle tentent de détourner le prince d'affronter des obstacles aussi insurmontables. Mais les égards dont il entoure Marguerite, la déférence qu'il marque envers son aîné, l'évêque d'Arras, rendent difficile à ceux-ci de le contrer ouvertement. Avec habileté, il a même obtenu de la régente qu'elle appuie sa demande auprès du roi. Tardivement, la réponse est venue de Madrid, reflet de l'incertitude de Philippe. Il laisse Madama juge de la situation. A elle de décider pour le mieux, de faire en sorte que ce mariage « ne porte pas préjudice à la foi ».

Marguerite aurait-elle pu — en empêchant une union qui allait rétablir la fortune du prince et lui donner une dimension européenne — changer, ou tout au moins dévier le cours de l'histoire des Pays-Bas ? On peut tout imaginer. Mais son conseiller Granvelle ne faisait rien, de son côté, pour nuire aux intérêts d'Orange dans l'esprit de la gouvernante. Il lui semblait sans doute prudent de ménager un homme qui, outre les charges qu'il exerçait en Hollande, en Zélande, en Frise et à Utrecht, possédait héréditairement une partie de la Comté et avait vocation à en devenir le gouverneur.

Ainsi Guillaume pouvait-il jouer avec désinvolture son jeu étrange et provocant, entre la famille luthérienne de sa fiancée et la cour de Bruxelles — promettant aux uns que sa future femme pourrait pratiquer discrètement la religion de son enfance et en être assistée au moment de sa mort — et aux autres qu'elle se convertirait officiellement. Orange n'attachait aucune importance aux formes de la religion. Arraché, enfant, à sa mère et à ses croyances, converti pour l'intérêt d'un héritage, fort peu édifié par la morale de la cour de Bruxelles, il était, comme nombre de ses pairs, prêt à tirer l'épée pour le nom du Seigneur, mais point à lui sacrifier ses ambitions et sa manière de vivre. Il rêvait, avec certains d'entre eux, aux accommodements de la religion luthérienne qui, en de nombreux cas, avaient permis aux seigneurs d'outre-Rhin de s'approprier des biens ecclésiastiques sous prétexte de sécularisation.

Ayant séduit sans peine Anne de Saxe, qui n'était ni gracieuse, ni aimable, mais qui s'enticha de lui au premier coup d'œil, Orange réussit, en quelques mois de manœuvres et de fausses promesses, à amener tant la cour de Saxe que celle de Bruxelles à acquiescer à son projet. Madama, résignée, écrivit au roi « avoir consulté gens savants de conscience et bien versés en théologie qui consentaient que ce mariage se pourrait faire d'un catholique avec une qui fût dévoyée, pourvu que, sincèrement, elle veuille retourner et abjurer ses erreurs », tandis qu'Orange arguait que sa fiancée venait d'Allemagne « où règne une plus grande liberté dans les mariages ». En outre, ajoutait-il, il n'avait consulté le roi que « par respect », car son origine allemande lui permettait de passer outre à la volonté royale. Tout se mêlait dans l'attitude de Guillaume : l'indifférence religieuse, une désinvolture princière, une ambition démesurée et déjà l'ombre d'un chantage...

Marguerite, cependant, lui gardait son amitié et s'affairait aux détails. Philippe ayant envoyé 3 000 écus pour offrir une bague à la princesse, elle commanda aux bijoutiers de la cour de venir la trouver au palais. Mais, explique-t-elle au roi, « les joailleurs d'Anvers ayant apporté leurs joiaux, le temps était court pour les faire besoigner » ; on achèterait la bague en Allemagne. Les préparatifs de la noce allaient leur train à Leipzig, une noce vraiment royale à laquelle seraient représentées plusieurs cours d'Europe et où Orange prétendait inviter tous les gouverneurs de province des Pays-Bas. Au grand dépit des seigneurs, Madama dut refuser un pareil déplacement « au cas où quelque chose surviendrait en leur absence ». Elle craignait, non sans raisons, que des liens trop étroits se nouent en cette occasion entre ses Flamands et les princes luthériens allemands.

Enfin, les cérémonies achevées, Guillaume revint d'Allemagne, ramenant la princesse. Marguerite alors raconte au roi comment la jeune femme, ayant dû abandonner à Mayence, selon l'usage, ses suivantes allemandes, a été accueillie par « les dames et demoiselles qui la devaient servir et tout son train ». Elle conclut, soulagée, parlant d'Anne de Saxe : « Tous m'assurent de l'apparence qu'il y a que la princesse s'accommodera en tout à la volonté du prince et à la religion catholique », et, de fait, celle-ci entend la messe tous les matins, apportant un démenti aux rumeurs que l'on avait fait courir. Guillaume lui-même se montre catholique zélé — n'hésitant pas à sévir contre les sectaires de la petite principauté d'Orange, en France, dont il est le seigneur. Lavé de tous soupçons et plus puissant que jamais, il peut considérer qu'il a réussi dans son entreprise audacieuse.

17

LES PROBLÈMES DU GOUVERNEMENT

Le départ des troupes espagnoles

Le mariage du prince d'Orange avait été pour Marguerite une entreprise où elle avait pu jouer de sa diplomatie, de ses affinités, de ses relations. Beaucoup plus ingrate s'était imposée à elle, au même moment, la tâche de débarrasser le pays des troupes espagnoles qui l'encombraient encore. Elle n'avait pas été longue à comprendre qu'en ce domaine le roi allait tricher et que la promesse qu'il avait faite de libérer les Pays-Bas en quatre mois de ces hôtes importuns n'avait été qu'un moyen de faire taire les revendications du moment.

Le roi avait cru habile d'offrir le commandement des Espagnols à Egmont et Orange, mais ceux-ci avaient refusé un honneur qui ressemblait à une caution. Ils étaient eux-mêmes à la tête de « bandes d'ordonnance » qui regroupaient, en quinze enseignes, mille huit cents cavaliers, recrutés par les seigneurs et payés par l'Etat. La moitié de la noblesse du pays servait dans cette petite armée qui était le ciment de toute une classe sociale et une force non négligeable entre les mains des gouverneurs. C'eût été perdre au change que de la négliger pour commander une armée étrangère dont le pays voulait à tout prix se débarrasser.

Outre la signification politique évidente de ces garnisons espagnoles, Orange y devinait, à tort ou à raison, l'instrument d'une future et sanglante répression contre les hérétiques. Lorsqu'il s'était trouvé en France, comme otage, lors de la signature du traité du Cateau-Cambrésis, il avait, croyait-il, percé à jour un complot entre les alliés de fraîche date — le roi de France et le roi d'Espagne — pour la liquidation physique des protestants dans les deux pays. Il était donc un des plus ardents à attiser le mécontentement populaire et à demander le départ des occupants qui pourraient devenir l'instrument d'un tel massacre.

Deux mois à peine après son arrivée au pouvoir, Marguerite, consciente du problème, commence à alerter Philippe II. Le 4 octobre, elle lui signale que les représentants du Hainaut, venus à Bruxelles, mettent pour condition expresse aux demandes d'argent du souverain « de ne rien accorder jusqu'à ce que les Espagnols soient partis ». On leur a renouvelé, pour les calmer, la « tant bénigne réponse » que le roi a faite à Gand : l'armée partira dans un délai de quatre mois. Le 7 décembre, rien n'a bougé. Madama insiste : « les états... calculent le temps fort exactement, mettant, en leur réponse sur l'aide, une expresse condition du partement des dicts Espagnols ».

La situation se complique d'incidences financières. Philippe a promis de régler les soldes, déjà arriérées de trois mois; il n'en fait rien. Les soldats se payent comme ils peuvent sur le pays et la gouvernante se lamente : « ne pouvant soutenir aux places où ils sont, ils font toujours quelque foulle ou désordre ». Sage Marguerite, qui écrit à son frère, dans la même lettre au sujet de ce départ : « peut-être serait-il mieux le faire libéralement et à temps, puisqu'enfin il doit se faire, que de laisser engendrer mauvaise humeur par la dilation ». Pour éviter le pire, elle avance de l'argent aux capitaines, tirant des traites sur le trésor espagnol, que le roi, après coup, sera bien obligé d'accepter.

Le 30 décembre, Philippe sort de sa torpeur. On ne peut, dit-il, rapatrier les Espagnols que si les Etats votent des crédits pour une force locale de remplacement. « Il sera besoin de mettre autre garnison es lieux dont ils sortiront, laquelle je n'ai moyen de payer... » Obliger les dix-sept états à voter ces crédits va certes lui donner un large délai supplémentaire; mais, aussitôt, Madama se met à l'œuvre. Elle est très au fait — et l'a prouvé à Parme — des problèmes d'effectifs militaires.

Le 17 mars, elle peut écrire à Philippe : « Il faut trois mille deux cents soldats en seize enseignes et j'ai fait faire le calcul de ce qu'il en reviendrait aux Etats... Je leur ai fait dire que le départ des Espagnols est fonction de leur bonne volonté à payer. »

Entre-temps, le roi a touché la dot de son épouse, Elisabeth de Valois : quatre cent mille écus, qui vont directement s'engouffrer dans le trou que représentent trois mois de soldes des soldats espagnols. Dès qu'il sont payés, certains désertent et vont s'offrir à l'Angleterre, contre l'Ecosse, et au service de l'hérétique Elisabeth. Sur l'ordre du roi, Madama y met bon ordre. Mais ses lettres d'avril et de mai 1560 signalent avec découragement que certains états refusent encore de financer la nouvelle force nationale. Hollande, Flandre et Brabant sont réticents. Louvain objecte que les garnisons aux frontières doivent être à la charge de l'Espagne. Egmont et Orange, dans leurs provinces, appuient Marguerite de leur mieux. Cependant, avec les mois qui passent, la dette s'accroît, car la régente paye, pour rien, à Flessingue, les bateaux de transport et les vivres destinées au voyage. S'accroît également la rage des populations. Le 13 septembre, Marguerite signale qu'à Douai se sont produites entre les soldats et les habitants de la ville « alcunes choses de bien mauvaise digestion... Toutes petites occasions, ajoute-t-elle, y accroissent l'aigreur ». Les soldats refusent de rester dans les forteresses aux frontières et se répandent dans la campagne.

Alors arrive de Madrid un courrier bien fait pour désespérer la gouvernante. Le 5 octobre, Philippe lui écrit en substance : j'ai promis au roi de France de l'assister contre les rebelles... et, outre des fantassins et des gendarmes que je lui achemine, lui ai accordé les soldats espagnols qui sont aux Pays-Bas. « Je suis forcé de vous requérir — comme je requiers — que vous veuillez encore retarder pour aucun temps leur partement », et il termine par des paroles lénifiantes : « Il faut faire de nécessité vertu... Je ne doute que vous, Madame ma bonne Sœur, et mes ministres feront ce qu'il pourront. » Ce revirement semble confirmer les pressentiments d'Orange et lui donner raison.

Marguerite explose ; mais l'Italie l'a rendue rusée. Le

2 novembre, elle écrit au roi : « Lorsque vos lettres sont arrivées, jà les dicts Espagnols étaient en Zeelande... l'embarquement était bien avant acheminé. » Prudente, elle ajoute : « Chacun, ici, démontre grand désir d'obéir à Votre Majesté, si aucunement faire se pouvait. » Et, avec éloquence, elle prouve à son frère que la saison est bien trop avancée pour des opérations militaires en France, et que le mécontentement des Etats et des populations atteindrait un degré insupportable. « Un petit désordre suffirait pour allumer un grand feu. » Le 20 novembre, Philippe, résigné, répond : « Je me suis conformé, et conforme, à votre avis... qu'on les fasse partir à la première commodité. »

La commodité, ce serait un vent favorable. Mais, le 26 novembre, Madama écrit : « Le vent a été si contraire que, embarqués un mois durant, ils n'ont pu dépasser Flessingue. Ce serait cruauté de les tenir plus longuement dans les bateaux où déjà ils commencent à devenir malades » ; elle envisage de débarquer à nouveau les malheureux « souldars ». Toutefois, les habitants des îles n'en veulent à aucun prix. Ceux de Walcheren disent qu'ils laisseront plutôt péricliter leurs digues — et leurs biens avec — que de recueillir les Espagnols. On croit à une feinte et le crédit du roi d'Espagne en sort amoindri. En attendant, Madama, prudente, exige la « monstre » des troupes, c'est-à-dire le rappel. Elle soupçonne qu'un bon millier de soldats a déserté et que l'on se partage leur solde.

L'année 1561 commence et la situation tourne à l'absurde. Le 10 janvier, il y a une apparence de beau temps ; les troupes se rapprochent des navires et — dit Marguerite — « dès qu'ils achevèrent de se rembarquer, le vent cessa ». Il fallait, en effet, huit à dix jours pour rameuter les soldats là où ils se trouvaient. Elle décide alors de les fixer à bord et raconte : « Les officiers sont héroïques... restent embarqués avec une telle grande incommodité que j'en ai fort compassion, voyant ce qu'ils souffrent... Jusqu'à présent, il n'a fait encore ni froid d'importance, ni soufflé vent du nord, sinon toujours ponant et pluies... nous allons, attendant, de quartier de lune à autre, que le vent se fasse meilleur. »

Enfin, le lendemain même, Madama put écrire au roi : « Il a plu à Dieu, sur ce dernier quartier de lune, nous envoyer le plus beau temps du monde... pour la navigation des Espagnols, lesquels se partirent hier environ le midi... Devant la minuit prochaine, ils auront passé le bout de l'Angleterre et seront en mer d'Espagne. »

Philippe allait recevoir bientôt sa cargaison de soudards transis, malades et affamés. Où est-il, le fier « tercio », où sont les trois « coronelias » de mille hommes, les douze compagnies, avec leur maître de camp et leur « sergento major », leur chapelain, leur chirurgien et leur bourreau ? Ceux que Brantôme a décrits : « Braves et en poinct comme princes, portant leurs épées hautes, leurs moustaches relevées, les bras aux côtés. » Il a fallu dix-sept mois aux Flamands pour s'en débarrasser. Bientôt, hélas ! ils reviendront.

Etrange caractère que celui de Philippe, sous ses dehors urbains : consciencieux jusqu'au scrupule, hésitant, mais armé d'une foi indestructible. Cette « ardente obligation qui lui tient lieu de jugement » justifie à ses yeux des actions longuement mûries devant Dieu, décidées froidement dans le calme d'un cabinet, loin des cruelles réalités. Stratège en chambre, dépourvu d'imagination comme de bon sens, méfiant, craintif, entêté et quelque peu menteur, comment résisterait-il aux effluves de l'encens qui monte des courtisans vers le souverain le plus puissant d'Europe ? comment le doute pourrait-il l'effleurer ?

Alors qu'elle s'efforce, pour le pays et pour elle-même, d'arriver à des solutions raisonnables, Marguerite commence à mieux comprendre son interlocuteur, au fil de leur correspondance. Les lettres de Philippe se font attendre et, lorsqu'elles arrivent, on s'aperçoit que, derrière la courtoisie protocolaire, elles éludent les objections, s'attachent à des détails minuscules, n'apportent aux vrais problèmes qu'une réponse figée, dictée au roi par Dieu lui-même dans leur tête-à-tête privilégié et où les intérêts du ciel se confondent miraculeusement avec ceux de la couronne.

Désormais, chaque fois qu'arrive d'Espagne le pli qui contient les instructions de Philippe, Marguerite s'attend à une mauvaise surprise. Il y a toujours quelque bonne excuse pour ne pas répondre à ses demandes d'argent. Sur ce point les supplications qu'elle fait au souverain dans presque chaque missive sont parfois pathétiques. Tout le monde est payé en retard. « C'est grande pitié, écrit-elle, quand l'on considère que ny gages, ny pensions ne se payent à ceux qui ont servi et servent. » On est endetté envers les marchands, les bourgeois, les villes. Pas d'argent non plus pour entretenir les fortifications : « les remparts, faits de terre, se coulent et tombent tous les jours » — ni pour l'armement : « l'artillerie est inutile... il n'y a pas de quoi refaire les affûts et mettre l'équipage en ordre qui convient », cependant que les Etats refusent leur aide chaque fois que le roi les contrarie par une décision qui empiète sur leurs droits séculaires. Jamais à court d'idées, Marguerite finit par lui proposer « une gigantesque loterie » qui permettra de faire face aux dettes les plus criantes et le roi accepte d'enthousiasme.

Les bandes d'ordonnance

Au mois de juin 1562, une nouvelle initiative du souverain la mit dans le plus grand embarras. Il ne s'agissait de rien moins que de mobiliser les forces militaires des Pays-Bas pour voler au secours de la reine mère de France, aux prises avec la révolte protestante. « Se souvenant de mon offre, écrit-il, la reine m'a requis 1 000 piétons (...), 3 000 Espagnols, 3 000 Italiens, 4 000 Allemands et davantage, 3 000 chevaux, 2 000 de mes ordonnances des pays d'Embas et 1 000 pistouliers allemands. » Les précieuses « bandes d'ordonnance », commandées par les seigneurs eux-mêmes, devraient être acheminées et mises à la disposition de Catherine de Medicis.

Une telle manœuvre, si facile à réaliser d'un trait de plume au fond d'un bureau de l'Escorial, rencontre aux Pays-Bas la plus vive résistance. Une fois de plus, Marguerite est prise entre le marteau et l'enclume, mais, dans une conjoncture où il faudrait voler au secours de la maison de France, elle met instinctivement toute sa passion à soutenir la résistance des seigneurs. Elevée et nourrie dans le culte de l'empereur et dans l'aversion qu'il portait aux Français, elle n'a jamais pu revenir sur ce sentiment, et sa rancune s'est aggravée du fait qu'Ottavio ait dû recevoir le duché de Parme des mains d'Henri II, pour ensuite le trahir et être honteusement radié de l'ordre de Saint-Michel. Lorsque Philippe, deux ans auparavant, avait demandé pour Catherine de Medicis le secours des soldats espagnols stationnés aux Pays-Bas, Marguerite avait eu déjà des paroles véhémentes contre les Français « sans foy ni loy », que rien n'arrête « pour parvenir à la monarchie universelle et à la suppression de la maison de Votre Majesté » (1). Elle récidive auprès du roi et lui communique les exigences préalables du conseil d'Etat : convoquer la réunion des chevaliers de l'ordre de la Toison d'Or ainsi que les Etats Généraux. Connaissant le point faible de Philippe, elle ajoute, astucieusement : « Les Français vont se remplumer et les finances de Votre Majesté s'épuiser. »

On devra à ses atermoiements et à sa diplomatie que la reine mère de France se suffise d'une somme d'argent au lieu de troupes, et que les bandes d'ordonnance ne fassent qu'un

(1) Extrait de la lettre de 272 lignes écrite à Philippe II par Madama pour le dissuader d'envoyer du secours à la reine mère, Catherine de Medicis.

... Nous rappelons à Votre Majesté « de la nature et condition des Français, l'ancienne et enracinée inimitié mêlée de jalousie qu'ils ont toujours eue aux prédécesseurs de Votre Majesté et à la grandeur de sa maison, l'ambition démesurée laquelle les aveuglit, de sorte qu'ils oublient, pour satisfaire à icelle, Dieu, la raison et l'honnêteté et que nulle action ne font-ils par vertu en ce qui concerne le bon voisinage qu'ils doivent aux États de Votre Majesté, et que quand ils sont doux et satisfont à ce à quoi ils sont obligés, c'est quand l'invincible nécessité les presse... Quand ils en ont les moyens, ils ne gardent ni foy ni loy... pour parvenir à la monarchie universelle à laquelle ils aspirent et principalement à la suppression de la maison de Votre Majesté ». Marguerite ne manque pas d'évoquer « les malheureuses pratiques qu'ils ont toujours tenues avec les Turcs et les dévoyés : " ils ont toujours envoyé ambassadeurs en Turquie et en Allemagne pour leur offrir sous main aide et assistance : témoins l'artillerie et munitions qui se trouva en Afrique à Tunis, l'assistance donnée aux Smalkaldes et mille autres exemples ". Vainqueur, " le roi de France... se ferait riche et restaurerait ses finances pour courir sus à Votre Majesté puisque rien ne peut effacer la jalousie ni leur désir insatiable et perpétuelle ambition... Ici, il n'est question de religion seulement... mais plus du mécontentement universel que tous les états de France ont du gouvernement de Messieurs de Guyse, lesquels sont tenus par tous comme étrangers... Il ne convient aucunement conseiller à Votre Majesté qu'elle se mêle de ces troubles de France, sinon le moins qu'il lui sera possible " ».

7 octobre 1560.

(Correspondance de Marguerite d'Autriche, duchesse de Parme, avec Philippe II), Gachard, Tome premier, Bruxelles, 1867.

mouvement symbolique vers les frontières « pour donner chaleur aux affaires du roi très chrétien ». La reine s'en contenta, et Marguerite reçut d'elle une lettre évoquant, pleine de reconnaissance, « la démonstration que vous avez toujours faite de la bonne amitié que vous portez au roi, mon seigneur et fils, et à moi, et le désir que vous avez à l'heureux succès de nos présentes affaires ». Des deux princesses, Catherine de Medicis restait bien, à tout prendre, la vraie florentine.

Le Calvinisme

Granvelle avait eu raison d'annoncer à la gouvernante dès son arrivée que les problèmes allaient sans tarder, d'un même et lent mouvement, s'accumuler en orage.

Désormais, les « affaires de religion » ne la laisseraient plus en repos. L'année où Madama prenait le pouvoir était, pour son malheur, celle du tournant fatal où, par toute l'Europe, l'immense poussée d'esprit évangélique, commencée depuis le XVe siècle, aboutissait au schisme.

Aux Pays-Bas, les nouvelles idées poursuivaient leur marche inexorable. Le calvinisme touchait toutes les classes de la société, jusqu'à la petite noblesse et, si les seigneurs pour la plupart restaient fidèles à leur tradition catholique, ils favorisaient sans l'avouer cette forme de « résistance ». Des fugitifs français se cachaient dans le sud du pays, notamment à Tournai et Valenciennes, en passe de devenir des places fortes de l'hérésie. Anvers, rendue cosmopolite par le grand nombre de juifs espagnols marranes, de banquiers allemands, italiens, portugais qui l'habitaient, et par le va-et-vient constant des marchands et financiers étrangers, était une citadelle de libre pensée. Bientôt la ville abriterait le synode annuel du calvinisme. Amsterdam était silencieusement rebelle et la Zeelande s'entendait avec l'Angleterre réformée, toute proche.

Le danger était considérable pour le pouvoir, car ce mouvement de tranquille rébellion faisait éclater la société par l'intérieur, narguait l'autorité, désagrégeait le ciment social et, aux Pays-Bas, rejoignait des aspirations nationales contrariées. Mais que reprocher à ces résistants qui ne troublaient pas l'ordre public ? Ils étaient fort peu endoctrinés et s'élevaient surtout contre les abus de l'Eglise. Qui plus est, ils le faisaient en chantant ! Calvin avait répandu les psaumes traduits en langue française par Clément Marot ; il avait ordonné « que l'on renonce aux fringots et fredons de la papisterie » au profit d'une musique toute simple, à l'unisson ; il avait inventé le « choral », écrit pour entraîner les masses et les soutenir. Et ces gens allaient par groupes, chantant dans la campagne leur espérance nouvelle. Des prédicants en profitaient pour se faire entendre.

Ces « chanteries et prêches », dénoncés par les placards, étaient toutefois motifs de poursuites sévères, de même que la découverte de livres importés, la lecture de l'Evangile en langue vulgaire ou la récitation du Benedicite « selon la forme de ceulx de Genève ».

La gouvernante avait une vision simple des choses. Elle aurait pu faire sienne la devise française : « Un Dieu, un Roy, une Foy, une Loye », qui exprimait sa conviction profonde et qui, de surcroît, correspondait aux ordres de Madrid. Le chemin de la lutte contre le crime de « lèse-majesté divine » était tout tracé — mais il avait pour limite une autre obsession de Marguerite, bien plus vitale et angoissante pour elle : éviter par tous les moyens qu'une révolution n'éclatât aux Pays-Bas sous sa régence. La fille de Charles Quint, responsable de ce drame ! Ce serait la faillite de sa mission et de ses ambitions, un désastre « dont elle mourrait », disait-elle.

Disposant d'une aussi étroite marge de manœuvre, elle ne pouvait que s'employer à sévir sans excès, on dirait presque « à la petite semaine », comptant sur la mauvaise volonté des officiers de justice, l'hostilité de la foule face aux échafauds, l'absentéisme des seigneurs, jamais sur place au moment critique. Les exemples sont nombreux, alors, d'exécutions qui ne sont pas menées à leur terme, comme celle des « Mal Brûlés » de Valenciennes, de prisonniers délivrés par la foule, de procès qui en restent au stade de l'accusation. Marguerite, néanmoins, occupe par le récit consciencieux de ces persécutions de larges pages de ses lettres au roi pour lui prouver son zèle. A lire leurs échanges, on dirait parfois une correspondance d'ogres !

Madama déplore : « Les officiers appréhendent les gens,

mais les lois du lieu les jugent : on n'en vient pas à la torture et tout demeure sans effet. » Et, plus loin : « à Valenciennes, on n'osait exécuter deux sectaires à cause du peuple. On fit un hourt [échafaud] éloigné, entouré de gens armés, auquel on accédait par les fenêtres des maisons. Néanmoins, quelques gens du commun peuple et de basse sorte, ruarent à coups de pierre contre le hourt. Apeurés, les magistrats rentrèrent par les fenêtres avec leurs prisonniers ».

Réponse du roi : on pourrait peut-être faire ces exécutions à huis clos ? Il ajoute : « Si, comme vous le dites, ces obstinés chantent en public tant que l'haleine leur dure, il serait opportun de leur mettre un bâillon pour les empêcher de parler... » Puis vient au souverain une autre idée, pratique, et même rentable. Il écrit à Madama : « Vous ferez bien de faire continuer les dites condamnations, afin que l'on ait moyen, de la sorte, de pourvoir mes galères. » Marguerite approuve. Ces rafles lui conviennent très bien. Cela fera moins de bruit que les exécutions. « Le nombre des vagabonds est grand, ainsi que ceux que les placarts condamnent parce que infectés de sectes. » Elle suggère de tenir prêts un ou deux navires armés que l'on remplirait au fur et à mesure, « fil à fil », dit-elle. Les sectaires néerlandais se retrouveront-ils un jour prochain à souquer en Méditerranée contre le Turc ? Probablement.

Philippe, néanmoins, continue à encourager Madama à la sévérité : « on voit que les voies douces ne servent que de les rendre plus insolents ». Il lui ordonne de « châtier, remédier et oster la racyne du mal ».

La racine du mal ? Selon l'Inquisition espagnole, ce chiendent prospère sur le terrain de toute indépendance intellectuelle ; on le trouve dans les livres qui circulent sous le manteau, dans la science qui introduit le doute, et au cœur même des universités. Aux Pays-Bas, on peut encore impunément se permettre de fréquenter une université étrangère sans commettre un acte de rébellion, mais Philippe vient de fonder, avec l'accord du pape, une université à Douai et réclame l'ouverture d'un autre établissement à Deventer. Ainsi les étudiants ne reviendront-ils plus de l'étranger « imbus des pires doctrines » — on dissuaderait par ailleurs les jeunes des pays voisins de venir aux Pays-Bas. Les nouveaux règlements édictés ont, en effet, de quoi les décourager : les étudiants sont privés désormais de leurs chahuts traditionnels, des « folies, banquets et cavalcades » de leur fête annuelle, et cloîtrés dans un hypocrite ennui. Ah ! le danger du rire « qui libère le vilain de la peur du diable ».

Marguerite signe les décrets, mais n'est-ce pas Granvelle qui les lui dicte ? Cette belle intelligence humaniste, qui s'est enchantée des trésors du monde entier et correspond avec toute l'Europe, incite Madama à entrer dans le détail de persécutions mesquines. Ainsi voit-on l'Inquisition s'intéresser au secrétaire d'Erasme, Cousin, qui a survécu au grand homme. L'odeur de soufre qui enveloppe désormais l'œuvre du maître rend suspect le vieil homme inoffensif qui, protégé par la Cour de Dôle, réussit à se faire oublier de la régente, « à condition, avoue-t-il, de vivre une pauvre vie chétive d'escargot écrasé ».

Mais c'est vers Anvers, la ville d'or de la culture, que Marguerite pousse ses investigations. Anvers est un réservoir de talents artistiques. L'école flamande de peinture s'y épanouit librement et l'on dit le grand Breughel secrètement sympathisant des idées nouvelles. Il s'y trouve soixante-six imprimeurs des plus célèbres. L'un d'eux commence à faire son chemin : c'est un petit Français, Christophe Plantin, qui a eu l'esprit de quitter Paris après qu'Etienne Dolet y ait été brûlé en 1546. Il réussit, il a des protecteurs, des amis, une impeccable technique. Granvelle le connaît et l'admire. Néanmoins, le 1er mars 1562, le bourguemestre d'Anvers reçoit de la régente un petit livre qui a été imprimé chez Plantin et qui, bien qu'il ne porte pas son nom, ressemble à ses autres productions : « On nous a avertis que ledit Plantin et ceux qui l'entourent sont teintés d'hérésie de la nouvelle religion... » Il est ordonné au bourguemestre de faire une perquisition. Plantin cette fois est excusé ; ce sont trois de ses ouvriers qui ont imprimé le livre en son absence. Mais, l'année suivante, on arrête à nouveau toute la famille, les enfants et la bonne. Plantin aurait imprimé l'*Institution chrestienne*.

Là encore, il n'y a pas de suite, mais l'éditeur a senti le vent du boulet. Il vend tous ses biens à l'encan « pour dettes » et disparaît pendant deux ans.

A vrai dire, Plantin n'est pas calviniste, il appartient à la secte de Hendriek Niclaes, « La Famille de l'Amour », forme mystique de l'anabaptisme. Il imprime en cachette leurs écrits. Ce serait suffisant pour le condamner. Plantin, néanmoins, éditera plus tard une Bible polygotte monumentale, la célèbre *Biblia Regia,* un travail de sept années qui obtiendra l'agrément du roi d'Espagne et dont Granvelle commandera trois exemplaires sur « grand papier impérial d'Italie, d'Allemagne et sur papier au raisin », reliés à Paris avec ses armes sur la couverture. Ainsi va la vie, sur un fil, entre la faveur et le bûcher.

Ce ne sont là que quelques cas de poursuites, exemplaires de la chape d'obscurantisme qui s'abat sur le pays. Marguerite en rend compte jour après jour et le roi le félicite : « Cela a été très bien d'avoir fait brûler... le livret imprimé, en l'officine de Christophe Plantin... le principal venin se sème par Anvers... je ne puis délaisser de vous recommander ce point sur tous... » A dire vrai, Marguerite, par ces récits minutieux qui prouvent son zèle, endort quelque peu la vigilance du roi. Evoquant la situation au sud du pays, elle lui écrit, en 1563, que « tout y est assez coy et tranquille » : c'est beaucoup dire ! Elle lui raconte que l'ambassadeur de France « démontre s'ébahir de voir ici les choses si paisibles et tout autres qu'on les lui avait peintes ». Un jugement relatif, car la France est alors en pleine guerre civile.

Les Evêchés

La chasse aux calvinistes, qui repose sur le hasard des dénonciations, les perquisitions et la poursuite vaine des chanteurs et des prédicants qui se dissolvent dans une foule sympathisante, ressemble souvent à une partie de colin-maillard. Le roi, que l'on ne trompe pas si facilement, décide alors de mettre sur pied un réseau de surveillance plus efficace.

En 1559, il a obtenu que le pape Paul IV Carafa, fervent de l'Inquisition, promulgue enfin, à la veille de sa mort, une bulle qui permette au roi d'Espagne la réorganisation de la carte des évêchés des Pays-Bas. Cette mesure avait une apparence de logique : on ne comptait dans le pays, pour trois millions d'habitants, que quatre diocèses d'inégale importance, dont certains dépendaient d'archevêchés étrangers, comme Reims ou Cologne. La bulle du 13 mai 1559 annonçait la fondation de quatorze nouveaux évêchés, dont Anvers, dépendant de trois nouveaux sièges à l'intérieur des frontières : Cambrai, Utrecht et Malines. L'archevêque de Malines serait primat des Pays-Bas.

Mais, justement, les Flamands détestaient cette logique : partout où elle s'insinuait, la centralisation gagnait, au détriment de leurs privilèges locaux. Dès qu'ils eurent vent de la réforme, ils s'élevèrent contre elle unanimement. Ils y voyaient — à tort peut-être — un quadrillage du pays, un réseau serré de surveillance, destiné, disaient-ils, à implanter aux Pays-Bas l'Inquisition espagnole.

L'Inquisition espagnole, avec ses chambres de torture, ses procès secrets, la solitude de l'accusé privé d'avocat, l'anonymat des dénonciations, le rejet des appels et, enfin, les macabres bûchers, hantait les imaginations. En quoi différait-elle de l'Inquisition romaine du Saint-Office que Charles Quint avait déjà partiellement imposée à son pays ? Sur un point, au moins. En Espagne, et grâce à un privilège obtenu par Ferdinand d'Aragon et Isabelle la Catholique, la nomination des évêques dépendait du roi. Pouvoir ecclésiastique et pouvoir civil allaient, en conséquence, la main dans la main, sans le moindre hiatus, se renforçant l'un l'autre. « Il n'y a pas de pape en Espagne », avait-on coutume de dire. En Flandre, au contraire, entre les évêques, peu nombreux, leurs inquisiteurs dominicains nommés directement par Rome et le bras séculier, reflet des particularismes locaux, l'accord était loin d'être harmonieux. Il y avait, pour les « mal sentants de la foi », une marge de liberté, encouragée par la répulsion qu'éprouvaient les juges du pays à brûler leurs compatriotes pour des questions de dogme. Or, le roi d'Espagne avait obtenu droit de regard sur la nomination des nouveaux évêques aux Pays-Bas, tandis que le nombre en était triplé. L'inquiétude était grande.

Le roi Philippe n'avait évidemment aucun moyen de financer le train de vie de ces prélats et Rome ne se pressait pas d'y apporter sa contribution. Il fut donc décidé, pour pallier cet inconvénient, que, pour une dizaine d'évêchés, les revenus des abbayes du diocèse serviraient à leur entretien. Mieux encore, le nouvel évêque serait fait abbé « in commendam ». Le clergé séculier, de longue date, rivalisait avec les orgueilleuses abbayes. Le coup que leur porte Philippe II en drainant leurs ressources vers les évêchés est la consécration d'un déplacement de puissance.

Des magnifiques et séculaires abbayes flamandes, jadis sentinelles de civilisation posées sur le plat pays, où tout coucourait à une harmonie qui fût, comme l'onde grégorienne, reflet de la création divine, qu'est-il advenu ? Elles restent les coffres-forts de reliquaires incrustés de gemmes, de vases sacrés finement ciselés, d'ornements de prix, de tryptiques et de statues, certes... mais elles ont perdu leur âme. La bibliothèque, cœur battant de la ruche, n'est plus la réserve magique de tout le savoir humain jalousement conservé. A leurs portes, la « ville », indépendante, riche et fourmillante, où la chose imprimée circule librement, rivalise avec elles. Le relâchement de l'autorité des abbés, leur absentéisme, la mauvaise conduite des moines dans certains couvents, ne sont un secret pour personne et le peuple se gausse de ces parasites, de ces « ventres oisifs de moines », de ces « fainéants », que Gargentua compare aux singes. On veut leur faire retrousser leurs manches, et le sentiment populaire apporte de l'eau au moulin de Calvin, qui écrit « qu'il n'est pas licite aux moines de vivre du bien d'autrui, même quand ils sont assidus en contemplation, en oraisons ou à l'étude ».

En disposant des abbayes, le roi d'Espagne se fait un ennemi de plus de chaque abbé et de sa clientèle. Mais qui sont les abbés ? Le plus souvent, les cadets des familles nobles à qui l'on a procuré ce bénéfice. Non seulement leurs prébendes vont diminuer, mais la charge elle-même va être rendue moins accessible, car, désormais, on exigera d'eux qu'ils aient fait leurs preuves universitaires en théologie et en droit canon : un domaine qui n'est pas toujours leur fort. Par cette mainmise sur les abbayes, Philippe II réussit à mécontenter de sucroît une grande partie de l'aristocratie du pays.

Les Etats des provinces ne sont pas plus satisfaits ; car les abbés siègent, de droit, aux assemblées et, désormais, certains des nouveaux évêques, qui devront leur nomination à la couronne, y auront leur mot à dire. Or, les Etats sont l'unique rempart contre un pouvoir envahissant. L'indignation est grande enfin parmi les seigneurs du Conseil d'Etat parce que cette décision capitale a été prise en dehors d'eux, tandis qu'un comité secret, mi-papal, mi-royal, de cinq membres s'occupe secrètement de l'organisation des nouveaux diocèses, du tracé de leurs frontières et de leurs moyens d'existence.

Lorsqu'elle rencontre Egmont et Orange, Marguerite ne peut faire mine d'ignorer ce qui se prépare, car, dès le 23 août 1559, le roi lui a écrit en lui donnant la composition du comité secret où, aux côtés des prélats et de l'envoyé de Rome, siègent, comme de juste, Granvelle et Viglius. Le comité s'est mis aussitôt au travail. Mais, une fois de plus, d'incroyables pesanteurs entravent la progression du projet, tandis que le pays résiste à sa manière : celle d'un âne qui refuse de monter un escalier. Rome, en premier lieu, met près de quatre ans à envoyer tous les actes de nomination des nouveaux évêques, les « indults ». Il est vrai qu'il faut payer et que Philippe, quant à lui, ne s'y résoud pas aisément.

Le 10 janvier 1561, Marguerite se lamente auprès du roi : « la nouvelle transpire et nous n'avons même pas encore les indults de Rome » ; elle ajoute : « sur cette érection des nouveaux évêchés, d'aucuns murmurent, à ce que j'entends, étrangement ». Au cours de la même année, elle a dû prévenir les seigneurs du conseil de ce qui se tramait et a remis deux lettres, à Egmont et Orange, de la part du roi. Orange fait remarquer simplement qu'il pense qu'un tel changement « n'ira pas sans peine ». Pourquoi apporteraient-ils leur concours à un projet mûri en dehors d'eux ? Ecartés des décisions du conseil royal, réduits à un rôle de cérémonie, chargés, en outre, du maintien de l'ordre dans les provinces pour le compte du roi et, tâche plus ingrate encore, de la mise au pas des Etats pour le versement de l'aide, ils sont offensés.

Par ces lettres, ils apprennent, de plus, que Granvelle a été nommé archevêque de Malines, et donc primat des Pays-Bas. Il jouira des revenus d'une des plus importantes abbayes du Brabant : Afflinghem, qui représente un bénéfice de 90 000 florins et qui va lui permettre de jouer un rôle capital dans l'assemblée des Etats. Or il n'y a pas de gouverneur dans cette province : c'est le roi d'Espagne qui est duc de Brabant. Orange s'efforce bien d'y étendre son influence, mais Philippe fait savoir qu'il n'en est pas question, Granvelle va servir de chien de garde. Entre les deux hommes, le conflit d'ambition, déjà latent en Comté, maintenant ouvert en Brabant, se dessine, croît et s'affirme irrémédiablement.

Bientôt, une autre nouvelle achève d'exaspérer les seigneurs : « Monsieur d'Arras » a reçu le chapeau de cardinal.

Lorsque, un matin de février, Granvelle entre au conseil d'Etat et que, revêtu de la pourpre, avec l'attitude altière d'un prince de l'Eglise égal aux princes du sang, il vient prendre place à côté de la régente, devançant Egmont et Orange, ceux-ci sont fous de rage. Ainsi, pensent-ils, toute cette affaire des évêchés, ourdie dans le secret, devait servir à l'élévation de ce « parvenu » ! D'ici à le rendre responsable de ce qui ressemble à un complot contre les Pays-Bas, il n'y a qu'un pas, vite franchi. Bientôt, de proche en proche, la rumeur s'en répand dans le microcosme des seigneurs et de leur clientèle de nobles, parmi les Etats des dix-sept provinces et jusque chez le menu peuple, chacun l'enrichissant de ses griefs personnels. Une véritable campagne s'orchestre contre lui.

18

L'EXIL DE GRANVELLE

S'il paraissait impossible d'obtenir du roi le rappel du cardinal, il l'était moins de dresser le pays contre lui pour le forcer à la démission, et cette entreprise commença par un gigantesque chahut — une manière de s'exprimer qui ne déplaisait pas aux Flamands.

Après toutes les avanies qu'ils estimaient avoir subies, les seigneurs menaçaient de quitter le conseil d'Etat et avaient avisé le roi de leur intention. Il fallait un certain courage pour défier ainsi le souverain, et Guillaume d'Orange, qui était à l'origine de cette initiative, avait convaincu Egmont de donner à la protestation le poids de sa personnalité indiscutable et de la signer en leur nom : une prudence qui était dans la manière habituelle du prince. En même temps, on envoyait à Madrid un nouveau messager, le baron de Montigny, qui allait rencontrer à son tour l' « Enchanteur » de l'Escorial et revenir, quelque temps plus tard, avec de la poudre plein les yeux, mais les mains vides.

Pour calmer l'attente, Marguerite avait pris sur elle d'autoriser la réunion des grands maîtres de l'ordre de la Toison d'or. Ils tinrent plusieurs assemblées qui furent houleuses. A Bruxelles, ils trouvaient le vivre et le couvert chez Guillaume d'Orange et les chevaliers, déjà échauffés par la discussion, se réunissaient à l'hôtel de Nassau pour des banquets et de chaleureuses libations. Les seigneurs avaient le loisir de ressasser entre eux leurs griefs et de les comparer. Ensemble, ils découvraient qu'en la personne de Granvelle se résumait tout ce qui les menaçait. Il incarnait le nouveau « savoir » des hommes de robe et leur mépris voilé, la richesse de la bourgeoisie montante qui, partout, grignotait les terres nobles et les seigneuries, l'homme sans racines, venu d'ailleurs. Il n'était que l'instrument du pouvoir royal et le protégé de Rome, prêt à introduire l'Inquisition espagnole aux Pays-Bas autant qu'on le lui demanderait. Il les frustrait de leur rôle. Enfin, il dominait la gouvernante qui, disaient-ils, n'était qu'un jouet entre ses mains. De réunions en banquets, ils décidèrent de former une ligue qui n'aurait d'autre but que de débarrasser le pays du cardinal.

Les soucis des seigneurs rejoignaient ceux de la petite noblesse qui servait sous leurs ordres. L'excitation fut vite partagée par la classe bourgeoise et citadine, puis par les manants, ravis de rendre responsable de tous leurs maux l' « étranger », venu pour vexer les Flamands. Les murs se couvrirent bientôt de « pasquilles », de libelles, de dessins satiriques, qui n'avaient pas la finesse des pasquinades de Rome, loin de là. On traitait Granvelle de « canaille du pape », de « diable rouge », de « cochon rouge » ou de « porc espagnol ». Plus tard, les seigneurs, à l'occasion d'un carnaval, habillèrent leurs serviteurs d'une sorte d'uniforme de la rébellion, tout noir, et dont les larges manches portaient des diables rouges, signe de reconnaissance. Le costume comportait un bonnet de fou, à clochettes, caricature du « chapeau » du cardinal. Les seigneurs avaient, certes, des soucis, mais ils s'amusaient.

Madama, choquée, obtint que la livrée fût moins injurieuse et que l'on remplaçât les diableries par un insigne emprunté à la monnaie espagnole : trois flèches, « lesquelles réunies en faisceau, ne peuvent se rompre, mais que l'on brise en les prenant une à une » ; symbole de ligue, symbole d'union, cher encore à la Belgique de nos jours.

En véritable homme politique, Granvelle avait plus de clients que d'amis. A Madrid, il était soutenu par la coterie du duc d'Albe, mais c'était Ruy Gomez da Silva qui était écouté du roi, et celui-ci lui avait déjà nui par le passé. Sur place, à Bruxelles, il avait un adversaire redoutable en la personne de son compatriote comtois, Simon Renard, qui disposait d'un bon capital d'intelligence et de ruse. Il s'était distingué à Londres en négociant habilement le mariage de Philippe II avec Marie Tudor. Il devait sa carrière à Granvelle et ne lui pardonnait ni ce bienfait ni la situation exceptionnelle du cardinal en Comté, leur commun pays d'origine. Sa haine ressemblait à la rancune recuite d'un voisin de campagne. Les seigneurs l'accueillaient volontiers et l'on daubait sur le ministre.

Impassible en apparence, Granvelle montrait sa force d'âme. Mais il se défendait en sous-main. Il ne dédaignait pas d'encourager les dissensions toujours latentes entre les seigneurs pour des motifs aussi futiles que les rivalités de préséance de leurs épouses, la princesse d'Orange et la comtesse d'Egmont. « Madame de Parme, raconte un témoin, appelle, fait asseoir et boit premier à la femme du comte d'Egmont, et celle du prince d'Orange est longuement debout avant que pouvoir avoir chayse... ». Un autre « enrage que Madame de Parme ne luy escript " cousin ", comme à Granvelle, au prince d'Orange, au duc d'Aerschot et au comte d'Egmont... » Dans le « tableau vivant » de la vie de cour, ces détails revêtaient une immense importance : Anne de Saxe avait mauvais caractère et est passée à l'histoire sous les traits d'une légendaire virago. En même temps, Granvelle suggérait au roi d'employer la vitalité débordante des seigneurs hors du pays, comme le faisait jadis l'empereur. Pourquoi ne pas envoyer Orange vice-roi en Sicile, par exemple ? Enfin, il réunissait contre Renard un faisceau de présomptions le mêlant à une affaire ancienne mais suspecte d'accointances avec l'Autriche pour l'héritage des Pays-Bas. Renard ne devait pas s'en remettre, mais il put savourer le plaisir d'assister à l'exil de Granvelle.

L'année 1562 fut très pénible pour la régente. Elle continuait à soutenir le cardinal auprès du roi, ce qui l'amenait dans ses lettres à dénoncer les manœuvres d'Orange et d'Egmont. Elle écrivait à Philippe, de sa main, en italien, de peur que ses missives ne soient lues, en quoi elle avait raison. Les seigneurs avaient monté un remarquable réseau d'information jusqu'à Madrid et, parmi les espions, un certain Vandenesse avait été introduit aide de chambre du roi et réussissait à tout voir et tout savoir. Marguerite se plaint à Philippe : « Il ne s'écrit d'ici rien que les seigneurs ne viennent à connaître et pénétrer. Je supplie Votre Majesté d'ordonner qu'à l'avenir mes lettres soient brûlées. » On se vante autour d'elle d'être parfaitement renseigné et que « cela coûte cher ». Elle apprend de son côté que Christine de Lorraine a proposé au roi ses services pour la remplacer : ainsi les relations avec les seigneurs seraient améliorées...

La princesse est pleine d'amertume. Elle est très seule, car la fronde des seigneurs la prive de tout contact avec le pays, tandis que le conseil d'Etat, déserté, n'est qu'une lugubre comédie. Ottavio, qui est venu à deux reprises à Bruxelles, ne s'intéresse pas à ses problèmes et lui fait comprendre, sans ménagements, que sa mission aux Pays-Bas ne sert pas à grand-chose, puisqu'elle n'obtient rien du roi. Pour lui, seul compte le duché de Parme. S'il n'avait la crainte, toujours en éveil, d'y être assassiné, il y coulerait des jours heureux, occupé à la construction de son palais « del giardino », et à ses amours extra-conjugales. Le roi est avisé par Granvelle que Madama « pleure des heures durant et se nomme la plus misérable femme du monde ».

De désespoir, et après avoir songé à démissionner, Marguerite en vint alors à se demander si Granvelle valait tant de sacrifices et, lorsque cette idée eut investi peu à peu sa conscience, de menus griefs accumulés vinrent la conforter. Granvelle ne devait-il pas à l'intervention personnelle de Marguerite à Rome le chapeau de cardinal dont il était si vain ? Or, il avait fait mine de n'en remercier que le roi. Ne subissait-elle pas toute l'impopularité d'une politique dont elle n'était pas responsable, puisqu'elle lui était dictée par le ministre ? Et quels services lui avait-il rendus en retour en s'employant auprès du roi ? Rien. Ni Plaisance, ni même une princesse convenable pour Alexandre.

Ainsi se nouait lentement l'événement. Granvelle était perspicace. Si Madama cessait de l'appuyer sans réserve, il était perdant. Il le comprit et, le 13 janvier 1563, autorisa la gouvernante à demander au roi d'accepter sa démission. La lettre partit. Mais, comme le temps passait, au mois d'août,

Marguerite comprit qu'il ne s'ensuivrait rien si l'on se contentait d'attendre le courrier. Alors elle dépêcha à Madrid son fidèle Armenteros, chargé d'un pli volumineux d'instructions. Il devait décrire au roi la situation inextricable des Pays-Bas, insister sur le mécontentement des seigneurs et demander le rappel de Granvelle. Marguerite ajoutait : « Le meilleur remède serait la venue de Votre Majesté qui pourrait faire beaucoup en montrant aux dicts seigneurs sa face bénigne ».

On se reprit à attendre et l'année s'acheva dans la grisaille. Au mois de janvier suivant, Armenteros revint d'Espagne. Il fut accueilli aussi chaleureusement que s'il portait secours à une ville assiégée. Outre le courrier qu'il apportait, il était prolixe en nouvelles de Madrid, de celles qui ne figurent pas dans les lettres officielles. On sut que l'infant don Carlos s'était fendu le crâne dans un escalier et était resté plusieurs jours entre la vie et la mort — que, livré aux médecins de la cour, purgé et saigné, il ne devait sa résurrection qu'à la relique d'un saint frère Diego, pieux franciscain, dont on avait allongé le squelette dans le lit du malade, mais que cet accident avait rendu le prince plus étrange encore et ingouvernable que par le passé. Le roi n'osait même plus songer à lui confier un jour la régence des Pays-Bas. On sut que le duc d'Albe avait réagi vivement à la fronde des seigneurs. Il avait prononcé des paroles vengeresses : « Ils méritent d'être châtiés, mais ce n'est pas réalisable pour le moment... Le mieux est de les tenir divisés entre eux. A ceux qui méritent qu'on leur coupe la tête, il faut marquer de la bienveillance jusqu'à ce que l'on puisse prononcer leur sentence... » Menace qui ne passa pas inaperçue du prince d'Orange.

Armenteros rapportait surtout les plis que chacun attendait et la réponse à la demande que Madama avait formulée, jour pour jour, un an auparavant. Ce n'était pas tout à fait une réponse, mais un ensemble de suggestions, d'ordres et de contrordres qui reflétaient bien le labyrinthe de l'esprit du roi. Ferme lettre officielle, d'abord, pour enjoindre aux seigneurs de revenir siéger au conseil d'Etat sous peine d'encourir son courroux : elle était destinée à être lue aux ministres pour les impressionner. Peut-être ce coup de semonce suffirait-il ? Les autres lettres étaient secrètes. L'une était destinée au cardinal et l'engageait à aller prendre un congé en Comté « pour rendre visite à sa mère ». Granvelle devait toutefois faire en sorte que cette initiative vienne de lui et que l'ordre du roi n'apparaisse pas. A Madama, une lettre manuscrite prescrivait d'accorder ce congé à Granvelle — un autre pli cependant mettait en garde la régente contre les dangers d'un tel voyage pour le cardinal : qu'elle y réfléchisse... C'était un pas en arrière. En un mot, il ne se résignait qu'à regret à l'idée du départ de Granvelle et continuait, contre toute vraisemblance, à espérer qu'ayant morigéné les seigneurs, tout rentrerait dans l'ordre. Quant à l'offre qu'on lui avait faite d'envoyer Egmont en personne à Madrid pour lui expliquer la situation, il y répondait par deux lettres contradictoires. Dans l'une, il donnait son accord à la visite, dans l'autre il disait ne pas la souhaiter. A Madama de décider laquelle serait la plus opportune.

Le retour d'Armenteros n'avait pas dénoué la situation et la perplexité régnait à la cour car Granvelle ne se pressait pas de demander son fameux congé. Marguerite alors se décida à le prier fermement de jouer la comédie qui avait été préparée et le cardinal fixa son départ au 31 mars.

La mise en scène des adieux fut conçue de telle sorte qu'elle ne puisse évoquer en rien la disgrâce ou l'exil. Après un imposant cérémonial de congratulations, la régente fit atteler les mulets de son écurie à la litière du cardinal et le pourvut d'une abondante escorte. Qui pouvait dire si le roi ne se raviserait pas ? Granvelle, quant à lui, avait écrit à chacun des seigneurs pour expliquer son absence temporaire par des raisons de famille. Personne n'était dupe, car Armenteros avait bavardé et lu ce qu'il pouvait des plis qui lui avaient été confiés. Le mystérieux congé n'était qu'un secret de polichinelle ; tous étaient convaincus que le cardinal ne reviendrait plus. Sur la route du départ, deux jeunes cavaliers, Brederode et Hoogstraten, vinrent insolemment caracoler autour de sa litière, galopant, pirouettant et disparaissant, pour réapparaître plus loin, en un manège insupportable et provocant, qui exprimait à sa façon la jubilation des seigneurs.

Il en fallait plus pour avoir raison d'un caractère aussi contrôlé que celui de Granvelle, héritier de l'obstination et de la fermeté de plusieurs générations de Comtois. Sans déplaisir, l'exilé cheminait vers son pays qu'il n'avait pas visité depuis quinze ans et, sensible à la nature, en retrouvait au fil des jours les paysages ondulés et boisés. Il décrivait avec lyrisme ces « doulx lieux... leurs rivières et leurs vallées belles et larges, l'eau clère comme un cristal, une infinité de fontaines, et de truites... »

Malgré les menées de Simon Renard qui avait réussi à répandre autant qu'il pouvait les libelles odieux et les flèches vengeresses, il y recevait un accueil royal. Il allait, de château en château, s'attardant auprès de ses amis et de sa nombreuse parentèle, grâce à lui bien pourvue. Il visitait les riches abbayes dont il était le titulaire, Luxeuil et Saint-Vincent de Besançon, son prieuré de Mouthier, ses terres, à la gestion desquelles il s'était toujours intéressé minutieusement. Il retournait à Ornans, le berceau de sa famille, et, dans les petites villes traversées, Gy, Gray, Vesoul, recevait compliments, harangues et cadeaux. Le somptueux palais Granvelle l'attendait à Besançon.

Le cardinal montrait dans ses lettres l'optimisme le plus confiant : « Il n'y a faute de bonne compagnie du pays, de parents et d'amis, avec les vins les meilleurs du monde. » La saison était belle. A Armenteros, il écrivait : « Je vous jure que je serais heureux de ne pas revoir les Pays-Bas de deux ans », et il affectait de ne jamais demander de nouvelles de la situation politique, mais en revanche de s'enquérir de ses viviers, de ses tortues, des écrevisses des bassins et de tel abricotier de son jardin menacé par le gel.

Le temps passait, cependant, et quelle que fût la lenteur appliquée avec laquelle il dégustait les bonheurs que lui offrait la Comté, ses compatriotes commencèrent, au début de l'année suivante, à se poser des questions sur ce qu'ils pouvaient encore escompter de la faveur de leur protecteur. Cette oisiveté forcée promenée de châteaux en prieurés commençait à ressembler à un exil. Les « renardistes » s'affairaient ; ils chuchotaient que la devise « Durate » du cardinal pourrait bien se contredire. Granvelle, bien qu'il prétendît le contraire, était renseigné régulièrement sur les événements des Pays-Bas par son fidèle ami Morillon. Même les bavardages lui étaient détaillés. Il savait que l'euphorie avait régné après son départ, que les seigneurs avaient réapparu au conseil d'Etat, que Madama les traitait volontiers avec bienveillance et qu'elle ne s'enquérait jamais du cardinal. On ne lui cachait pas que la gouvernante était maintenant ulcérée parce qu'il avait séjourné, en voyage, chez sa rivale Christine de Lorraine. On ne lui épargnait aucun détail, même pas l'odieuse mascarade qui avait eu lieu à l'occasion du baptême du fils du comte de Mansfeld : un cardinal, poursuivi par des diables couverts de queues de renard, avait été roué de coups par les enfants de la maison. On lui racontait que, sur son palais du Cantersteen, on avait placardé une affiche annonçant « à vendre immédiatement ».

Mesquines vengeances qui l'égratignaient tous les jours — moins toutefois que le silence mystérieux du roi qui se prolongeait. Granvelle portait beau et faisait mine de recevoir quelque courrier royal, mais ses ennemis se moquaient, l'accusant « de recopier de vieilles lettres ». Ce fut pire lorsque Philippe II rompit son légendaire silence. Le 22 octobre de l'année 1565, le cardinal reçut une lettre de Madrid, lui enjoignant de partir pour Rome, sans lui assigner de rôle ni de mission particulière. Amère lecture pour Granvelle qui avait jusque-là tenu bon. Il tenta, pour reculer l'échéance de la disgrâce, de jouer de la méthode même que le roi : une lettre de protestation qui mettrait quelques semaines à atteindre l'Espagne, des objections qui obligeraient Philippe à réfléchir — et Dieu sait s'il s'y entendait. La Providence intervint alors, faisant d'un événement regrettable une bonne aubaine pour le cardinal : à quelque temps de là, le pape Pie IV vint à mourir. Les cardinaux devaient se réunir en conclave et Granvelle avait un prétexte pour quitter la Comté la tête haute.

Ce dénouement mettait fin à une dure épreuve. Aussi trempé que fût le caractère du cardinal, ces années avaient été pénibles. Il n'attendait rien de l'amitié des seigneurs, qui ne pouvaient être que des rivaux et ne l'auraient jamais adopté comme un des leurs — rien du peuple, qu'il appelait « cette bête dangereuse ». Il ne mettait pas de fanatisme à extirper l'hérésie et n'y trouvait aucune joie : ce n'était qu'un devoir, une manière de lutter contre le désordre. Eprouva-t-il quelque tristesse à voir Marguerite changer de camp aussi aisément et pactiser avec ses ennemis ? sans doute. Mais il ne put que ressentir plus cruellement encore l'abandon du roi, son maître. L'empereur défendait ses fidèles serviteurs envers et contre tout; ce n'était pas le cas de Philippe, au contraire. La méfiance, une sorte d'obscure jalousie, l'amenaient souvent, en plein essor, à leur couper les ailes.

Plus tard, Granvelle, méditant sur cette époque de sa vie, livrera le secret de sa sérénité, dans une lettre de conseils adressée à un compatriote : « Les injures et les pillules, on les doit avaler sans mâcher pour non sentir l'amer... Qui veut parvenir, il faut qu'il souffre... qui veut s'avancer ne doit tant craindre sa peau... J'ai toujours fait profession de non vouloir tenir personne pour ennemi, quelque mal qu'ils m'aient voulu... deux ans durant l'on me disait tous les jours que l'on me donnerait des coups de poignard... j'ai avalé cela doux comme lait... »

N'en déplaise à Granvelle, Marguerite vit, depuis son départ, une période de bonheur qui la transforme. Elle se sent indépendante, responsable du pays, comme jadis Marie de Hongrie. Elle va enfin pouvoir faire prévaloir les idées qu'elle s'est formées sur le gouvernement des Pays-Bas et agir par elle-même. Débarrassée de la tutelle du cardinal, elle déploie de grands efforts pour reconquérir la popularité qu'elle avait perdue auprès des seigneurs. La suspicion d'Orange lui avait été — semble-t-il — plus pénible qu'aucune autre, et de ce jour, elle fait tout pour lui plaire. Elle va jusqu'à s'entremettre, écrivant à Madrid et à Rome, pour le laver des soupçons d'hérésie que le pape fait planer sur le prince. Enfin, elle adopte à sa cour la fille du premier mariage de Guillaume, souffre-douleur d'Anne de Saxe. L'enfant de douze ans partage sagement la table de Madama et Francesco Marchi lui sert de majordome.

La gaieté est revenue, et il ne se passe de jour sans festivités ou banquets. Francesco Marchi écrit à Parme pour décrire l'atmosphère de la cour : « Un banquet a été donné aujourd'hui par le prince d'Orange. Ils sont restés joyeux à table, cinq heures. Il y avait grande quantité de viandes, de pâtés chauds et froids. Ils étaient soixante à la table du prince et trois cents invités, assis également et servis comme rois. Rien que des vins excellents, du Rhin ou d'Espagne. Puis une collation de sucreries et de fruits confits — tout aux frais du prince. Il y aura ce soir des feux sur la place avec six cents hommes en armure pour une joute. Tous les matins, on voit venir les princes faire la cour à Son Altesse, c'est beau à voir ! »

Un bonheur ne vient jamais seul et, le 7 mai 1564, Marguerite vit arriver de Parme, à bride abattue, le secrétaire particulier d'Ottavio, Antonio Maria Ricco, qui lui apportait une grande nouvelle : le roi avait consenti à ce qu'Alexandre prétendît à la main de la princesse Marie de Portugal, fille aînée de l'infant Edouard et nièce du roi Jean III Aviz. Après les tergiversations humiliantes qui avaient entouré le projet d'un mariage avec la fille de l'empereur Ferdinand, une telle nouvelle était pour Marguerite un immense succès. Son but était atteint. La maison Farnèse, enfin alliée à une famille royale, serait lavée de la bâtardise. Les enfants d'Alexandre n'auraient plus à souffrir du bon vouloir d'autrui, des miettes que les rois jettent avec condescendance : ils appartiendraient, de naissance, au cercle magique...

Pour raconter ce bonheur, Francesco Marchi reprend sa plume naïve et aimante. « Le seigneur Antonio Maria est arrivé le 7, à deux heures et demie. Montigny l'a annoncé à Son Altesse. Elle fut ravie, riant, parlant, donnant des signes d'allégresse. " Soyez contente, disait-elle à sa suivante, c'est un soir à être contente. " A table, elle fit venir la musique. En l'écoutant, elle avait la tête haute, les yeux qui riaient, et la bouche, et le visage. Moi, j'étais content de la voir contente. Le retour d'Antonio Maria apporte à la cour des réjouissances : on va tirer des perroquets. On fait de la musique, on danse... »

C'était le meilleur moment pour Marguerite, avant que l'on entrât dans les négociations familiales et les préparatifs du mariage. Une interminable correspondance quadrangulaire allait, en effet, s'instaurer entre la cour d'Espagne, celle du Portugal, le duché de Parme et le Coudenberg, pour résoudre ces problèmes, et l'on put envisager que le mariage aurait lieu à Bruxelles à la fin de l'année suivante. Cette réjouissante perspective allait maintenir au plus haut l'optimisme de Marguerite pendant tous les mois à venir.

Optimisme trompeur car le départ de Granvelle ne pouvait, à

lui seul, changer les données du problème des Pays-Bas. Tout au plus pouvait-on s'illusionner. Marguerite avait écarté son mentor pour la collaboration moins autoritaire d'Armenteros. Adroit, charmeur, modeste, entouré d'amis et de clientèle, s'il avait la souplesse de l'anguille, il n'avait pas plus de convictions politiques que d'honnêteté. Il faisait auprès de Madama le jeu des seigneurs.

Il semble bien que, pendant ces deux années 1564 et 65, ceux-ci aient caressé l'idée grandiose et illusoire d'un Etat néerlandais jouissant d'une relative autonomie, coiffé d'un gouvernement décentralisé et aristocratique « à la bourguignonne » — tout le contraire du « vice-royaume » voulu par Philippe II. On laisserait tomber progressivement les réformes que Granvelle avait non sans peine imposées : l'incorporation des abbayes et le plan d'Inquisition qui y était lié. Les procès pour hérésie se feraient plus rares et les bûchers s'éteindraient. Le bon sens faisait apparaître qu'entre la France, déchirée par la guerre civile, et l'Allemagne, tolérante et paisible, les Pays-Bas pourraient choisir de ressembler à cette dernière. Certains Etats, comme ceux du Brabant, certaines villes, arguaient déjà de leur statut particulier pour se tourner vers l'Empire.

Granvelle de loin assistait à la destruction de son œuvre et tentait d'alerter le roi, mais Madama prenait les devants et écrivait à Philippe des lettres peu charitables : « Si le cardinal revenait, il serait cause qu'on retomberait dans une situation pire que jamais. » Le Conseil d'Etat avait repris le contrôle souverain des affaires et les nobles pensaient que le roi ne pourrait rien faire d'autre que d'approuver leur action. Bienheureuse illusion.

Cependant, dans les pays d'En Bas la situation est mauvaise, car les faits sont têtus. L'hiver de l'année 1564 a été l'un des plus rigoureux du siècle. D'énormes icebergs ont envahi la mer du nord, bloquant les ports et emprisonnant les bateaux dans la glace — puis des gelées printanières ont achevé de ruiner les récoltes. L'année 1565 sera une année de famine.

Le ravitaillement est perturbé par la guerre qui sévit en mer Baltique entre Suède et Danemark et condamne cet accès aux bateaux néerlandais. Un bras de fer commercial avec l'Angleterre d'Elisabeth prive les tisserands de matières premières, le chômage s'ajoute à la famine, tandis que les prix s'emballent. Des bandes de malheureux rôdent aux portes des villes, les hérétiques s'y mêlent. Le Trésor reste vide, car la banqueroute espagnole de 1557 n'a pas fini de faire sentir ses effets : on demande au roi de payer ses dettes, mais il est le plus souvent insolvable et ne répond guère aux lettres qu'on lui écrit.

De fait, le silence de Philippe, pendant presque deux années, a de quoi surprendre, à tel point que Madama, parfois, invente avoir reçu des missives de Madrid : « Je simule, écrit-elle au roi, pour donner plus de force à mes paroles, que Votre Majesté les a écrites. » A contempler les événements des Pays-Bas, on oublierait presque qu'en Méditerranée le souverain est confronté depuis quatre ans à un combat ruineux et désespéré contre le Turc. Là-bas, il est proclamé « Senor del mar ».

Faute de nouvelles, au début de 1565, Marguerite décida d'envoyer à nouveau un ambassadeur à son frère, mais pas n'importe lequel. Ce serait Egmont en personne qui se rendrait à Madrid — et il accepta. Les seigneurs ne devaient pas être tout à fait rassurés sur les sentiments de Philippe car, avant de laisser partir le prince de Gavre, ils rédigèrent, et signèrent de leur sang, une déclaration par laquelle ils s'engageaient à le venger si quelque malheur lui arrivait.

Madama l'avait chargé d'instructions détaillées qui, en 400 lignes, décrivaient avec netteté et clairvoyance la situation aux Pays-Bas. Egmont devait présenter au roi quelques requêtes majeures : que le souverain adoucisse les édits contre l'hérésie et limite les pouvoirs de l'Inquisition, qu'il autorise la réunion des Etats Généraux, qu'il donne au Conseil d'Etat la priorité sur toutes les autres assemblées, qu'il satisfasse aux demandes d'argent les plus urgentes, et, surtout, qu'il vienne en personne se montrer aux Pays-Bas. A la fin de janvier 1565, Egmont se mit en route et traversa la France où ses pairs — peu rancuniers — firent un triomphe au vainqueur de Saint-Quentin et de Gravelines.

Le comte arrive à Madrid le 20 février. La manière dont il est circonvenu à la cour pendant son séjour en dit long sur les qualités enjôleuses de Philippe. Il est au centre d'un tourbillon de fêtes et de réceptions, reçoit la promesse d'importants cadeaux pour la dot de ses filles, le roi l'accueille plusieurs fois à sa table et lui fait lui-même les honneurs de l'Escorial. Mais lorsque la conversation en vient à ses fameuses « Instructions », Sa Majesté écoute sans mot dire et élude ses questions. La pensée du roi est ailleurs. Tandis qu'il traite Egmont, jour après jour il guette les courriers. En Méditerranée orientale, on lui signale la progression de l'armada des Turcs. Rapide et légère, toujours en avance sur les prévisions des chrétiens, avec ses bateaux rouges comme sang sur la Méditerranée, menés par la galère amirale peinte en vert, elle cingle vers l'île de Malte et bientôt va assiéger les chevaliers. Au regard de cet enjeu héroïque où se reconnaît la chrétienté tout entière, la Flandre ne mérite de la part de Philippe qu'un silence irrité.

Egmont rentra aux Pays-Bas le 6 avril, et Bruxelles lui fit un triomphe. On ne savait pas que l'instruction que lui avait signée Ruy Gomez n'apportait aucune promesse sérieuse — au mieux quelques bonnes paroles. Le roi se réservait de répondre personnellement. Le comte avait-il seulement perçu à Madrid qu'une petite révolution de palais, qui en disait long sur l'état d'esprit du souverain, venait de se produire ? Ruy Gomez était en demi-disgrâce et Francisco de Erasso, secrétaire au conseil des Finances, passait en jugement. Tous deux étaient les ennemis et les rivaux du duc d'Albe et de Granvelle. C'est Albe qui avait accompagné la reine Isabelle à Barcelone pour l'entrevue qu'elle allait avoir avec sa mère, Catherine de Medicis, rencontre de laquelle on espérait un solide pacte contre les protestants. Albe !

Egmont fut consterné et humilié quand il comprit que son voyage n'avait servi à rien. Il fallait attendre maintenant les dépêches de Philippe.

Mais la cour était en liesse car on se préparait à fêter les noces d'Alexandre, et Marguerite n'entendait pas être privée de la plus grande joie de sa vie.

19

LE MARIAGE D'ALEXANDRE

Passée la joie sans mélange que leur avait procurée la réponse favorable de la cour de Portugal, vint le moment pour Marguerite et Ottavio de se plier aux exigences qui l'accompagnaient. Madama les considérait comme un honneur supplémentaire, mais le duc supportait mal qu'on lui demandât — par exemple — de renoncer prématurément à son duché au profit d'Alexandre. Moins grisé que son épouse, il résistait mieux et, sur ce point, eut gain de cause : on admit que la princesse Marie ne serait, du vivant d'Ottavio, que marquise de Novara.

En revanche, si l'on voulait que le mariage ait lieu à Bruxelles, comme prévu, il fallait venir chercher la fiancée à Lisbonne — aux frais des Farnèse, bien entendu. Marguerite s'employa immédiatement à mobiliser la flotte des Pays-Bas pour cette traversée. Elle calcula qu'il faudrait quatre navires et une escorte, et écrivit à son mari qu'elle commençait les pourparlers avec l'amiral, Monsieur de Wacken. Ottavio réagit vivement à l'idée du coût qu'allait occasionner un tel voyage ; mais Marguerite lui envoya, comme à l'accoutumée, une cinglante réponse, destinée à lui faire ressentir sa mesquinerie.

En vérité, les dépenses que l'on prévoyait pour mettre à la mer cette petite armada croissaient de semaine en semaine de façon inquiétante. A bord des navires armés de soixante pièces d'artillerie, le vice-amiral exigeait la présence de six cents marins. De son côté, la régente envoyait à la rencontre de la princesse quinze dignitaires de la cour accompagnés chacun de deux serviteurs, et quinze dames d'honneur. Le comte de Mansfeld, chargé du commandement de l'expédition, prétendait emmener son épouse — et l'épouse, cinq suivantes, au moins. Ce que voyant, la femme du vice-amiral réclama auprès d'elle le même nombre de dames. Enfin, le comte de Mansfeld y adjoignit sa propre garde masculine, ce qui faisait autour de ce seul seigneur un total de quatre-vingts personnes.

La gouvernante exigea que les coques des galères fussent peintes en rouge à la mode de la flotte Doria.

Elle accorda tous ses soins à l'aménagement de la cabine de la fiancée qui reçut de précieuses tapisseries, et, au sommet du baldaquin de bois doré, un ciel de lit de soie bleue brodé d'étoiles d'or. Les armateurs s'occupaient d'entasser à bord un énorme ravitaillement : biscuits de mer, morue séchée et viandes salées pour l'équipage, et, pour la noble société, toute une basse-cour vivante de faisans, de paons, de cailles, qui serait sacrifiée au jour le jour ; du riz, des fruits confits et des sucreries. À sa manière active, Marguerite s'occupait de chaque détail, jusqu'à goûter les biscuits des marins.

Cependant Alexandre avait fait à cheval le voyage de Madrid jusqu'à Bruxelles en compagnie du comte d'Egmont et, au mois de mai, Marguerite put vivre la scène qu'elle s'était tant de fois représentée : celle des retrouvailles. Elle fut instantanément éblouie de trouver à son fils l'allure d'un grand d'Espagne, et fière de sa désinvolture, de son arrogance juvénile, de la simplicité vraiment royale avec laquelle il prenait partout la première place, se faisait servir et affectait de ne parler que le plus pur castillan. L'entourage flamand et italien de Madama ne se priva pas de désigner bientôt ces merveilleuses qualités de leur vrai nom : une insupportable morgue espagnole ! mais n'en dit mot. Le prince était protégé par l'admiration de sa mère et la crainte que l'on avait de déplaire à la régente. Il impressionnait aussi par ses prouesses sportives et son adresse, un domaine où le roi Philippe s'était si piteusement disqualifié. Francesco Marchi, qui partage les sentiments idolâtres de sa maîtresse pour le jeune homme, ne tarit pas de commentaires flatteurs sur Alexandre : « C'est un prince brave, amical et il saura se faire obéir... il en remontre au maître d'armes et gagne tous les paris... il saute avec agilité plus que la hauteur d'un cheval... A Parme, il lui faudra des jeux de toutes sortes d'armes, un manège pour ses chevaux, un espace pour les joutes, un jeu de pelote et une meute pour la chasse. » Il n'est guère question de bibliothèque !

Marguerite fait tout pour distraire son fils et participe avec lui à des chasses à courre épuisantes dont la fatigue s'ajoute pour elle à celle des préparatifs du mariage. Taquinerie ? Rancune voilée ? Alexandre fait mine de n'attacher aucune importance à la peine que l'on se donne autour de sa personne. On dirait presque que ce mariage ne le concerne pas. Lorsqu'on annonce à Bruxelles l'arrivée prochaine du duc Ottavio, son père, il plaisante : « C'est moi le marié ! et ma mère va célébrer ses noces avant moi. » Inconscience de l'âge, ou simplement plaisanterie au goût de l'époque ? Marchi trouve cela excellent et il remarque : « le père et le fils vont rivaliser à qui le premier fera un enfant » ; il parie sur le prince, « tanto astuto nel negozio del fare all'amore ».

Des spectacles splendides se préparent. Le manifeste annonçant la grande joute a été proclamé, devant la cour réunie, par un hérault d'armes et sept trompettes, puis affiché à la porte du palais. Les notables sont ensuite venus demander qu'elle ait lieu sur la grande place de Bruxelles et qu'elle soit suivie d'un immense banquet à l'Hôtel de Ville. D'autres combats sont prévus au parc royal entre des amazones et des sauvages. Le clou de la fête sera la cavalcade, avec ses chars sur lesquels on recréera le ciel, la terre et les éléments, peuplés de personnages mythologiques. Chacun s'affaire à son costume et Francesco Marchi, l'artificier-artilleur, s'occupe des « effets spéciaux ». Rien ne l'amuse davantage et c'est pourquoi il s'entend si bien avec Madama qui, comme lui, a l'esprit pratique et ingénieux et vit dans le concret. Charles Quint n'était-il pas, lui-même, passionné de mécanique et d'horlogerie ?

Par ailleurs, Marchi est entièrement occupé par la construction du carrosse dans lequel la fiancée fera son entrée à Bruxelles. Il n'y en a guère aux Pays-Bas et l'on fera en sorte que celui-ci surpasse tout ce que le monde a vu jusqu'alors, même en Italie. Il met en chantier un petit temple grec sur roues, tout de bois doré, avec des colonnes, des frises et chapiteaux sculptés, qu'enlacent des amours et des séraphins, des serpents et des guirlandes de fleurs et dont une colonne corinthienne fera le timon. L'intérieur sera de brocard d'or, et, dans les coussins, l'ingénieur va camoufler de discrets soufflets qui distilleront l'odeur exquise de l'ambre et du musc.

Marchi parle avec fierté de son « honoré carrosse » et du rôle qu'il joue, mais, sans le savoir, traduit instinctivement un peu de l'angoisse qui rôde au milieu des préparatifs de la fête. Ce début d'été néerlandais est morose. Anormalement froid, il succède à un hiver glacé. La nature est comme pétrifiée, rien ne pousse, il y a peu d'animaux, et l'Italien relève avec inquiétude l'absence même d'insectes. Il rêve de la moindre mouche qui le rassurerait... Ce sont là les symptômes de la famine et les montagnes de provisions qui s'entassent pour les festivités, les gigantesques dépenses de la gouvernante provoquent un obscur malaise. Le fidèle majordome ne sait pas que Madama, désorientée par les réponses dilatoires que Philippe II a faites à Egmont, redoute chaque jour un peu plus la menace que cache le silence du roi. Quelque part, entre Madrid et Bruxelles, des courriers galopent peut-être... elle ne souhaite pas les voir arriver. Néanmoins l'attente est épuisante ; son âme est lourde comme avant l'orage.

Le 17 juin, la flotte est prête, mais le vent hollandais a ses foucades habituelles, et les galères restent à quai, « coûtant chaque jour trois cent ducats ». Le 15 août étant une date limite pour la sécurité de la traversée, on comprend le soulagement de tous de les voir mettre les voiles à quelques jours de là. Trente navires marchands se sont joints à l'armada. Le départ est un beau spectacle.

Dans les semaines qui suivirent, quelques bonnes nouvelles procurèrent un peu de détente à la cour. Malte était sauvée. Pendant plus d'un mois, les chevaliers avaient résisté, seuls, au siège de vingt-trois mille Turcs et tenu héroïquement le fort Saint-Elme, donnant aux Espagnols le temps de venir les secourir. Le 12 septembre, la dernière voile turque avait disparu à l'horizon de l'île. Malgré le rôle trop tardif joué par la flotte de Philippe, c'était néanmoins pour le roi le couronnement de quatre ans d'efforts, le signe du relèvement de sa puissance en Méditerrannée. On se réjouissait dans toute la Chrétienté. Ce succès n'allait-il pas rendre plus confiant et bienveillant l'autocrate de l'Escorial ? On l'espérait en Flandre.

Peu après, le duc Ottavio fit son arrivée à Bruxelles pour assister au mariage de son fils. Il était accompagné d'une nombreuse suite, et les Italiens des deux maisons princières se retrouvèrent avec la joie et les effusions que l'on peut imaginer. Leurs voix sonores et leurs exclamations colorées remplacèrent un moment le soleil toujours absent du ciel bruxellois. Ils comptaient bien s'amuser sans arrière-pensée et ne pas se laisser détourner de leur plaisir par les soucis des Pays-Bas.

Ottavio retrouvait son épouse avec des démonstrations moins bruyantes mais néanmoins courtoises. Il tenait à l'honorer et que cela se sût. C'est encore Francesco Marchi qui nous informe : « Son Altesse " fa all'amore " avec Son Excellence, à mon avis. Béni soit le nom du Seigneur ! Maintenant nous nous couchons de bonne heure, alors qu'auparavant, on attendait jusqu'à une ou deux heures de la nuit. Cela nous réussit. » On peut penser qu'Ottavio n'était pas fâché de faire montre de ses droits sur l'orgueilleuse gouvernante. Une manière, peut-être, de renvoyer aux oubliettes les souvenirs cuisants du petit adolescent de treize ans, jadis si cruellement humilié...

Au début de novembre, les guetteurs postés à Calais et sur la côte anglaise annoncèrent le retour de la flotte, qui bientôt accosta à Arnemuiden. Lentement débarqué, le cortège se présenta aux portes de Bruxelles quelques jours plus tard, à temps pour que la cérémonie puisse être célébrée, comme le souhaitait Madama, le jour anniversaire de la fondation de l'Ordre de la Toison d'Or.

Le fameux carrosse doré attendait la fiancée portugaise. Francesco Marchi, impassible, vêtu de velours rouge, en conduisait l'attelage. Il avait un œil derrière la tête et aucun détail ne lui échappait. Des rumeurs malveillantes avaient couru sur la beauté de la princesse et sur son âge avancé — vingt-cinq ans ! Il l'observe et note avec soulagement : « elle est très accorte, on dirait une guêpe tant sont rapides ses yeux et ses mouvements. Elle est belle et a un bon maintien, et paraît vingt-trois ans, pas davantage ». Le cortège pénétra dans la ville, de nuit, par la porte du Coudenberg, et Marchi, ébloui, commente cet instant : « Cela semble l'arrivée d'un roi... mille torches par les rues et les feux aux fenêtres... derrière les carrosses, douze trompettes et des tympans, des fifres et des cornemuses. »

Dans la grande salle du palais royal, Alexandre attendait sa fiancée aux côtés de Madama. La princesse s'avança, « dans sa toilette de satin blanc brodé d'or — chose riche ! — avec cinq ou six aunes de traîne, couverte de bijoux, de sorte qu'on eût dit un ciel constellé d'étoiles »... Elle fit deux grandes révérences jusqu'à terre à la régente et voulut lui baiser la main. Marguerite la releva et l'embrassa. Marie fit une autre révérence à Alexandre et reçut l'accolade de la princesse d'Orange et de la comtesse d'Egmont. On se rendit alors à la chapelle royale où le mariage fut aussitôt béni par l'évêque de Cambrai.

La soirée pouvait commencer. Ornées de surtouts à figurines et de flambeaux ciselés, des tables somptueuses étaient dressées, jusque dans les antichambres éclairés de torches de cire blanche. Sous le baldaquin, où avaient été admis onze seigneurs de l'Ordre avec leurs épouses, la mariée présidait avec Madama. On connaît les menus de l'époque et leur litanie de gibiers et de volailles : force rôtis de chevreuil, faisans, paons, cygnes, pâtés d'anguilles, arrosés de vins variés et de cervoise, suivis de pyramides de sucreries. « Le banquet dura trois heures — raconte Marchi — il y avait à manger pour un régiment. » La goutte attend les grands au sortir de ces agapes ; Madama en a déjà ressenti les premières atteintes. Q'importe !

Après souper, on s'adonna à la danse, aux pavanes, gaillardes, gavottes et sarabandes, tandis qu'au-dehors on percevait le tintamarre du charivari.

Des fidèles racontent à Granvelle, qui se morfond encore en Comté, d'autres détails sur la fête. Le secrétaire Bave lui écrit : « après quelque peu de danse, chacun se retira sans que la princesse voulût pour ce soir coucher avec le prince, s'excusant non le pouvoir faire avant d'avoir ouï messe... Le lendemain l'après-disner... l'on trouva moyen de joindre les deux parties en une chambre où ils furent enclos deux ou trois heures, et, au sortir, le prince dit avoir couru bravement deux ou trois carrières ».

Huit jours durant, les joutes et les bals se succédèrent tant au palais que sur la place de l'hôtel de ville, selon le programme qui avait été minutieusement prévu. Marchi, chargé d'en faire le compte rendu pour les cours étrangères, couvrira trente-six pages de ce récit. Le dernier jour, un banquet de trois cents personnes offert par Madama clôtura les festivités. La brillante assistance fut ensuite invitée à contempler, dans une autre salle, le cadeau offert à cette occasion par la ville d'Anvers : une gigantesque maquette, faite en sucre filé, à la manière des « triomfi » italiens, dont les trois cents pièces finement coulées reproduisaient tout le cérémonial du mariage et chacun des personnages y ayant participé. On pouvait voir l'arrivée de la fiancée sur sa galère de sucre, gréée de voiles en dentelle dorée ; la mer et ses vagues, hantée de monstres marins ; le carrosse, le cortège, la place de Bruxelles et le palais du Coudenberg. Chacun des invités pouvait s'approprier l'une de ces figurines, qu'il choisît quelque monstre marin, la dame de ses pensées ou son propre portrait ; certaines pesaient jusqu'à dix livres.

Les commentaires, néanmoins, allaient bon train. Pour flatter Granvelle, qui n'avait joui d'aucune sucrerie, on lui rapporte que « l'on parle diversement de ces grands festins et hormels », que l'ambassadeur d'Angleterre « a trouvé estrange toutes ces somptuosités et braveries » et que cette « folle et outrageuse dépense », qui a été reprochée à la régente par son mari, est un sujet de plaisanterie à Bruxelles. Le président Viglius — un peu cafard — écrit : « je crois que Madame a son sou aussi et voudrait bien être quitte de la dépense de la multitude des porte-galons ».

Marguerite n'a cure de ces bavardages. Ces royales dépenses démontrent aux yeux de tous sa gloire et son rang et la rassurent sur elle-même. Elle répond fièrement que « si l'on n'a jamais vu cela, aussi n'avait-on jamais vu marier le fils de la Gouvernante de Par-deçà ».

Madama avait certes besoin d'être rassurée, sinon sur elle-même, du moins sur la situation de son gouvernement. La médaille avait son revers et, dans les coulisses de l'interminable fête, s'étaient tenues des réjouissances peu catholiques. Un grand nombre de sieurs de la petite noblesse, auxquels l'isolement et la distance entre leurs seigneuries n'avaient pas donné jusque-là l'occasion de se rencontrer aussi longuement, se trouvaient à Bruxelles. Avec bonheur et surprise, ils découvraient que chacun avait nourri dans sa solitude les mêmes doutes et les mêmes soucis. Tous rejetaient violemment les rigueurs de l'Inquisition, qui accablaient une population au bord de la famine, et incriminaient le gouvernement du roi d'Espagne, dont ils jugeaient que la régente n'était que la pâle exécutante et les seigneurs du Conseil d'Etat, les figurants. Le moment n'allait pas tarder où les grands seraient pris à contre-pied, entre une fidélité, déjà fort compromise, envers leur « prince naturel » et la poussée d'indignation qui s'exprimait à travers la classe moyenne et la petite noblesse, à l'écoute des prédicants venus de Genève.

Déjà, quelques mois plus tôt, à Spa, le frère de Guillaume d'Orange, Louis de Nassau, et ses amis, Nicolas de Hames, les comtes de Culemborg et de Brederode, avaient signé entre eux un pacte se proposant d'obtenir, par tous les moyens, l'abolition de l'Inquisition et la liberté de conscience. En novembre, une réunion plus importante s'était tenue à Bruxelles avec une vingtaine de seigneurs, dont Jean et Philippe de Marnix, en compagnie d'un « prédicant » de Genève.

On ne savait pas encore à Bruxelles que la réponse du roi d'Espagne était parvenue à Madama, à quelques jours seulement de la cérémonie du mariage. Elle l'avait héroïquement cachée à son entourage et n'avait eu à cœur de la montrer à quiconque, de peur de gâcher la joie générale — et la sienne. Aussi avait-elle tenu secrètes, dissimulant son dépit et ses larmes, les décisions catégoriques de Madrid qui venaient de tomber comme un couperet, reflétant l'incompréhension totale du roi. Ainsi donc ses lettres, ses explications, ses supplications n'avaient eu aucun effet ! Philippe avait écouté ceux qui le renseignaient de manière détournée et, notamment, les moines cordeliers, fervents défenseurs de l'Inquisition. Granvelle, de son côté, cyniquement réaliste, avait encouragé le roi à la fermeté, tandis que le secrétaire de Madama, Armenteros, peu soucieux de perdre les avantages de sa position, minimisait dans ses rapports à Madrid l'importance des événements. L'influence grandissante du duc d'Albe à la cour espagnole avait fait le reste.

Connues sous le nom de « lettres du Bois de Ségovie », les instructions de Philippe II, écrites le 17 octobre 1565 et parvenues à Bruxelles le 5 novembre, étaient totalement négatives. Le roi s'opposait à toutes les propositions de la régente qui tentaient de calmer le jeu. Pour mieux contrôler le Conseil d'Etat, il y nommait un ennemi déclaré d'Orange et des seigneurs, le duc d'Aerschot ; il s'opposait plus fermement que jamais à la convocation des Etats Généraux ; il confirmait le pouvoir des inquisiteurs et exigeait que les exécutions des sectaires, un moment suspendues, eussent lieu sans délai.

Pour qui n'aurait pas été victime de ses illusions, une telle réaction était prévisible. Philippe n'avait-il pas écrit, quelques semaines auparavant : « je préférerais perdre mille fois la vie que de consentir au moindre changement en matière de religion » ?

Néanmoins, lorsque Madama se résolut, le surlendemain de la noce, à réunir les membres du conseil pour leur faire part des instructions venues d'Espagne, ce fut un tollé général. Les seigneurs ressentaient cette réplique comme une insupportable provocation qui ne leur laissait aucune marge de manœuvre entre l'humiliation et la révolte. Viglius, prudent, tenta de convaincre l'assemblée de ne pas se presser de publier les instructions du roi dans le pays, mais Orange s'y opposa et exigea que la procédure suivît son cours. Il connaissait les conséquences de son choix et les acceptait. Outragé, il quitta le conseil avec ces simples mots : « Nous allons voir le commencement d'une belle tragédie ! »

Madama s'accorda un délai de réflexion jusqu'au 30 novembre et l'on décida ce jour-là de rendre publics les ordres du roi dans les provinces le 20 décembre suivant. Mais la nouvelle avait filtré et les signataires du pacte se réunirent sans tarder dans un château que Guillaume d'Orange possédait à Breda et se proclamèrent « Ligue des Nobles de Flandre contre l'Inquisition d'Espagne ». Leur mouvement, devenu populaire sous le nom de « Compromis des Nobles », recueillit d'emblée quatre cents signatures.

Bien qu'ayant tenu à plusieurs reprises en dehors du Conseil d'Etat des réunions qui avaient des allures de complot, et auxquelles avaient été même invités des seigneurs allemands, les grands n'avaient pas signé le « Compromis des Nobles ». Guillaume d'Orange s'abstenait de participer ouvertement à la conjuration, mais le rôle qu'y jouait son frère et la protection qu'il accordait aux ligueurs le dénonçaient comme l'un des leurs. Bientôt les signatures atteignirent le nombre de deux mille.

Les revendications du compromis semblaient ne concerner que la liberté religieuse et tout objectif politique y était voilé. Toutefois, un malentendu insoupçonnable existait déjà entre Guillaume d'Orange et ses futures troupes : le prince s'appuyait sur les farouches convictions religieuses de ses partisans, alors que ses visées étaient avant tout politiques. Il se bornait, quant à lui, à pratiquer et encourager une tolérance qui, dans son esprit, serait le ciment d'un rassemblement national contre l'Espagnol. On en était loin.

Marguerite endure amèrement ces lendemains de fête. Le Conseil d'Etat, déserté, languit. Egmont, qui a enfin pris la mesure de son échec, agite sa démission. Bien que n'ayant pas signé le « Compromis », les grands refusent d'appliquer les ordres du roi concernant les placards. Au mois de janvier, Egmont, Meghen et Mansfeld s'accordent pour donner sur ce point un avertissement solennel à Madama et Orange demande à être relevé de ses fonctions. Le marquis de Bergues a déjà démissionné de son gouvernement.

Les seigneurs s'éclipsent au moment où leur présence serait la plus souhaitable dans les provinces où l'agitation est grande. Le spectre d'une persécution accrue fait émigrer nombre de protestants. Ils prennent des barques à Heist, à Blankenberghe, à Wenduine, pour gagner la Zeelande qui est déjà un refuge, ou — mieux — l'Angleterre où Elisabeth les accueille largement. Ailleurs, les huguenots français, pris dans la guerre civile entre Guise et Bourbon, franchissent la frontière et se réfugient dans le sud du pays flamand, faisant de Valenciennes et Tournai des points chauds de la résistance.

En ce début d'année 1566, Granvelle est installé à Rome,

mais ne perd pas de vue les affaires de Flandre. Il entreprend de conseiller le roi, tandis que, de Bruxelles, on le renseigne presque quotidiennement. Cette correspondance triangulaire entre les Pays-Bas, Rome et Madrid, d'une extrême lenteur, est toujours en retard sur l'événement et ajoute à la confusion. Les rapports du président Morillon — un fidèle du cardinal — sont très défavorables à la gouvernante. « Madame se trouve bien confuse et tous les jours elle le sera davantage puisqu'elle rend si mauvais compte de ce dont elle a eu la charge. »

Granvelle est perspicace. Il comprend que, dans une situation aussi tendue, seule la venue du roi en personne dénouerait le drame qui se prépare. Il écrit à Philippe II : « sans la venue de Votre Majesté, il n'y aura pas de remède, c'est l'infaillible vérité ». Il lui conseille de venir « avec sa cour ordinaire un peu renforcée. Aller avec une armée, ce serait se fermer la porte... il est nécessaire de prendre les choses doucement ». Depuis longtemps, Marguerite en est venue à la même conclusion et tente d'en persuader le roi dans ses missives. Chacun se souvient comment l'empereur, jadis, chevauchait à travers l'Europe pour se montrer en personne dans ses provinces et distribuer de la même main les châtiments et le pardon. Philippe ne dit mot et laisse flotter une vaine espérance.

En ce printemps menaçant, Marguerite voit de surcroît disparaître la plupart des affections qui la soutenaient dans sa vie quotidienne. Alexandre et sa princesse vont partir s'établir à Parme. Et Marchi reprend la plume : « Ici on commence à cercler les tonneaux, on a le cœur serré, on va rester tous seuls. Son Altesse jette certains regards à son fils, comme pour dire : bientôt il va partir, je ne le verrai plus. A moi, c'est comme si l'on m'arrachait une racine du cœur. » Toujours cavalier et gaillard, il ajoute : « Je pense que le prince donne très bien l'avoine à son épouse qui est douce et amoureuse... sa " pancetta " croît de jour en jour, elle est sûrement enceinte et j'espère un fils. »

Cinq ou six dames d'honneur, proches de Madama, vont la quitter, ce qui ajoute à sa mélancolie. Au même moment, une cabale, justifiée semble-t-il, s'élève contre Armenteros, dont on soupçonne les manœuvres ambiguës entre Madrid et Bruxelles, et dont on dévoile au roi les malhonnêtetés. Bientôt, Marguerite, par ordre exprès du souverain, va être privée de son conseiller et, comme le constate Castillo dans une lettre au cardinal : « Son Altesse n'aura plus personne à qui se fier. »

20

L'EXPLOSION ICONOCLASTE

Conscients de leur succès, les ligueurs du « Compromis des Nobles » agitaient des projets de plus en plus téméraires. Leur chef, Brederode, était un démagogue au charisme certain. Buveur et ferrailleur, il ne reflétait ni dans son attitude ni dans ses mœurs le style austère qui prévalait à Genève. Au cours de leurs réunions, les conjurés n'envisageaient rien moins que d'attaquer Anvers et même de s'emparer de la gouvernante. Ils s'impatientaient de la prudence des grands et, aux portes des palais d'Orange et d'Egmont, clouaient des libelles les invitant à prendre la tête de la lutte contre l'Inquisition.

C'était mal connaître les chevaliers de l'Ordre. Egmont, quoi qu'il en ait, était foncièrement attaché à ses traditions de catholique et de fidèle serviteur de la couronne et, pour Orange, le moment n'était pas encore venu de la rupture. Celui-ci conseilla aux confédérés de préparer le texte d'une supplique qu'ils viendraient remettre solennellement à Madama.

Au mois de mars, Brederode prit contact avec les seigneurs du Conseil et leur lut la requête qu'il avait préparée. C'était encore trop aux yeux d'Egmont qui, avec le comte de Meghen, se rendit aussitôt auprès de Marguerite pour l'avertir de ce que l'on complotait.

Cette démarche précipita les événements. Le 3 avril, les ligueurs se présentèrent aux portes de Bruxelles et l'arrivée de ces deux cents cavaliers armés sema l'émoi dans la capitale. On les entourait, on les acclamait, et un tel accueil les exaltait encore davantage. Le surlendemain, ils se mirent en rangs et, deux par deux, à pied, cheminèrent par les rues et les places de la ville en faisant onduler le cortège « en colimaçon » pour lui donner plus d'importance.

L'approche du palais cependant refroidissait leur enthousiasme. La démarche était d'une audace jamais vue et ils le ressentirent plus encore lorsqu'ayant été introduits dans la grande salle, ils se trouvèrent devant la régente entourée de son Conseil et de ses gens. Marchi note : « A Monseigneur de Brederode, la voix tremblait, ainsi que la main qui présentait la supplique. » Madama n'était pas moins émue, mais gardait contenance. Le texte était long. Les nobles se défendaient de vouloir une insurrection ou un changement de prince ; ils demandaient seulement que l'on avertît le roi que le pays était au bord du soulèvement contre la rigueur des placards et contre les excès de l'Inquisition. Que Son Altesse propose au souverain la publication de nouvelles ordonnances approuvées au préalable par les Etats Généraux. Brederode terminait en annonçant qu'ils reviendraient entendre la réponse le lendemain.

La requête était humble, nullement insolente, mais elle paraissait révolutionnaire. La régente en était si offensée qu'un témoin en fait la remarque : « Madama demeura un espace de temps sans dire mot, ne pouvant contenir ses larmes que l'on voyait couler sur sa face. » Elle répondit néanmoins qu'elle étudierait le soir même la pétition avec les seigneurs du Conseil. Le jour suivant, la même scène se reproduisit et Madama s'adressa aux ligueurs dans les termes conciliants que ses conseillers lui avaient recommandés. Son gouvernement, disait-elle, allait s'employer à modérer les sanctions résultant des placards ; en attendant que le roi approuve la requête des nobles concernant la réunion des Etats Généraux et la suppression de l'Inquisition. Il n'était pas en son pouvoir de trancher sur ce point, mais elle enverrait des messagers à Madrid.

Marguerite avait retrouvé son sang-froid — et Marchi était entousiasmé : « Très sage et très prudente Madama ! s'écrie-t-il, il fallait la voir répondre avec à-propos, avec esprit, audace, éloquence, montrant ne les estimer aucunement... et quand il fallait de la bravoure, elle la montrait, et de la clémence, de même. » Chacun sortait satisfait de l'épreuve. Néanmoins, lorsque les délégués se présentèrent de nouveau au palais deux jours plus tard, prétendant discuter plus avant, la régente les reçut vertement, et après quelques remontrances sévères, mit fin à l'audience.

Marguerite cependant était troublée par ces entrevues répétées avec les ligueurs. Pour nobles qu'il fussent, ces jeunes gens désargentés avaient rude apparence. Ils se montraient déterminés et Marchi note « qu'ils avaient des pistolets chargés dans leurs chausses ». Comme Son Altesse laissait voir sa nervosité, on raconte que Berlaymont l'aurait rassurée en lui disant : « N'ayez crainte, Madame, ce ne sont que des gueux ! » La remarque fut entendue de tous, et notamment des ligueurs alors qu'ils se retiraient. Elle fut aussitôt rapportée à leurs compagnons. Ceux-ci, réunis à l'hôtel de Culemborg, suivaient le déroulement de leur entreprise dans une tension grandissante et prenaient patience en tenant un banquet ininterrompu, de jour et de nuit généreusement arrosé.

Ce soir-là, Brederode entra dans la salle surchauffée où ils se saoulaient de paroles autant que de vin et fut acclamé comme le « défenseur de la liberté ». Il portait avec lui une écuelle de bois, la remplit et, faisant allusion à la remarque de Berlaymont, la vida d'un trait en criant : « Vive les Gueux ! ». L'expression devait faire fortune et le mouvement de résistance des nobles emprunter fièrement ce sobriquet. Orange et Egmont, qui passaient dans une rue voisine, furent invités à entrer dans la salle du banquet et à trinquer dans des écuelles, au cri répété de : « Vive le roi, vive les gueux ! » Qui, parmi eux, était assez perspicace pour comprendre ce que les termes de cette acclamation comportaient de contradiction ? Orange, certainement.

Les conjurés quittèrent Bruxelles et, bientôt, dans le pays on vit de toutes parts les « gueux » à la barbe rasée, vêtus d'un sarraut gris, portant au côté l'écuelle symbolique et au cou une médaille qu'ils avaient fait graver de ces mots : « fidèles jusqu'à la besace ». Ils étaient satisfaits, ayant obtenu de la gouvernante, dans une apostille, la promesse que les persécutions seraient atténuées. Cet engagement était renforcé par une lettre circulaire secrète envoyée dans les provinces le 9 avril, confirmant que l'on ne devait plus poursuivre quiconque pour sa foi. Cependant les réunions publiques de sectaires restaient interdites. Les nobles, quant à eux, s'étaient engagés à défendre l'ancienne religion. On appela ce texte « l'édit de modération » et il fut approuvé avec soulagement par des personnalités aussi indiscutables que les évêques d'Arras, de Saint-Omer et d'Ypres. Au Conseil d'Etat, il eut l'agrément des ministres fidèles au roi d'Espagne : Mansfeld, Viglius et Aerschot.

La modération ne paye pas en période de troubles et, à l'accueil que reçut l'édit, on put voir que les extrêmes ne souhaitaient pas la réconciliation. A la stupeur de Madama, ni Orange ni Egmont ne se prêtèrent à en jouer le jeu. Aucune de leurs revendications personnelles n'y trouvait son compte et ils estimaient, sans doute, que s'ils laissaient la crise s'aggraver, le roi céderait.

Au conseil suivant, Orange déclara solennellement qu'il allait partir pour l'Allemagne tandis qu'Egmont et Hornes se dérobaient à leurs responsabilités. Ils avaient choisi le moment où la gouvernante, en plein désarroi, avait le plus grand besoin de leur appui. Elle put mesurer avec amertume les limites de leur dévouement et l'on peut dater de ce jour la défiance et l'antipathie qui l'animèrent désormais à leur égard. N'avaient-ils pas laissé s'évanouir la seule chance d'éviter une tragédie ? Elle obtint d'eux qu'ils attendraient quelques semaines encore la réponse du roi et mit en route l'ambassade promise vers Madrid. Le baron de Montigny et le marquis de Bergues iraient trouver Philippe II et le convaincraient de vive voix de l'urgence des réformes.

Urgence, certes, car les calvinistes n'étaient pas plus satisfaits que les seigneurs de l'édit de « modération ». Celui-ci maintenait la défense absolue de tenir les grandes assemblées en pleins champs et les « prêches des haies » où ils recrutaient leurs adeptes, dont le nombre ne cessait de croître depuis que les émigrés rentraient au pays. Dans ces foules, les plus fervents étaient convaincus, en désertant leurs églises, de renouer avec la tradition des prédications agrestes de l'Evangile. Mais, avec la belle saison qui arrivait, nombre de chômeurs et de désœuvrés s'ajoutaient aux fidèles recueillis et bien souvent des vagabonds, « bancquebières », fugitifs et mercenaires en rupture de ban. Beaucoup étaient armés de crocs et de pistolets. Protégés par des « chevaucheurs » qui faisaient le guet et tiraient des salves à la fin des prêches, ces rassemblements n'avaient plus l'aspect innocent et poétique que leur a prêté Breughel dans son célèbre tableau « la prédication de Saint Jean Baptiste », mais devenaient, chaque jour davantage, de menaçantes multitudes. Et, tandis que celles-ci se montraient toujours plus enthousiastes et audacieuses, l'organisation des calvinistes, jusque-là furtive, osait se déployer au grand jour, dans des synodes animés par les envoyés de Genève, dont on soupçonnait Guillaume d'Orange d'encourager — et même de payer — la venue.

Au Coudenberg, on attendait, non sans inquiétude, une réaction du roi aux derniers événements. Mais le silence du souverain était total. Les remarques allaient leur train. Granvelle était informé par Morillon : « Il n'y a encore rien venu d'Espagne, dont chacun est ébahi » et, un mois plus tard : « C'est chose merveilleuse qu'il ne vient rien d'Espagne... estimant que le non-répondre est beaucoup répondre. » Remarque pertinente sur le pesant silence de Philippe qui plonge Marguerite dans l'anxiété. Les seigneurs, conscients de la gravité de la situation, réapparaissent au Coudenberg et Morillon ricane : « Madame au conseil d'Etat ne besogne plus de l'aiguille mais annote ce qui se dit et appuie sa tête sur son bras senestre... » Un autre correspondant décrit à Granvelle l'angoisse de Madama : « Depuis quatre jours, du matin sept heures jusqu'au soir huit heures, Son Altesse tient conseil d'Etat... si abattue et perplexe et tant changée que ce n'est plus elle. »

Marguerite, en effet, redoute le pire. Elle craint que les pays voisins n'encouragent un soulèvement pour profiter de la situation. On avise Granvelle : « Le bruit court ici que, du côté de l'Allemagne, il y a 40 000 hommes prêts à fondre sur le pays... qu'il y a aussi des gens du côté de la France... que l'Angleterre tient sa flotte prête... » et le cardinal répercute la nouvelle sur Madrid, notant que « Madame, fort confuse, a écrit à l'empereur pour qu'il empêche les Allemands de se joindre (aux hérétiques) pour susciter quelque trouble ». Ce ne sont peut-être que des rumeurs, tout comme les nouvelles émanant des quatre coins d'un pays que la lenteur des communications rend immense. Celles-ci sont alarmantes, incomplètes, en retard sur l'événement, mais leur confusion même fait que la gouvernante les ressent comme un faisceau de menaces contre son gouvernement et contre elle-même.

La requête et l'édit de modération ont créé un choc psychologique. Forts de ce premier succès, les sectaires se sont enhardis. Les plus audacieux d'entre eux se proclament « rois des gueux », empruntant à la ligue son titre de noblesse, et se livrent, çà et là, à des actions de plus en plus spectaculaires. « A Cambrésis — écrit Morillon à Granvelle — un prédicant ne tolère pas que les cloches de l'église sonnent l'Angélus pendant son prêche. Il prend son épée, assaille le curé — puis monte en chaire... » Ce n'est encore qu'un incident parmi d'autres, mais révélateur de l'impatience de ceux de la « nouvelle religion », qui ne supportent plus de prier dans les champs et veulent obtenir en ville des lieux de culte. Ils en sont loin, puisque Madama, le 18 juin, réitère son interdiction de tenir prêches et assemblées, même hors des cités. Marchi révèle le véritable état d'âme de sa maîtresse : « Madama préférerait mourir que consentir quelque chose contre la foi à l'Eglise romaine. » On peut en conclure que les concessions qu'elle a faites ne sont destinées qu'à gagner du temps.

Il n'est pas surprenant que l'attentisme qui règne au gouvernement ait contaminé jusqu'au fond des provinces les autorités locales chargées de faire appliquer des édits datant de Charles Quint, et sur lesquels Bruxelles même ne s'engage plus. Peut-on encore punir de mort « ceux qui vendent, achètent, copient ou reçoivent des textes hérétiques... ceux qui tiennent ou permettent chez eux des conventicules... ceux qui prêchent ou soutiennent les doctrines des auteurs réprouvés » ? Une mort cruelle « par le fer, le feu et la fosse » (parfois, en effet, les femmes étaient, par décence, enterrées vives). Aussi, les baillis et échevins font-ils savoir — quand ils ont l'imprudence de s'exprimer — que c'est « chose merveilleusement difficile de distinguer et de faire leur devoir, à cause de la grande diversité des opinions ». Ailleurs, ils se contentent de baisser les bras. Les gouverneurs, quant à eux, évitent de se montrer dans leurs provinces, pour ne pas avoir à sévir, et les calvinistes en profitent pour faire croire qu'ils ont l'approbation des grands.

Les points chauds, ceux où l'agitation semble la plus difficile à contenir, sont la cité d'Anvers et, dans le sud, Tournai et Valenciennes. Ce sont des villes importantes, déjà industrielles, anticipant sur les problèmes modernes des métropoles : chômage, fluctuation des populations, présence d'étrangers, sensibilité aux idéologies, émotivité des foules... Les prêches calvinistes qui se tiennent hors les murs drainent des milliers d'adhérents et l'on sent venir le moment où la revendication du droit de cité pour leur culte les jettera à l'assaut des églises. Certains « prédicants » sont aussi des meneurs infatigables. L'un des plus exaltés, ni savant, ni théologien, est un pauvre bonnetier, Sébastien Matte, qui parcourt impunément la Flandre et le Hainaut, prêchant, colportant les nouvelles, ranimant l'enthousiasme. D'autres ont été formés à l'étranger. Néanmoins, dans ces provinces qui sont du gouvernement d'Egmont et de Bergues, la régente peut compter sur deux appuis solides : le baron de Rassenghien, gouverneur de Lille, prêt à défendre au prix de sa vie le trône et l'autel, et, plus loin, dans sa garnison de Mons, le grand bailli de Hainaut, Noircarmes, qui est, sans états d'âme, décidé à en découdre avec les sectaires.

Rien de semblable à Anvers, où, au début de juillet, Brederode, désormais baptisé « le grand Gueux », a fait une entrée triomphale. Il a été ovationné par ses partisans et Madama n'est pas loin de croire que la ville va lui échapper. La crainte est toujours présente de voir surgir quelque part une nouvelle Genève. La cité est sinistrée : « Il semble — raconte Marchi — que c'est un lendemain de fête ; que l'on a emporté les marchandises et qu'il ne reste que les bouteilles vides... A la Bourse, on ne voit que des fiers-à-bras avec arquebuses et pistolets... tous les marchands sont partis ; les derniers à rester sont les Portugais ».

Il n'y a pas de gouverneur au Brabant, province qui dépend directement de la couronne, et une manœuvre audacieuse serait pour la régente de se rendre à Anvers et de s'y installer avec sa cour. Mais Madama n'a pas de troupes — tout au plus la simple poignée d'archers de sa garde. Elle pose la question aux seigneurs : les bandes d'ordonnance sont-elles fidèles ? Egmont en répond, mais Orange déclare catégoriquement que les nobles qui les composent ne marcheront jamais contre les réformés.

Guillaume a toujours souhaité jouer un rôle à Anvers. L'occasion s'en présente. Il obtient de Madama d'aller pacifier la ville qui, d'ailleurs, le réclame. Arrivé sur place et acclamé, il ne tarde pas à mesurer l'ambiguïté de la situation. Brederode va trop vite et trop fort : on n'obtiendra jamais rien de Madrid par une flambée populaire aussi localisée. Pendant un mois entier, il va s'employer et — semble-t-il — réussir à calmer le jeu, tout en méritant, des deux parties en présence, une suspicion grandissante. A quel camp appartient donc ce temporisateur ? Serait-il un faux-frère ?

Au conseil d'Etat, durant ces premiers jours de juillet, on n'est pas loin de conclure que la situation est incontrôlable. Les gueux du Compromis, de leur côté, se sont réunis près de Liège, à Saint-Trond, pour élaborer une politique, car ils sont divisés entre eux sur le plan religieux et débordés par l'ampleur populaire du mouvement qu'ils ont déclenché. Ils craignent de faire les frais d'une répression ordonnée par le roi et cherchent un appui auprès des troupes allemandes. Le gouvernement à la dérive accepte alors de les utiliser comme intermédiaires envers la multitude des bourgeois et des artisans qui ont rallié la nouvelle religion et la révolte qui gronde. Madama se résigne donc à recevoir, en présence d'Egmont et d'Orange, une délégation de douze d'entre eux, avec, à leur tête, Louis de Nassau.

L'entrevue eut lieu le 28 juillet, mais on rapporte que la régente ne fit pas le moindre effort pour recevoir aimablement ceux que l'on baptisait « les douze apôtres ». Elle décrivit au roi cette rencontre comme « de plus mauvais goût et de plus dure digestion que la première ». Elle avait réalisé instantanément qu'une telle requête ne faisait qu'approfondir le fossé creusé avec Madrid et rendre sa situation envers le roi intenable. Ils exigeaient, en effet, agitant le chantage des troupes allemandes, la totale liberté de culte et la convocation des Etats Généraux. En échange de leur collaboration, ils voulaient que les gouverneurs prennent le pouvoir et se portent garants de leur action.

Louis de Nassau remarqua irrespectueusement que Madama était dans une telle fureur « qu'elle semblait sur le point d'éclater ». Que pouvait-elle faire d'autre que de temporiser une fois encore et de demander aux conjurés un nouveau délai : vingt-quatre jours pour permettre au courrier espagnol d'arriver enfin... Car, malgré les supplications de Marguerite à son frère « qui la laisse sans aide et sans instructions », le roi n'a pas encore réagi à la requête du mois d'avril, dont les termes sont désormais largement dépassées. Sait-il seulement que chacun n'en fait plus qu'à sa tête ? Il est même trop tard pour que les nobles du Compromis s'interposent : les lions sont lâchés.

L'émeute éclata dans la torpeur du mois d'août, aux abords de Dunkerque, dans une petite ville, Steenvoorde, que rien ne désignait à l'attention.

Sébastien Matte avait tenu aux champs son prêche accoutumé devant une foule composée en grande partie de gens du pays, et lorsque le sermon fut terminé, son compagnon, Jacques de Buyzère, un ancien moine, incita l'auditoire à se porter au monastère de Saint-Laurent, à quelques kilomètres de là, et à y détruire les statues et les tableaux qui s'y trouvaient. C'était le 10 août, jour de la fête du saint.

Leur méfait accompli, étonnés eux-mêmes de leur audace, les sectaires et leurs meneurs se tinrent cois pendant quelques jours et disparurent dans la nature. Mais l'incident n'ayant pas provoqué de réaction immédiate du pouvoir, on assista, le 15 août, jour de l'Assomption de la Vierge, à l'embrasement général de tout le pays alentour.

Sébastien Matte est partout — il prêche, excite son public, s'accompagne du renfort de bandes que les premiers saccages impunis ont grisées et, la réunion terminée, on s'emploie, l'imagination exaltée et la conscience tranquille, au dépouillement systématique et brutal des églises, abbayes, béguinages qui s'offrent au détour des chemins. Après avoir « nettoyé » les bourgades avoisinantes de la ville d'Ypres, les sectaires s'enhardissent et pénètrent dans la cité, s'attaquent aux quatre églises importantes de la ville, au couvent des dominicains et à celui des frères mineurs. En trois jours, tout est saccagé, sur leur passage, en Flandre occidentale ; anéantis les trésors patiemment ouvragés du gothique flamand : statues, tryptiques, orgues, tables d'autel... Les vitraux sont cassés, les cloches jetées bas — et, dans un grand feu, au-dehors, on envoie pêle-mêle, avec les ornements et les livres, les calices, les ostensoirs et les burettes, les reliquaires ciselés et leur contenu à jamais irremplaçable. Partent en fumée vers le ciel les os des innocents martyrs, la barbe de saint Makarie et les cheveux de saint Christophe... Enfin — après avoir mis à sac la séculaire abbaye des Dunes et son inestimable bibliothèque —, saoulée de destruction, cette marée humaine un moment s'arrête, face à la mer.

Cependant à Anvers, où Guillaume d'Orange maintient par sa présence un fragile équilibre, ces nouvelles échauffent les esprits. Lorsque, le 18 août, la régente commet l'erreur fatale de convoquer le prince à Bruxelles, l'émeute aussitôt se déchaîne. Les fêtes de l'Assomption se terminent et la statue de la Vierge, patronne de l'église Notre-Dame, menée en procession, reçoit des quolibets et même quelques projectiles — un blasphème inouï. Son retour au sanctuaire est le signal de la dévastation. L'immense et haute nef est prise d'assaut jusqu'au sommet par les iconoclastes qui s'accrochent aux piliers, encordent les statues et les pieuses sculptures et les font tomber avec fracas. Il ne restera rien dans l'église ravagée dont les murs seront bientôt blanchis à la chaux et dont la chaire, trois jours plus tard, servira de tribune au ministre calviniste, Herman Moded.

Les « casseurs » d'Ypres, ceux de Tournai, de Val, de Bailleul et d'Armentières, ont rejoint Anvers par l'Escaut. Ainsi grossie et mélangée, excitée par la violence, ce n'est plus la foule des prêches en plein air qui agit, obéissant au mot d'ordre de sa conscience, mais une horde destructrice qui exprime un trouble instinct de vengeance et de révolution. Les blasphèmes se multiplient. Ici, on décapite le Christ et sa tête est fichée sur la pointe d'un candélabre ; on bat de verges les saints patrons de pierre ; on martèle la barbe des pères de l'Eglise pour en faire des « Gueux » et l'on pend les statues aux gibets préparés pour les sectaires. Il s'y mêle les grossièretés d'une foule populaire en délire.

Le 22 août, la horde se jette sur Gand et les églises de la ville sont dévastées. Lorsque Granvelle en sera informé à Rome, il aura une pensée pour le rétable de saint Bavon — écrivant au roi : « Je crains fort que la table d'Adam et Eve ne soit mise en pièces si elle n'a été sauvée à temps. » Souci qui devrait rendre amère au grand homme la satisfaction d'avoir eu raison avant et contre tous.

Au même moment, les saccages reprennent dans le sud du pays, à Tournai et Valenciennes, et, quelque dix jours plus tard, l'onde de choc atteint la Hollande où se reproduisent les mêmes scènes de désolation.

Etrange révolution que celle de l'été 1566. Les briseurs d'images n'avaient tué personne — ou presque. Ces sectaires, qui, depuis bientôt trente ans, voyaient les leurs conduits au bûcher dans des conditions ignominieuses n'avaient décapité que des symboles. Ces ventres affamés n'avaient pillé ni les riches marchands, ni leurs entrepôts. Ils ne s'étaient pas approprié les calices d'or et les pierres précieuses qui ornaient les crucifix. Le peuple avait traduit dans les faits et à sa manière des enseignements qui venaient de haut et de loin. Une immense espérance l'animait, et une haine aussi immense envers qui empêchait d'éclore les temps nouveaux. L'attente avait été trop insupportable. Ce peuple ne pouvait s'exprimer, il cassait.

Comment se serait-il douté que la querelle des images était un débat séculaire — usé, dirait-on. En revanche, il était apte à entendre les imprécations lancées par ses maîtres, dans le langage vigoureux de l'Apocalypse qui rejoignait le leur. Luther avait dénoncé en Rome « Babylone, la grande prostituée ». Les injurieuses gravures de Holbein, où le pape, paré comme une courtisane, chevauchait une truie et empochait l'argent des indulgences, circulaient de longue date, simples, percutantes. Calvin non plus ne ménageait pas ses mots : « Les paillardes d'un bourdeau sont plus chastement parées qu'on ne voit les images des vierges au temple » — et il concluait : « Les images sont-elles le livre des idiots ? » Ni Luther, ni Calvin cependant ne croyaient inciter au saccage. Luther, parce qu'il aimait — sensuel — les œuvres d'art. Calvin, parce que tout devait venir de la hiérarchie — la sienne : « Jamais Dieu n'a commandé d'abattre les idoles, sinon chacun dans sa maison, et en public ceux qu'Il arme de son autorité. »

Mais ils avaient créé l'espérance comme un levain. Celle d'une Eglise purifiée, blanchie, à l'image de la robe de lin de Jésus au bord du lac de Tibériade. On irait délivrer le Christ de ses tabernacles étouffants, du fatras poussiéreux de vierges, d'intercesseurs, de reliques et d'ex-votos qui le cachaient. Ceux-ci n'étaient pas pour eux des objets d'art, mais des objets « riches », insultes à la misère et symboles de la cupidité des prêtres. Satan et ses magies avaient investi ces lieux obscurs et embrumés d'encens. Sur la pierre de l'autel, truffée de reliques, se perpétuait chaque jour la messe — cette « sorcellerie » — l'évocation d'une présence « réelle ». Il n'y aurait plus de messe, mais le seul chant des psaumes, dans une langue qu'on entendrait. Les prêtres cesseraient de marmonner en latin, gardant pour eux la science et les vérités et jetant au peuple les miettes de la superstition. On allait « ramoner » les églises, les blanchir et puis se les approprier. C'est là ce qu'avait compris la multitude.

Calvin avait bien dit qu'il ne fallait abattre les idoles que « dans le cœur des hommes, par la prédication et la parole de Dieu ». C'était méconnaître l'impatience d'un peuple malheureux, privé de parole par les sévérités de l'Inquisition et pour qui, de toute façon, la parole ne pouvait être qu'un prélude à l'action. Ainsi s'étaient déchaînés les « casseurs » de la nouvelle religion, martelant la pierre et allumant leurs feux de joie. A les voir agir, chacun était sidéré et comme frappé d'impuissance.

Plus tard, on commenta l'événement. De nombreux catholiques tentés par les idées nouvelles s'en détournèrent, inquiets et consternés, écœurés par les fruits qu'elles recélaient. Tous avaient été stupéfiés par la soudaineté de la révolte et certains ministres protestants pressentaient le mal irrémédiable que susciterait pour leur apostolat cette flambée de violence.

Mais nombre d'entre les sectaires s'en réjouissaient extrêmement, disant que c'était « une œuvre plutôt divine qu'humaine ». Ils allèrent jusqu'à baptiser ce temps « l'année des merveilles ».

21

LA GUERRE CIVILE

L'explosion de l'iconoclasme n'avait pas été aussi soudaine et miraculeuse que les sectaires émerveillés auraient voulu le faire croire.

En juillet, Marguerite, déjà consciente du danger, était si tourmentée qu'elle en était tombée malade. Marchi note que « Son Altesse est restée quatre jours avec de grandes douleurs », et qu'enfin « Dieu lui a rendu la santé pour lutter contre calvinistes, huguenots, luthériens et, dernière secte, " les gueux ", certains pires que les luthériens ».

A plusieurs reprises, elle avait envoyé au roi des lettres toujours plus pathétiques : « Combien de fois vous ai-je représenté les malheurs de ce pays, vous ai-je pressé de venir... Maintenant, je ne puis plus remédier, ni empêcher les prêches publics... qui se font avec armes, comme arquebuses, pistolets, javelines, picques, demi-picques et autres semblables. » « On redoute... désordre et émotion populaire, tant pour la religion que pour le sacq et butin des riches » (4 juillet 1566)... « Votre Majesté différant tant sa réponse, les seigneurs locaux, non contents de laisser faire en matière d'Inquisition et de placards, laissent entendre que chacun ait liberté de religion » (7 juillet). « La situation empire... quand je le voudrais, les moyens me sont ôtés par faute de deniers. » Marguerite avoue qu'elle a promis, « pour avoir un délai de tranquillité » d'intercéder auprès de lui pour obtenir un pardon général envers les ligueurs. Elle attend maintenant, impérativement, la réponse du roi, « dans un délai de vingt-cinq jours » (19 juillet).

La régente énumère les quelques mesures dérisoires qu'elle a tenté de prendre pour endiguer le flot : « J'ai fait certains édits contre les prêches... les étrangers et vagabonds, les bannis sectaires revenus au pays... J'ai encouragé les autorités par menaces exhortations, remontrances, à redoubler de vigilance dans leurs villes... Je cherche de l'argent par tous les moyens, j'ai demandé des emprunts et dons aux prélats et gens d'Eglise... Faute d'argent, je n'ai pu lever davantage d'hommes d'armes, ni mobiliser les bandes d'ordonnance dont la solde est en retard de six mois... J'ai ordonné des prières, processions, jeûnes, aumosnes, sermons et exhortations... » Elle ajoute enfin : « Hélas, autorité et vergogne sont perdues et la force est à cette heure à la noblesse et au peuple en tumulte ! » (31 juillet).

Le même jour, exactement, le roi lui envoyait enfin une réponse ambiguë et dilatoire. On devine, à le lire, combien il est choqué : « Ainsi, il serait quasi à chacun vivre comme bon lui semblerait ! » L'Inquisition, dit-il, est l'unique remède dont, de toute ancienneté, l'Eglise a usé pour que l'on se conduise selon ses commandements. « Qu'elle continue de la sorte ! » Néanmoins, ne pouvant agir sur-le-champ, il ruse par quelques vagues concessions. Cette Inquisition pourra être confiée aux évêques — et à eux seuls — lorsque les nouveaux évêchés seront en place. On pourra aussi accommoder quelque peu les textes des placards et accorder un pardon limité aux ligueurs du Compromis... Quant à sa venue, il regrette qu'elle ne puisse avoir lieu avant l'hiver, mais elle est décidée, qu'on se rassure, et il étudie son itinéraire, hésitant encore entre la route du nord ou de la Méditerrannée. Enfin, un post-scriptum sans appel sonne le glas des espoirs de Marguerite : en aucun cas elle ne doit convoquer les Etats-Généraux.

Dans ce courrier particulièrement volumineux — plus de trente plis —, Philippe avait pris la peine d'écrire une lettre personnelle à chacun des gouverneurs de province, aux chefs de bandes, aux gouverneurs des frontières et aux seize villes les plus importantes des Pays-Bas, contenant de bénignes exhortations à la fidélité et à l'obéissance. « Continuez, leur disait-il, les bonnes diligences sans vous émouvoir. » Il le scellait par un dernier mot à sa sœur : « Vous verrez assez clairement, par les alcunes lettres, de quel pied je marche et de quelle affection j'embrasse les affaires de par delà... J'espère que Dieu leur ouvrira les yeux ! » Lorsque le paquet arriva, le délai de vingt-cinq jours était écoulé et l'émeute faisait rage. Dieu n'avait pas entendu la prière du dévot de l'Escorial.

Philippe avait attendu, pour envoyer cette tardive réponse, l'arrivée à Madrid du premier des ambassadeurs de la gouvernante, Florimont de Montmorency, baron de Montigny. Lorsque le gentilhomme flamand eut détaillé au roi l'affaire de la ligue et de la requête — événements qui remontaient au mois d'avril — et plaidé en faveur des exigences des Flamands, une vive altercation avait opposé les deux hommes et l'on dit que l'on avait vu la face habituellement pâle du roi s'empourprer. Dans son esprit procédurier, la ligue du compromis, association de vassaux créée sans le consentement du souverain, et la requête audacieuse qui avait suivi, étaient des actes de trahison. L'édit de modération accordé par la régente était par là frappé de nullité. En esprit, déjà, l'autocrate souverain avait résolu de punir ces rebelles. Et, pour être juridiquement à l'abri d'un jugement sévère de ses contemporains — et, qui sait, de l'Histoire —, il convoqua peu après un notaire et, en présence du duc d'Albe, rétracta devant lui les quelques concessions, arrachées, disait-il, par la contrainte, « de sorte qu'il n'était pas lié par ces promesses et conservait son droit de châtier les coupables ».

A Bruxelles, en cette dernière semaine d'août, la réunion des chevaliers de la Toison d'Or s'est achevée, n'apportant à la régente que déception. Pour ces palabres, elle a rappelé de leurs provinces les gouverneurs, attisant par là la révolte. Et, lorsqu'ils prennent connaissance des réponses du roi, elle se trouve devant un mur hostile. Elle supplie : Egmont n'a-t-il pas juré d'étouffer toute rébellion par les armes ? La réponse du comte est évasive. Il ne met pas au premier rang la défense de la religion, mais celle de l'autorité de l'Etat. Marguerite est sidérée. Religion et autorité, pour elle, procèdent d'une même source — légitime, divine ! Elle s'impatiente devant cette incompréhension et écrit alors à son frère une lettre vengeresse, dénonçant ces seigneurs qui, dit-elle, montrent enfin leur vrai visage, dressés « contre Dieu et contre le roi ». Elle désigne nommément Orange, Egmont, Hornes et Hoogstraten. Mesure-t-elle à quel point cette accusation impulsive va enrichir à Madrid le dossier déjà lourd des futures victimes ?

Les gouverneurs sont néanmoins repartis pour leurs provinces et Madama reste seule à Bruxelles. La capitale, qui jusque-là avait imposé le respect, est à son tour menacée. Les iconoclastes sont dans les faubourgs et, bientôt, s'enhardissent jusqu'à venir marteler la cathédrale sainte Gudule. Depuis le Coudenberg, Marguerite peut en entendre le fracas et la rumeur. Au cours d'une nuit éprouvante, elle a convoqué, à trois heures du matin, les chevaliers demeurés sur place et leur a fait part de sa décision de se retirer avec ses gens à Mons, dont Noircarmes a fait une forteresse fidèle et sûre. Mais, sans égards pour son autorité, ni pour sa détresse, les seigneurs s'y opposent, arguant que son départ achèverait de démoraliser la ville. Mieux, le lendemain, ils abusent de cette situation sans issue pour presser la gouvernante de faire les concessions que le pays attend. Madama doit céder. Elle promet. Pourvu que les calvinistes déposent les armes et cessent leurs violences, ils seront autorisés à faire leurs prédications et leurs prières publiques là où celles-ci s'étaient déjà tenues auparavant, en attendant une décision du roi, prise en accord avec les Etats Généraux (le mot était lâché !). Le culte protestant proprement dit et la distribution des sacrements « à la manière de Genève » restaient interdits. Seuls les meneurs seraient mis hors la loi. En échange de ces concessions, les « Gueux » s'engageraient à calmer le peuple et à protéger les religieux. L'accord fut proclamé à son de trompes à Bruxelles et publié dans le pays le 25 août.

Le 29, elle raconte au roi l'incident : « On me dit que les sectaires voulaient venir tuer en ma présence tous les prêtres, gens d'Eglise et officiers de Votre Majesté. Je me délibérai à partir de grand matin et me sauver à Mons. On a insisté pour que je reste et je dus m'y résoudre, car ils serraient les portes et y mirent garde pour ne me laisser sortir, de sorte que je demeure comme prisonnière. » Et, dans la même lettre, après avoir tragiquement décrit au roi les ravages de l'iconoclasme à travers le pays, elle lui détaille les termes du compromis qu'elle a dû accepter, « contrainte par la violence des événements et le désordre généralisé, ne pouvant user des armes... ». « Pendant plusieurs jours — ajoute-t-elle —, j'ai tenté de résister aux pressions, donnant... soupirs et signes de douleur et angoisse de cœur, (au point) que, par aulcuns jours, la fièvre m'a détenue et ay passé plusieurs nuits sans repos. » Et, de fait, Marchi note : « Je ne crois pas que Son Altesse dorme plus que quatre heures par nuit. Jusqu'à onze heures, elle lit et signe des lettres. Elle se lève le matin à trois heures, ou même deux heures, et se remet à lire et à écrire, entend la messe de bonne heure, puis va au conseil jusqu'à midi et dîne, mais fort peu. Souvent les secrétaires viennent la déranger dans sa chambre et le conseil reprend jusqu'à sept ou huit heures du soir. C'est là l'ordinaire des jours... »

Madama espère-t-elle apitoyer Philippe ? Le moment est mal choisi. Le récit de la furie iconoclaste, les outrages infligés aux symboles sacrés, et par-dessus tout aux reliques qu'il vénère, le mépris affiché de ses sujets envers l'autorité royale, ces crimes de lèse-majesté envers Dieu et envers sa personne, l'ont rendu ivre de rage — mais d'une rage froide et contrôlée dont on ne peut déceler sur son visage le plus léger reflet. Seuls les envoyés flamands de Marguerite, Montigny et Bergues, peuvent s'en rendre compte. Ecartés des délibérations qui concernent leur pays, traités avec suspicion, ils ne sont plus des ambassadeurs, mais désormais des otages. Le roi leur refuse la permission de quitter Madrid, leur interdit de communiquer avec les Pays-Bas, et c'est avec angoisse qu'ils suivent le cours d'événements auquels ils savent qu'est dorénavant lié leur destin.

Philippe était lui-même malade de la goutte, sans doute éprouvé par la contrariété et par son épuisant travail de bureaucrate. Un contemporain note alors : « Depuis deux mois le roi n'est sorti de sa chambre une seule fois, étant lui-même et le maître, et le ministre et le secrétaire... tous ceux qui résident ici sont désespérés. » Il ne put réunir son conseil que le 22 septembre pour examiner les événements des Pays-Bas. Des remarques d'ordre général sur la situation y firent sans peine l'unanimité : si l'on ne mettait bon ordre aux troubles de ces pays, la contagion gagnerait d'autres parties du royaume, notamment l'Italie. La conclusion s'imposait : « seule la force pourra restaurer l'autorité royale ». Par ailleurs, le roi affirmait un principe catégorique : « dût-il perdre cent vies, il ne serait jamais le souverain d'un peuple d'hérétiques ».

Mais, auprès du souverain, entre Ruy Gomez da Silva, prince d'Eboli, et don Fernando Alvarez de Toledo, duc d'Albe, deux tendances s'affrontaient qui reflétaient plus que de l'inimitié. Ils se heurtèrent sur les modalités de la répression. Ruy Gomez estimait qu'une troupe allégée suffirait, à condition que le roi vînt en personne aux Pays-Bas. Son prestige ferait le reste. La partie adverse fit valoir à Philippe le danger d'une telle expédition, alors que, non seulement ses provinces, mais encore toute la France, étaient livrées à la guerre civile. Qu'une forte armée soit envoyée en avance, et que le roi aborde un pays pacifié. Albe insista à son tour pour qu'une action ferme, rapide et irrésistible soit d'abord menée sans pitié contre les rebelles et Philippe, qui n'avait rien d'un héros, retint cette solution. On lança des chiffres en vue des longs et gigantesques préparatifs qu'une telle expédition impliquait. Il ne fut question de rien moins que d'envoyer 10 000 vétérans espagnols à Milan avant l'hiver: ceux-ci formeraient le noyau d'une armée de 60 000 fantassins et 12 000 cavaliers. Ainsi, près de 70 000 soldats s'achemineraient, foulant l'Europe du sud au nord, vers le malheureux petit pays.

Au conseil suivant, on discuta de qui serait le chef de l'expédition et le nom d'Albe ne fut pas retenu aussitôt. Le duc avait soixante ans et était perclus de goutte... On agita d'autres idées, et il fut même question de se tourner vers Ottavio Farnèse qui, on le comprend, ne manifesta pas le moindre enthousiasme pour aller châtier les sujets de Marguerite... Enfin, Albe obtint le commandement et reçut sa patente de capitaine général le 29 novembre suivant. En attendant, Philippe envoyait à sa sœur 300 000 couronnes et l'autorisation de lever 13 000 mercenaires allemands. Un navire venait d'arriver des Amériques, chargé de plus de quatre millions d'or dont un cinquième restait propriété du roi et lui permettait ces largesses.

L'accord signé par Marguerite — qui visiblement n'entrait pas dans la logique du roi — n'était qu'un coup d'épée dans l'eau. Comment définir les limites des prêches autorisés ? A qui reviendraient les églises confisquées par les sectaires ? Où finissait la prière et où commençait le culte ?

Face à un pouvoir désorganisé, les calvinistes étaient plus déterminés que jamais à exploiter leur victoire. Rien, ou presque, ne s'était opposé à leurs saccages du mois d'août. Des foules passives, des milices municipales goguenardes, l'arme au pied, avaient assisté, sans mot dire, à la dépossession des gens d'Eglise, bien souvent détestés et considérés comme des propriétaires avares et des procéduriers impitoyables. A Bruges seulement, à Louvain et à Lille, les « schutters » s'étaient interposés. A ces anonymes, l'on doit sans doute de pouvoir s'enchanter encore de la douceur mystique des visages de Memling dans la fragile dentelle de pierre des églises brugeoises.

Depuis que les seigneurs avaient rejoint leurs provinces, ils ne prenaient guère le chemin d'y rétablir l'autorité. Egmont, si amoureux de sa popularité, se laissait acclamer lorsqu'il traversait par mégarde une assemblée en plein air. Il accordait aux calvinistes des latitudes et, à Madama, faisait observer avec bon sens que l'on ne pouvait ergoter sur la frontière qui sépare les prêches du culte « car de l'un dépend l'autre » ; qu'une sorte de pardon général au petit peuple permettrait de châtier les seuls meneurs et qu'il fallait éviter avant tout le grand danger de perdre toute cette province de Flandre, « forte et voisine de la mer, où la multitude est quasi incroyable... et où le peuple se montre furieux et insensé... »

Le 4 septembre, Orange octroie aux Anversois droit de prêche dans la cité comme au dehors, avec la permission de construire leurs propres temples. Hornes, le 7, conclut à Tournai un accord similaire, et de semblables compromis interviennent en Brabant, Hainaut et Hollande.

Un soutien de taille est venu en octobre aux gouverneurs en la personne de l'empereur Maximilien, neveu de Charles Quint, qui vit, en Allemagne, les bienfaits de l'accord d'Augsbourg. Au lieu de voler au secours de son cousin Philippe, il encourage les seigneurs à agir dans le sens de la tolérance. Ne règne-t-il pas très paisiblement sur un empire aux trois quarts luthérien ? De nombreux contacts sont pris avec l'Allemagne, qui ne peuvent qu'encourager les grands dans leur comportement attentiste.

Guillaume d'Orange cède alors aux sollicitations de son frère Louis de Nassau — toujours en flèche — et accepte de convoquer Egmont, Hornes et Hoogstraten à Termonde pour discuter de la conduite à tenir. Par Montigny, son frère, qui, de Madrid, le renseignait secrètement, Hornes était tenu au courant de l'état d'esprit du roi d'Espagne, de sa détermination, de la méfiance que celui-ci entretenait à leur égard, jusqu'à les soupçonner de vouloir se partager les Pays-Bas et les gouverner eux-mêmes en une sorte de « triumvirat » [1]. Orange leur fit valoir qu'ils étaient déjà des condamnés en sursis et leur fit la stupéfiante proposition de s'opposer sans tarder et ouvertement à l'autorité royale. Ce projet n'était réalisable que si Egmont s'y ralliait. C'était mal le connaître. Le comte se croyait intouchable et ne craignait rien de la vengeance royale. Il restait foncièrement catholique et fidèle à ses serments : il refusa.

C'est depuis Termonde qu'il faut tenter d'appréhender l'attitude d'Orange dans l'année qui va suivre, attitude qui lui valut de sévères critiques et l'incompréhension générale. Indifférent en matière de religion, mais élevé par une mère protestante, il était, comme Luther, réticent envers les révoltes populaires. Sans aller jusqu'à partager les violents sentiments du moine allemand, il ne se voulait pas le chef de bande d'une secte, fût-elle calviniste. Si révolte il y avait, elle devait soulever le pays tout entier, catholiques compris, et ce, contre les Espagnols abhorrhés. Dépourvu de moyens militaires comme d'alliés sûrs, il lui fallait ruser et, pour un temps limité, s'appuyer sur le pouvoir de Bruxelles afin que le pays réussît seul sa pacification. Enfin, lorsque les Espagnols se présenteraient aux frontières — trop tard —, les jeter à la mer.

Personne n'était prêt à accepter et seconder un plan aussi

[1] Madama avait écrit au roi, après l'entrevue de Termonde : « On me dit que la Frise et l'Overyssel seraient données au duc Auguste de Saxe, la Hollande à Brederode. Le Brabant serait pour le prince d'Orange. La Flandre, l'Artois, le Hainault pour le roi de France. Le comte d'Egmont en voudrait être le gouverneur perpétuel. »

subtil et hasardeux, qui comportait risques et aléas ; un plan secret qu'Orange lui-même n'expliquait qu'à demi-mot. Personne donc ne comprit pourquoi, par la suite, le prince ne soutint qu'avec réticence les violences des calvinistes, lâcha ses amis, et fit à la régente une cour évidente et des propositions de services sincères, avec l'arrière-pensée de la gagner de vitesse et d'être prêt pour l'heure de vérité. Orange fut alors méprisé de certains et même détesté.

Madama seule est comme assiégée à Bruxelles. Trois corps de garde se relaient au Coudenberg et, chaque nuit, vingt sentinelles sont postées autour de ses appartements. Un corps de 1 500 volontaires a été levé par le vicomte de Liederkerke et Florent t'Serclaes pour maintenir l'ordre. Pour se rendre à la messe du saint sacrement dans la cathédrale Sainte-Gudule, désormais gardée par la troupe, il lui faut passer devant une haie de 150 hommes armés, et trouver, à l'intérieur, un déploiement comparable de mousquets et de bombardes. Ignorée de Madrid, Marguerite peut méditer et se repentir. Granvelle aurait-il eu raison ? Il ne reste auprès d'elle que l'ami du cardinal, Viglius, avec Berlaymont, tous deux modérés et fidèles autant qu'inefficaces. Néanmoins elle va se tourner vers eux. Et, puisque la défense de Bruxelles a été confiée au comte de Mansfeld, elle va s'appuyer sur ce soldat sans états d'âme. Qu'il soit avare et intéressé, qu'il ne serve la régente qu'en vue des avantages qu'il en retirera, ne la détourne pas de lui confier la reprise en main qui s'impose. L'argent du roi est arrivé, avec l'autorisation de lever des soldats. Il n'en faut pas plus pour galvaniser le courage de Madama, lui faire abandonner les méandres des discussions sans issue, des compromis jamais appliqués, les promesses des alliés peu sûrs, et tourner le dos au climat de trahison qu'elle respire depuis des mois. Pour autant qu'elle s'en soit écartée, elle va revenir à la politique sans nuances du roi d'Espagne, forcer à nouveau la confiance de son frère — comme jadis celle de l'empereur —, retremper son âme à la formule catholique sans équivoque : « Hors de l'Eglise, point de salut ». D'ailleurs, elle est excédée par les agissements des hérétiques. Selon Marchi, elle voudrait « pouvoir arracher le cœur et boire le sang de qui a ruiné les églises... ». Femme d'action avant tout, elle va enfin pouvoir se battre à visage découvert.

Son premier geste, qui ne manquait pas de panache, fut de se rendre en pèlerinage à Notre Dame de Hal, à trois lieues de Bruxelles, où la situation était encore trouble. Il ne s'agissait pas d'aller se recueillir solitairement dans le sanctuaire, mais bien de faire de ce déplacement une démonstration. Marguerite connaissait de longue date la valeur des cavalcades ! Elle s'entoura de cent chevaliers armés, tandis que des chariots transportaient les chanteurs de sa chapelle avec tous leurs instruments. Dans l'église glaciale, agenouillée et immobile comme une orante de pierre, Madama présida à la cérémonie qui dura trois longues heures. Marchi commente : « Cela me paraissait les funérailles d'un pape... Son altesse devenait pâle et je lui jetai une fourrure sur les épaules... Il semblait qu'elle nous avait tous oubliés et fût en extase avec la Madone... ». La cérémonie enfin achevée, Madama, toujours brillamment escortée, reprit le chemin de la capitale. Les Bruxellois, dont certains avaient suspecté ce pèlerinage de n'être qu'une fuite déguisée, l'accueillirent par une salve d'artillerie à laquelle le cortège répondit avec arquebuses et pistolets. La ville bruissait de soulagement et éclatait d'enthousiasme : on eût dit une « joyeuse entrée ». En un jour, elle avait rendu confiance à ses sujets les plus proches.

Avant de passer à l'action, Madama eut l'idée d'imposer à tous ceux qui occupaient une charge dans le pays de prêter au pouvoir un nouveau serment de fidélité. Conseillers, chevaliers, petite noblesse, toutes les autorités religieuses, municipales, militaires — et, bien entendu, les gouverneurs — durent renouveler leur engagement envers le roi. C'était un stratagème pour trier le bon grain de l'ivraie et obliger les opposants à se démasquer — c'était aussi écrire à l'avance le réquisitoire des procès futurs. Orange et, bien entendu, Brederode refusèrent de signer, Hornes et Hoogstraten ajournèrent leur réponse. Egmont hésita un moment. Mettait-on en doute sa parole de chevalier ? Mais l'entrevue de Termonde l'avait convaincu de la nécessité de choisir son camp et, peu après, il se résolut à cette formalité, bien qu'il la jugeât humiliante.

La régente et son capitaine général peuvent maintenant partir en guerre. Les moyens dont ils disposent sont au début minimes — quelques milliers de mercenaires allemands et de soldats néerlandais — face à ceux des calvinistes qui s'organisent pour une véritable guerre civile. Brederode, devenu leur chef, a fortifié son château de Vianen, entouré de huit compagnies de volontaires pour l'équipement desquelles il a fondu l'argenterie familiale. Il y a même installé une imprimerie que l'on soupçonne Plantin d'aider clandestinement. Il n'est pas loin de se comparer au prince de Condé. Néanmoins, l'argent manque et les synodes ont alors, pour s'en procurer, une bien étrange idée : ils lancent à travers le pays une gigantesque collecte (trois millions de florins), destinée à « acheter au roi leur liberté de conscience ». Croyaient-ils que Philippe allait vendre à l'encan ses convictions pour trois millions ? Il est plus probable que ce n'était là qu'un alibi pour ranimer leurs finances. Néanmoins, le camouflet fut vivement ressenti à l'Escorial. L'injure était de taille et le roi n'en détesta que davantage ces commerçants sans foi ni loi. L'argent, difficilement collecté — car les calvinistes étaient plus avares de leurs deniers que de leur sang —, allait servir à lever des troupes.

Si la situation des sectaires s'améliorait sur le plan militaire, un grand malaise toutefois planait sur leur entreprise. En premier lieu, la mésentente des calvinistes avec les luthériens les divisait gravement. Par ailleurs, un grand nombre de catholiques sympathisants et tolérants se détournaient d'eux à cause de ces saccages qui n'en finissaient pas et de leur révolte déclarée contre le pouvoir. Les nobles du « compromis », quant à eux, tenaient leur promesse et tentaient, ici et là, de rétablir l'ordre et de défendre « l'ancienne religion », tandis que les menaces qui venaient d'Espagne, et dont la rumeur s'était emparée, ramenaient les moins téméraires à la raison. Enfin, la détermination de la régente donnait le sentiment d'un pouvoir ressaisi, au moins psychologiquement.

Madama laissait apparaître son mépris total pour les engagements qui lui avaient été arrachés le 25 août. Dans une série de lettres, certaines adressées « aux villes bonnes » et d'autres « aux villes mauvaises », elle revenait sur ses concessions. Les plus « mauvaises » de ces villes se virent imposer l'obligation d'accepter dans leurs murs une garnison. Et lorsque Valenciennes refusa, la cité fut mise en état de siège par le redoutable Noircarmes.

Le 26 décembre, tout ce que les calvinistes comptaient de troupes en Flandre occidentale convergea vers Wattrelos, non loin de Lille, pour une démonstration de force. C'était ignorer qu'en ce lieu, Noircarmes et Rassenghien pouvaient faire leur jonction. Des 4000 protestants présents, mal armés et mal entraînés, 600 trouvèrent la mort, qui pour son Dieu, qui par haine, rancœur et misère. Ce n'étaient plus des images décapitées, ni des Christ transpercés... le sang coulait à flots. « On en a brûlé soixante dans une tour avec leur prédicateur, rapporte un témoin. Ceux qui sautaient à terre étaient achevés par les hallebardiers... Cent treize autres furent passés au fil de l'épée dans une seule maison... N'eût été un bois où certains se réfugièrent, tous mouraient. » L'affrontement tournait à la rage. Les sectaires, désespérés, continuaient à tout démolir et, en face, si un prédicant était pris, on lui coupait la langue et les mains avant de le brûler. Nombreux furent les ministres calvinistes à s'enfuir à Anvers, à Vianen, et à reprendre le chemin de l'Angleterre et de l'Allemagne, laissant derrière eux leurs ouailles désemparées.

Wattrelos était un tournant et, d'étapes en étapes, souvent jalonnées d'épisodes dramatiques, la résistance calviniste allait être en quelque six mois laminée. Madama avait maintenant des soldats en grand nombre. Lorsque, le 2 janvier, Noircarmes, revenant d'un combat, investit le château de Tournai à la tête de onze enseignes de soldats exaltés « qui avaient encore les mains, le visage et les armes souillés du sang des hérétiques et prêts à faire de même à ceux de Tournai », la ville se rendit en deux heures. Il ne restait dans le sud du pays que Valenciennes qui tînt bon, espérant fortement l'arrivée des huguenots français — ou encore un secours de Brederode. Les assiégés s'appuyaient sur la certitude qu'en Hollande, en Zeelande et à Utrecht, certaines villes restaient de solides places fortes calvinistes. Mais, là aussi, le début de l'année 1567 ne fut marqué que de pierres noires : en janvier, la Frise et Groningue étaient reprises en main ; le 28 février, c'était le tour d'Utrecht ; le 31, de Maestricht.

Près d'Anvers, le 13 mars, un camp retranché de calvinistes fut anéanti. C'était Oosterweel, commandé par deux seigneurs de la haute aristocratie néerlandaise. L'un d'eux, Jean de Marnix de Sainte Aldegonde, périt au combat, tandis que son frère, Philippe, était capturé. D'Anvers toute proche et en effervescence, Orange n'avait rien pu faire pour éviter ce massacre. La prudence lui interdisait une sortie désastreuse qui aurait amené à l'investissement de la cité. Cet abandon fut vivement ressenti par ses partisans.

Enfin, le 23 mars, jour des Rameaux, les assiégés de Valenciennes, désespérés de ne voir venir aucun secours pour appuyer leurs maigres troupes de bourgeois et de « culs nuds » — des ouvriers des filatures mal équipés et sans expérience —, se rendent à Noircarmes qui exulte : « La prise de Valenciennes a fait l'effet d'un miracle. Les autres villes se rendent à moi, se mettant elles-mêmes la corde au cou. » Egmont en personne a participé au siège de la ville.

Reste Anvers, la métropole, la citadelle de la rébellion, la vitrine du calvinisme. Elle est maintenant comme une île encerclée et — signe prémonitoire — Orange donne, le 10 avril, sa démission des fonctions qu'il avait si volontiers assumées. Il quitte la ville avec quatre-vingts cavaliers et deux cents arquebusiers, accompagné de trois prédicants qui craignent pour leur vie. Malgré ce déploiement, Orange est plus seul que jamais. Les calvinistes se sentent trahis ; les seigneurs se disputent sa succession et le fidèle correspondant de Granvelle, Morillon, distille son venin : « Orange a bien fait ses foings à Anvers dont il emporte 100 000 florins. » Quant au roi, son maître, il sait à quoi s'en tenir. Il s'est écrié, peu auparavant : « Ainsi ce petit comte de Nassau veut me faire la guerre, à moi ! » De Breda où il s'est retiré, le prince écrit au souverain ainsi qu'à la régente. Il compte, dit-il, se rendre quelque temps en Allemagne « pour des affaires de famille ». Sa lettre à Madama exprime des sentiments d'empressement et de reconnaissance. Il s'excuse de reprendre sa fille, qui est au service de la duchesse, pour une courte visite aux siens. Au roi, il exprime sa fidélité indéfectible d'humble sujet et de vassal. Il entoure sa fuite de toutes les marques du respect et de l'obéissance : elle sera néanmoins définitive.

Le 13 avril, Anvers dut accepter une garnison. Trois mille hommes occupèrent l'orgueilleuse cité qui, cinq mois auparavant, avait affirmé, au cours d'un synode calviniste, « le droit de résister par les armes au monarque ». Le même jour, Madama y fit une entrée triomphale, assista à un Te Deum dans la cathédrale et se rendit en cortège à l'hôtel de ville où le prévost lui remit solennellement les clefs de la place. Peu après, le comte de Hornes acceptait de signer son serment de fidélité au roi d'Espagne.

Restait Brederode. Il avait vainement prétendu présenter une nouvelle requête à la gouvernante, mais les temps avaient changé et elle ne lui avait même pas permis de venir à Bruxelles. Il ne pouvait plus tenir seul dans son repaire de Vianen et, assez lâchement, prit la fuite à Emden, laissant derrière lui quatre mille des siens, quatre mille désespérés qui, n'ayant nulle part où aller, « combattirent comme des lions, car la capture valait la mort ». Brederode, l'homme de la « Requête », le « Grand Gueux » : c'était un dernier symbole qui allait orner le trophée dont la gouvernante pouvait maintenant s'enorgueillir. Morillon, dépité, qui en rend compte à Granvelle, doit admettre, parlant de Madama, que désormais « son autorité est partout respectée ».

Le rétablissement d'une situation qui paraissait désespérée neuf mois auparavant avait provoqué des remous à Madrid. Malgré la décision confirmée, et annoncée depuis janvier, de dépêcher le duc d'Albe aux Pays-Bas avec une forte armée, la tendance modératrice que représentait Ruy Gomez au sein du conseil du roi semblait de jour en jour se justifier. Montigny et Berghes s'affairaient pour que celle-ci prévalût. Voyant que le souverain demeurait réticent, ils allaient jusqu'à intriguer pour que don Carlos fût envoyé aux Flamands. L'héritier de leur « prince naturel », venu sans armée, assisté de Ruy Gomez comme conseiller, serait le garant d'une paix retrouvée et d'une certaine tolérance. Les troupes du duc d'Albe resteraient à Milan...

Jouer contre Philippe l'infant déséquilibré et malade qui haïssait son père et qui ne cessait de comploter maladroitement contre lui, c'était mal miser. Le roi ne s'en raidissait que davantage. Tout au plus admettait-il que l'armée espagnole pût être réduite puisque la révolte s'apaisait. Le crédit — pensait-il — en revenait à la menace du châtiment brandie en temps opportun, et très peu aux mérites de Madama. Il ne songeait pas à changer de politique.

Néanmoins, Marguerite espérait encore que l'on pourrait éviter l'occupation massive du pays et la férule du duc d'Albe dont elle connaissait l'intransigeance. Les instructions qu'elle recevait du roi paralysaient ses initiatives en vue de rétablir la confiance et les tractations qu'elle aurait pu désormais entamer avec les Etats des provinces pour un retour à la vie normale. Il l'obligeait à temporiser et, s'il n'exigeait pas encore des châtiments exemplaires, s'il recommandait une fois encore d'« attendre », il l'obligeait toutefois à restreindre d'ores et déjà toutes les libertés et les privilèges qui étaient la trame de la vie politique des Pays-Bas. L'épée d'Albe qui menaçait entretenait la crainte et, par colonnes entières, les gens s'exilaient. Malgré ses succès, Marguerite ne voyait devant elle que la ruine et le désespoir.

Elle tenta alors une ultime démarche. Un émissaire spécial fut envoyé à Madrid. C'était Gaspar de Robles, qui appartenait à une famille portugaise fixée aux Pays-Bas. Il allait convaincre Philippe, car il était le fils de la nourrice du roi et ce lien, pensait Madama, saurait émouvoir le maître de l'Escorial. Robles connaissait bien la situation des provinces et sut l'exposer avec talent. De fait, au conseil, les avis se partagèrent par moitié : quatre de ses membres optèrent pour que l'armée espagnole demeurât en attente et ne franchît pas les Alpes.

Mais le roi, l'arbitre, n'était pas facile à dérouter. Il se faisait une certaine idée du service de Dieu, de l'autorité que Celui-ci lui avait déléguée et de la valeur du châtiment. Pendant ces mois d'attente et de dissimulation, on peut penser qu'une violente rancœur avait mûri en lui, à la mesure de l'offense subie. Il maintint son ordre. Cela se passait le 17 avril 1567, le jour même où le duc d'Albe quittait l'Espagne pour l'Italie.

22

L'ARRIVÉE DU DUC D'ALBE

Au début de l'année 1567, Marguerite avait eu vent de la nomination du duc d'Albe, et avait alors tenté de détourner le roi de cette « décision fatale ». Lorsque Gaspar de Robles, rentré d'Espagne, lui rendit compte de sa mission, elle comprit sur-le-champ qu'elle serait bientôt dessaisie de la réalité du pouvoir, diminuée dans son autorité et frustrée des résultats de sa victoire. Qui plus est, elle se rendait compte que, par les lettres qu'elle avait envoyées à Madrid pendant le dramatique été de l'iconoclasme, elle avait été involontairement l'artisan de la décision royale. N'avait-elle pas écrit que la moitié du pays était « contaminée et infectée d'hérésie » et que la guerre civile s'annonçait longue ? A l'en croire, les calvinistes disposaient d'une importante armée, les nobles du « compromis » cherchaient l'appui de l'étranger et les gouverneurs des provinces eux-mêmes n'étaient pas fiables. Elle avait, de surcroît, abondamment décrit l'horreur des saccages.

Ce n'était que pure vérité, et le roi avait arrêté sa politique en conséquence dès l'automne précédent. Que les efforts de la régente aient, en un hiver, redressé le cours des événements n'y pourrait plus rien changer : on allait appliquer un programme minutieusement réglé, mais en retard d'une année.

Voyant revenir son messager les mains vides, pour la première fois elle se laisse aller à faire connaître à son frère, vertement le fond de sa pensée : « Vous n'avez eu aucun égard pour mes désirs et pour ma réputation. Par les restrictions que vous avez apportées à mon autorité, vous m'avez empêchée de régler les affaires du pays aussi parfaitement que je l'aurais désiré. A présent, Votre Majesté voit les affaires en bon état, elle en veut donner l'honneur à d'autres, tandis que moi seule j'ai eu les fatigues et les dangers. Mais, au lieu de sacrifier ainsi le restant de mes jours comme j'ai déjà ruiné ma santé, je suis résolue de me retirer pour me consacrer entièrement dans une vie paisible au service de Dieu. »

C'est un cri du cœur, mais aussi une lettre de démission. Marguerite sait toutefois qu'elle ne peut en aucune manière abandonner la régence sans l'accord du roi et que, de son côté, celui-ci ne peut présentement se passer d'elle aux Pays-Bas. Mais, en utilisant ainsi ses dernières munitions, elle espère encore infléchir le destin et, en quelques semaines, arrêter peut-être sur sa route l'armée du châtiment.

Philippe, pour une fois, réagit promptement. Il se dit vivement peiné par des propos aussi passionnés : comment n'est-elle pas reconnaissante qu'il lui ait donné l'occasion de servir la gloire de la religion et la restauration du culte ? Elle devrait savoir qu'il la chérit comme une sœur et n'oubliera pas, le moment venu, ses intérêts... Marguerite se laisse quelque peu attendrir par les paroles royales, pour elle toujours capiteuses, et se reprend à espérer. Mais, désormais, elle va multiplier les missives au roi pour le faire renoncer aux mesures de répression envisagées et aux ordres irréalisables qu'il lui a donnés, et enfin l'avertir des suites funestes qu'aura la venue du duc d'Albe, qui « à lui seul fera haïr la nation espagnole ». On la laisse dire — car l'énorme machine, sourde et aveugle, est déjà en route.

Depuis le mois d'octobre de l'année précédente, 8 000 vétérans espagnols sont à Milan sur le pied de guerre. Ils attendent d'y être rejoints par ceux de Sicile, de Sardaigne et de Naples, à temps pour passer les cols des Alpes avant l'hiver. D'intenses préparatifs ont précédé le mouvement de l'armée. Les Cortès ont voté pour trois ans un crédit de 1 135 000 écus ; Naples, la Lombardie et Gênes ont collecté les fonds supplémentaires. On a négocié le passage des troupes auprès du duc de Lorraine, mais échoué à obtenir du roi de France un débarquement à

Marseille et la traversée du pays. Il faudra se détourner par la « route des Espagnols », semée d'obstacles, allant de Barcelone à Gênes par la mer et, au-delà de Milan, traversant la Savoie, la Comté, la Lorraine et le Luxembourg. En Comté, où le roi Habsbourg est chez lui, on s'est occupé tout l'hiver à rassembler du ravitaillement — bestiaux, fourrages, provisions — pour l'armée qui, en un jour, consomme la maigre ration annuelle du paysan. On a collecté du salpêtre pour la poudre, forgé des armes, restauré les routes et les ponts. Le pays appréhende les privations et les souffrances qui l'attendent. Quatre compagnies de cavaliers bourguignons ont été levées.

Les Espagnols de Sicile n'arrivent en Lombardie que le 11 décembre, trop tard pour franchir les Alpes avant la neige. L'armée hiberne donc et, au printemps suivant, après un long voyage, le duc d'Albe rejoint enfin ses troupes. La chevauchée peut commencer sur le millier de kilomètres qui séparent Milan de Bruxelles.

Le 24 juin, les premiers contingents entreprennent l'escalade du col du Mont-Cenis sous des bourrasques de neige, s'échelonnant avec armes et bagages sur les quelque cinq lieues de l'étroit chemin muletier. Les relais sont misérables ; à la descente, ils font halte à Lanslebourg qui n'est qu'un pauvre hameau de cent maisons. Après Chambéry, le danger existe de se heurter aux huguenots français. Albe est sur ses gardes et fait aller son armée en une seule colonne. Cavaliers, fantassins, piquiers, hallebardiers, mousquetaires, mulets et chariots procèdent avec lenteur, mais ne rencontrent d'autre ennemi sur leur passage que la terreur silencieuse des populations. Lorsqu'ils foulent la Bresse, puis la Comté, évitant les villes, Genève frémit d'inquiétude. Catherine de Medicis, prudente, a renforcé de six mille Suisses ses garnisons de Picardie et celles des Trois Evêchés. Revenus au cœur de l'Europe, les Espagnols font peur. C'est une armée de métier, efficace et alerte, disciplinée mais exigeante. Ses soldats ont laissé des souvenirs... Ils sont en Lorraine le 24 juillet, pour la fête de saint Jacques qu'ils célèbrent à l'espagnole. Les chevaliers ont revêtu le costume de l'ordre, les cloches sonnent et les soldats tirent des salves en l'honneur de leur saint national.

Enfin, le 3 août, Albe atteint Thionville. Il a provoqué sur son passage le ralliement d'un certain nombre de nobles catholiques restés fidèles au roi et qui attendent la revanche. Ces hommes de guerre, embourgeoisés malgré eux depuis le départ de Philippe II, désargentés et sans emploi, vont pouvoir se battre, se distinguer, mener à nouveau la vie aventureuse qu'ils aiment, conquérir grades et pensions. Avec les contingents bourguignons levés sur place, ils sont venus grossir l'imposante armée qui maintenant se présente aux frontières.

Même privée d'espoir, Marguerite ne se tient pas pour battue. Depuis le mois d'avril, où Albe a mis le pied sur le sol d'Italie, elle a jugé plus efficace de traiter avec lui directement, et des courriers haletants joignent le duc à chaque étape, porteurs de remontrances et de propositions qui sont la voix du bon sens. Le pays est pacifié — dit-elle — et les villes réduites à l'obéissance. Une simple force de police suffirait à maintenir l'ordre et assurer la bonne marche des affaires... à quoi bon tant de gens de guerre si Sa Majesté doit bientôt venir « comme prince clément et bénin » ?

Sourd à ces arguments, Albe annonce au contraire, en mai, qu'il va lever de surcroît un régiment d'infanterie allemand de dix enseignes, sous le commandement du comte Albéric de Lodron. Et Madama riposte qu'elle a déjà sur pied « vingt enseignes de hauts-Allemands et quinze de bas-Allemands », sans compter les Wallons fidèles. Ce sont les troupes avec lesquelles elle a écrasé la révolte. « Les villes — dit-elle — sont déjà pleines de gens de guerre... ! » Qu'à cela ne tienne, répond le duc, imperturbable, le roi a ordonné que l'on « casse » ces troupes. Noircarmes se désole : casser des troupes confirmées pour installer à leur place des soudards étrangers, hérétiques, qui ne connaissent pas le pays et n'en parlent pas la langue ! Marguerite tente d'éviter le crève-cœur de voir ses troupes disloquées en arguant du prix à payer pour solder les arriérés de ces mercenaires. Elle doit néanmoins s'incliner : les soldats, mal récompensés, sont ulcérés et certains menacent de rallier les huguenots français — voire le Turc, disent-ils, dans leur rage et leur dépit. Fin juillet, il ne reste plus que quatorze enseignes sous les ordres directs de la gouvernante.

Le problème se pose alors de parer à l'accueil de l'armée d'Albe, puisqu'il refuse tout net de laisser celle-ci cantonner dans les villes frontières. Elle supplie le duc d'épargner cette charge aux villes qui se sont montrées fidèles, et notamment à Bruxelles où elle a sa cour. Complètement indifférent aux conseils de la régente, et prétendant accomplir la volonté expresse du roi, le 15 août, Albe envoie ses ordres pour la répartition des troupes : les cavaliers bourguignons demeureront outre-Meuse, le tercio de Naples ira à Gand, celui de Sicile à Bruxelles, ceux de Sardaigne et de Lombardie respectivement à Lierre et à Enghien.

Même les plus fidèles commencent à s'émouvoir et l'on écrit à Granvelle, au sujet de l'arrivée d'Albe : « Tout le monde en pâtira, les mauvais et les bons... les choses s'envenimeront. Déjà les gens de guerre du duc ont foulé le pays du Luxembourg... appelant tout le monde hérétique... plusieurs ont été tués... Pour se venger, ils ont emmené des prisonniers, les bourgeois les leur ont arrachés... » Et, de fait, l'entrée des 19 compagnies du tercio de Naples à Gand manque de discrétion. En rangs de cinq, suivis par de nombreuses prostituées habillées à l'espagnole et perchées sur de petits mulets, avec, par-derrière, une horde, pieds nus et nu-tête, escortant les chevaux, les charrettes et les bagages, après avoir manœuvré dans la ville et tiré des salves pour impressionner les bourgeois, les soldats se sont rués sur leurs cantonnements. Très vite ont commencé les désordres et les outrages. Pour les Espagnols, insolents et en pays conquis, les Flamands sont une variété de Maures que l'on doit réduire à merci.

Bientôt Madama reçoit les plaintes et les récriminations des villes par la voix des bourguemestres. Ceux de Gand se plaignent de devoir fournir aux 19 enseignes de soudards espagnols « sel, vinaigre, huile, chandelles, bois, non seulement pour cuire leur viande mais aussi pour chauffer leurs chambres et même laver leurs chemises », recevant en outre « rudesses et insolences ». A Lierre, on héberge 2 000 soldats avec « les chevaux, serviteurs et femmes ». Chaque foyer doit payer un écu par mois. « Plus de deux cents familles ont été obligées de céder leurs propres lits aux soldats... et vendre leurs autres meubles ». A Oudenaerde, la ville est petite et chaque maison abrite déjà de trois à cinq ménages : on se serre. Les soldats logent leurs chevaux dans les ateliers de filature, paralysant le travail. On doit leur fournir « pain, vin, bière et chair, chandelles et bois ». C'est la ruine. Aux environs, même plainte. Les commissaires aux armées — qui s'enrichissent — réquisitionnent à bas prix le foin, le paille et l'avoine des chevaux... Les revendications de Bruxelles, enfin, appuyées par Madama, sont parmi les plus véhémentes. « La ville de Bruxelles, insiste-t-elle, n'a certes pas mérité d'être travaillée d'une garnison, pour s'être toujours bien comportée. » Une petite troupe suffirait à la sécurité du duc.

Albe poursuit sa route, indifférent aux troubles qu'il suscite. A Thionville, le 28 juillet, il a été accueilli par un grand concours de nobles et d'officiels. Qu'ils se sentent suspects ou, au contraire, veuillent faire valoir leur fidélité, ils se sont portés nombreux à sa rencontre. Presque abandonnée dans son palais de Bruxelles, Madama est ulcérée de cette désertion, mais n'y peut rien. Le duc, d'ailleurs, cherche à arrondir les angles et, de loin, traite la régente avec égards et courtoisie. Arrivé en Luxembourg le 8 août, il lui dépêche son envoyé, Francesco Ibarra, « pour lui faire rapport du voyage et lui témoigner son désir de se mettre à son service... aider à soutenir son autorité et la soulager des travaux passés en ces affaires si difficiles ». Il ajoute qu'il n'y aura pas grand-chose à faire, maintenant que tout est si tranquille grâce à sa prudence et sa vigilance, et l'avise qu'il ne traversera pas Namur, mais « suivra le chemin de feu l'empereur à son retour de Metz ». Albe semble lui-même surpris par la facilité de sa marche quasi triomphale et, en confidence, fait cette remarque : « S'ils sont déjà si souples devant moi, combien la partie sera plus facile pour le roi ! »

La fiction persiste, en effet, de l'arrivée imminente du souverain, suivant le plan initial où la clémence du prince, venu en personne, devrait sans retard apaiser les effets de l'expédition punitive de son capitaine. La déception avait été grande, l'automne précédent, de voir le voyage royal remis au printemps de 1567. Le roi avait dû s'en défendre : « Ceux qui ont publié que je ne veux sortir d'Espagne verront combien ce bruit et leur opinion sont faux. » Il trouvait son excuse dans la multitude et l'importance des choses à prévoir. Il reportait son voyage à la belle saison et s'annonçait « accompagné comme il convient, avec l'intention de ne traiter ses vassaux et ses sujets autrement que comme bon et clément prince...ni les ruiner, ni mettre en servitude... ». Le 21 juin, Albe jure encore à Madama sur ce qu'il a de plus sacré que Philippe II sera là avant l'hiver.

De fait, au mois de juillet, la régente reçoit l'ordre de faire équiper huit navires de 4 000 tonneaux pour aller à la rencontre de la flotte royale, car le roi se dit déterminé à aller aux Pays-Bas « par la mer de Ponant ». Elle s'y emploie aussitôt avec son amiral, M. de Wacken, et les navires — six galères et deux « jachers » — prennent la mer.

L'Espagne cependant bourdonne des préparatifs de l'expédition. On a rappelé de Floride le célèbre capitaine Pedro Melendez pour commander la flotte. A la Corogne, celle-ci est parée pour l'appareillage, depuis la galère royale, au pavillon cramoisi bordé de la croix de Saint-André, jusqu'à la dernière des galéasses. Les troupes n'attendent que d'être embarquées avec les provisions. A travers les provinces, les relais sont en alerte. Le roi emmènera son épouse, son fils, l'infant don Carlos, les archiducs. Cinquante théologiens — simples conseillers, ou futurs inquisiteurs ? — se tiennent prêts à accompagner le souverain.

Malgré les apparences, un doute s'insinuait toutefois sur la sincérité des projets du roi. Le premier atermoiement, qui lui avait permis de suspendre des décisions aussi importantes que la réunion des Etats Généraux et le pardon aux fauteurs de troubles, pouvait déjà passer pour une fourberie. Soucieux de la situation religieuse des Pays-Bas, le pape avait été l'un des premiers à s'interroger. Il avait envoyé à Madrid, en février, l'archevêque de Rossano pour sonder les intentions du souverain et on l'avait rassuré. Plus tard, pour effacer l'effet de ce mensonge, Philippe ferait dire à Sa Sainteté qu'il allait se rendre sans faute aux Pays-Bas, « à moins d'être mort ou que le monde se soit écroulé ». De Madrid, Montigny écrit : « Le roi a préparé ses bateaux... mais je m'aperçois jusqu'à présent du fort peu d'apparence de son partement pour cet été. » Et l'ambassadeur de Venise, Antonio Tiepolo, commente : « Si le roi renonçait à son voyage, on aurait assisté à une comédie bien machinée. » L'ambassadeur de France doute lui aussi : « Je ne saurais dire si ce sont là finesses castillanes... »

Cependant, depuis le 25 août, les navires de Marguerite labourent la mer à la recherche des vaisseaux fantômes. On ne saura rien d'une flotte comme de l'autre jusqu'au mois d'octobre, date à laquelle le roi avouera officiellement qu'il a renoncé à partir cet automne car, dit-il, « l'armée de mer n'est pas prête et la saison trop avancée ». M. de Wacken, qui a patrouillé vainement la Manche et qui relâche à Falmouth, a dépêché un brick en Espagne avec un de ses lieutenants pour demander des instructions. Celui-ci arrive à la Corogne au moment où le roi allait envoyer à l'aveuglette un bateau espagnol à la recherche de l'amiral et de la flottille de la gouvernante. La partie de cache-cache prend fin. Que chacun retourne au port — fait répondre le souverain — et que l'on se tienne prêt pour l'année prochaine « avec semblable équipage et appareil ». Il négocie pour payer le plus tard possible l'énorme dépense engagée.

Pourquoi cette inutile fourberie qui achève de dessiner l'image d'un homme dissimulé, hésitant, peureux et casanier ? Depuis la mort de Soliman le Magnifique, aucune expédition contre le Turc ne le retient impérieusement, et il n'est pas encore occupé à persécuter sur son sol les infortunés Morisques. La situation semble tranquille. Mais, lorsque le roi avait une première fois ajourné son voyage, il s'en était excusé, alléguant « les inconvénients qui, durant son absence, pourraient survenir », un motif qui avait peut-être échappé à l'attention de ses contemporains.

Il ne pouvait s'agir que du problème que lui posait son fils, l'infant don Carlos, prince des Asturies, son seul héritier mâle. L'adolescent instable, dont on avait jusque-là soigneusement dissimulé les écarts, était maintenant un jeune homme de vingt-deux ans, toujours aussi imprévisible et, qui plus est, agressif et revendicateur. Il haïssait son père et, ne pouvant affronter son autorité, le blessait, le moquait. Il voulait sa part de gâteau et, pour l'obtenir, complotait maladroitement, prêt à s'enfuir d'Espagne et à rejoindre ceux qui misaient, contre Philippe, sur une proie aussi éclatante. Depuis un an, il se réjouissait du voyage prévu aux Pays-Bas, où, pensait-il, on le laisserait jouer son rôle, et à l'occasion duquel il épouserait sa cousine, Anne de Habsbourg, fille de l'empereur. Don Carlos remâchait sa rancune contre le mariage de son père avec Elisabeth de Valois, qui jadis lui avait été promise. Il ne saurait jamais qu'Anne, à son tour — ironique fatalité —, deviendrait l'épouse du roi après son veuvage...

Mais, dans le secret de ses réflexions, Philippe avait renoncé à montrer au monde le futur roi d'Espagne, si disgracié, avec ses originalités, ses inconséquences, ses brusques fureurs. Ne pouvant lui confier la régence, n'osant ni l'emmener avec lui, ni le laisser en Espagne, Philippe ne partait pas...

La déception pour le prince était cuisante et sa rage s'était manifestée lorsque le duc d'Albe lui avait fait ses adieux. C'était à lui que devait revenir le commandement de l'armée royale — pensait-il — et il s'était jeté sur le duc, la dague à la main. Dans les jours qui suivirent, saisi d'un morne désespoir, don Carlos se traînait à la cour où l'amitié de la jeune reine Elisabeth et celle de don Juan, le demi-frère du roi, son contemporain, ne suffisaient plus à le réconforter. Il cherchait à échapper à l'écrasante tutelle de son père, à celles de l'Inquisition et de l'étiquette espagnole. L'humour ne lui manquait pas et ses saillies cruelles en faisaient le « fou » de la cour. On le vit alors fabriquer un gros livre intitulé *Les grands et admirables voyages du roi don Philippe*, dont les pages étaient blanches, à part quelques sous-titres dérisoires : « Voyage du Pardo à l'Escorial, de l'Escorial à Aranjuez, d'Aranjuez à Ségovie, de Ségovie à Madrid. »

On sait sur quel mode lugubre devait s'achever cette sotie. Don Carlos avait comploté de sortir d'Espagne pour se rendre aux Pays-Bas avec l'aide espérée de don Juan, nommé depuis peu grand amiral. Mais tout le monde était au courant de son pauvre secret et don Juan ne pouvait trahir le roi, son frère et son bienfaiteur. Le complot éventé, Philippe prit une décision qui, malgré sa froideur apparente, dut lui être amère. Par une sombre nuit d'hiver, accompagné de quatre gentilshommes, il se rendit en personne à travers les couloirs glacés de l'Alcazar, dans la chambre où le prince se barricadait avec un arsenal de mousquets et de pistolets. Don Carlos ne pouvait résister longtemps et fut bientôt désarmé. Il se jeta aux pieds de son père avec des supplications qui ne furent pas entendues. Triste et impassible, Philippe lui dit seulement : « D'ores en avant, je ne vous traiterai plus comme un père traite son fils, mais comme un roi traite un sujet. » On avait apporté des planches et des clous ; les gentilshommes se mirent au travail, clouèrent les planches aux fenêtres et à la porte et laissèrent le malheureux emmuré dans cette prison dont il ne devait plus jamais sortir.

Il fallait expliquer à l'Espagne, à sa famille, aux grands de ce monde, au pape, les motifs de cette séquestration. Philippe prit la plume et se justifia par des dizaines de missives. Le prince — disait-il — n'était pas, comme on pouvait le croire, un hérétique, ni même un comploteur, mais ses actes avaient confirmé « le jugement que depuis des années il avait bien fallu porter sur son caractère » et le roi avait été contraint, pour le salut de l'Etat et de la religion, de prévenir les graves conséquences de ses actes. Il avouait pudiquement que don Carlos était fou.

Six mois plus tard, ivre de solitude et de désespoir, après avoir tenté le suicide, la révolte, puis joué la résignation et la piété, le prince se laissa mourir pendant la canicule de l'été, entre les murs étouffants de l'Alcazar. Personne ne crut à une mort naturelle : sa vie durant et pour plusieurs siècles encore, Philippe II d'Espagne serait suspecté de l'assassinat de son fils.

On dit que la jeune reine, en apprenant la nouvelle, pleura pendant plus de deux jours et que le roi la pria sévèrement de sécher ses larmes. Ce détail suffit à enflammer les imaginations et l'idylle supposée d'Elisabeth et de don Carlos, mise en vers et en musique, émeut encore les âmes sensibles ([1]).

([1]) Le rétablissement de la vérité autour des faits historiques n'a pas diminué l'aura légendaire des protagonistes du drame : un Philippe II sombre et diabolique, un don Carlos beau, généreux et échevelé, une jeune reine émue. Au cours des siècles, le thème s'est enrichi des rêves libertaires de l'époque romantique.

Il y eut au XVIIe siècle quatre tragédies sur ce sujet, dont celle de l'abbé de Saint-Réal. Trois autres au XVIIIe siècle, largement éclipsées par celle de Schiller (1787), inspirée de celle de Saint-Réal et du récit de Brantôme, qui se voulait de surcroît le cri de délivrance de l'humanité opprimée. Celle-ci fut mise en musique par Verdi en 1867. Le cycle se termine par la tragédie d'Emile Verharen, « Philippe II » (1901).

23

L'ORDRE NOUVEAU

Faisant fi des obstacles et des inconvénients, Albe et son armée, après avoir traversé l'Europe, se trouvaient maintenant au cœur de la Belgique et, le 22 août 1567, le duc, après quatre mois de voyage et sans se donner le temps d'une pause, se présenta avec sa suite au château du Coudenberg. « Le duc d'Albe fit son entrée ici, hier, à 5 heures de l'après-midi, en grande pompe et apparat », raconte un témoin. « La gouvernante avait envoyé à sa rencontre deux seigneurs et vingt-cinq gentilshommes à une lieue hors de la ville. Mansfeld, Egmont et Aerschot étaient seuls restés auprès de Son Altesse. Le duc était précédé d'une compagnie de 200 gens de pied espagnols et de 50 hallebardiers allemands, vêtus de livrées. Derrière lui marchaient 100 arquebusiers à cheval : c'est là la garde ordinaire de sa personne. En cette compagnie, Son Excellence vint au palais. »

Mais les gens de Madama ne l'entendaient pas de cette oreille et, à la porte du château, s'opposèrent fermement à l'entrée de telles cohortes. Le duc, désireux de ne pas déplaire, s'avança donc seul vers la porte des appartements de la régente, ignorant les bruyants éclats des disputes qui se déroulaient au-dessous de lui... Marguerite fit quelques pas à sa rencontre. « Le duc, ayant voulu lui baiser la main, elle l'accueillit avec bienveillance. » Connaissant les règles du protocole, elle l'invita à se recouvrir — ce qu'il refusa avec courtoisie —, mais point à s'asseoir, comme pour marquer, peut-être, que devant une telle intrusion, il n'y avait rien à dire ! Cette courte prise de contact était pour elle une émotion suffisante. Depuis quand la princesse n'avait-elle vu Albe ? Du beau cavalier d'autrefois, fier, galant, pauvre et romanesque, il restait encore au duc les manières d'un grand d'Espagne, mais tout en lui s'était durci. Il apparaissait sec, bilieux, sévère, rongé de passion et, d'un coup d'œil, on le devinait, tel un damné de Dante, lié à l'inexorable idée du devoir qui brûlait derrière son front étroit.

Avant de rencontrer Madama, le duc avait tenté d'amadouer les seigneurs. « Le comte d'Egmont s'est laissé persuader de visiter le duc d'Albe — écrit Morillon — pour ne pas sembler craindre les Espagnols. » La réception avait paru à chacun assez froide ; et l'on fut frappé par le manque de respect de la soldatesque envers le héros national flamand : « Les soldats... ne lui daignaient faire place pour passer, encore moins ôter leurs chapeaux et, qui plus est, le regardaient d'un mauvais œil, l'appelant haut et clair Luther, traître à Dieu et au Roy. » Hornes à son tour avait eu à Louvain une audience de deux heures, où il s'était montré « fort doux et humble ». Ces nouvelles, avec la présence de l'armée qui désormais environnait le palais de son tapage indiscret, créaient le malaise.

Marguerite se ressaisit. Elle avait des problèmes à exposer à son « bon cousin » — celui des soldats notamment — et puis, dans son désarroi, elle avait omis de lui demander ses lettres de créance. C'était pourtant la seule manière de connaître désormais la frontière de ses droits et la limite des empiètements du duc. Aussi le convoqua-t-elle quatre jours plus tard pour une conversation approfondie. Les commissions que le duc avait reçues de Madrid étaient — si l'on peut dire — à tiroirs, et destinées à s'adapter à l'évolution inéluctable de la situation. Aussi la première de ces lettres de créance mentionnait-elle un peu vaguement le fait « que les ordres qu'il donnerait dans tous les domaines tiraient leur autorité du roi lui-même ». Néanmoins, la régente restait la plus haute autorité sur son propre terrain qui n'interférait pas avec le domaine militaire du capitaine général. Le duc exhiba aussi un deuxième document, déjà plus explosif aux yeux de Madama : il avait tout pouvoir pour châtier ou grâcier ceux qui avaient joué un rôle dans le soulèvement, pour renouveler les charges ou les conserver aux intéressés, pour récompenser ceux qui s'étaient montrés fidèles.

Marguerite posait des questions précises. Devait-elle convoquer le Conseil ? garder ses conseillers ? Ne pourrait-on renvoyer quelques troupes et donner ainsi satisfaction aux villes pacifiées ? Albe se repliait évasivement derrière la fiction de la proche arrivée du roi. Que la régente jusque-là poursuive sa tâche de la manière habituelle. Mis en confiance, pendant ces deux heures d'entretien, par l'apparente bonne volonté de Madama, Albe ne sut lui cacher qu'une troisième lettre lui donnait, le moment venu et par décret royal, le droit d'exiger l'obéissance absolue de toutes les autorités du pays, tant civiles que militaires. Patelin, il suggérait à Marguerite que les intéressés fussent avisés sans tarder de cette mesure par une lettre signée conjointement du duc et de la régente.

Madama est consternée. Que lui reste-t-il du pouvoir ? Il est clair que les décisions se prennent dorénavant entre le roi et son exécuteur, Albe, tandis que de Rome, Granvelle, fidèle à sa ligne politique, conseille le souverain. « L'envoi du duc d'Albe avec l'armée m'a toujours paru fort bon — écrit-il. Quand vous arriverez, il faudra rétablir l'inquisition, et même les placarts, comme autrefois. » Il approuve la construction de citadelles. Seule note humaine : « ce qui s'établira par la clémence sera plus durable... »

Parmi ses familiers et ses amis, Marguerite ne cherche plus à feindre. « On a dit qu'il n'y a point de bonne intelligence entre le duc d'Albe et Madama, quelques bonnes mines qu'ils tiennent. Son Altesse ne peut s'empêcher d'ouvertement se plaindre que le roi lui a envoyé son ennemi capital, que S. M. la traite mal et qu'elle s'en ira... » Le 6 septembre, un sérieux accrochage se produit entre ses gens et ceux du duc. Francesco de Ibarra s'emporte au point de traiter de « suspects » les seigneurs du Conseil d'Etat et de dire ouvertement que Madama « est une mauvaise femme ». La coupe est pleine, Marguerite s'enflamme à son tour et riposte qu'elle n'a plus rien à faire ici, à se faire contrôler par les Espagnols après huit ans de gouvernement. Aussitôt, un courrier part pour Madrid, réitérant auprès du roi la résignation d'une charge rendue impossible par la présence du duc d'Albe. Elle convoque ce dernier et lui fait part de sa décision irrévocable. Elle reste sourde à ses arguments, lorsqu'il la supplie de continuer à « jouer son rôle ».

Un rôle de potiche, il faut bien le dire — et elle l'a compris —, derrière lequel Albe compte mener à bien, froidement et méthodiquement, le plan qu'il a conçu de longue date. Car, le 5 septembre, avant même que n'éclate cette querelle qui n'est qu'un révélateur, Albe a institué le « Conseil des Troubles ».

Depuis son arrivée, le duc préparait la mise en place de cette juridiction qui, dans son esprit, devait rompre la nuque à toute tentative de rébellion, et ce jour-là il en fit promulguer la patente. Venu en principe pour une mission ponctuelle d'ordre militaire préludant à la venue du roi, Albe ne disposait dans les rangs de son armée d'aucun appareil civil, ni de juristes compétents. Il confia donc son « Conseil des Troubles » à neuf personnalités pour la plupart espagnoles, dont les plus notoires étaient les sieurs de Vargas, del Rio et Roda. Il y adjoignit quelques Wallons, assez réticents sur la fonction qu'on leur imposait. Lui-même avait le dernier mot dans ce conseil suprême et seule sa signature faisait foi.

Le tribunal de Bruxelles avait une antenne dans chacune des grandes villes des Pays-Bas. C'était une mesure de centralisation remarquable qui bousculait les privilèges juridiques des provinces, ceux qu'elles avaient toujours maintenus contre vents et marées pour faire obstacle à l'ingérence de la capitale. Au service d'une idéologie dépassée, Albe mettait sur pied une organisation que l'on pourrait dire « moderne » — qui l'eût cru ? Ses méthodes elles-mêmes relevaient d'une psychologie évoluée : on ne se contentait plus d'arrêter au hasard quelque casseur, quelque subversif impénitent. Des commissions enquêtaient sur place jusqu'au fond des campagnes, sur la base de deux griefs majeurs : le crime de « lèse-majesté » (rébellion) et celui de « lèse-religion » (iconoclasme). A la faveur de minutieux interrogatoires, elles établissaient des fiches. Elles répertoriaient d'abord les coupables, puis passaient à l'examen de conscience de ceux qui auraient dû, à l'époque, les punir : les officiers, les hommes de loi, suspects de faiblesse dans le châtiment. Une autre commission doublait la première, faisant l'inventaire des biens des coupables, et particulièrement de ceux des fugitifs, procédant aux séquestrations, aux ventes de meubles, exploitant les biens en déshérance, le tout « au profit du roi ».

Sauf pour les délits les plus sacrilèges, et lorsque le coupable n'avait pu prendre la fuite, il n'y avait que peu d'exécutions capitales. Le « Conseil des Troubles » ne méritait pas encore le nom sinistre de « Conseil du Sang » que les Flamands — n'ayant plus que leur langue pour se venger — inventèrent l'année suivante, lorsque des rafles brutales et imprévues envoyèrent à la mort des centaines de suspects, les bourgeois par la corde, les nobles par l'épée. Mais le filet se resserrait, la terreur gagnait... Qui pouvait encore se croire innocent? L'angoisse étreignait même les catholiques — certains se suicidaient, des villages entiers s'expatriaient.

Madama, une fois de plus, se voyait contrainte de collaborer à une politique qu'elle désapprouvait. Gouvernante, elle l'était encore, en sursis, et seuls ses services pouvaient aider à désigner partout les « commissaires ». Sa situation la désespérait, car, depuis qu'Albe avait reçu, de sa bouche même, l'annonce irrévocable de sa démission, il cessait de la ménager et de feindre. Il se comportait en maître absolu. N'avait-il pas la promesse d'une dernière commission dont il n'avait pu encore faire état et qui le ferait gouverneur des Pays-Bas dans l'éventualité du départ de la régente ? Une apostille secrète lui permettait même de faire arrêter et juger tel chevalier de la Toison d'Or qui aurait trempé dans un complot. On sait que ceux-ci, depuis la fondation de l'ordre par Philippe le Bon, jouissaient du privilège de n'être jugés que par leurs pairs.

L'oiseau de proie que le roi d'Espagne avait envoyé aux pays de par-deçà pour leur châtiment n'allait pas tarder à user de cette prérogative. Il lui fallait seulement avoir ses victimes à portée de la main. Or, plusieurs de ces grands se trouvaient en sécurité en Allemagne, notamment le prince d'Orange, le comte de Hornes et Hoogstraten. La ruse d'Albe fut de se servir des bons offices de Marguerite pour tenter de les convaincre de rentrer à Bruxelles. Il employa également l'influence de la régente, qui ne se doutait de rien, pour arracher à Anvers le bourguemestre, Antoon van Straelen, qui dut se rendre à son invitation. Quant à Egmont, toujours inconscient et sûr de lui malgré certains avertissements discrets, il n'avait pas quitté le pays. Seul Orange, plus compromis que les autres sans doute, mais aussi plus méfiant, avait répondu avec insolence aux pressions du duc d'Albe : « Vous m'assurez sur votre parole d'honneur que je puis revenir sans risquer aucun mal, mais cette assurance ne m'en est aucune. » Et si le souverain ordonnait au duc de manquer à sa parole ? Orange se pique de lui épargner un tel déshonneur : « je vous rendrai service en ne rentrant point... », ajoute-t-il, narquois.

Le 9 septembre, le duc convoqua Egmont et Hornes chez lui, à une sorte de conseil auquel assistaient plusieurs seigneurs néerlandais. Le prétexte de la réunion était une discussion sur les plans de la citadelle d'Anvers dont Albe projetait la construction. Avant de s'y rendre, Egmont reçut encore un avertissement de prudence, discret mais pressant, du grand Prieur de Tolède, qui n'était autre que le fils naturel du duc d'Albe. Il n'en tint pas compte. Le secrétaire de Madama, Pietro Aldobrandino, rapporte les détails de cet après-midi mémorable : « Le duc — écrit-il — commença avec feinte de parler de choses de fortifications devant Paciotto (l'architecte). Cependant il avait donné l'ordre que 500 arquebusiers entourassent sa demeure. Le conseil fini, les chevaliers quittèrent le palais. Comme Hornes sortait à son tour, le capitaine Salinas lui barrant le passage, lui signifia qu'il était prisonnier de Sa Majesté et lui ôta son épée. Ce gentilhomme, plus mort que vif, dit : « Est-ce ainsi qu'on a accoutumé de traiter les chevaliers de l'Ordre ? » Sans autre cérémonie, il fut mené en une chambre de la maison du duc. Cependant, le seigneur Vitelli alla vers Egmont et lui dit que le prieur voulait lui parler. Egmont revint sur ses pas. Etant entré dans deux chambres où il ne vit personne, il s'en retourna. En ce moment, le seigneur Vitelli lui dit, en termes courtois, qu'il ne s'émût point et qu'il eût patience parce que Sa Majesté ordonnait qu'il restât prisonnier, et lui fit déposer son épée. Le comte dit alors : « Cette épée, je ne l'ai jamais rendue au service de Sa Majesté, avec elle j'ai toujours bien servi... » Il demanda à parler au duc et cela lui fut refusé.

Ainsi, sans égards, se trouvèrent désarmés et emprisonnés le comte d'Egmont, prince de Gavres, fidèle capitaine de l'empereur, vainqueur à Saint Quentin et à Gravelines, gouverneur des Flandres pendant vingt-trois ans, et le « Haut et Puissant seigneur », messire Philippe de Montmorency, comte de Hornes, amiral de la mer — tous deux chevaliers de l'ordre de la Toison d'Or. Le bourguemestre d'Anvers, Van Straelen, avait été arrêté le matin du même jour, ainsi que le secrétaire et le conseiller d'Egmont, Jean de Casenbroot, seigneur de Backerzeele.

La nouvelle s'en répandit comme une traînée de poudre et provoqua la stupeur, dans la mesure même où Albe avait bien caché son jeu. « Pour en venir à son but sans bruit et sans danger — commente Aldobrandino —, le duc a été ici vingt jours, dissimulant, et même manifestant une très grande douceur. » L'indignation était vive que les chevaliers de la Toison d'Or aient dû remettre leur épée « à un étranger », jusqu'en France, où l'on supporta mal qu'un membre de la maison de Montmorency, cousin du connétable, fût traité en vulgaire malfaiteur. « C'est chose incroyable, ajoute le secrétaire, que le regret universel qu'excite dans tout le pays la disgrâce de ces seigneurs. »

Si « incroyable » qu'Egmont lui-même demeurait incrédule. Héritage de la chevalerie, jusqu'à ce jour les différends des seigneurs avec leur souverain se terminaient traditionnellement par une conciliation — parfois au prix d'une humiliation consentie, spectaculaire, un cierge main ou la corde au cou... Egmont se voyait si peu rebelle qu'il écrivit aussitôt au roi pour qu'il lui permît de venir se justifier en Espagne, mais aucune réponse ne vint. En revanche, les deux chevaliers furent bientôt transférés dans la forteresse de Gand.

Marchi prend la plume : « Le comte de Hornes est tenu très serré en prison... ils le font dormir à terre sur un matelas. Il a demandé deux livres pour étudier et ils lui ont répondu qu'il étudie ses propres crimes. Mais aussi quel âne ! Il était en fuite et est venu se jeter en prison ! Au comte d'Egmont, on fait grande garde : toutes les deux heures, les soldats se relaient dans sa chambre et le confient aux suivants en disant : « surveillez-le, au lit et debout ». A côté, la salle est pleine de soldats et dehors il y a une compagnie d'infanterie. On mène le comte en promenade une fois par jour à travers le château... » L'opinion prévalait toutefois que les illustres prisonniers seraient emmenés en Espagne et rendraient compte là-bas de leurs actions.

La noblesse décapitée, Orange, réfugié à Dillenburg, incarne désormais la résistance. Sa qualité de prince souverain de la minuscule principauté d'Orange lui donne le droit de lever les troupes contre ses ennemis. Or le duc d'Albe a pris contre lui des mesures qui justifient ce qualificatif. Il a fait arrêter, à l'université de Louvain, le fils aîné du prince, Philippe Guillaume de Büren, unique héritier de la maison d'Orange. Celui-ci est gardé à vue ; on l'enverra bientôt en Espagne où, dit-on, « le roi veut le faire nourrir à sa façon ». Il servira d'otage. Les biens du prince, en Comté, ont été mis à l'encan. On a saisi à Chatelguyon et à Ste-Anne l'artillerie, les meubles et les titres de deux de ses seigneuries. Héritage de la maison de Chalon, il en possède trente qui seront à leur tour confisquées et enrichiront la couronne d'une fortune de 50 000 livres. A son de trompe et publiquement, Orange, son frère Louis de Nassau, Vanderberghe, Culemborg et Brederode vont être cités à comparaître. Leurs délits « qui sont nombreux et énormes, tendant à la rébellion et à la ruine de la foi catholique » seront énumérés et détaillés à haute voix. Et, tandis que se met en place le tribunal espagnol qui doit instruire le procès d'Egmont, on prépare le jugement par contumace des fugitifs.

Le prince, de son côté, n'est pas en peine pour rameuter des partisans. Autour de lui, comme pour la cause de Condé, se pressent nombre de gentilshommes qui désespèrent d'obtenir d'Albe leur pardon. Huguenots français et Gueux du « Compromis » fraternisent et foulent les mêmes contrées. Avec eux, il travaille à mettre sur pied quatre armées réparties sur le pourtour du pays. Il s'est gagné l'appui de quelques potentats allemands : Wolfgang de Bavière, le duc des Deux-

Ponts, le comte Palatin. Strasbourg et Cologne lui sont hospitalières.

En soldats, en munitions et en équipements, Orange flambe ses dernières richesses. Inégale et fratricide, la guerre peut commencer.

24

LE DÉPART

Marguerite avait été trahie sa vie durant, mais pensait n'avoir jamais, elle-même, failli à l'honneur. Quel ne fut pas son trouble, lorsqu'elle se sentit responsable de l'arrestation du comte de Hornes qu'elle avait pressé de revenir, et du bourguemestre d'Anvers qui lui avait remis en personne les clefs de la ville, peu auparavant, tous deux attirés à Bruxelles dans un guet-apens.

La comtesse d'Egmont était aussitôt venue au palais, accompagnée de ses filles, pour la supplier à genoux d'intervenir en faveur de son mari. Ce que Marguerite ressentit alors, son visage baigné de larmes en témoigna. Elle ne pouvait rien d'autre pour la malheureuse que d'acheminer sa supplique au roi d'Espagne — et le lui dit.

Qu'en serait-il maintenant des promesses d'indulgence qu'elle avait faites aux gueux pour obtenir leur concours, aux magistrats des villes pour qu'ils rétablissent l'ordre, annonçant à tous, après une dure répression, la clémence du roi ? Elle pressentait désormais, comme tout un chacun, que celui-ci ne viendrait jamais.

Le premier courrier d'Albe depuis l'arrivée du duc à Bruxelles était parvenu à Madrid dans la soirée du 18 septembre. Plus rapide que les autres, il contenait déjà la nouvelle de l'arrestation des comtes d'Egmont et de Hornes. Mais, en contrepoint, il faisait valoir au roi qu'en raison de la fuite et des activités rebelles d'Orange, appuyées par l'étranger, il y avait grand danger pour lui à venir aux Pays-Bas. Un nouvel argument venait ainsi à l'appui des vœux secrets de Philippe. Tant qu'Orange serait en fuite — et le prince ne se rendrait jamais —, sa clémence souveraine serait bafouée, narguée, inopérante. Son irritation contre les grands de Flandre se retourna aussitôt contre l'ambassadeur de Madama. Floris de Montmorency, marquis de Montigny, frère du comte de Hornes, grand bailli et gouverneur de Tournai, fut jeté sans autre forme de procès dans la forteresse de Ségovie. Aucun des deux malheureux envoyés de la régente ne devait revoir son pays natal. Bergues venait de mourir de maladie à Madrid et Montigny, transféré à Simancas, allait, quelques mois plus tard, sur ordre du roi, être étranglé dans sa prison, en présence du gouverneur de la forteresse, d'un moine — et d'un notaire.

Philippe prit la plume et, au début d'octobre, put confirmer à Marguerite, sans remords, qu'il ne viendrait pas aux Pays-Bas puisque, disait-il, « tout allait si bien par singulière grâce et bénignité de Dieu et ses bons moyens et offices ». Dans la même missive, il acceptait enfin la démission demandée par la gouvernante. Il restait convaincu qu'elle avait appuyé avec faiblesse des demandes criminelles, athées, avancées par des hérétiques et des blasphémateurs et qu'Albe appliquerait mieux sa politique. Des lignes grandiloquentes la couvrent néanmoins de fleurs, au parfum un peu mortuaire. « Je ne veux délaisser de vous encore remercier le plus que je puis des très grands travaux et soucis que vous avez pris... et de la prudence et dextérité, vertu et bons offices dont vous avez en tout usé, me tenant singulièrement content et satisfait... »

Mais les pilules enrobées dans ce sucre étaient amères ; la non-venue du roi, d'abord, et la précipitation avec laquelle, faute d'avoir pu confier à quelque prince du sang la charge qu'elle occupe, il s'est déterminé, dit-il, « à y commettre par provision son cousin le duc d'Albe » — la commission se trouve dans le même courrier ! En outre, Marguerite avait demandé à son frère qu'en récompense de ses services on lui accordât enfin de délivrer la forteresse de Plaisance des troupes espagnoles qui l'occupaient. Combien de fois n'avait-elle pas fait cette requête ! « Que le monde connaisse le compte et l'estime que je fais de votre personne et sache que vos affaires sont pour moi l'objet de la même sollicitude que les miennes propres », répond Philippe. Mais, de Plaisance, point.

Ces missives trouvent Marguerite cloîtrée au Coudenberg, gravement malade. Accablée de chagrin, complètement surmenée, elle n'a pas résisté aux troubles de santé qui, l'âge venant, commencent à la guetter. C'est une maladie qui va masquée, dont les médecins ne savent faire ni le diagnostic, ni le traitement. Elle est terrassée de fièvre, souffre de vives douleurs au côté, ne trouve pas le sommeil. La tisane de bois des Indes et les reliques n'y peuvent rien. Elle est soignée par son fidèle médecin italien Balestra, qui, année après année, décrira, impuissant, la lente évolution chez sa patiente d'une maladie du foie. Pour la Faculté, le champ d'investigations est restreint. Hormis la redoutable syphilis, dernière plaie d'Egypte et châtiment de Dieu, on ne connaît guère que la peste et la goutte. La peste surgit sans préavis, à son heure, théâtrale, environnée de peur, avec ses acteurs, les médecins masqués de cuir, les hallebardiers interdisant les portes des villes, les cadavres enterrés de nuit à la sauvette. Mais la goutte fait partie du paysage quotidien des nantis. Marguerite souffre de cette affection — c'est un cadeau héréditaire des Habsbourg — et celle-ci se joint aux maux qu'elle endure, provoquée comme eux par un régime alimentaire aberrant, par le froid, l'inconfort et l'humidité, par la fatigue et la tension psychique d'une année dramatique.

Aldobrandino communique à Parme son bulletin de santé. 28 septembre : « Depuis trois jours Son Altesse garde le lit, très souffrante de coliques et d'une fièvre continuelle. » — 5 octobre : « Son Altesse va mieux, mais elle est en grande peine. Elle s'est confessée, a communié ; le duc d'Albe la fait visiter tous les jours. » — 12 octobre : « Son Altesse dit qu'elle veut retourner en Italie avant l'hiver, mais nous ne le croyons pas. » — 19 octobre : la maladie persiste. « La cause en est, je crois, le mécontentement qu'elle éprouve. On la voit prier Dieu les larmes aux yeux de la délivrer du gouvernement de ces pays où elle a passé de si mauvais jours. »

Enfin, le 27 octobre, c'est presque la guérison : « S. A. fait ses dispositions pour partir et nous tenons tous pour certain qu'elle se mettra en route, fût-ce au cœur de l'hiver. » Le 5 novembre, la robuste constitution de la duchesse a repris le dessus. Elle fait retraite deux jours entiers au monastère du bois de la Cambre et, de retour à Bruxelles, se rend à la messe à Sainte-Gudule, acclamée par la foule.

Pendant les quelques semaines qui la séparent de son départ, Madama est toujours gouvernante « malgré elle ». Non seulement Albe n'est pas encore officiellement en fonctions, mais, tant qu'elle est présente à Bruxelles, les gens s'obstinent à solliciter son intercession. Ses sujets ne l'ont pas follement aimée pendant les huits années de son gouvernement — qui aime le pouvoir ? — mais ils réalisent dorénavant ce qu'ils vont perdre. Et, le 4 novembre, à peine remise, elle reçoit une députation des Etats de Flandre qui vient la supplier de ne pas quitter le pays. « Aujourd'hui, tout le peuple se lamente du départ de Son Altesse », note Marchi. Dans la mesure où sa mission prend fin et où les responsabilités l'abandonnent, Marguerite se laisse aller à exprimer librement les sentiments modérés et tolérants qui forment le fond de sa nature. Elle prend à chaque occasion la défense des Belges face aux abus de l'administration espagnole. Elle s'exprime, elle écrit plus que jamais — et de telles manifestations, venant de haut, dans le climat de crainte que fait régner le duc d'Albe, ressemblent à une fronde.

Courtoisie ? Habitude ? Les souverains étrangers continuent de s'adresser à elle. Depuis le 26 septembre, date à laquelle ses armées ont été attaquées par surprise à Péronne, à Melun, à Montereau, à Lagny, par celles des huguenots, Catherine de Medicis mendie un secours à Philippe II. Albe est autorisé par le roi à lui envoyer 2 000 cavaliers qui rejoignent l'armée royale le 26 octobre, sous le commandement du comte d'Aremberg. Ce sont pour la plupart des Flamands fidèles. La partie se joue à Saint-Denis le 10 novembre, dans une bataille où le connétable de Montmorency, à soixante-quatorze ans, va trouver la mort.

Les gens de Condé décrochent, vont en Champagne et la guerre continue. C'est à Marguerite que Catherine écrit alors, lui demandant à nouveau le secours de 2 000 arquebusiers espagnols « pour empêcher les reîtres allemands de faire leur jonction avec le prince de Condé, menaçant sinon d'être acculée à faire quelque accord qui serait préjudiciable non seulement au roi, mais à la chrétienté ».

Marguerite n'est pas fâchée, à cette occasion, de tancer sa cousine. « Je lui ai répondu — écrit-elle — qu'elle ne voulût faire quelque chose qui fût honteux ou préjudiciable à la religion, sous prétexte de trouver la paix par ce moyen car... en leur cédant choses iniques... on ne ferait que nourrir plus grands troubles et confusion des affaires. » Albe, cependant consulté, n'emploie pas tant de circonlocutions. Il recommande à la reine « de faire trancher quelques têtes ». Il l'admoneste à sa manière : « Il est encore préférable de ruiner un pays pour le conserver par les armes à Dieu et au Roi que de le garder intact... au profit du diable et des hérétiques » ; et il ajoute : « Un prince qui négocie avec ses sujets ne peut se considérer comme la plus haute autorité du pays. » Catherine négociera.

Au moins sait-on maintenant de quel pied marche Albe. Le chaos aux frontières fait bouillir les Pays-Bas et les simples propos de Marchi reflètent les sentiments que l'on éprouve dans l'entourage de Madama : « Si le roi de France perd, ce sera terrible ici. Catholiques et hérétiques se mettront d'accord pour bouter dehors les Espagnols. » Ceux-ci sont relativement peu nombreux et déjà détestés, environnés et comme assiégés aux frontières par les huguenots de toutes appartenances, français, allemands, néerlandais qui ont l'appui de l'Angleterre. A l'intérieur du pays, des désespérés ont pris le maquis et commettent des atrocités : on les appelle les « gueux des bois ». Le duc a le dos au mur. Des têtes seront tranchées.

Marguerite ne peut plus rien à ces problèmes et s'en détache déjà. Un de ses secrétaires, Machiavelli, est revenu d'Espagne, lui apportant, avec la confortable promesse d'une pension de 8 000 à 13 000 ducats, la confirmation qu'elle peut partir à la fin du mois de décembre, « eu égard à sa maladie et à son épuisement ». Telle est sa lassitude que, sans trop l'avouer, elle se laisse gagner par la joie générale qui règne parmi les Italiens de sa cour. « Nous piaffons comme des chevaux arabes, écrit Marchi, n'attendant pas d'être éperonnés, tant notre envie est forte de retrouver la terre promise, la grande, belle, noble et fertile Italie ! »

Tandis que ses gens s'affairent, Marguerite, cependant, se prend à réfléchir une dernière fois sur le destin du pays qu'elle va quitter et retourne à son écritoire. Elle veut confier à Philippe le fruit de son expérience, une sorte de testament politique, et laisse courir sa plume. C'est un long et dernier plaidoyer en faveur de la clémence : « Touchant les villes coupables, et les privilèges d'icelles — écrit-elle —, il me semble qu'il convient... de faire distinction du forfait des dites villes... prenant surtout en regard que les bons n'aient à pâtir pour les mauvais afin que le chastoy n'excède le délit ». — « ... Touchant les prisonniers, je dirais qu'une telle infinité de personnes ayant délinqué, il est nécessaire, selon tout droit divin et humain, d'épargner la multitude, se contentant de châtier les chefs... qui ont tiré la simple populace en ces erreurs et abus... » — « Il est nécessaire de tranquilliser les affaires sans les accroître d'autres exécutions et renouvellement de douleurs... » — « ... Quant au pardon général, il ne nous a pas semblé qu'on doive différer d'avoir pitié, compassion et d'user de miséricorde en l'endroit d'une infinité de pauvre peuple, errant, séduit et abusé. Car, de les tenir plus longtemps en suspens, ce n'est autre chose que de les mettre en désespoir... au lieu d'amour, prendre haine... leur imprimer inimitié, rancune et malveillance, les plonger plus avant dans leurs erreurs... les perdre de corps et de biens, et, par ces moyens, fortifier tous les voisins qui peuvent devenir ennemis, s'ils ne le sont. » — « Que votre Majesté n'omette rien de la justice pour les cas les plus énormes et ait compassion et miséricorde aux pauvres personnes séduites et repentantes. » — « ... Aux jeunes gentilshommes égarés dans le compromis par la fougue de leur âge, j'ai promis de mon propre chef l'indulgence. Ils me supplient journellement... J'avais signé la dite assurance de mon nom et scellé de mon sceau... de leur pardonner... Si V. M. observe ce que j'ai engagé, elle conservera sa dignité et pourra tirer d'eux service. » — « Je ne puis, à mon partement d'ici, et pour la décharge de ma conscience — ajoute Madama — délaisser de supplier V. M. qu'elle veuille ouvrir les yeux de sa miséricorde sur son pauvre peuple sans user de toute rigueur, étant le peuple assez misérable et confus, le pays assez affligé, ayant les villes assez enduré pour connaître leurs fautes et se garder à l'avenir de commettre le semblable. »

Au sujet du « pardon général », elle confie au roi qu'elle est en désaccord avec Albe, que celui-ci estime de son devoir de châtier les coupables « grands, moyens et petits ainsi que quelques villes pour faire une bonne démonstration de la faute commise » et que les discussions ont été vives.

Marguerite espère encore émouvoir Philippe. Elle refuse de voir que les réalités cruelles ne franchissent pas les murs épais de l'Escorial, que pour l'illustre bureaucrate, la guerre et la répression sont des pattes de mouche alignées sur du parchemin et que le sang n'est que de l'encre. Un Dieu exigeant ordonne qu'il soit versé. Le roi ne fera aucun cas des recommandations de sa sœur, et, d'ailleurs, il est trop tard. L'exemple du désarroi de Catherine de Medicis lui semble démontrer la vanité des concessions. Albe a des paroles rassurantes, annonçant « un nouveau monde à créer aux Pays-Bas », ajoutant que ces provinces, dorénavant, « doivent être gouvernées de là-bas (c'est-à-dire d'Espagne) et non d'ici ». Cela convient au roi.

Il ne restait à Madama qu'à ordonner les derniers préparatifs et prendre congé de chacun. Elle écrivit une lettre officielle « aux gouvernements, consaulx et villes du pays », les avisant que le pouvoir était désormais aux mains du duc d'Albe et qu'ils aient à lui rendre « obéissance due ». La formule était respectueuse pour le nouveau gouverneur, mais Marguerite ne se privait pas d'ajouter combien elle regrettait de n'avoir pu leur faire ses adieux devant la grande assemblée des Etats Généraux, comme il était de tradition pour les gouvernantes, depuis Marguerite d'Autriche et Marie de Hongrie. C'était sa manière de leur faire comprendre qu'elle avait toujours souhaité la réunion des Etats et qu'elle en avait été empêchée en haut lieu. C'était aussi agiter un chiffon rouge devant l'Espagnol.

Albe, à vrai dire, ne se souciait plus guère de la régente et avait abandonné l'attitude de courtoisie attentive des premiers jours. Il était resté huit semaines sans se manifester au

Coudenberg et Marguerite dut prendre les devants et le convoquer, en la présence du Conseil, pour une réunion d'adieux. Elle profita de cette occasion pour lui réitérer toutes les demandes qu'elle avait faites au roi dans son dernier message : le « pardon général », la clémence pour les villes, l'indulgence pour les petites gens. Elle insista à nouveau pour sauver la mise des jeunes nobles engagés dans la requête du compromis et le mouvement des gueux. « Le roi peut pardonner, répondit sentencieusement le duc, mais il ne peut garantir la vie sauve. » Il n'y avait plus rien à ajouter.

Avant de partir, Madama reçut encore solennellement le royal cadeau des Etats du Brabant et de Flandre : 25 et 30 000 guldens — marque de regret et de reconnaissance, et offrit un banquet aux seigneurs du Conseil d'Etat encore en fonctions. Le 30 décembre, elle quitta le palais du Coudenberg.

Son vieil ami Guicciardini, un Italien, anversois d'adoption, écrivit à Florence : « Il ne semble pas que Madama soit bien satisfaite et le peuple non plus, non seulement pour l'affection qu'il lui porte mais pour la haine qu'il éprouve envers les Espagnols. Il devine que le duc restera au gouvernement, ce qui ne lui plaît guère. » Marchi est plus éloquent : « Le peuple pleure le départ de Son Altesse. » Il s'indigne : « Quand je pense que le duc d'Albe se fait frapper une médaille avec d'un côté une femme qui tombe et qu'il aide à se relever, et au revers, deux femmes qui lui apportent les clefs du pays ! On ne lui a jamais donné les clefs, et c'est Madame qui a fait tout ce qu'il s'attribue. »

Protégée par une escorte de cinq cents arbalétriers que commandait le comte de Mansfeld, Madama quitta Bruxelles par la porte de Namur. Une fois encore, elle allait traverser l'Europe du nord en janvier, alors que sévissait un hiver des plus rigoureux.

Il fallait en outre imaginer un itinéraire qui évitât la rencontre des contingents huguenots, lesquels sillonnaient l'est de la France et les rives du Rhin. L'électeur palatin, en effet, était un ardent prosélyte du calvinisme en Allemagne et avait mis au service de la religion de Genève l'université de

Heidelberg. Son fils cadet, Jean-Casimir, se portait pour la première fois au secours des troupes de Condé et de Coligny, repliées en Champagne après la bataille de St-Denis.

La petite cohorte de Marguerite pouvait à chaque instant se heurter aux troupes qu'il acheminait vers la France : trente deux cornettes de reîtres et de lansquenets — au total six mille cavaliers et quatre mille piétons. D'autres Allemands rejoignaient l'armée du duc d'Anjou au camp de Châlons-sur-Marne où Catherine de Medicis se trouvait en visite d'inspection. Le danger existait d'être pris dans la bataille, ou tout au moins de faire des rencontres hasardeuses. Car, a vrai dire, la guerre ne faisait pas rage. Le froid était trop intense et chacun était désargenté. La reine-mère négociait avec les protestants, à la grande irritation de Philippe II.

Arrivée le jour des rois à Namur, Marguerite gagna le Luxembourg et s'y attarda jusqu'au 14 janvier, attendant — écrit-elle au roi — « d'être informée du passage des reîtres en France, tant pour le roi très chrétien que pour le prince de Condé, et aussi pour obtenir sauf-conduit des princes et potentats voisins par les pays desquels il lui faudra passer. » Ce fut miracle si la lettre parvint au roi, car tous les courriers étaient interceptés par les huguenots. Parfois ces malheureux étaient pendus ; si on leur laissait la vie sauve, on les employait aux fortifications.

Madama choisit de faire route par la Lorraine, en direction de la Suisse ; et, si elle ne rencontra point de soudards, ne reçut pas pour autant aide ni hommage au voisinage du Palatinat.

Les jours passaient, monotones. Elle arriva en vue des tours de grès rose de la cathédrale de Bâle qui dominaient une cité devenue protestante de longue date — puis à Lucerne, si proche et néanmoins demeurée un bastion de la foi catholique. Il fallut encore une fois franchir les Alpes, au col du St-Gothard et, dans le brouillard épais, affronter dangers et précipices.

Cheminant au pas lent des mules, à travers les campagnes figées par l'hiver, le long des fleuves gelés, Marguerite voyageait depuis plus d'un mois. La distance lentement s'étirait, l'arrachait à ses souvenirs tumultueux, le silence les assoupissait et une sorte de résignation l'envahissait. La neige enveloppait comme d'un linceul son âme endolorie.

25

CIVITA DUCALE

Marguerite et ses gens abordèrent l'Italie par la vallée du Tessin dans les derniers jours de janvier. Lorsqu'ils rencontrèrent à Bellinzona le duc Ottavio et sa suite venus les accueillir, il leur parut que c'était la fin de leurs tribulations. Ils retrouvaient la douceur du climat des lacs, une brume d'hiver, bienfaisante comparée aux rigueurs du nord, la chaleur de l'amitié, protection et sécurité. En quelques jours, faisant halte à Milan, les deux cortèges franchirent la cinquantaine de lieues qui les séparait de Parme. Plaisance était sur le parcours et, le premier février, la petite ville réserva à Madama un accueil délirant. Marguerite, auréolée de son passé récent, était à nouveau duchesse de Parme et de Plaisance.

A Parme, de longues et douces journées s'écoulèrent à savourer la joie du retour. L'ex-régente se reposait de ses tâches, faisait la connaissance de sa petite-fille Marghareta qui venait de naître, renouait avec sa belle-fille portugaise, douce, pieuse et cultivée, admirait Alexandre, son courage physique, ses prouesses, ses manières courtoises. La cour habitait le palais ducal, dit « Palazzo del Giardino », enfin achevé. Le duc Ottavio s'en contentait et ne songeait pas encore à jeter les plans de la demeure grandiose qui s'élèverait plus tard sur le terrain du jeu de paume : le palais de la Pilotta. Marguerite avait obtenu deux ans auparavant du pape Pie V, par un « motu proprio », l'autorisation de faire revenir quelques antiques de ses collections et pouvait maintenant les contempler à loisir.

Néanmoins, imperceptiblement, l'euphorie des retrouvailles retombait. Il n'y avait pas place à Parme pour trois personnalités d'envergure. Ottavio, à quarante-trois ans, était dans la force de l'âge. Le condottiere « dur comme un caillou » était devenu l'homme réservé et serein peint par Titien, amateur de musique et de mathématiques. Il avait une maîtresse adorée et trois filles naturelles, et était passionné par le maintien et l'administration du duché qu'il avait conquis à la pointe de l'épée. Rien d'autre ne l'intéressait et surtout pas les Pays-Bas. Les années dramatiques où Marguerite y avait exercé le gouvernement le laissaient indifférent. Qu'y avait-on gagné pour Parme ? La dernière en date des missives du roi à Marguerite confirmait ses pressentiments : « ... Quant à la citadelle de Plaisance, écrivait Philippe, il n'y a rien que je désire plus que de vous contenter en tout comme une sœur que j'aime et chéris. Les raisons pour lesquelles je me suis résolu (à conserver la citadelle) sont conformes à ce qu'exige votre bien et tranquillité et... si vous les connaissiez, vous verriez par là combien je vous aime et estime... » On pourrait presque croire à de l'humour ! Le duc faisait à son épouse d'injustes reproches et Alexandre abondait dans le même sens, trouvant là prétexte à exhaler sa mauvaise humeur. Car, à vingt-trois ans, privé de responsabilités et sans perspective d'avenir, en lui s'usait l'enthousiasme de la jeunesse et il était écrasé d'ennui. La jalousie de son épouse lui pesait. Le père et le fils, pour secouer le joug, partaient de nuit, incognito, dans les rues endormies de Parme, soulever les filles et provoquer en duel des inconnus : c'était là un divertissement classique de grands seigneurs, mais qui ne changeait rien à la pesanteur des journées. Ne restaient à Marguerite que les exercices de piété, la broderie, la chasse, quand sa santé le lui permettait. A quarante-six ans, elle faisait figure de duègne.

Elle ne fut pas longue à réagir et n'attendit pas le printemps pour aller s'installer à Plaisance avec une petite suite. Parmi les fidèles qui l'accompagnaient se trouvait Francesco Marchi. La construction du château dont elle avait posé la première pierre dix ans auparavant avait progressé ; celui-ci comportait déjà une aile entièrement achevée dont elle put faire sa demeure.

Il lui parut bientôt que le seul moyen de rester au contact des événements et d'y prendre une certaine part malgré sa retraite était de nouer une correspondance active avec tous les acteurs de la scène européenne. Elle n'avait jamais cessé d'écrire — et même d'abondance —, mais c'était maintenant pour elle une question de survie.

Ce qu'elle allait entreprendre était coûteux — à commencer par le va-et-vient des courriers qu'il fallait largement rémunérer étant donné les risques encourus. Il y avait en outre un problème de papier qui se posait cruellement, et pour lequel l'ingénieux Francesco Marchi trouva bientôt une solution. Il était aussi anxieux que Madama de se procurer du beau vélin, car il se battait depuis plusieurs années pour faire imprimer son ouvrage sur les fortifications, et les précieuses planches qui devaient l'illustrer. Marchi et Madama revenaient tous deux d'un pays « industriel » — ou tout au moins industrieux. C'est à chaque pas qu'ils avaient rencontré en Hollande des moulins : moulins-tours à galerie, « girouettes », moulins « à crinoline » — mais aussi les roues à aubes des « wipmolen ». Marchi, en ingénieur, les avait étudiés. Marguerite investit son argent dans des moulins à eau destinés à fouler la pâte à papier et bientôt, avec de substantiels bénéfices, obtint des résultats inespérés.

« Je suis allé montrer à Son Excellence le beau et bon papier que l'on commence à faire, avec les armes de S.E. Il n'est pas mieux à Milan, ni Brescia, ni Salo, ni aussi grand. Nous avons de plus trouvé un autre endroit pour faire une presse, à trois milles de Plaisance, où il y a de l'eau en abondance avec six brasses de chute. Nous ferons un puits avec de l'eau claire, utile à la population. Cela fera deux moulins... et nous voudrions mettre un imprimeur vénitien à Plaisance. » Les rêves de Marchi semblent trouver un commencement de réalisation. Marguerite a accepté d'engager un imprimeur de renom, Vincenzio Conto, et Plaisance pourra avoir son imprimerie. Le majordome s'emballe : « Je souhaite que cette imprimerie devienne égale à celles de Lyon, Paris, Francfort — et même celle de Plantin à Anvers. Peut-être parviendrai-je à imprimer de l'hébreu, cela occuperait en permanence une douzaine de personnes, en plus de trois presses pour la langue vulgaire et le latin. Et pourquoi pas la musique ? Moi, qui n'ai appris l'a, b, c, qu'à trente-deux ans, sans maître ni aucune aide pour m'enseigner à tenir la plume... ! » Le voilà à la tête d'une imprimerie et d'une « œuvre ».

Madama se soucie moins d'imprimer que d'écrire. Elle renoue avant tout avec ses anciens conseillers aux Pays-Bas, ceux qui lui sont restés fidèles et lui portent de l'amitié. Parmi eux, son principal correspondant est le duc d'Aerschot. Les nouvelles ne manquent pas et celles qui lui viennent de Bruxelles sont dramatiques. On lui apprend bientôt la tragédie qui vient d'endeuiller le pays, six mois seulement après son départ : le 5 juin 1568, les comtes d'Egmont et de Hornes ont été condamnés à mort par le duc d'Albe et décapités sur la place du marché. De partout lui viennent des détails :

« En un jour on a coupé la tête à dix-huit personnes, tous gentilshommes — un autre jour à trois gentilshommes encore, pris à Maestricht les armes à la main, mais cela n'est rien au regard de ce qui s'est passé hier matin, où l'on a publiquement coupé la tête au comte d'Egmont et au comte de Hornes » — écrit Guicciardini. « Depuis lors leurs têtes fichées sur des piques ont été exposées pendant trois heures environ, un spectacle poignant et une douleur incroyable dans tout le pays, surtout pour le comte d'Egmont — Dieu ait son âme ! Ils furent amenés ici la veille, à la maison du roi, accompagnés de dix enseignes d'infanterie et de quelques dizaines de cavaliers légers, puis conduits sur la place principale où avant-hier avait été proclamée leur condamnation. Ils passèrent la nuit avec des prêtres et des moines. Le comte d'Egmont écrivit deux lettres, une au roi et l'autre à son épouse, sans vouloir faire de testament. Vers midi, ils montèrent sur la place occupée par vingt enseignes d'Espagnols ; le comte d'Egmont d'abord, accompagné du maître de camp, de l'évêque d'Ypres et de prêtres, sans être lié. Au milieu de la place se trouvait un échafaud tendu de noir, assez spacieux et haut comme deux hommes. Le comte monta, dit quelques paroles à l'évêque, jeta de lui-même à terre son manteau et une sorte de robe qui l'habillait et, ainsi dépouillé, s'agenouilla à terre, attendant courageusement qu'apparaisse le bourreau, qui l'acheva d'un seul coup. De la même manière et dans la même compagnie vint le comte de Hornes qui fit dire aux soldats espagnols de prier pour lui, qu'il avait aimé son pays. Il se mit à genoux, de lui-même enfonça son bonnet sur ses yeux, restant ainsi dans l'attente du bourreau qui, d'un seul coup, comme à Egmont, lui trancha la tête. Ils furent plus tard emportés à l'église principale, puis dans une autre église où se trouvaient leurs familles et où hier soir, de nuit, ils furent enterrés. Egmont laisse onze enfants, neuf filles et deux garçons ; Hornes meurt sans postérité. Leurs biens sont confisqués. Cette semaine, d'autres têtes tomberont... »

Marguerite n'a pas sous les yeux le commentaire qu'Albe envoie au roi : « L'exécution de nos dicts prisonniers a été faite en cette ville la semaine passée, sur le marché, le samedi avant la Pentecôte. J'avais donné ordre de les pourvoir de bons confesseurs pour leur souvenir de leur salut. J'avais mandé ici l'évêque d'Ypres, lequel a confessé et assisté le comte d'Egmont jusqu'à la fin, et Hornes a eu le curé de la chapelle, et l'on m'a dit et assuré qu'ils sont morts tous deux fort catholiquement et modestement. Madame d'Egmont m'a fait grande pitié et compassion pour la voir chargée de onze enfants... ». Il ajoute : « Après ces sentences, on devrait en même temps... exécuter conjointement quelques gentilshommes et autres principaux fauteurs des troubles passés afin que, faisant cette exécution en un même jour, elle fût plus exemplaire. » Madama, toutefois, connaît le propos cynique qu'on prête au duc : « Mille grenouilles ne valent pas la tête d'un saumon. » Elle sait que, chez cet homme rigide, l'absence de sentiment justifiée par le sens du devoir est plus implacable que la cruauté.

Comment Marguerite ne serait-elle pas troublée ? C'est un peu sa cause qui a été jugée, sans indulgence et sans compréhension, pendant huit mois, et, dans les pages de l'interminable réquisitoire, certains griefs la concernent. Egmont a-t-il comploté contre le cardinal Granvelle, le contraignant au départ ? A-t-il jugé les placards trop rigoureux ? A-t-il demandé l'arrêt de l'Inquisition, le pardon général, la convocation des

Etats ? A-t-il fait preuve de faiblesse envers les confédérés, fermé les yeux sur les abus des sectaires, protégé les gueux du « Compromis » ? Il a eu certes le tort d'écouter ceux qui maintenant hors des frontières portent les armes contre le roi et se trouve victime d'une demi-fidélité qui lui a coûté la vie...

Marchi ne s'embarrasse pas d'aussi subtiles réflexions : « Ce traître de duc a coupé la tête du tant honorable comte d'Egmont qui a combattu pour l'empereur et pour le roi valeureusement et a gagné plus de batailles que n'en a livrées cet envieux plein de fureur, de jalousie et de malignité. Je prie Dieu de voir la vengeance — et grande — et rapide. Un grand homme a été trahi, un ami... »

Immense en Europe, la réaction à cette infamie lève le voile sur certains caractères. Catherine de Medicis, dans le moment même où elle signe avec les protestants l'« Edit de Pacification des Troubles », confie à l'ambassadeur d'Espagne, en parlant de l'exécution des deux gentilshommes, que « c'est là une sainte décision ». La France est à quatre ans de la Saint-Barthélemy... Granvelle, de Rome, juge trop brutale la répression du duc d'Albe et refuse désormais de cautionner quiconque siège au Conseil des Troubles. Le souple cardinal, qui voit loin, pressent l'échec de la politique du gouverneur. On ne l'en rendra pas moins solidaire. Le roi lui-même, qui a laissé faire, n'était-il pas jaloux de la popularité du magnifique chevalier, heureux dans les batailles, Egmont, le héros national des Pays-Bas ?

Breughel a peint, cette année-là, « La pie sur le Gibet » et « Le triomphe de la Mort ». Gœthe a tiré de l'événement une tragédie, Beethoven, la partition d'un drame. Pour ces pays, il reste une des pages les plus héroïques de leur histoire ([1]).

Après avoir, l'été durant, supporté la chaleur immobile de la vallée du Pô, Marguerite décida en septembre d'aller visiter les possessions que l'empereur lui avait données en dot lors de son mariage avec Alexandre de Medicis — celles-là mêmes qu'il lui

([1]) « Le comte d'Egmont », tragédie de Goethe, jouée en 1791, remaniée par Iffand et Schiller en 1796.

avait confisquées sans ménagement lors de la trahison d'Ottavio, puis restituées lors de leur réconciliation.

Elle possédait dans les Abruzzes plusieurs villages et châteaux : Civita di Penne, Montereale, Civita Ducale, Lionessa, Campli, La Posta, Pianelle, Bacucco... royale énumération qui ne recouvrait en fait que quelques bourgades et forteresses perdues dans des montagnes peu hospitalières. A peine les connaissait-elle. Néanmoins, l'idée de respirer à nouveau la dévotion et le respect de ses propres sujets, fussent-ils les plus pauvres du monde dans le pays le plus déshérité, de recouvrer une autorité qu'elle ne devrait qu'à elle-même, la stimulait.

Alexandre ne demandait qu'à être, le temps d'un voyage, le chevalier servant de sa mère. Ils s'embarquèrent à Ravenne, débarquèrent à Ortona et parcoururent d'abord les quelque vingt-cinq lieues qui les séparaient d'Aquila, la capitale de la région. L'infatigable Marguerite, à nouveau, cahotait dans sa litière attelée de mules — mais cette fois sur des routes poussiéreuses et ensoleillées. Le paysage était sauvage et somptueux, le chemin accidenté. Elle pénétrait lentement dans le massif le plus élevé des Appenins : des alpages solitaires, de grands plateaux balayés par la brise, des gorges menaçantes ; au ciel, le vol déployé d'un aigle. On traversait çà et là de pauvres bourgs isolés, dominés par une austère forteresse, et dont les maisons aux toits débordants se serraient autour de l'église comme un troupeau.

Les mules peinaient lorsqu'au bout de la route, à sept cents mètres d'altitude, apparut Aquila, les clochers de ses églises, son château espagnol et, dominant la ville, la cime du « Gran Sasso », visible de toutes parts. Il n'y avait pas de logement digne de la duchesse et de sa suite pour un séjour prolongé et, le lendemain, elle poursuivit sa route jusqu'à Civita Ducale, à dix lieues de distance. Le seigneur qui avait donné son nom à cette bourgade, deux siècles auparavant, était Robert, duc de Calabre, fils de Charles d'Anjou.

Marguerite y était chez elle. Elle fit évacuer l'hôtel de ville pour en faire sa résidence et s'installa, heureuse, à l'ombre de la vieille tour médiévale.

Ce séjour n'était encore qu'une reconnaissance, et, cet automne-là, Madama ne s'aventura pas à aller visiter ses autres possessions. Ce ne pouvaient être que des villages semblables, d'autres châteaux menaçants ou à demi-écroulés, éloignés chacun de dix lieues, sinon plus, par des chemins ardus infestés de brigands. Ces beaux noms chantants, qui avaient rapporté à la duchesse pendant des années les écus sonnants et trébuchants de leurs redevances, s'offriraient bientôt à elle dans leur rude vérité.

La mère et le fils reprirent à petites journées le chemin de Parme où les attendait une bouleversante nouvelle : la reine d'Espagne venait de rendre l'âme. La fille d'Henri II qui avait apporté à la cour austère de Philippe sa jeunesse et son insouciance, avait succombé au traitement de médecins ignares. Saignée à blanc pour une maladie imaginaire, alors qu'elle était enceinte, épuisée, exsangue, elle était morte d'un arrêt cardiaque après avoir perdu son enfant dans de cruelles souffrances.

Alexandre avait assisté en Espagne à l'arrivée de la petite princesse de quinze ans, si affable et primesautière que chacun l'aima aussitôt. Il se rappelait combien l'humeur de la cour avait été changée par sa fantasque joie de vivre et ses libéralités. Un petit cercle s'était formé où la reine, ses dames d'honneur françaises, leurs chevaliers servants, don Juan, don Carlos, les archiducs et lui-même n'avaient pas vingt ans et auquel le roi — « barbon » de trente-deux ans — se mêlait avec indulgence.

On apprit que le chagrin de Philippe était immense. De le voir, à six mois de distance, perdre son fils don Carlos et sa femme Isabelle, chacun le plaignit. Néanmoins, quand le sort s'acharne, il est fréquent d'en rendre les victimes responsables — et Philippe était mal aimé. Lorsque, plus tard, Antonio Perez, en disgrâce, suggéra que, jaloux de l'amour de don Carlos pour Isabelle, le roi avait, de sa main, tendu à la jeune femme une coupe empoisonnée, la rumeur s'en empara et Philippe devint pour l'opinion l'« ogre » de l'Escorial ([1]).

([1]) Cette accusation tout à fait gratuite a pris sa force et son impact lorsqu'elle apparut dans l'*Apologie de Guillaume d'Orange* (1581) à qui elle avait été dictée par Antonio Perez, alors en disgrâce. Antonio Perez avait vécu de près le déroulement des événements et semblait mieux placé que quiconque pour en juger. Il est vraisemblable qu'il se vengeait du roi par cette calomnie.

Catherine de Medicis laissa dire. En bonne apothicaire, elle pensait sans doute qu'elle aurait sauvé sa fille et cette mort suspecte la laissait navrée et incrédule. L'Histoire a fait litière de ces calomnies.

Alexandre, peu après, tomba gravement malade et cette mort qui rôdait partout rendit Marguerite folle d'angoisse. Elle ne quitta son chevet ni jour, ni nuit, tout en se préoccupant de l'enfant qu'attendait sa belle-fille pour le début de l'année suivante. Aurait-elle un petit fils ? ou bien la lignée des Farnèse, dont Alexandre était le seul maillon, serait-elle interrompue ? Le robuste tempérament des condottiere triompha de la fatalité et, au mois de mars, naquit un garçon, qui fut prénommé Ranuccio, comme l'ancêtre légendaire, fondateur de la dynastie.

Marguerite résistait aux épreuves mieux qu'aux douceurs de la vie casanière et bientôt se retrouva désœuvrée et mélancolique. En elle mûrissait silencieusement le projet de repartir pour les Abruzzes et de s'y fixer définitivement. Il était difficile à cette époque, pour une princesse, d'avouer aux yeux du monde qu'elle abandonnait son mari et quittait le domicile conjugal. Aussi prit-elle prétexte d'un pèlerinage d'action de grâce à Lorette pour partir vers le sud dès le mois de mai, accompagnée à nouveau de son fils et d'une petite cohorte.

A moins d'une lieue de la mer, ils atteignirent le sanctuaire de N.D. de Lorette, dressé sur sa colline. Derrière d'épais remparts, on trouvait la basilique, et, sous la coupole de San Gallo, enfouie et mystérieuse, petite maison dans la grande, cœur battant de foi et de prières, la maison de la Vierge, objet de la dévotion de Marguerite. Les anges qui l'avaient transportée de Nazareth en Dalmatie, puis dans les Marches, avaient longtemps hésité pour trouver le site idéal ; mais il semblait cette fois que ce fût définitif. D'innombrables pèlerins avaient déjà surchargé le sanctuaire de leurs témoignages de reconnaissance et c'est parmi les ex-votos, les ors des reliefs et les pierreries des statues brillant doucement à la lueur tremblante des cierges, que Marguerite s'abîma en oraison.

Elle repartit, rassérénée, sur les routes périlleuses des Abruzzes, si inhospitalières qu'elles ont laissé aux voyageurs qui s'y succédèrent par la suite une vision d'épouvante : « Les chemins sont fort étroits et côtoient des précipices effrayants, rendus tristement célèbres par des accidents funestes. Malgré l'espèce d'horreur dont on est saisi en parcourant ces montagnes, on y trouve des arbustes, des plantes et des fleurs de toutes espèces et autres curiosités... » Tel est le commentaire d'un touriste au XIXe siècle... On pouvait aussi y rencontrer l'ours brun, le loup, le chamois ou le lynx. Rien de tout cela n'effrayait Marguerite. Elle s'épanouit d'aise à la réception que lui réserva Aquila, un accueil « digne d'un empereur », dirent les témoins — et, convaincue, comme César, qu'il vaut mieux être « le premier dans son village », elle s'installa paisiblement à Civita Ducale où l'été s'écoula, idyllique.

Marchi est du voyage et observe avec appréhension l'engouement de sa maîtresse pour ce qui lui paraît être une forme d'exil. Il a abandonné, à Plaisance, ses moulins, son imprimerie, son livre, et s'inquiète de l'avenir. La petite cour, en septembre, s'est déplacée à Lionessa et, de là, il écrit à Parme : « Le 27, Son Altesse quittera Lionessa pour Montereale et y restera une vingtaine de jours, puis ira à Civita Ducale où l'on met en ordre les chambres et où l'on entasse les vivres et les munitions pour cet hiver, que nous passerons comme des moineaux sur la branche si S.A. ne bouge pas de là. Nous espérons que le duc viendra nous libérer des Abruzzes. Que Dieu m'entende ! » Il se lamente : « Je suis vieux, je perds mes dernières dents, j'ai mangé le pain de neuf papes, sans compter le lait de ma mère. J'ai tiré mon premier coup d'arquebuse à Pavie... je voudrais finir mon œuvre, vivre dans un endroit où je verrais mes amis et mes enfants » — car le majordome a deux enfants naturels qui répondent aux beaux noms de Marc-Antoine et Cléopâtre.

Marchi n'est pas le seul à se préoccuper des projets de Madama. A Rome, Alessandro Farnèse, le frère du duc Ottavio, a poursuivi pendant les vingt dernières années sa brillante carrière de cardinal-mécène, protecteur des jésuites, le prélat le plus influent à la Curie. Mais, depuis la mort de son grand-père, Paul III, cinq élections pontificales se sont succédé sans que jamais son nom ait fait l'unanimité aux conclaves. Il est assez averti pour comprendre que le parti espagnol, obéissant à Philippe II, s'oppose secrètement à la prééminence d'une famille princière italienne, fût-elle apparentée au roi. Si celui-ci veut garder l'Italie soumise, aucune tête ne doit dépasser. Les Farnèse sont déjà apanagés à Parme, Philippe est convaincu de leur ambition turbulente et les preuves de dévouement de Marguerite n'ont pas désarmé sa méfiance. Néanmoins, il n'est pas défendu d'espérer : Pie V est un vieillard et le cardinal n'a pas cinquante ans. Ce n'est pas le moment, pense-t-il, de voir éclater un scandale familial qui nuirait à sa réputation. Aussi écrit-il à Madama, aussi fermement qu'affectueusement, pour tenter de la persuader de rentrer au bercail dans son duché de Parme. A Rome, on jase — et d'autant plus que la fille de l'empereur, depuis son premier séjour agité, y a toujours été un sujet privilégié de bavardages...

Marguerite avait passé l'âge de se soumettre aux injonctions d'autrui et ne tint pas compte des remontrances du cardinal. On ne se priva point alors de dénoncer, les yeux au ciel, ses caprices et sa versatilité, une réputation qui l'a suivie dans le temps. Ce serait trop vite juger. Personne n'est moins versatile que Marguerite. Fidèle à l'empereur, puis au destin auquel il l'a contrainte et enfin au succès de sa lignée, on la voit poursuivre ce but, et celui-là seul, avec une remarquable ténacité. Jetée aux Pays-Bas dans les remous d'une politique rendue incohérente par Madrid, pouvait-elle mieux faire? Quant à ses caprices, on les chercherait vainement : Marguerite ne s'amuse jamais. Elle construit des palais grandioses et classiques, s'habille sans fantaisie, ne voyage que par devoir et ne dépense — follement — que pour la gloire. Car c'est ainsi qu'elle s'affirme et qu'elle existe dans le monde des grands qui ne lui a offert, à sa naissance, que la moitié d'une chaise et ne lui a ouvert la porte qu'à demi...

Maintenant, à Civita Ducale, elle s'installe pour de bon et, si caprice il y a, il est austère. Marchi a encore un sursaut d'espoir lorsque le duc Ottavio vient leur rendre visite. Il écrit : « Son Excellence est arrivée ici le 3 décembre à minuit. Madama est allée à sa rencontre à l'escalier de la loggia et l'a accueilli comme son mari et comme un prince, avec une figure joyeuse (...) Ils se témoignent leur tendresse en public, mais je pense que c'est mieux encore la nuit, car ils se lèvent très tard et se couchent tôt. Ce matin, ils avaient l'air tout joyeux avec bonne mine... Dieu soit loué ! Ah ! si le duc pouvait emmener Son Altesse à Rome ou en Lombardie ! »

Le duc est reparti, Marguerite est restée. La neige de janvier tombe, épaisse, sur le massif des Abruzzes et sur Civita Ducale, enfouie dans la blancheur, l'immobilité et le silence. Pendant trois années entières, chacun devra prendre son parti de la solitude, de l'inconfort et des hivers interminables.

Marchi, résigné, est retourné à ses travaux. En septembre, il peut annoncer la construction d'un moulin à Lugnano, profitant des chutes d'eau du mont Terminillo à quatre lieues de Civita Ducale : celui-ci moud du grain et profite à la population ainsi qu'aux finances de Madama. « Lugnano rapportera 200 écus par an à Son Altesse », note-t-il. Marguerite sait dépenser l'argent mais ne dédaigne pas d'en gagner. Il y aura trois moulins à grains et une presse à papier.

Si les journées de la duchesse sont actives, les soirées n'en finissent pas, du moins pour son entourage, car elle reste à broder tard dans la nuit, parfois jusqu'à deux ou trois heures du matin, tenant autour d'elle ses gens qui baillent d'ennui et de fatigue. Elle ne lit pas. Mais tandis que ses mains nouent les fils d'or et de soie, elle médite. Dans le silence de sa retraite, son esprit se laisse envahir à nouveau par le drame des Pays Bas. Pour elle, la pendule s'est arrêtée à ce jour de décembre où elle a franchi la porte de Namur, tournant le dos à huit années de sa vie. Elle les revit maintenant — s'interroge. Mais point dans le vide car, au fond de ses montagnes, et non sans difficulté, elle a reconstitué le réseau de ses correspondants et se retrouve aussi bien et vite informée que le roi d'Espagne lui-même.

Amère et passive, Marguerite a enregistré au fil des mois les premiers succès du duc d'Albe. Il a défait successivement les quatre petites armées de Guillaume d'Orange et remporté une victoire spectaculaire à Jemmingen. Ses forces ont acculé contre l'Ems les troupes de Louis de Nassau, qui n'ont eu d'autre issue que de se jeter dans le fleuve, large et profond. La nouvelle en a été connue à Emden lorsque l'on a vu dans l'estuaire flotter par centaines les chapeaux à larges bords des Orangistes... Lorsqu'Orange enfin a tenté en personne l'invasion décisive du pays avec 30 000 hommes, Albe l'a laissé s'enferrer jusqu'au cœur du Brabant. Les troupes du prince, mal payées, affamées et déçues, se sont dissoutes sans combattre. Orange alors s'est retiré, ruiné, mais non point découragé, et est allé, avec ses derniers partisans, rejoindre les huguenots français, Condé et Coligny. Son amertume est grande, car, aux Pays-Bas, aucune ville, aucun village ne s'est donné aux Orangistes, que ce soit par lassitude des affrontements, ou par crainte de la répression.

Albe a fait de la terreur son système de gouvernement. Les Flamands sont régis de Bruxelles par son seul conseil de cabinet, les grandes villes ont leur « corrigedor », détesté, et les autorités locales sont réduites au silence. Avec l'entêtement qu'on lui connaît, le duc applique un principe qui lui a réussi jusqu'alors : faire des exemples. En quatre jours, à Valenciennes, avec une férocité sans pareille, 57 personnes ont été mises à mort, portant à 128 les exécutions capitales depuis la chute de la ville. « Plutôt des cadavres que des hérétiques » : c'est la devise qu'on lui prête.

Puis Albe s'en est pris à la racine du mal : les livres. Au mois de mars de cette même année 1569, il a ordonné un autodafé de cinq cents volumes au moins sur la place de la ville de Tournai. Quels sont les textes proscrits ? Les œuvres de Calvin, de Théodore de Bèze, évidemment, les bibles et les psaumes en langue vulgaire, mais aussi les *Colloques* d'Erasme et le *Pantagruel* de Rabelais. S'ajoutant au saccage de la bibliothèque de l'abbaye des Dunes, le désastre est considérable. Albe a confié à un Espagnol érudit, Benito Arias Montano, de composer l'Index qui va désormais réglementer les plaisirs intellectuels des habitants des Pays-Bas. Toute incartade, transport de livre interdit, publication de libelle ou de chanson, est spectaculairement puni : « Le coupable, tête et pieds nus, torche au poing, doit crier mercy à Dieu, au roy et à sa justice... porter sa torche à Notre Dame puis quitter le pays dans les dix jours » — un jugement parmi d'autres. Montano est venu en Flandre avec la mission de préparer, avec Plantin, la grande Bible polyglotte, la « Biblia Regia » à laquelle Philippe II s'intéresse ; car — ô paradoxe — ce roi qui fait brûler les livres est un bibliophile éclairé...

Albe a reçu du roi sept millions de florins et un contingent de 2400 soldats espagnols ; l'ordre règne aux Pays-Bas. Le duc peut entamer la grande réforme religieuse, but final de la mission dont il se considère investi, et faire appliquer à ces contrées, qui les refusent, les décrets du Concile de Trente.

Le concile — cet énorme navire — a terminé sa croisière qui a duré dix-huit ans. Commencé dans l'indifférence avec seulement trente-quatre prélats, deux fois suspendu, il a clos ses travaux en 1563 dans l'enthousiasme, en présence de deux cent trente-sept participants. Il a publié l'année suivante les trente-neuf articles qui seront dorénavant la règle d'or de l'Eglise. Malgré son nom, il ne concilie rien du tout, car depuis longtemps les protestants l'ont déserté. « L'Esprit nous a donné la certitude, et nous n'avons pas besoin d'un concile général de l'Eglise », ont déclaré ces « aristocrates de la grâce de Dieu ». La redéfinition du dogme en a été facilitée et s'appuie entièrement sur la *Somme théologique* de saint Thomas, proclamé Docteur de l'Eglise.

Restent la répression des abus et l'éducation du clergé, dont dépend celle des fidèles. Sous la férule d'Albe, les fameux évêchés, qui ont soulevé tant de protestations, sont mis en place pour la plupart et pourvus de titulaires. Le chapitre est tenu d'annoncer en chaire les nouveaux devoirs qui incombent aux pasteurs du troupeau : l'obligation à résidence, la création de séminaires, l'approfondissement de la théologie et enfin la prédication, dont on a vu la force percutante chez les hérétiques... d'autres points encore qui ne sont pas mineurs, comme l'interdiction d'excommunier les fidèles pour des vétilles ou en faveur d'intérêts particuliers (une simple dette pouvait vous jeter hors du sein de l'Eglise si le plaignant avait le bras long !). Quant aux images, le texte est clair : on doit enlever des sanctuaires toutes les figures païennes ou incitant à la superstition. Seule lacune — et de taille —, le concile n'ose s'attaquer au régime abusif des « bénéfices ecclésiastiques ». Il faudra attendre longtemps encore...

L'armée des jésuites est prête à se dépenser pour cette politique d'éducation tendant vers une foi éclairée et une morale pragmatique ; elle a même sa conception de l'art, au service de la formation de l'homme. C'est en 1568 que le cardinal Farnèse a posé la première pierre de l'église du Gesu à Rome : bien d'autres collèges et églises de style « jésuite » vont surgir dans ce qu'il reste de l'Europe catholique.

Sur ce point, Marguerite ne peut critiquer le duc d'Albe : c'est sa seule bonne action et Dieu lui en tiendra compte au jour du Jugement. Mais elle constate avec amertume que ces réformes qui lui ont été refusées dans la conciliation s'imposent aujourd'hui par la crainte. Derrière chacune d'elles se profile l'ombre d'un soudard espagnol.

Le duc, quant à lui, est au zénith et tout lui est permis. N'a-t-il pas fait enlever au palais de Guillaume d'Orange un tableau de Hieronymus Bosch, « le Jardin des Délices », qu'il convoitait depuis des années ? Il a fait torturer l'intendant pour lui faire avouer où le chef-d'œuvre avait été caché et s'est emparé du tableau ([1]).

Comble de vanité, Albe se fait ériger une statue. C'est Montano qui en a fait le projet et elle a été coulée dans le bronze des canons pris aux Orangistes à Jemmingen. Altier, le duc foule aux pieds une silhouette gisante qui a deux têtes et quatre bras. Une inscription gravée fait l'éloge du gouverneur qui a écrasé la sédition, restauré la religion et assuré la justice et la paix. Ces termes sont une écharde dans le cœur de Madama. Ce sont ses mérites qui servent d'encens à son rival. Si statue il y a, ce devrait être celle de la « grande Marguerite d'Autriche », comme la nomme Marchi dans sa dévotion. Est-ce ce sentiment qui l'incite, lorsqu'elle rédige son testament, à ordonner qu'une statue de bronze soit érigée sur son mausolée pour garder vivant son souvenir ? Haute de quinze pieds, celle du duc d'Albe nargue la ville d'Anvers où elle est ressentie comme une provocation. Elle est fort critiquée, même à l'étranger ([2]).

([1]) Le tableau fut confisqué au duc d'Albe par le roi qui était grand amateur de la peinture de Hieronymus Bosch. Il se trouve aujourd'hui au Musée du Prado.

([2]) La provocante statue demeura sur la place d'Anvers jusqu'en 1574. Elle fut ensuite transportée dans la cour de la citadelle.

De Rome, le cardinal Granvelle correspond activement avec la duchesse. Les ressentiments sont oubliés de part et d'autre et font place à une commune — et discrète — réprobation de l'action menée aux Pays-Bas. Plus que jamais Granvelle renseigne et conseille Philippe II et c'est par ce détour que Madama connaît les dessous de la politique de Madrid, car sa correspondance avec son frère se borne désormais aux courtoisies familiales. A tout prendre, le cardinal n'est pas fâché d'avoir été retiré à temps du guêpier des Pays-Bas, ayant dessiné avant l'heure le plan de fermeté qui a été finalement adopté. Sa réputation en est sortie grandie et, tandis que l'ex-régente, pénalisée pour ses efforts de tolérance taxés de laxisme, se morfond dans les Abruzzes, le roi vient de signer la patente qui nomme le cardinal vice-roi de Naples. C'est un poste magnifique et fort envié, mais Granvelle fait semblant de ne pas trop y tenir pour ne pas paraître ambitieux.

Ainsi comblé, le cardinal, qui est trop intelligent pour connaître la rancune, s'entremet auprès du roi pour que la duchesse obtienne quelque satisfaction, quelque honneur qui puisse apparaître comme une réhabilitation. Il n'est toujours pas question d'arracher à l'entêtement de Philippe la forteresse de Plaisance. Mais, alors, que lui offrir ?

A la fin du mois d'octobre 1572, Marguerite vit arriver à Civita Ducale trois notables envoyés par le cardinal. Ils lui apportaient l'annonce, proclamée officiellement le 27 du mois, à Naples, qu'elle était nommée à vie « Gouvernante Générale des Abruzzes ».

Son purgatoire était terminé.

26

DON JUAN D'AUTRICHE

La nouvelle gouvernante des Abruzzes se devait de résider dans la capitale de la région, et Madama se transporta bientôt à Aquila. Son arrivée y fut fêtée par des manifestations de joie populaire. Ce fut une « joyeuse entrée » pittoresque, méridionale, plus chaleureuse et moins solennelle que celles qu'elle avait connues jusqu'alors. Il y eut des feux de joie accrochés aux flancs des montagnes, des courses de chevaux barbes; les cloches sonnaient à toute volée. La ville de pierre dorée, entourée d'un cercle majestueux de montagnes, avec ses cinq églises, ses places et sa légendaire fontaine aux quatre-vingt-dix-neuf jets d'eau, comparée à Civita Ducale, semblait une métropole.

Il fallut songer à trouver une demeure digne de la « cour » qu'elle allait y tenir et l'on choisit un bâtiment qui était jusqu'alors le Palais de Justice. Des travaux importants furent aussitôt entrepris et Marchi put décrire à ses correspondants la nouvelle résidence telle qu'on la projetait : « Ce sera comme un îlot pris entre deux places et deux grandes avenues. Au fond de chaque place il y a une église, et au centre, une fontaine. Le palais aura trois portes principales et deux grands escaliers d'honneur. On y sera comme en plein air, car il aura cent trente-quatre fenêtres ». On veut ignorer le climat de ces montagnes et le vent glacé qui balaye les vallées : le palais sera certes plus grandiose que confortable.

La petite cour que se compose Marguerite est aux trois

quarts nordique. A Bruxelles, on reprochait à la régente de ne s'entourer que d'Italiens et d'Espagnols. Ici, ce sont les Flamands qui étonnent. Leurs noms fleurissent les documents, une cinquantaine au moins. Il y a de nouveau trois Douvrin, un peu italianisés puisqu'ils se prénomment Ugo, Giovanni et Adolfo. Mais les van der Noot, van der Wal, van der Wee, van Ostade... ne peuvent tromper. Madama récompense largement leur dévouement. Point de fiancée qu'elle ne dote. Pour le mariage de sa dame d'honneur, elle offre « des vêtements, des bijoux, pour une valeur totale de 900 écus, compris 3 écus et 56 bajocchi pour arrondir la somme susdite ». Elle dépense jusqu'à 1 000 ducats pour habiller de velours, de soie, de damas, de « gros », les dames de sa cour. Comparées à la garde-robe assez modeste de la duchesse (quarante pièces de vêtement), les robes de ces dames « garnies d'or et d'argent » font bel effet. Qu'en pensent les paysans rudes et pauvres des Abruzzes ? Le plus grand bien, croit-on savoir, car Madama dépense sans lésiner, achète leurs produits, requiert leur main-d'œuvre, et la protection de la petite cité par ses hommes d'armes assure la sécurité des routes d'accès et fait reculer les brigands. Ces pays, pleins de rancune envers la domination espagnole, abusive et négligente, se réconcilient, grâce à la princesse, avec le nom des Habsbourg.

Plus proche de Rome et de Naples, Madama ne manifeste pas le goût de revenir visiter ces deux villes qui ont été le décor de sa jeunesse. Comment expliquer ce manque de curiosité, sinon par la crainte de raviver des souvenirs trop cruels ? Néanmoins, de son observatoire des Abruzzes, rien ne lui échappe. Avec une indicible émotion, elle a suivi, l'année précédente, l'épopée de la bataille de Lépante dont les détails lui sont parvenus, fragmentaires, coupés de longues attentes angoissées, jusqu'à l'annonce haletante de la superbe victoire.

Don Juan d'Autriche, son frère, comme elle enfant de l'amour et d'un caprice de Charles Quint, était amiral en chef de la Sainte Ligue contre le Turc. A bord de sa galère capitane pourpre et or, « La Reale », il commandait l'imposante armada : les 18 navires du pape, les 120 galères de Venise, la flotte espagnole de 64 voiles, et les galères noires des chevaliers de Malte. Alexandre Farnèse, contre le gré de son père, avait apporté à l'amiral de la mer le concours de 80 gentilshommes du duché de Parme, sur des bateaux gênois, et le duc d'Urbin les avait rejoints. A Naples, les trois jeunes et beaux paladins, dont aucun n'avait plus de vingt-cinq ans, avaient reçu, au cours d'une messe solennelle, la bénédiction du cardinal Granvelle, auprès de l'étendard bleu ciel de la ligue, frappé du sceau du Christ. Puis ils avaient pris la mer à la rencontre de l'invincible flotte turque, tapis entre Missolonghi et Zante, à quelques milles de sa base de Lépante.

Le dimanche 7 octobre 1571, à l'aube, don Juan avait passé en revue ses navires, à bord d'une frégate légère, sans armes, un crucifix à la main, exhortant les siens au courage. Puis le combat s'était engagé, hasardeux, par vent contraire, de part et d'autre féroce, plein de surprises, de mêlées sanglantes et de miracles. Cervantès, un volontaire espagnol parmi d'autres, y avait été fait prisonnier. Alexandre Farnèse, dans le feu de l'action, s'était trouvé environné d'ennemis sur une galère turque, et avait conquis de haute lutte le trésor du pacha. Don Juan, lui même, n'avait été dégagé que de justesse des janissaires qui l'encerclaient. Mais après cinq heures de combats furieux, la flotte turque était anéantie et, trois semaines plus tard, la « Reale » rentrait à Messine, remorquant derrière elle la « Sultane » démâtée, qui portait d'innombrables captifs et parmi eux les deux fils d'Ali Pacha. Don Juan venait de vivre sa plus belle victoire. Il revenait auréolé d'une popularité immense.

L'heureux vainqueur se rendrait-il en Espagne et le roi reconnaissant allait-il serrer sur son cœur « l'homme le plus aimé du monde chrétien » ? Il n'en fut rien. A Madrid, un Te Deum avait accueilli la nouvelle. « Les jeunes gens de la noblesse, montés sur de magnifiques chevaux et portant des torches en main, coururent pendant huit nuits consécutives par toutes les rues, poussant des cris, comme ils avaient coutume de le faire dans le temps des réjouissances. » Mais les effluves de la gloire militaire irritaient toujours le sombre monarque de l'Escorial, et il ne pouvait guère apprécier que don Juan fût adulé en Italie comme « de Carlo Quinto il generoso figlio »... un surnom qui volait à travers l'Europe. Il prit la plume pour féliciter — assez froidement — son frère et lui ordonna de séjourner à Messine jusqu'à nouvel ordre. Après l'éblouissement de la gloire, le héros de Lépante était rendu à l'attente et à l'inaction.

Marguerite eut alors la joie de correspondre avec don Juan et d'espérer sa visite. Depuis longtemps, elle souhaitait faire la connaissance de ce frère cadet, qui était le contemporain, le meilleur ami et le camarade de combat de son fils Alexandre.

La rencontre tant attendue eut lieu au début de l'année 1573. Tout se liguait pour qu'elle fût émouvante et romanesque. Don Juan arriva à minuit sur la place d'Aquila enneigée et, sur les marches du palais, Marguerite découvrit à la lueur des torches le visage d'archange, la blondeur et la beauté rayonnante du jeune « prince de la chrétienté ». Elle lui réserva le plus brillant accueil que l'on pût inventer au fond de ces provinces et, pendant plusieurs jours, ce ne furent que concerts, festins et danses. Mais, au-delà de ces démonstrations, un sentiment profond et vrai aimanta irrésistiblement l'un vers l'autre le frère et la sœur.

Géronimo, l'enfant sans mère, ignorant de ses origines, élevé dans le village perdu de Leganès comme un petit paysan inculte, puis projeté à quatorze ans à la cour d'Espagne, était un « sans famille ». A la mort de l'empereur, Philippe l'avait reconnu et adopté, comme Charles Quint l'exigeait dans son testament. Le roi était avec lui bienveillant, mais, certes, point fraternel. Nul part don Juan ne trouvait ce sentiment affectueux, simple et désintéressé... moins encore depuis qu'il était envié et jalousé pour ses succès. Marguerite reconnaissait en elle ce même désert affectif. Combien de fois, en toute sa vie, avait-elle rencontré l'homme sévère, avec sa Toison d'Or — l'empereur, leur père —, celui que don Juan n'avait aperçu qu'une seule fois à Yuste, à la veille de sa mort, dans une chambre tout entière tendue de noir ?

Elle s'identifiait au jeune homme qui lui ouvrait son cœur. Il avait, devant lui, le temps et, en main, les atouts qui maintenant faisaient défaut à la femme âgée qu'elle était devenue. Elle se prenait à souhaiter ardemment voir se réaliser à travers lui une juste revanche contre le destin. Comment ne lui aurait-il pas avoué qu'il souffrait autant qu'elle du joug qu'imposait Philippe II à ses serviteurs, de sa froideur, de sa défiance, de ses silences et de ses atermoiements ? De multiples gestes, toujours justifiés par la raison d'Etat, l'étiquette ou l'amour de Dieu, apparaissaient comme des brimades. Don Juan n'avait-il pas reçu, à Naples, alors qu'il allait risquer sa vie pour la croisade, un petit billet lui rappelant qu'il n'avait pas le droit de porter le titre d' « Altesse » ? Un autre, en pleine guerre toujours, le priant de se montrer « sans boutons, chaînes ou ornements d'or ». On osait chuchoter ces détails mesquins. Allait-on jusqu'à évoquer l'enfermement et la mort de don Carlos, si vivement ressentis par le prince qu'il en avait porté le deuil aux yeux de toute la cour, comme par provocation ?

Mais don Juan palpitait encore de sa victoire. Il se croyait permis tous les espoirs et s'en ouvrait à Marguerite. Pour l'heure, il était toujours « commandant en chef de la Sainte-Ligue » et de ce fait indépendant du roi d'Espagne, à la disposition du pape pour toute entreprise contre le Turc. Il allait, disait-il, s'emparer de Tunis, fonder un royaume chrétien en pleine Barbarie, il serait roi de Tunis — oui, certes, il était « né pour être roi ». Le pape imposerait cette idée à Philippe II. Et, s'il n'y parvenait, un autre plan grandiose s'offrait à lui. Prendre pied aux Pays-Bas et, avec l'aide des célèbres « tercios », débarquer en Ecosse, délivrer Marie Stuart, l'épouser — détrôner la reine Elisabeth et régner avec Marie sur l'Angleterre redevenue catholique.

Madama écoutait et brodait. Maternelle, elle faisait déposer chaque matin dans la chambre de l'archange une fine chemise de baptiste et une paire de gants. Elle le questionnait rêveusement sur ses amours à Naples, et — lui disait-elle — si quelque jour, par accident, un enfant devait naître, elle s'en occuperait comme une mère.

Don Juan avait apprécié autant que Marguerite cette brève rencontre et, après l'avoir quittée, le 19 février, il lui écrivit, sur le chemin de Naples : « Signora, ce fut hier un jour misérable pour les gens en voyage, mais pour moi plus misérable encore, car j'avais dû quitter Votre Altesse — un chagrin qui demeurera, tant que je ne pourrai espérer à nouveau vous baiser les mains. Les faveurs dont vous m'avez comblé à Aquila me poursuivent jusqu'ici où je me suis arrêté pour gagner ensuite Sulmona. Le temps est doux. Je suis tout dévoué à Votre Altesse et le demeurerai toute ma vie. »

L'automne suivant, don Juan s'empara de Tunis, comme il l'avait annoncé, mais ne devint pas roi : on y veillait à Madrid. Il ne ramena de son expédition qu'un superbe lionceau qui ne le quitta plus dans la vie brillante et désœuvrée à laquelle il semblait désormais condamné.

Aucune femme ne pouvait rester insensible au jeune « amiral del mar » lorsque, vêtu à l'orientale d'un caftan de soie et suivi de son lionceau, il hantait les fêtes napolitaines, ou bien entretenait lui-même ses hôtes à bord de « La Reale » dans les chaudes nuits d'été. Madama avait été perspicace. Elle reçut bientôt une nouvelle lettre de son frère où le respect et l'amitié se nuançaient d'embarras. Il se permettait de rappeler à Son Altesse l'aimable proposition qu'elle lui avait faite : « La femme dont j'attends un enfant, disait-il, appartient à la plus haute noblesse de Naples et est une des plus belles femmes de toute l'Italie. Ces qualités me feront peut-être pardonner cette irrégularité... » Don Juan avait séduit les dix-sept ans de Diana di Falonga, une belle et noble Sorrentine, et l'enfant allait naître avant un mois. Marguerite était instamment pressée d'en prendre la charge et d'éviter le scandale. Rien ne pouvait lui faire plus de plaisir.

Une petite fille naquit, qui fut nommée Giovanna en souvenir de son père. Et ce fut Granvelle qui prit la responsabilité de la faire porter à Aquila par ses gens. Le petit paquet emmailloté, entouré de respect et de mystère, ne manqua pas d'attirer l'attention et de faire jaser. On en attribua même la paternité au cardinal. Qu'importait ? Pour Marguerite, c'était la vie qui revenait au palais et un secret affectueux qui la liait davantage encore à son frère.

Bientôt les lettres se multiplièrent, portant chacune de nouveaux détails sur l'éveil du petit être. Mais don Juan ne s'y intéressait guère. C'était un solitaire. Les femmes, aussitôt séduites, étaient oubliées et les enfants ne signifiaient rien pour lui. A Madrid déjà, il y avait une jeune fille, Marie de Mendoza, qui priait au fond d'un couvent en rêvant de lui, et un enfant qu'élevait sa protectrice, dona Magdalena de Quijada. Il n'avait que faire de ces récits et bientôt l'avoua à Madama. Son destin était ailleurs. Mais où ?

Don Juan n'était pas le seul valeureux capitaine à être abandonné par Philippe II. Aux Pays-Bas, depuis de longs mois, le roi laissait le duc d'Albe sans ressources. Il revenait avec entêtement à une idée qui lui était chère : ces provinces devaient payer elles-mêmes leur propre répression, en un mot, entretenir à leurs frais l'armée espagnole de l'occupant. Il est plus que nécessaire — écrivait-il — que les Pays-Bas fournissent un revenu permanent pour leur entretien et leur défense, car il est clair que l'argent ne peut pas continuer, et ne continuera pas à venir d'Espagne. Albe, qui ne s'embarrassait pas de psychologie envers les populations, institua aussitôt un impôt en trois tranches, baptisées le 10ᵉ, le 20ᵉ et le 100ᵉ. Les Etats, sûrs du mécontentement populaire, refusèrent de s'en mêler et le duc dut employer ses propres collecteurs.

Ce que la répression religieuse, les pendaisons, l'épée, le feu, les brimades de toutes sortes n'avaient pu réaliser, les taxes s'en chargèrent. Après plusieurs mois de résistances locales, en cette cruelle année 1572 marquée par un hiver de gel, de famine et d'indicible pauvreté, le pays tout entier était prêt à la révolte.

Pensant que l'heure était venue de chasser l'Espagnol, Orange avait tenté de nouvelles incursions, avec l'aide des huguenots français et l'appui en sous-main de la cour des Valois. Mais il n'était, face à Albe, qu'un piètre général et le massacre de la Saint-Barthélemy — imprévisible et dramatique surprise — avait mis fin au soutien qu'il pouvait escompter de la France, à nouveau déchirée. Il semblait que son entreprise fût désespérée.

Le salut d'Orange allait lui venir de la mer. A bout de ressources et d'expédients, il avait dû consentir à donner des lettres de marque aux marins hollandais exilés, qui n'avaient plus d'autre patrie que les bâtiments qu'ils avaient construits de leurs mains, et quelques ports alliés qui consentaient à les ravitailler. Rescapés de toutes les aventures, estropiés, borgnes, balafrés, d'un héroïsme à toute épreuve, ces marins n'avaient pas volé leur surnom de « gueux de la mer ». Ils faisaient la course le long des côtes des Pays-Bas et interceptaient aussi bien les paisibles navires marchands et les cargaisons des lainiers anglais que la flotte du roi d'Espagne tandis qu'elle apportait à Anvers 400 000 florins destinés à la paye des soldats. Mais leurs excès étaient tels que la reine d'Angleterre, qui pourtant en avait profité pour faire main basse sur le trésor espagnol, refusait désormais l'accès de ses ports à ces corsaires « sans foi ni loi ».

Abandonnés de tous, le 1er avril 1572, les gueux de la mer jouèrent le tout pour le tout et se jetèrent sur le petit port hollandais de Brielle. Quelques semaines plus tard, ils s'étaient consolidés à Flessinghe, puis à Enkhuizen et dans tout le Waterland. Remontant fleuves et canaux, ils allaient jusqu'à menacer Anvers.

De cette fragile tête de pont, créée dans l'héroïsme, l'indiscipline et le désordre, naîtrait la future « Hollande » (1). Orange ne le savait pas encore, mais il était pris dans les filets des calvinistes du Nord. Ils seraient les seuls à l'appuyer d'assez de conviction, d'unanimité et de courage pour arracher définitivement ce morceau de terre noyé d'eau à l'emprise espagnole. Le premier acte juridique qui allait reconnaître le prince comme « stathouder » pour la Hollande, la Zélande et Utrecht fut signé à Dordrecht, le 19 juillet 1573. Un an plus tard, Orange se fit calviniste.

C'est en vain qu'Albe jeta ses troupes dans les marécages pour reprendre les territoires qui lui avaient échappé. Il ne réussit qu'à rayer de la carte, avec d'indicibles atrocités, les petites villes de Zutphen et de Naarden. 30 000 Espagnols mirent le siège devant Haarlem où une poignée d'habitants

(1) Ville forte de l'île de Voorne située à l'embouchure d'une des bras de la Meuse, Brielle fut, le 5 avril 1572, la première ville à se rendre indépendante, d'où sa devise « Libertatis Primatiae ». Les gueux de la Mer, dont la réputation était effrayante, ne firent pas de quartier aux catholiques : 19 religieux furent, notamment, torturés et pendus à Gorcum et furent canonisés en 1867. Leurs restes furent transportés à Bruxelles dans l'église Saint-Nicolas. Nombre de catholiques hollandais refusaient pour cette raison de se joindre à la fête folklorique commémorative de la libération de Brielle, traditionnellement présidée par la reine. L'année 1972 devait marquer, par une cérémonie œcuménique en la présence du cardinal Alfrink, le retour à la tolérance religieuse souhaitée par Guillaume d'Orange.

affamés résistèrent pendant sept mois. Les soudards furieux passèrent alors la garnison au fil de l'épée. L'horreur et l'indignation galvanisaient le courage des résistants et, au siège d'Alkmaar, pour la première fois, la marée espagnole se brisa contre l'obstination de toute une population.

Le duc n'entendait plus que ce que lui dictait son entêtement. De rage, il songeait à incendier toutes les villes. Il ne voyait pas la lassitude — et même la révolte — de son armée, la réprobation qui montait de l'étranger et la désaffection de son souverain, atterré par l'insuccès de sa politique. Un monstre, Albe ? « Fier, inexorable, se formant de fausses idées du devoir, sans autre expression que la force d'un génie étroit à vues bornées, barbare de façon systématique, par acquit de conscience... Un fléau pour la Belgique » (Gachard).

A Madrid, sa disgrâce était signée. Le 18 décembre 1573, le duc de fer dut se réembarquer pour l'Espagne.

La nouvelle du départ du duc d'Albe ne passa pas inaperçue à Aquila. Bien que les délibérations autour du roi fussent entourées de secret, il en transpirait toujours quelques bribes et les fausses nouvelles couraient aussi vite que les vraies. Le nom de Marguerite d'Autriche avait été évoqué au conseil pour prendre la succession du gouverneur déchu. Philippe II se ralliait — avec quel retard ! — à l'idée d'une relative modération de sa politique aux Pays-Bas. Il était prêt à quelques concessions et, puisque les Flamands réclamaient, pour les gouverner, un prince du sang, c'eût été la grâce la moins coûteuse qu'il pouvait leur accorder. Or, deux candidats seulement pouvaient y prétendre : Madama et don Juan.

Le souvenir de la gouvernante, avec le temps qui passait, s'était auréolé d'une légende de mansuétude et de tolérance. Sa venue ne pouvait qu'inaugurer une ère de paix et de réconciliation. Le héros de Lépante, en revanche, tirait sa gloire du fracas des batailles — et comment pourrait-on attendre de ce chevalier espagnol qu'il débarrasse le pays des « tercios » exécrés ?

Toujours hésitant, Philippe II décida de ne point choisir entre eux et envoya aux Pays-Bas, pour son malheur, l'un de ses plus fidèles et honorables officiers, don Luis de Requesens y Cuniga, âgé de quarante-six ans. C'était un homme libéral et conciliant. Le roi le mit en route avec un petit bagage de concessions qu'il pourrait accorder aux provinces, mais qu'il ne devrait en aucun cas outrepasser. Ainsi paré, don Luis arriva à Bruxelles le 17 novembre 1573.

De ce jour, Marguerite abandonna l'attitude résignée et détachée qu'elle s'était composée depuis sa retraite. Ainsi donc, il était à nouveau possible qu'elle assume la régence aux Pays-Bas ! Elle retrouverait le pouvoir, elle ferait la preuve que ses thèses étaient les bonnes et que le roi s'y était rallié ! Mais, sauf à ses proches, elle n'en montra rien.

On note cependant dans la correspondance de Marchi qu'il fait souvent allusion à un retour à Bruxelles. Le pauvre homme sent que le temps lui est compté. Il se presse d'achever son « œuvre » : « Je voudrais la finir avant de mourir. Il manque les 1 600 pages de descriptions qui accompagnent les dessins. C'est un livre qui traite de l'artillerie, cinq autres livres traitent des fortifications avec 260 dessins, tous différents. Si je peux finir, cela fera douze livres complètement originaux. Je travaille chaque jour sept heures à écrire et dessiner... » Bien lui en prend. L'année suivante voit mourir Marchi à Aquila, dans ce pays qu'il n'a jamais aimé, entouré des montagnes qui lui ont tant pesé. Le cardinal Granvelle lui avait proposé de l'employer à Naples mais il s'en était indigné : « J'aurais bien accepté pour l'honneur, mais je ne veux servir que ma " padrona " et j'espère continuer à la servir en Flandre... » Madama venait de perdre son plus sincère admirateur et son seul chroniqueur.

Cependant, don Juan, et, dans son sillage, Alexandre Farnèse, trépignent d'impatience. Le roi use leurs forces dans l'inaction. La petite garnison laissée à Tunis (8 000 soldats) a été massacrée jusqu'au dernier homme, un an à peine après la conquête de don Juan, car Philippe a envoyé l'amiral à Gênes réprimer une révolte locale. La ligue pontificale — un miracle de diplomatie — s'est dissoute après la mort du pape Pie V, lorsque Venise a pactisé avec le Turc. Don Juan n'a plus d'autre rôle que de guetter les incursions des Barbaresques.

Au mois d'avril 1574, Alexandre revient voir sa mère à Aquila. Ne pourrait-elle obtenir du roi quelque commandement flatteur pour son fils ? Don Juan, quant à lui, a pris le chemin de Madrid. Il ne sait pas que dans la capitale on cherche à lui nuire. Auprès du roi, Ruy Gomez a été remplacé par Antonio Perez, un intrigant malhonnête et jaloux qui a capté la confiance du souverain. Néanmoins Philippe reçoit son frère avec toute l'amabilité et la courtoisie dont il est capable lorsqu'il veut amadouer son interlocuteur. Don Juan souhaite délivrer Marie Stuart ? L'épouser ? Régner en Angleterre ? Il ne s'y oppose pas. C'est un projet qui ne peut se réaliser qu'à partir des Pays-Bas. La logique commande en premier lieu de pacifier ces régions.

Don Juan est assez naïf pour se laisser convaincre par cette évidence et comprend que, le moment venu, sa gloire passera d'abord par la rédemption des provinces du nord. Il revient à Naples et se rend bientôt à Aquila. Il veut s'ouvrir à Madama de ces perspectives, interroger son expérience, s'assurer du dévouement d'Alexandre Farnèse. Ils sont là, tous trois chaleureusement unis, marchant sur la même route, loin de se douter qu'ils s'y retrouveront un jour concurrents.

Aux Pays-Bas, la tâche de Requesens n'était pas aisée. On ne pouvait aller plus loin qu'Albe dans la terreur, et la moindre reculade encouragerait la révolte. Il lui fallait tenir, par les armes, Middelbourg, défendre Anvers contre les gueux de la mer, s'emparer de Leyde... Face à ces nécessaires brutalités, les concessions que don Luis apportait avec la meilleure volonté du monde paraissaient dérisoires — et pourtant il avait aboli le Conseil des Troubles, supprimé deux impôts sur trois et accordé le pardon général. Mais on exigeait de lui davantage : les Espagnols devaient partir. Qui plus est, Philippe II n'envoyait plus aucun subside. Les finances royales étaient au plus bas et, deux ans après l'arrivée du gouverneur, la nouvelle banqueroute espagnole fut avouée. D'un trait de plume, le roi annulait les dettes considérables qu'il avait contractées envers les marchands d'Anvers et les banquiers étrangers, les pensions étaient réduites à rien, le crédit espagnol était ruiné et la solde des soldats une fois de plus impayée. Une armée de misère se traînait sur les routes des Flandres — une armée de brigands.

Requesens se battait sur tous les fronts et ce dernier coup l'accula au désespoir. Le 5 mars 1576, il mourut de chagrin et d'épuisement ; on ne put même pas payer ses funérailles. Cette terre était devenue le cimetière des bonnes volontés.

Il n'y avait plus de gouverneur. Un conseil d'Etat fantôme où siégeaient les derniers collaborateurs, vieillis, de Madama, Viglius, Berlaymont, Aerschot, Mansfeld... tentait d'expédier les affaires courantes. Alors, Guillaume d'Orange, qui, à défaut de génie militaire, avait un sens politique aigu, s'engouffra dans la brèche. Poursuivant son idéal d'un pays réconcilié, l'ancienne « Généralité » des Pays-Bas rendue indépendante de l'Espagne et libre de toute oppression religieuse, il s'arracha à son repaire de Hollande et fomenta un coup d'Etat. A Bruxelles, en quelques heures, le conseil se retrouva incarcéré. On convoqua à Gand les Etats Généraux tant désirés et, après des journées épuisantes de palabres entre les représentants des provinces que tout divisait, le 8 novembre 1576 fut signé et proclamé le traité historique de la « Pacification de Gand ».

Orange avait misé sur la légendaire lenteur de décision du roi pour mettre le nouveau gouverneur — quel qu'il fût — devant le fait accompli. Le calcul était juste. Mais, pour une fois, la lenteur n'était pas le fait de Philippe II. Il avait en tête de nommer à ce poste don Juan — et non point Madama, comme celle-ci pouvait l'espérer. Il avait enjoint au prince de partir pour les Pays-Bas dans les vingt-quatre heures, accompagné seulement de douze hommes d'escorte et de son conseiller Escovado. Mais don Juan était devenu méfiant. D'un côté, il ne voulait accepter le cadeau empoisonné des Pays-Bas qu'avec la certitude que cette charge serait un tremplin pour ses ambitions en Angleterre. D'autre part, ses longues conversations avec Marguerite de Parme l'avaient convaincu que la paix ne pourrait découler que du respect des particularismes et des traditions de ces provinces. Philippe ne devait pas oublier que les « païs de par deçà » étaient un apanage des Habsbourg mais non point une colonie espagnole. Enfin, don Juan, dûment chapitré par Marguerite, exigeait d'avoir les moyens financiers de sa politique et un train de vie digne de son rang.

Il partit avec retard pour Milan, décidé à y attendre la réponse du roi et les garanties demandées ; Alexandre Farnèse était à ses côtés. Rien ne venait, et, pendant trois mois, il se languit en vain. Malgré l'interdiction qu'on lui en avait faite, don Juan chevaucha alors jusqu'à Madrid et se présenta au souverain. Sur la foi de quelques promesses, il accepta alors un plan étrange, né de l'esprit tortueux de son frère. Il allait se déguiser en esclave maure, s'engager dans la suite d'un gentilhomme qui traversait la France pour ses affaires, et arriver aux Pays-Bas, désarmé, offrant aux sujets du roi d'Espagne l'image émouvante d'un « ange de la paix », un otage de sang royal. Il avait l'âme assez romanesque pour supporter — et peut-être s'amuser — d'une situation aussi cocasse. On raconte qu'arrivé à Paris, il profita même de son déguisement et de son anonymat pour participer à un bal costumé offert par Marguerite de Navarre au palais du Louvre. La prestance de ce superbe esclave aux yeux bleus — torse nu et pantalons bouffants — aurait excité la curiosité de la reine Margot...

La plaisanterie s'arrêtait là. Toujours incognito, don Juan arriva au Luxembourg quatre jours seulement avant la « Proclamation de Gand ». Les jeux, sans lui, étaient faits.

Quelques heures auparavant, l'armée espagnole s'était mutinée. Les réclamations des soldats portaient sur leur paie qui avait souvent deux ans de retard. En vérité, personne ne savait réellement ce qui leur était dû, étant donné leurs exactions sur le pays, et cela se terminait en général par une transaction. Mais la révolte était chaque fois terrifiante. Les soldats, par milliers, rejetaient leurs officiers, organisaient des « comités révolutionnaires » avant la lettre, et élisaient d'autres chefs. Ils cherchaient ensuite une place forte pour s'abriter et mener de là les pourparlers. Le 4 novembre 1573, le sort était tombé sur la malheureuse ville d'Anvers. Les soudards, enragés, avaient brûlé des quartiers entiers — l'hôtel de ville, la maison de la Hanse — et, pendant un mois entier, pillé et tué, comme jamais. Le sac d'Anvers, commenté en d'innombrables pamphlets, discréditait don Juan le jour même de son arrivée.

Don Juan était habitué à plaire et à faire ainsi tomber les obstacles. En revanche, le vainqueur de Lépante n'avait pas coutume de se laisser dicter sa conduite. Or, la situation était telle que son charme n'opérait pas — rien d'espagnol ne pouvait plus charmer — et que les provinces, réconciliées, étaient en mesure de dicter leurs conditions. Face à don Juan, une autre personnalité, forgée dans les épreuves, n'était pas prête aux concessions : Guillaume d'Orange savait qu'il était exclu du « pardon général » et, sur ordre de Madrid, guetté par des tueurs. Alors, que valaient ces offres qu'on lui faisait de se retirer en Allemagne « avec une pension et les honneurs de la guerre » ? Le Taciturne, un retraité ! La ville de Bruxelles venait de lui faire un accueil triomphal et le prince avait, avec émotion, retrouvé l'hôtel de Nassau dont il n'avait pas, depuis dix ans, franchi le seuil. Les dix-sept provinces parlaient enfin d'une même voix !

La première de leurs revendications, après le sac d'Anvers, était le départ des troupes espagnoles. Elles étaient prêtes à payer les soudards, ce que don Juan ne pouvait faire. Il dut s'incliner et, le 28 avril 1577, les « tercios » prirent le chemin de la Lombardie. Le prince signa avec les Etats Généraux un « Edit Perpétuel » qui enfin allait lui permettre de s'installer au gouvernement, à Bruxelles.

C'est là peu de chose au regard de la déception de don Juan. Privé de son armée, il va demeurer sans pouvoir, sans protection autre que celle des bourgeois flamands qui, à contrecœur, veillent à sa porte. Qui plus est, ses rêves de conquêtes en Angleterre sont partis en fumée. « Les Espagnols s'en vont — écrit-il —, ils emportent mon cœur, mon âme et mon esprit. » Ses lettres sont désespérées. Il parle de suivre en Espagne les valeureux « tercios » et Marguerite, auprès de qui il s'épanche, doit l'exhorter de son mieux à rester à son poste. Il est pris au piège d'une inextricable situation. Or, il n'est guère diplomate. De sa plume alerte et perspicace, Granvelle l'a bien décrit : « le seigneur don Juan est jeune et vert ; ami des armes et désireux d'honneur, il se voudra venger et ruiner tout ». Granvelle est ennemi des militaires et de la force armée, il n'aime guère cet aristocrate et don Juan le hait pareillement.

Où sont le grand large, les galères ennemies que l'on aborde de front ? « Rien ne m'importe au monde, écrit-il, si ce n'est les affaires de la flotte et de la mer. » Cerné en pays étranger par d'incompréhensibles complots, un jour enfin, sur un coup de tête, il reprend sa liberté. Le 11 juin 1577, il quitte Bruxelles, s'empare par ruse du château de Namur et s'y barricade, bientôt rejoint par quelques troupes sûres qui se sont attardées. La comédie de la paix est terminée.

Mais don Juan est abandonné de tous. A la cour, le complot d'Antonio Perez porte ses fruits. Escovado, le fidèle conseiller que le prince a envoyé en Espagne plaider auprès de son frère, a été lâchement assassiné d'un coup de couteau dans une rue de Madrid. Philippe laisse sans subsides son frère qui est assiégé dans Namur.

C'est alors qu'à Aquila on vit apparaître au palais un messager inattendu. C'était l'ambassadeur d'Espagne à Rome, porteur de la part du roi d'une intéressante proposition. La duchesse accepterait-elle de se rendre aux Pays-Bas comme médiatrice entre le gouverneur et les populations ? Le souvenir qu'elle avait laissé dans ces provinces aiderait grandement à sa mission... Le cardinal Granvelle était invité à l'accompagner. Bien entendu, il fallait que cette démarche demeurât secrète et que l'initiative semblât venir de la duchesse et lui avoir été inspirée par le seul dessein « de servir Dieu, Sa Majesté et le bien-être des Néerlandais ».

Le rôle qu'on lui proposait rencontrait les plus secrets désirs de Marguerite. Néanmoins, elle ne pouvait s'empêcher de trouver qu'il y avait quelque inconscience et un rien de cocasserie à la remettre aux affaires avec Granvelle, ce mentor dont elle avait eu tant de peine à se débarrasser. Aussi apprit-elle de l'ambassadeur, avec soulagement, que le cardinal, qui avait le sens des réalités, avait refusé tout net cette mission sans espoir. En revanche, la duchesse ne voyait pas que des inconvénients à remonter sur la scène. Tout en faisant mine de refuser, elle énuméra à Cuñiga les garanties dont elle voulait être entourée : elle aurait des instructions précises, de larges subsides, elle serait assurée en cas d'échec d'une situation honorable à la cour d'Espagne, ou bien en Italie, et, enfin, elle obtiendrait en récompense... la citadelle de Plaisance !

Alexandre Farnèse arriva bride abattue à Aquila pour la conforter dans sa décision et Marguerite, à la fois anxieuse et ravie, se prépara à reprendre la longue route et à franchir pour la sixième fois de sa vie les cols des Alpes qui la séparaient des Pays-Bas. L'automne se passa à préparer ses bagages et sa suite. Le cardinal Granvelle vint passer deux jours entiers à

Aquila et, en plus de quinze heures d'entretien, ils firent le point sur la situation à laquelle elle allait être confrontée.

Une triste nouvelle vint la surprendre dans ses préparatifs fébriles : sa belle-fille venait de mourir à Parme. La douce Marie de Portugal s'était éteinte, après avoir donné à la lignée Farnèse trois enfants : le duché était assuré de deux héritiers mâles. Sur son lit de mort, Marie avait prié que l'on confiât sa fille à Madama. Alexandre, quant à lui, disait ne vouloir à aucun prix demeurer veuf et inactif auprès du duc Ottavio, son père. La duchesse prit donc en charge ses aînés et, bientôt, la chambre d'enfants du palais d'Aquila s'augmenta de deux nouveaux hôtes, Marghareta et Ranuccio Farnèse.

Le sort toutefois semblait s'obstiner. Alors que Marguerite, au début de janvier, était sur le point de partir, une sévère crise de goutte la cloua au lit. La maladie devait durer de longues semaines — et, pendant ce temps, les événements iraient leur chemin.

Alexandre Farnèse partait voler au secours de don Juan. De Parme aux Pays-Bas, pour traverser sans risque des régions infestées de déserteurs et de brigands, il s'était fait l'apparence d'un modeste écuyer. Mal lui en prit — on le crut un espion et il n'échappa que de justesse à une condamnation sommaire. Parti le 6 décembre 1577, il n'arriva à Namur qu'au mois de janvier de l'année suivante.

Les frères d'armes tombèrent dans les bras l'un de l'autre. Mais Alexandre fut atterré de l'état dans lequel il retrouvait le « prince de la chrétienté », l'ami envié et glorieux. Don Juan n'était plus que l'ombre de lui-même, mystérieusement malade, pâle et amaigri. Silencieux et songeur, il semblait miné, détruit, dirait-on. On lui avait envoyé, de Madrid, un médecin qu'Alexandre jugea aussitôt suspect et qu'il écarta du chevet de don Juan. Quelles drogues donnait-on au malade ? Il est vrai qu'une épidémie sévissait dans les murs de la citadelle — peste ou typhus — et que le général s'était dépensé sans compter auprès de ses soldats. Mais son âme plus encore semblait atteinte. La déception était partout.

Peu auparavant, il avait découvert que sa mère, la pulpeuse chanteuse qui avait distrait l'empereur l'espace de quelques nuits, n'était plus qu'une vieille femme vulgaire — une virago — dont on raconte qu'elle insulta grossièrement don Juan. Sa bâtardise qu'il avait voulu ignorer lui avait sauté au visage. L'enfant « de personne » était le fils d'une poissarde prétentieuse et arrogante qui répondait au nom de Barbe Plumberger. L'humiliation était amère.

Quant au silence de la cour à son égard, c'était une cruauté supplémentaire. Le roi s'abstenait systématiquement de répondre à ses dépêches et semblait vouloir l'acculer au désespoir. Personne ne l'avait avisé officiellement de la mission de la duchesse de Parme. Etait-il démis de sa charge de gouverneur ? Il ne pouvait en vouloir à sa sœur qu'il aimait tendrement, mais qui trompait-on ? Surpris, lassé, il lui avait écrit, la priant d'amener dans ses bagages la petite Giovanna. L'enfant, au moins, était innocente... Ce vœu semblait une ultime volonté. « Il est évident que nous sommes abandonnés ici pour y mourir », lisait-on dans ses dernières lettres.

La présence d'Alexandre lui donna l'énergie d'un sursaut. Ensemble, avec leurs troupes décimées, ils firent par surprise une percée hors les murs de la citadelle et culbutèrent des centaines d'adversaires. Ce succès s'amplifia, et les deux capitaines gagnèrent ensuite la bataille de Gembloux : un nom qui devait, à l'avenir, faire respecter Alexandre Farnèse aux Pays-Bas.

Don Juan put une dernière fois passer en revue ses soldats victorieux. Puis, sur une civière, on le transporta hors de Namur, dans le camp retranché de Bouges. Il ne trouva place que dans un méchant pigeonnier, ouvert à tous vents, où sa jeunesse lutta, longtemps encore, pour survivre. Agé de trente-trois ans, il rendit l'âme le 1er octobre 1578.

Sur son lit de mort, il avait remis à Alexandre Farnèse les insignes de son commandement.

27

RETOUR AUX PAYS-BAS

Don Juan fut inhumé provisoirement dans la cathédrale de Namur. Un an plus tard, Philippe II accepta qu'il fût rapatrié en Espagne. Comme on ne pouvait faire traverser la France à un cortège funèbre de cette importance, la dépouille mortelle du malheureux chevalier fut embaumée et tronçonnée, puis mise dans trois sacs de cuir. Quatre-vingts gentilshommes accompagnèrent le sinistre bagage qui voyageait incognito. A Madrid on lui rendit son apparence et Philippe put contempler le frère qu'il avait froidement laissé mourir. Mais le roi aimait les morts mieux que les vivants. Don Juan eut le privilège de rejoindre à l'Escorial la collection de cadavres royaux que le souverain réunissait pieusement. Il n'avait pas eu, de son vivant, le droit de prier dans l'enceinte réservée aux princes du sang. Mort, il put s'y joindre.

Alexandre Farnèse se retrouvait seul et profondément attristé. La succession que lui avait laissée son oncle était lourde. Il était à demi assiégé dans le camp retranché de Bouges et, si la pression de ses adversaires s'était prolongée, il eût probablement dû se rendre. La carte des Pays-Bas en eût été changée. Mais ceux-ci levèrent le siège le 23 octobre 1578.

Don Juan avait déclaré la guerre aux Etats Généraux. Autant dire qu'Alexandre Farnèse avait contre lui les dix-sept provinces des Pays-Bas. De plus, il ne tenait ses pouvoirs que du testament oral de don Juan; personne ne l'avait intronisé gouverneur. Mais il les tenait « de facto » de la situation sur le terrain, car Philippe II ne pouvait s'appuyer sur personne d'autre.

Or, en Espagne, un mieux se manifestait. D'une part, le roi avait reçu une somme énorme des Amériques. Un navire, accostant à Séville, portait deux millions de ducats. Il pouvait honorer ses dettes et emprunter à nouveau dix millions de florins sur deux ans. D'autre part, il avait signé une sorte de pacte de non-agression avec le grand vizir. Ceci allait lui permettre de s'imposer par les armes au Portugal, à l'occasion de la succession du jeune roi Sébastien Aviz, et d'aider substantiellement son capitaine pour la reconquête des Pays-Bas.

En face de Farnèse, la cohésion des provinces était plus apparente que réelle. L'assemblée des Etats Généraux était cimentée par l'opposition à l'Espagnol, mais, dès lors que cet obstacle cédait, son incapacité à gouverner apparaissait au grand jour. Les particularismes des provinces étaient trop ancrés — certaines refusaient d'envoyer leurs troupes défendre quiconque hors de leurs frontières. Orange seul gardait le pouvoir de les galvaniser. Don Juan avait écrit au roi : « Ils sont envoûtés par Orange. Ils l'aiment, le craignent et le veulent pour seigneur. Ils ne décident rien sans lui. » Mais, en dehors des provinces du nord, il suscitait des jalousies.

D'autres lignes de fracture sillonnaient la carte des Pays-Bas. Les seigneurs qui prétendaient jouer un rôle cherchaient une aide à l'étranger. Ainsi vit-on l'appui intéressé de puissances extérieures se concrétiser dans la présence simultanée de trois princes, certains candidats éventuels à la souveraineté. Il y eut l'archiduc Mathias, frère cadet de l'empereur Rodolphe, réclamé par les catholiques du sud, le comte palatin Jean Casimir qui volait au secours des calvinistes, enfin le duc d'Anjou, François de Valois, vivement aiguillonné par l'ambition de sa mère, Catherine de Medicis ([1]). Ce candidat devint

([1]) Il s'agit d'Hercule François, quatrième fils d'Henri II et de Catherine de Medicis (1554-1584), qui porta le titre de duc d'Alençon jusqu'en 1576. Disgracié physiquement, son ambition insatiable l'opposait à son frère Henri pour la succession au trône après la mort de Charles IX. Il complotait contre lui avec les huguenots et contre Catherine, qui dut le faire arrêter et faire exécuter ses favoris, La Mosse et Coconas. Elle contrecarra au début ses prétentions sur les Pays-Bas et tenta de lui faire épouser Elisabeth d'Angle-

vite celui du Taciturne, qui avait toujours recherché l'appui des armes françaises. Sur le plan politique, la situation donc tournait à l'absurde. Enfin, si l'exécration envers les Espagnols avait atteint son paroxysme, elle ne se retournait pas toujours contre Philippe II. Nombre de seigneurs gardaient leur foi à leur « prince naturel » et la lèse-majesté restait pour certains le crime absolu.

La fracture la plus redoutable demeurait l'antagonisme religieux. L'iconoclasme de juillet 1566 avait laissé de douloureuses cicatrices, toujours prêtes à se rouvrir. Les petites communautés calvinistes du sud, à Gand, à Arras, s'étaient organisées comme des soviets avant la lettre. Ailleurs, les seigneurs catholiques s'inquiétaient de l'importance prise par les bourgeois protestants et la ressentaient comme un bouleversement social. Au nord, les calvinistes n'étaient pas moins intolérants. Partout — fait remarquer un historien — les jeux d'enfants « gueux contre papistes » tournaient à la férocité. Un autre raconte cet incident survenu à Anvers : « Le clergé décida une procession solennelle à travers la ville. La provocation suscita une barricade où le peuple accourut. Dans les premiers rangs de la procession, on dégaina les épées contre " la canaille " ; la garde répliqua en tirant ; deux personnes furent tuées. La panique s'empara de la foule catholique qui reflua vers la cathédrale. » Orange mit un terme à l'empoignade. Il avait bien obtenu la signature d'une paix religieuse (Religievrede), mais elle restait lettre morte. Les temps n'étaient pas mûrs.

Farnèse allait se montrer beaucoup plus fin politique que don Juan. Il comprit aussitôt comment utiliser cette faille, dresser contre les protestants les catholiques nostalgiques, et rendre ceux-ci à son souverain. Peu auparavant, le pape avait apporté son soutien à la cause légitimiste par une bulle qui accordait « indulgence plénière à tout partisan de don Juan ». Une partie des provinces du sud, en guerre civile contre les calvinistes, avaient déjà fait sécession d'avec les Etats Géné-

---

terre. Ensuite, elle appuya sa tentative et l'aida sur sa cassette personnelle, lui fournissant 22 000 fantassins et 5 000 cavaliers. La mort de François d'Anjou fera d'Henri de Navarre l'héritier de la couronne.

raux : la plupart des Flandres, le Hainaut et l'Artois. Le 6 janvier 1579, elles s'étaient accordées pour faire ensemble l' « Union d'Arras », dont le noyau dur était composé de Wallons, surnommés les « Malcontents », et, le 21 février, elles entamaient des pourparlers avec Alexandre Farnèse. Le 17 mai, la négociation aboutissait au traité d'Arras qui devait être la pierre angulaire de la future Belgique. Clause essentielle du traité : les Espagnols étaient exclus de toute tâche civile autant que militaire. Farnèse devait lever une « armée nationale » ; elle serait formée de Wallons, de Comtois, et de volontaires.

Face à l'Union d'Arras vint aussitôt la riposte des provinces du nord, qui conclurent le 23 janvier l' « Union d'Utrecht », réunissant en confédération sept provinces — trame des futurs Pays-Bas — auxquelles deux villes majeures se joignirent : Ypres et Anvers ([1]). Les Etats Généraux, qui siégeaient à Anvers, ne pouvaient échapper à la mouvance calviniste.

Renforcé par l'apport de ses nouveaux alliés, mais à la tête d'une armée peu convaincue et désorganisée, Farnèse partit à l'assaut. Il y eut d'abord le siège de Maestricht, le premier et le plus pénible de sa « reconquête ». « Celui qui n'en est pas témoin ne peut se figurer la misère dans laquelle la troupe vit », écrit lui-même le capitaine, durant l'hiver sombre de Maestricht. La ville a refusé la reddition qu'il lui offrait. « Invitus invitos » — comme on peut le lire sous une évocation de cet événement, peinte au Palais Farnèse —, Alexandre dut sévir et s'emparer de la place forte. Elle se rendit le 29 juin 1579. Impressionnées, les villes de Malines, puis de Valenciennes, acceptèrent la capitulation ([2]).

([1]) Les sept provinces de l'Union d'Utrecht étaient : la Hollande, la Zeelande, Utrecht, la Gueldre, Overijsel, la Frise, la Drenthe, avec les villes d'Anvers et Ypres.

([2]) Au palais Farnèse, dans la galerie dite « des Carrache », figure, dans un petit médaillon la prise de Maestricht, avec ce motto : « Invitus invitos ». Dans le palais, plusieurs plafonds sculptés s'ornent des armes d'Alexandre qui mêlent celles de la maison Farnèse et celles du royaume de Portugal. Une statue, par Simone Moschino, représentait Alexandre foulant aux pieds la Flandre et l'Escaut. Ces pieuses commémorations dans un palais que le duc n'habita jamais étaient le fait de son troisième fils Odoardo, cardinal à Rome au titre de saint Onuphre. Alexandre supplantait Paul III dans la légende familiale et le cardinal Odoardo envisageait de faire illustrer par les Carrache, dans le grand salon d'Hercule du palais, les campagnes d'Alexandre.

La mansuétude toute nouvelle dont faisait preuve le capitaine de Philippe II lors de ces redditions amollissait les courages, déjà éprouvés par des années de violences. Les Wallons ne se battaient entre eux qu'à contrecœur. Pour nombre d'hésitants, enfermés dans les villes assiégées, le sentiment de rentrer au bercail, le regret des temps révolus et — pourquoi pas — la nostalgie d'un certain confort les incitaient à déposer les armes. Plantin n'avait-il pas fait remarquer que « la tradition catholique offrait les meilleures garanties pour une vie tranquille » ? D'autres que lui regrettaient, de leur jardin, « les espaliers odorants ».

Dans le nord, en revanche, l'Union d'Utrecht se durcit et volontairement s'isole. Elle refuse toujours plus la vision unanimiste d'Orange, son obstination à vouloir réconcilier les Pays-Bas sous la souveraineté du duc d'Anjou, et juge dérisoire la décision des Etats Généraux de nommer celui-ci « défenseur de la liberté des Pays-Bas contre la tyrannie des Espagnols ». Que pèse-t-il, ce prince français ? Pour Orange, la promesse de 12 000 hommes de troupes, la valeur de son sang royal, de sa richesse et de l'habileté dont il a fait preuve, ailleurs, dans les négociations confessionnelles. Certains le décrivent « changeant, vif, affable, magnanime, éloquent, magnifique, ambitieux, inquiet ». D'autres le trouvent limité intellectuellement et de piètre apparence, « un magot », ou encore « un trublion ». Les Provinces Unies, réalistes, préfèrent s'assurer de la personne du Taciturne en le nommant stathouder de la confédération.

Entre ces deux pôles qui commencent à dessiner leurs contours, il reste un paysage fluctuant où Alexandre Farnèse déploie, avec des moyens dérisoires, des trésors de courage et d'habileté militaire. Loyal mais subtil, il semble, en lui, réconcilier l'Espagnol et l'Italien. De l'un, la foi rigoureuse, la fidélité au prince et l'intrépidité, de l'autre la diplomatie, l'absence de cruauté, le goût du faste... Tout repose sur les épaules de ce capitaine de trente-quatre ans.

Le soir du 29 juillet 1579, Antonio Perez, l'intendant infidèle, l'assassin d'Escovado, avait été démasqué et arrêté à

Madrid, ainsi que sa maîtresse, la princesse d'Eboli. Le 1er août, le cardinal Granvelle, nommé grand Commandeur de Castille, prenait auprès du roi les fonctions de conseiller. C'était un honneur et une réhabilitation.

Les deux hommes ne s'étaient pas vus depuis vingt ans. Le roi avait alors cinquante et un ans. Sa barbe blanchissait et une pâleur toujours plus cadavérique était répandue sur son visage morose. Il venait cependant de se remarier avec sa nièce Anne-Marie d'Autriche, de trente ans sa cadette, jadis promise à don Carlos. Elle était née elle-même du mariage de deux Habsbourg, le neveu et la fille de Charles Quint [1]. Entre eux la consanguinité était aberrante. Mais nul ne s'en souciait, fort du principe que « les bons engendrent les bons... ». Quatre enfants sur cinq nés de leur union allaient mourir en bas âge.

Granvelle, qui porte bien ses soixante-deux ans, impressionne encore l'ambassadeur vénitien : « Je l'ai trouvé doux et affable, humble et accompli des vertus qui attirent le cœur des hommes. Il est de stature haute et droite, montrant être doué d'une verte et forte vieillesse, chose qui se découvre par son marcher ferme, nonobstant les cheveux gris et la barbe blanche. Nous pouvons dire qu'il est advenu à ce seigneur comme au lierre qui, s'entortillant alentour des arbres plus puissants, trouve moyen de se lever amont avec eux... Il s'accoutre de rouge satin, armosin, autre soye, camelot écarlate, proprement... »

Bien que la hâte ne fût toujours pas le propre de l'expédition des affaires à Madrid, Granvelle était cependant mieux placé qu'à Rome pour faire prévaloir ses idées, notamment sur les Pays-Bas. Elles n'avaient pas changé depuis son départ en 1564. Il fallait appliquer strictement les principes politiques de Charles Quint, « suivre l'ancien pied », n'introduire pas de « nouvelletez ». Seule la manière de faire pouvait différer, car il désapprouvait sans réserve les brutalités d'Albe. Il communiqua aussitôt ces consignes à Alexandre Farnèse, en les accom-

[1] Anne-Marie d'Autriche était la fille de l'empereur Maximilien, fils de Ferdinand Ier, et de Marie, fille de Charles Quint, sœur cadette de Philippe II.

gnant de précieux conseils sur la situation locale. Alexandre les accueillit volontiers, mais, tout entier occupé à écraser la résistance et à assiéger les villes, il ne pouvait entrer dans tous les détails. De Bruxelles on écrivait à Granvelle : « Farnèse a trop à faire à l'armée pour vaquer tout entier à ce qui est de la paix. » L'idée renaissait de faire venir l'ancienne régente, Madame Marguerite, « dont l'expérience des affaires intérieures et des hommes politiques ferait merveille ». Granvelle en était d'avance convaincu et présenta au roi un plan de partage du pouvoir, aux Pays-Bas, entre Madama, qui s'occuperait de l'administration et du gouvernement intérieur, et son fils, en charge des affaires militaires. Le 30 novembre 1579, Farnèse fut avisé que sa mère viendrait bientôt l' « assister » pour le gouvernement des provinces. Le roi avait un argument supplémentaire pour justifier sa décision. Les signataires du traité d'Arras refusaient tout gouverneur autre qu'un prince du sang. Farnèse devait donc considérer que sa mission de gérance aux affaires politiques prendrait fin dans les six mois. On oubliait à Madrid qu'il s'agissait moins de gouvernement que de reconquête. Alexandre se rappelait le dépit de don Juan à l'annonce de la venue de Madama, et n'était pas loin d'en ressentir un semblable.

Depuis le début de l'année 1578, Marguerite traversait une période éprouvante. A peine s'était-elle remise de sa crise de goutte, que le roi l'avait priée d'annuler son voyage aux Pays-Bas, sans lui fixer de projet ultérieur. Elle avait attendu des mois dans une impatience grandissante, tandis que ses lettres restaient sans réponse. C'est alors que la nouvelle de la mort de don Juan l'avait atteinte et elle en avait éprouvé une immense douleur. On lit à travers ses lignes beaucoup plus que des condoléances officielles : « Je suis, disait-elle à Philippe, sous le coup du choc que j'ai reçu, complètement bouleversée par cette perte, étourdie de chagrin. » Pour la première fois disparaissait de sa vie un homme auquel elle tenait réellement : à la fois un frère et un fils, un héros qui lui avait donné sa confiance et témoigné son admiration — le vrai descendant de Charles Quint.

L'hiver, ensuite, s'était passé à attendre les lettres d'Alexandre, et ce n'était pas une mince consolation de l'avoir vu projeté au rang qu'il occupait — avec l'assentiment a posteriori du roi —, d'être tenue au courant de ses plans et de ses succès et d'avoir l'occasion de lui glisser quelques conseils. Elle crut utile d'envoyer aux plus importants de ses anciens administrés et aux différents gouverneurs des Pays-Bas une série de lettres en italien, les incitant à revenir à l'obéissance envers le roi d'Espagne. Dix ans s'étaient écoulés depuis le départ de la régente. On peut penser, sans risque d'erreur, que le ton de ces missives apaisantes appartenait à une époque révolue et que Marguerite, au fond des Abruzzes, s'était laissée quelque peu distancer par le temps. Mais elle tenait bon.

Le 27 octobre 1579, l'ambassadeur Çuñiga, porteur d'un pli royal, vint trouver Madama à Aquila pour lui soumettre le plan, suggéré au roi par Granvelle, de lui confier l'administration civile de ses provinces du nord. On pouvait y lire cette phrase en forme d'aveu, mais bien faite pour la convaincre : « tout le mal arrivé aux Pays-Bas a procédé de votre départ... » Suivait le désir péremptoire qu'elle se mît en route sans délai.

Madama n'attendait que ce moment. Elle ne s'attarda pas, cette fois, à poser des conditions. Sans consulter son mari ni son fils, elle accepta la charge qu'on lui proposait et en hâte reprit les préparatifs du départ.

Il y avait dans le grand palais d'Aquila une petite fille qui n'entrait plus dans les projets de quiconque, c'était Giovanna, la fille naturelle de don Juan. Marguerite avait écrit au roi pour solliciter que l'enfant trouvât place à la cour d'Espagne, mais Philippe avait fait la sourde oreille. Il ne restait plus pour Giovanna que le cloître et Marguerite se décida, la mort dans l'âme, à l'envoyer au couvent de Santa Chiara, à Naples. Le jour de son arrivée, la petite fille pria le serviteur qui l'avait escortée de donner de ses nouvelles à sa protectrice et Marguerite reçut cette missive : « Serenissima Madama, je vous transmets le message dont la signora Giovanna m'a chargé pour vous. Elle a dit : écrivez à Son Altesse que je suis bien arrivée et en bonne santé. Je prie chaque matin et chaque soir pour le bien-être de Son Altesse et je prierai pour elle toute ma vie. Je lui fais la révérence et lui baise les mains. Tant que je serai à Naples, je lui écrirai tous les jours. » Giovanna avait six ans. Marguerite ne devait jamais la revoir.

Jusqu'au jour de son départ, Madama reçut de nombreuses lettres de Madrid. C'étaient de minutieuses instructions sur la conduite à tenir et dont la philosophie tenait en deux lignes : il fallait défendre intacte la religion catholique et tout devait redevenir exactement comme au temps de l'empereur vénéré.

Elle partit enfin, le 16 mars 1580. Une autre enfant l'accompagnait. C'était Marghareta, la fille d'Alexandre Farnèse. Elle reverrait son père aux Pays-Bas et, étant donné son âge — douze ans —, on pourrait, mieux qu'à Aquila, lui trouver un mari.

Jamais Marguerite n'avait voyagé aussi lentement. Elle avait maintenant cinquante-sept ans, mais, des deux princesses, c'était la plus jeune qui était sans cesse malade, et l'on dut s'arrêter à Parme pour la soigner. Enfin, le 22 avril, la duchesse fut accueillie à Salins-en-Bourgogne. A la demande du cardinal Granvelle, dont la Comté était la patrie, elle y séjourna longtemps, inspecta le pays, se fit exposer la situation par des gens compétents et rédigea pour le roi un « mémoire sur les affaires comtoises ». Marguerite revivait. Elle était en route pour un destin qui la rajeunissait de dix ans et rentrait sans effort dans son personnage : une gouvernante à l'esprit politique, ouverte à la compréhension des problèmes et à la recherche de solutions. On s'affairait de nouveau autour d'elle avec respect et on lui demandait son avis. Il ne lui en fallait pas plus. Elle poursuivit son voyage sans méfiance, se trouva le 26 mai à Besançon et le 22 juin en Luxembourg. Alexandre lui avait envoyé une escorte de cavaliers et, en ce pays fidèle, elle fut à nouveau accueillie chaleureusement. On se pressait à sa porte et elle vivait l'illusion du temps retrouvé.

Madama était en voyage depuis quatre mois et Alexandre, jusque-là, n'avait pas pris cette arrivée très au sérieux. Sur place, il paraissait tellement invraisemblable que cette femme âgée, écartée des affaires depuis dix ans, puisse le supplanter, qu'il laissait faire et parait au plus pressé. Lorsqu'elle arriva au Luxembourg, il prit conscience de la réalité. Bien que chacune des lettres de sa mère fût empreinte de douceur et de modestie, insistant pour ne vouloir en rien gêner son action, mais au contraire se mettre à sa disposition et l'aider, il semblait bien que Madama fût prête à obéir aux instructions du roi.

Alexandre recula encore l'échéance et ne vint pas au Luxembourg. Il fit dire à sa mère qu'il l'accueillerait à Namur. Elle en ressentit une grande déception.

Lorsque, le 26 juillet, Madama arriva enfin en vue des murailles de Namur, Alexandre était dans une situation peu faite pour l'amadouer. Déjà ulcéré par le délai de six mois qu'on lui avait concédé pour la gestion politique du pays, il avait dû, en outre, conformément au traité d'Arras, renvoyer ce qui lui restait de troupes espagnoles. 5 000 soldats venaient de repasser la frontière. Maintenant, à Namur, il démobilisait ses derniers mercenaires allemands. Bons soldats, les Allemands étaient célèbres pour leur âpreté au gain. Ceux-ci jugeaient leur solde insuffisante et l'émeute grondait. Il fallait voir ces lansquenets — les « landskenchte » — des soudards terribles, à qui leur brutalité valait un incontestable prestige. Héritiers directs des soldats de Frundsberg au sac de Rome, ils n'étaient à l'aise que dans les violences, les saccages et le sacrilège. Tous barbus, coiffés d'invraisemblables couvre-chefs, bruyants et avinés... ils étaient terrifiants. Madama se fraya difficilement un chemin jusqu'à la citadelle et Alexandre dut s'interposer pour les calmer. Elle était fort impressionnée.

Après qu'il eut repris en main la situation, Alexandre rejoignit sa mère dans la grande salle du château. Marguerite était habituée à dominer ses émotions. Néanmoins, après deux ans d'absence, elle attendait beaucoup de cette rencontre. Mais le capitaine-général qui se tenait devant elle n'avait rien de chaleureux. Des mois de commandement et de responsabilités avaient durci ses traits. Son visage étroit et tout en longueur était devenu une effigie Habsbourg, à laquelle ne manquait que la lippe faussement bonasse de Charles Quint et de Philippe. Il n'en était que plus sévère.

La personnalité de Farnèse avait d'autres faces. On le savait à l'occasion bon vivant et plein de charme, subtil et cultivé. Mais il s'était composé, pour la circonstance, un maintien espagnol qui ajoutait à sa rigueur. L'entretien demeura courtois, mais Alexandre annonça d'entrée de jeu à Madama qu'il venait d'envoyer au roi sa démission. Pensait-on qu'il resterait aux Pays-Bas sans autre rôle que de lever et entraîner une armée nationale réticente, user sa jeunesse à assiéger les villes l'une après l'autre dans la boue des Flandres pour la seule gloire d'autrui ? Il avait en effet beaucoup à dire sur les deux années qu'il venait de vivre, et ce n'était pas ce que Marguerite attendait.

Elle se retira, consternée.

Namur est alors un îlot encerclé par des provinces hostiles, qui sont aux mains des troupes des Etats Généraux, obéissent à Orange et reçoivent les secours du duc d'Anjou. A l'est de la ville, Maestricht est la pointe la plus avancée de la reconquête d'Alexandre Farnèse (la Gueldre mise à part). Tournai, Bruxelles, Louvain sont inaccessibles pour Madama qui représente le pouvoir espagnol. En raison du danger, elle doit se claquemurer dans cette petite forteresse. Intra muros, l'isolement y sera presque plus sévère que celui d'Aquila.

Marguerite est assez réaliste pour avoir saisi d'un coup d'œil la situation. Des fenêtres du château qui, sur la hauteur, domine la Sambre et la Meuse, le regard embrasse à l'infini la campagne, autrefois sienne, et devenue pays ennemi. Elle en tire la conclusion qui s'impose : on a besoin ici d'un général, et non d'une gouvernante. Pour douloureuse qu'elle soit, la constatation est de bon sens.

Son secrétaire Aldobrandini l'a accompagnée. Il va repartir bride abattue pour Madrid, porteur d'une longue lettre de Marguerite au roi. Elle lui explique qu'elle ne peut prendre sur le champ le gouvernement car il ne dépend pour le moment que de la fortune des armes. Conciliante, elle offre de rester à Namur un certain temps, sans mission officielle. Sa lettre est mal reçue par Philippe II, comme toutes les réalités mouvantes qui contrarient ses plans. « Je tiens pour certain — répond-il à Marguerite — que vous vous partagerez les affaires de la manière qui convient le mieux à notre service et à la tranquillité et autorité de tous deux afin que vous soyez mieux obéis et respectés. » Le roi a déjà reçu de Farnèse plusieurs menaces de démission auxquelles il a fait la sourde oreille ; il lui réitère l'ordre de rester à son poste.

Alexandre, cependant, a quitté Namur. Il écrit bientôt à sa mère qu'il maintient sa décision de quitter son commandement. Il a fixé le dernier jour de son mandat au 31 octobre : c'est le terme des six mois qui lui ont été accordés.

Marguerite est, pour le moins, dans une situation inconfortable. Il n'est pas facile de résister au souverain qui, sourd aux arguments, martèle sa volonté, quand il ne se fait pas relayer par Granvelle. Mais Alexandre semble avoir la tête aussi dure que Philippe et être moins impressionné que Marguerite. A-t-elle oublié comment, jadis, elle tenait tête à l'empereur lui-même ? Son départ, pense-t-elle, aplanirait les difficultés. « Je vois que le poste ne convient pas à une femme », écrit-elle à Alexandre, en le suppliant de reprendre sa démission. Les seigneurs du pacte d'Arras lui font la même prière, car la nouvelle circule et on sent un malaise dans l'armée. Mais Madama ne peut se retirer sans autorisation.

Au rythme ou vont les courriers, la situation reste figée, le bras de fer s'éternise et de longs mois vont être occupés par un dialogue de sourds. « Je suis convaincu, écrit encore Philippe le 3 avril 1581, que sans répliquer vous ferez ce que je vous demande, comme derechef je vous en prie affectueusement, et cela sans aucun délai. » Le roi a pris la peine d'écrire cette lettre de sa main. C'est le cinquième rappel à l'ordre qu'elle reçoit et Marguerite prend peur pour l'avenir de sa maison. Elle décide alors de se soumettre et tente de convaincre Alexandre. C'est en vain. Au mois de mai, il apparaît soudain à Namur. L'entrevue est orageuse. Le capitaine-général qui vient dans les appartements de la duchesse lui faire ses remontrances est un étranger. Il vibre d'une belle colère digne de son ancêtre Paul III. Ses yeux noirs de condottiere lancent des éclairs et c'est tout autre chose que la froideur distillée par le regard délavé des Habsbourg. Il ne mâche pas ses mots et Marguerite entend pour la première fois de sa bouche des vérités cruelles : c'est elle qui a monté toute cette affaire, qui a convaincu Granvelle, et à travers lui, le roi, et cela contre son propre fils, en traître, pour sa seule gloire personnelle. Il ne faut pas être très clairvoyant pour comprendre qu'elle n'aime que le pouvoir, que ce désir la consume, que toute sa vie n'a tendu qu'à l'acquérir... Eh bien, maintenant, quelle le prenne, ce pouvoir ! et qu'elle s'arrange avec l' « armée nationale » pour reconquérir les Pays-Bas. Les documents sont prêts, il n'y a qu'à les signer. Quant à lui : il s'en va.

Point n'est besoin de dire dans quel état cette algarade laissait Marguerite, et combien la parcelle de vérité contenue dans un tel discours achevait de le lui rendre intolérable. C'était un avant-goût du Jugement dernier, mais plus cruel encore, car il était rendu par le fils admiré, docile, aimant et reconnaissant dont elle avait fait la fortune et qui lui jetait maintenant à la figure le cadeau de toute une vie.

Encore un peu plus fatiguée, âgée, découragée, Madama se recroquevilla sur son chagrin, attendant qu'une lueur — mais laquelle ? — vînt l'éclairer. Elle retourna à son écritoire et reprit pour Madrid son argumentation. Au passage, elle ouvrit son cœur à Granvelle : « Il est dur pour moi de ne pouvoir m'expliquer ouvertement... sans inculper ou grever mon fils. Ce ne sera pas le premier fils qui, devenu homme et ayant atteint l'âge de trente-sept ans, ne veut plus s'entretenir aux conseils ni aux persuasions de la mère ou du père... » Alexandre, de son côté, et avec la passion qui continue de l'habiter, développe pour le roi ses motivations : la situation militaire reste très difficile, l'argent manque, les soldats meurent de faim, les villes sont en ruines, et « il n'y a pas jusqu'aux pierres qui ne semblent se lever contre Votre Majesté » — ce qu'Elle ordonne est impossible.

Le roi répond ; il paraît ébranlé. Dernier plaidoyer en faveur de son projet, sa lettre attristée à Alexandre trouve des mots qui sont presque humains : « J'avais considéré que le partage du pouvoir entre vous deux existerait en apparence seulement, mais qu'en fait toutes les affaires seraient communes, quoique traitées par deux mains — ou pour mieux dire par une seule, puisqu'entre une telle mère et un tel fils il ne pouvait y avoir qu'une étroite union, surtout quand le service de Dieu, le mien, la pacification de ces provinces ainsi que la réputation de votre mère et la vôtre auraient tant à y gagner... » Serait-ce que le caractère impétueux des Farnèse, mère et fils, aurait fait perdre une chance de conciliation aux Pays-Bas ? Cette hypothèse est peu probable, car un autre caractère de la même trempe y veillait : celui du Taciturne.

Le 15 juin de l'année précédente, la personne du prince

d'Orange avait été « mise au ban » par le roi d'Espagne. Celui-ci avait offert « en parole de roi et comme ministre de Dieu » une récompense de 20 000 écus d'or et une reconnaissance de noblesse à qui le délivrerait du « seul chef, auteur et promoteur des troubles, et principal perturbateur de tout notre Etat ». C'était promettre le stathouder à l'épée du premier spadassin vénal, ou à celle de quelque illuminé. Granvelle n'en était pas innocent. Une vieille jalousie comtoise venait à propos renforcer son devoir de légitimiste. Il qualifie Orange de « parjure, infâme, vassal hérétique, prince des ténèbres ». Il est vrai que Guillaume a une conduite incompréhensible, si l'on ne prend le recul de l'histoire, et que le mystère inquiète. Nombreux sont ceux qui le jugent démoniaque.

La réplique n'a pas tardé à venir. Orange a commencé à rédiger contre le roi, pour sa défense, un pamphlet qui restera célèbre : c'est l' « Apologie ». Non sans éloquence, cette œuvre draine pêle-mêle, avec passion, toutes les calomnies qu'a suscitées Philippe durant son règne et elle justifie, pour la postérité, l'action du Taciturne.

En outre, il réserve à Philippe II une amère surprise. Le 26 juillet 1581, un acte historique est signé par les Etats Généraux. C'est le « Plakkart van Verlatingue » : l'acte proclamant la déchéance du roi d'Espagne dans les provinces néerlandaises. Juridiquement, le « prince naturel » est privé de ses droits, par la volonté souveraine de ses sujets. Ceux-ci, auparavant, se sont assurés d'un successeur de sang royal en la personne du duc d'Anjou. Le camouflet est cuisant pour le souverain. La colossale puissance espagnole, qui régente la moitié de l'Europe et tire de l'Amérique des ressources fabuleuses, paraît encore intacte et intouchable. Elle vit son « siècle d'or ». Et voici que, dans les petits « païs de par-deçà », une poignée d'irréductibles, de « gueux », conteste au souverain son apanage bourguignon. Le roi en est profondément humilié.

Ce sentiment n'est pas étranger aux décisions auxquelles il se résoud. Farnèse est entêté, soit. Mais avec ses seules troupes wallonnes, il vient d'obtenir, après un siège très dur, la reddition de Tournai. Philippe, alors, lui envoie en récompense le collier de la Toison d'Or. Mieux encore, il accepte de le nommer Gouverneur des Pays-Bas et Capitaine général des armées. Commission et patentes arrivent à Namur le 31 décembre 1581. Alexandre a gagné.

Le courrier royal qui récompensait Alexandre Farnèse apportait à Madama une désagréable surprise. Dans un pli qui lui était adressé personnellement, Philippe la priait de ne pas repartir pour l'Italie et de demeurer sur place. Pour l'emploi de la force, il s'en remet au « prince son neveu », mais, lui dit-il, « vous êtes une sorte de garante de miséricorde. Vous l'êtes tant que, si même vous vous trouviez loin des Pays-Bas, je serais forcé de vous demander de vous y transporter... » La flatterie est un peu trop évidente pour que Marguerite en soit dupe. On veut lui imposer le rôle ingrat de rester à Namur en otage. Granvelle a sans doute pensé que le prince, qui s'expose courageusement dans les combats, pourrait être tué un jour ou l'autre et que l'on aurait alors une régente en réserve... Quoi qu'il en soit, l'ordre est là et Marguerite prend la chose très mal. Qu'en serait-il si elle savait que son purgatoire est destiné à durer encore dix-huit mois ?

C'est à peine si le nouveau gouverneur la tient au courant des événements. Il ne lui demande pas conseil et ne souhaite surtout pas partager avec elle ses coûteuses victoires. Alexandre est ombrageux. Marguerite en est réduite à scruter l'horizon des plaines du nord et à glaner au jour le jour les nouvelles. La situation est loin d'être calme. Le duc d'Anjou, aux yeux de Farnèse, se fait encombrant. Il est arrivé à Anvers au mois de mars 1582 et a été proclamé solennellement duc de Brabant et comte de Flandre, en présence de Guillaume d'Orange. On l'a encensé de mille manières. N'est-il pas le « restaurateur des splendeurs bourguignonnes » ? L'événement mérite que l'on tisse en souvenir de ce jour une série de tapisseries ([1]). Mais ce sont les armées d'Anjou que redoute Alexandre. Elles sont partout et ne manquent pas d'allant. Au mois d'avril, Namur est encerclée par ces Français que la duchesse abomine, alors qu'elle se trouve clouée au lit par la

([1]) Ces tapisseries ornent aujourd'hui la galerie principale du Musée des Offices à Florence.

goutte. Marguerite, cette fois, n'a pas eu besoin d'aller aux nouvelles.

Devant le danger multiforme, Farnèse obtient des provinces fidèles leur assentiment pour faire revenir les troupes espagnoles. Qu'a donc fait le prince pour créer un tel revirement ? Il a choisi une méthode simple et humaine. Partout, il se montre souple et patient, il discipline les soldats, interdit les pillages, épargne les populations et accorde aux assiégés, s'ils le demandent, le droit à l'exil. L'assentiment des provinces va dans le sens de la politique de Philippe II et, au mois de juin, les Flamands, médusés, assistent à l'arrivée de 6 500 vétérans des « tercios », auxquels se sont joints 5 000 Italiens.

Alexandre reprend aussitôt sa conquête patiente et met le siège devant Oudenaerde. Quelles sont ses réflexions devant cette petite ville « où tout a commencé » ? Un peu émues, sans doute, puisqu'il écrit à sa mère plusieurs lettres empreintes d'affection. Marguerite, que l'on sache, n'a jamais fait allusion à la jolie flamande qui lui a donné le jour. Au moins, Jeanne van der Gheynst lui a-t-elle épargné l'humiliation qu'a ressentie don Juan devant la grosse Barbe Plumberger. Elle a mené une vie discrète aux côtés d'un notable, Jean van den Dycke, conseiller et maître extraordinaire de la chambre des comptes du Brabant. Madama a deux sœurs inconnues qui ont pris le voile et un frère retourné à l'obscurité. Jeanne van der Gheynst est morte en 1542.

Marguerite ne souhaite plus qu'une chose : quitter les Pays-Bas. Elle se plaint à Philippe qui prend ses récriminations avec philosophie : « Ce que vous dites à propos de votre retour en Italie est chose de considération, comme le sont aussi les raisons pour lesquelles je vous ai demandé de le différer. » Elle n'est, certes, pas bien en cour, car l'on soupçonne la mère et le fils de s'être mis d'accord pour forcer la main au roi.

Fort de l'appoint de ses nouvelles troupes, Alexandre peut mettre à exécution le plan qu'il a conçu : isoler les grandes villes, les couper de leurs communications avec la mer, les priver de renforts, paralyser leur commerce, les affamer. Au début de l'année 1583, il peut s'enorgueillir d'avoir fait tomber plusieurs cités de moyenne importance qui seront les clefs de cette stratégie. C'est alors que le duc d'Anjou compromet à jamais ses chances aux Pays-Bas. Impatient de régner, exaspéré par les limites que les bourgeois imposent à son pouvoir — ils ne vont pas échanger une tyrannie pour une autre —, le 17 janvier, il jette les troupes françaises par surprise sur trois villes de la côte flamande, dont Dunkerque, et sur trois autres cités à l'intérieur du pays. Le complot prévoit, le même jour, la prise d'Anvers. Lorsque les Français arrivent en force et franchissent les remparts au cri de « Ville gagnée ! », Anjou se porte au-devant d'eux. Mais la ville se défend, la mêlée est épouvantable, les Français perdent 2000 hommes et de nombreux gentilshommes. Ils ont échoué et Anvers, blessée pour la seconde fois en sept ans, garde en mémoire, avec rancune, la « Furie française ». Orange est désarçonné par cette folle entreprise. Elle sonne le glas de l'espoir qu'il a mis dans la réunification du pays, la résurrection du « cercle de Bourgogne », le sauvetage de l'œuvre de Charles Quint dont il fut le page préféré, l'admirateur et dont il se sent moralement l'héritier.

Au début du mois de juillet 1583, Madama, découragée, voyait un pâle soleil lui annoncer son quatrième été à Namur lorsqu'elle reçut une lettre de Granvelle l'avisant que son départ pour l'Italie lui était enfin accordé. « Le roy y est condescendu fort mal volontiers », ajoute le cardinal.

Bientôt, un mot de son frère, assez laconique, confirme cette nouvelle : « Je consens que vous partiez, dit-il, avec la bénédiction de Dieu. » Il ajoute qu'il a été sensible à l'état de santé délabré de la duchesse, dont elle a argué en dernier ressort pour le convaincre. Elle ne reçoit ni remerciements, ni récompense d'aucune sorte. Bien que soulagée, elle ne cache pas sa déception à Granvelle. Elle a trouvé « très sèche et très crue » la lettre que le roi lui a envoyée. Il semble que l'on n'ait cherché que le moyen de la renvoyer chez elle avec son seul bâton de pèlerin. « Il me peine infiniment de me voir traitée ainsi après tout ce que j'ai souffert et enduré, après que j'aie sacrifié au service du roi ma réputation et ma santé. »

Après une dernière et longue entrevue avec Alexandre, qu'elle ne reverra jamais, elle se met en route le 14 septembre

1583. C'est encore le fidèle comte de Mansfeld qui commande son escorte : deux compagnies d'hommes d'armes et deux compagnies d'arquebusiers à cheval. Berlaymont l'accompagne. Lugubre cortège de revenants.

28

MORT DE MARGUERITE DE PARME

Au long des étapes d'un voyage dont elle connaissait désormais chaque détour, Marguerite eut le temps d'évoquer le souvenir joyeux de la petite fille qu'elle avait amenée avec elle à Namur, trois ans auparavant. Aujourd'hui, la duchesse rentrait seule.

Lorsque Marghareta Farnèse avait atteint treize ans, on l'avait fiancée à Vincent de Gonzague, un jeune prince de dix-neuf ans, au demeurant peu recommandable. Ce nom de Gonzague était celui de don Ferrante, l'ennemi héréditaire, l'assassin de Pier Luigi Farnèse, et sonnait mal aux oreilles du duc Ottavio. Mais le temps avait passé et la jeune femme serait plus tard duchesse de Mantoue. Le mariage avait eu lieu en grande pompe dans la cathédrale de Plaisance. A quatorze ans, Marghareta, insouciante et fêtée, semblait comblée. Néanmoins, il était apparu, peu après, qu'un empêchement physique lui interdisait d'espérer des enfants. Les Farnèse proposaient de s'en remettre à la Faculté. Sans doute était-ce remédiable, et il y avait, d'une cour à l'autre d'Italie, de bons praticiens. Mais, à Mantoue, on le prenait de haut. On renvoya la petite princesse de Parme en attendant d'obtenir du pape une humiliante annulation. Ce fut Marguerite, sa grand-mère, qui fut chargée de trouver les paroles humaines, mais fermes, qui convaincraient l'enfant d'enterrer dans un cloître sa honte et celle de sa famille.

« Vous devez prendre de vous-même la sage et vertueuse

décision de ne pas vous laisser supplicier par une opération dangereuse et violente. Puisqu'il a plu à Dieu de mettre devant vous cet obstacle au mariage, c'est à vous de déclarer que vous avez résolu d'aller servir sa bonté dans un monastère et il vous faut prendre cette décision aussi vite que possible. »

On peut trouver que les paroles de Marguerite étaient plus fermes qu'humaines. Sans doute estimait-elle par expérience que l'on pouvait sans mal renoncer au mariage. Mais lorsqu'elle était duchesse de Florence, veuve à quinze ans, aurait-elle accepté le cloître ? Ce souvenir était attristant et les paysages que Marguerite traversait lentement, au pas de ses mules, avaient un parfum fané d'automne.

La duchesse n'était pas femme à rester longtemps sans projets. A peine s'attarda-t-elle quatre jours à Parme auprès d'Ottavio qui, lui aussi, avait pris des années. Il était malade et morose, toujours entouré de complots. La citadelle de Plaisance et les soldats espagnols lui demeuraient au côté comme une écharde. Madama, néanmoins, repartit. Tout en se morfondant à Namur, elle avait réfléchi à l'isolement d'Aquila, aux inconvénients du rude climat des Abruzzes, et elle avait acheté au prince de Sulmona la seigneurie d'Ortona. Il y avait là, au sud de Pescara, un petit port, au pied d'un rocher qui dominait à perte de vue les flots de l'Adriatique. Le climat était doux. Elle y élèverait un palais et y finirait ses jours. Elle gagna Ferrare, puis la côte, où une galère vénitienne la déposa à Ortona. Peu après, l'architecte Giacomo delle Porta, qui travaillait pour le cardinal Alessandro au palais Farnèse à Rome, traversa les montagnes pour jeter les plans de la nouvelle résidence de Madama, au lieu-dit « Il carbonaro ». De cet autre palais Farnèse, jamais achevé, il ne reste, accrochés au rocher, que quelques pans de murs habités de façon pittoresque par un petit peuple coloré.

Au début de l'année 1584, Marguerite, qui devait une visite à ses administrés, se rendit à Aquila. Elle y arriva à une heure du matin et les habitants, qui ne l'avaient vue de longtemps, l'accueillirent aux flambeaux avec des manifestations de joie. Elle ne put cependant y demeurer plus de quelques jours tant le froid était vif et dut renoncer, en outre, à se rendre à Lorette.

Déçue de voir que ses forces commençaient à la trahir, elle rentra à Ortona et s'installa temporairement dans le petit palais Mancini.

Dans son nouveau domaine, elle recréa bientôt — mais sur un mode mineur — le cadre de vie qu'elle avait toujours connu : une petite cour, des serviteurs, une garde, une « chapelle », et s'occupa de près de l'administration de sa seigneurie. Ces gestes toutefois semblaient quelque peu vidés de leur substance, comme l'était sa maison où plus jamais n'apparaîtraient don Juan, Alexandre, Giovanna, ni Marghareta — pas même Ottavio, trop malade, ni Granvelle, tout-puissant à Madrid. Au moins le cardinal restait-il un correspondant fidèle, et ses plis étaient attendus, à l'égal de ceux d'Alexandre aux Pays-Bas. Par leurs soins, les eaux de la grande politique venaient encore battre aux murs d'Ortona.

C'est ainsi qu'un jour d'été lui parvint une nouvelle d'importance dont toute l'Europe était émue, que ce soit de chagrin ou de bonheur : le 10 juillet, le Taciturne avait été assassiné. A Delft, au Prinsenhof, le meurtrier s'était posté près de la porte de la salle où le prince prenait son repas. Prétextant une requête, il s'était avancé et, sortant de dessous son manteau un pistolet, il avait tiré à trois reprises, en pleine poitrine. Orange s'était senti frappé à mort. On l'entendit murmurer : « Mon Dieu, ayez pitié de mon âme, ayez pitié de ce pauvre peuple. » Puis la parole l'abandonna et, transporté sur un lit, il ne put que fixer encore quelques instants, dans les yeux, son épouse, accourue. C'était Louise de Coligny ; elle avait déjà vu mourir lors de la Saint-Barthélemy son père et son mari...

L'assassin n'avait pas agi pour de l'argent. Balthazar Gérard était un exalté, convaincu depuis son jeune âge d'avoir à débarrasser la terre d'un « monstre ». Il endura ensuite avec constance les pires supplices. Alexandre Farnèse avait été l'instrument du complot et, en toute bonne foi, avait encouragé Gérard. Il écrivit à sa mère : « Dieu a bien voulu permettre que celui de qui on attendait le moins ait mené à bien cette exécution, de sorte que soit abattu cet homme funeste qui aurait pu faire plus de mal encore à la chrétienté, à la sainte religion et au service de Sa Majesté. » Farnèse n'était que l'artisan de la vengeance de son maître. Un contemporain à la cour de Philippe avait fait remarquer que « si le roi ne se pressait pas de frapper qui il prenait en haine, une fois qu'il avait commencé de le persécuter, il ne s'arrêtait plus, sa vengeance était implacable ». Or la haine de Philippe était ancienne. Elle était réciproque. Don Juan avait jadis écrit à son frère : « Orange hait plus que tout au monde Votre Majesté et s'il pouvait boire votre sang, il le ferait. »

Marguerite avait eu autrefois de l'affection pour Orange. N'était-il pas le préféré de l'empereur ? Elle l'avait même protégé, contre lui-même, pensait-elle, et elle avait longtemps adopté sa fille. Mais, une fois de plus, elle était dans le sillage d'une opinion plus forte que la sienne, esclave d'un esprit masculin jusqu'à en perdre le jugement : aujourd'hui c'était son fils admiré qu'elle suivait aveuglément. Aucune pitié chez Marguerite pour le prince rebelle à son souverain, justement condamné à mort et justement exécuté. Balthazar Gérard « s'était offert pour la défense de la seule vraie foi », dit-elle. On ne pouvait attendre de Granvelle — tout cardinal qu'il fût — davantage d'émotion et puisque le duc d'Anjou avait précédé de peu le Taciturne dans la tombe, il constata sobrement : « Anjou et Orange sont bien où ils sont. » Le monde venait d'assister à un « beau » crime, sans romantisme superflu, comme Stendhal disait les aimer.

Orange fut enterré à Delft. Aux heures les plus sombres, il avait souhaité « faire de ces pays sa sépulture ». Maintenant ceux-ci étaient orphelins. « Tant qu'il vécut, écrivit un chroniqueur, il fut l'étoile qui guidait une brave nation et quand il mourut, les petits enfants pleurèrent dans les rues. »

Le Taciturne dérangeait par l'originalité de ses vues. Philippe II lui reprochait ses relations « avec la canaille ». C'est que, de la « canaille », avant la lettre, il avait fait « le peuple ». « Qu'est-ce autre chose, le bien public, écrit-il dans l'*Apologie*, que le bien du peuple ? » Sa tolérance était suspecte : il ne souhaitait pas « extirper » à autrui ses croyances... Et ces concepts novateurs, révolutionnaires, venaient d'un personnage princier, le plus riche et le plus gâté du pays !

« Pourquoi ai-je exposé tous mes biens ? » — écrit-il pour se justifier envers les siens et envers la postérité. « Est-ce pour m'enrichir ? Pourquoi ai-je perdu mes propres frères que j'aimais plus que ma vie ? Est-ce pour en trouver d'autres ? Pourquoi ai-je laissé mon fils si longtemps prisonnier, mon fils dis-je que je dois tant désirer si je suis père ? M'en pouvez-vous donner un autre ? Pourquoi ai-je mis ma vie si souvent en danger ? Quel prix, quel loyer puis-je attendre autre de mes longs travaux, qui sont parvenus pour votre service jusques à la vieillesse et la ruine de tous mes biens, sinon de vous acquérir et acheter, s'il en est besoin au prix de mon sang, une LIBERTÉ » ([1]).

Mais Marguerite ne lisait pas l'*Apologie* et Alexandre menait un combat sans merci.

Ce combat allait dorénavant se dérouler sous les meilleurs auspices. La mort du duc d'Anjou et l'assassinat de Guillaume d'Orange avaient affaibli l'adversaire. Philippe II envoyait argent et renforts. Farnèse continuait sa tactique d'encerclement autour des grandes villes et, en quelques mois, il s'était rendu maître d'Ypres, de Bruges et de Gand. Anvers et Bruxelles étaient presque isolées. La panique régnait au nord où rampait la trahison. Une fois encore, pour retarder l'avance espagnole, on avait eu recours à la solution du désespoir : percer les digues et inonder le pays.

Farnèse pour la première fois songea à demander au roi son salaire. Plusieurs lettres éloquentes avaient déjà atteint Madrid, où le prince, modestement, priait Philippe II de restituer la citadelle de Plaisance à sa famille. Depuis le camp d'Ypres, il écrivait à nouveau : « J'avais décidé (...) de ne pas importuner Sa Majesté de mes affaires particulières, persuadé que La bien servir était le meilleur moyen de l'intéresser en faveur de nous tous. Aujourd'hui, je vois que le temps passe et que nos affaires vont de mal en pis... » Il faisait valoir l'âge de ses parents, leur santé, leur déception. L'effet de ces lignes émouvantes avait été nul sur le roi et Granvelle lui-même se

([1]) Quatre des cinq frères Nassau avaient trouvé la mort. Le fils aîné du Taciturne, Philippe-Guillaume, était élevé en Espagne dans la haine de son père. Maurice de Nassau, fils de Guillaume et d'Anne de Saxe, allait continuer l'œuvre du stathouder, secondé par son demi-frère, Henri, fils de Louise de Coligny

désolait : « Nous ne savons nous résoudre, ni exécuter nos décisions à temps ! » se lamente-t-il. Enfin, le 2 septembre 1584, le roi fit tenir à son neveu, par lettre chiffrée, la promesse qu'on lui rendrait la citadelle. C'est à lui seul que le « cadeau » s'adresserait et non point à sa mère — malgré le zèle qu'elle avait déployé au service du roi —, encore moins à Ottavio qui n'avait jamais désarmé la méfiance congénitale de Philippe II.

Ce fut pour Marguerite une bonne nouvelle qui vint éclairer ses solitaires journées d'automne. Vivrait-elle assez pour voir accomplie la restitution de la forteresse ? C'est la question qu'elle pouvait se poser car la date n'en était pas précisée. Or Marguerite se sentait chaque jour plus malade. Elle se plaignait à ses deux médecins, Balestra et Pietrabianco, d'un malaise qu'elle ne pouvait définir. Elle souffrait d'une douleur au côté que son camérier, Lucia di Groppi, tentait de soulager en y appliquant une brique chaude enroulée dans une vieille flanelle écarlate. Mais le plus impressionnant était de voir l'intrépide duchesse si déprimée. Certes, elle avait toujours pleuré, mais jamais sans motif. Maintenant son entourage se désolait de voir les larmes ruisseler sur ses joues, tandis que son regard se perdait dans le vide.

Elle s'intéressait néanmoins aux entreprises d'Alexandre qui devenaient si hardies et spectaculaires qu'on parlait de lui comme du plus grand stratège de son époque. Il avait décidé d'isoler Anvers de la mer par un pont, et tout l'hiver s'était passé à le construire, au plus fort des intempéries et des courants marins. L'ouvrage était appuyé aux extrémités sur deux forts, à partir desquels de gros troncs d'arbres étaient enfoncés dans le lit du fleuve. Ces pieux formidables étaient réunis par de lourdes traverses de bois immobilisées par des chaînes. Le pont courait sur cet échafaudage, protégé par une rambarde à l'épreuve des balles. Il y avait des pilotis en renfort arrangés pour supporter des canons. Au centre du fleuve, l'espace demeuré ouvert était bloqué par 32 lourdes barques, ancrées et enchaînées, chargées d'artillerie. Des deux côtés du pont, d'autres barques arrimées par groupes de trois présentaient à l'ennemi des mâts de navires acérés, équipés en fers de lance… On n'avait jamais vu semblable construction : elle avait demandé des sacrifices humains et un courage à toute épreuve, car, outre les méfaits du gel, l'eau potable et le ravitaillement manquaient aux pontonniers.

Anvers était lentement affamée. Au mois d'avril 1585, il y eut contre le pont une tentative spectaculaire. Elle était le fait d'un artificier italien du nom de Giambelli qui, de son côté, s'y préparait depuis des mois. Le 4 avril, l'opération était prête. De nuit, il laissa dériver vers l'ouvrage de Farnèse trois gros vaisseaux de 500 tonneaux et 10 vaisseaux plats de moindre importance sur lesquels il avait fait disposer des brasiers d'innocente apparence. Les Espagnols sans méfiance se gaussaient de cette fête nocturne lorsque, accostant au pont, les navires dont les soutes étaient bourrées de mines, sautèrent dans un fracas épouvantable, pulvérisèrent une partie de l'ouvrage, tuèrent plus de 300 soldats et plusieurs officiers. Alexandre n'avait échappé que par miracles à la machine infernale.

Comment Madama, « femme de guerre », n'aurait-elle pas vibré à ces récits, et comme elle devait regretter Marchi, son fidèle ingénieur, pour commenter en détail l'événement ! Le 17 août, Anvers se rendait.

Un mois plus tôt, Ottavio Farnèse avait reçu enfin en mains propres, pour le compte de son fils, la citadelle de Plaisance. Lorsqu'elle fut avisée de cette nouvelle, Marguerite ne voulait pas y croire. Il y avait trente ans qu'elle l'attendait ! Eperdue de reconnaissance, elle prit sa plume et écrivit à Granvelle : « Je veux que Votre Excellence sache que je suis incroyablement heureuse. » Tout ceci valait bien un pèlerinage et Madama parvint, en octobre, à se rendre à N.D. de Lorette. Elle y pleura encore, mais de joie. Ce furent ses derniers moments heureux, car elle revint de ce voyage fort malade.

Lors d'une crise précédente, le Dr. Balestra avait alerté le cardinal Alessandro Farnèse en lui faisant un rapport détaillé sur l'état de la duchesse de Parme. Il lui avait décrit les pénibles symptômes de sa maladie : la fièvre, les nausées, les douleurs au côté, et noté « l'humeur mélancolique, le caractère abattu et la passion du cœur » de Madama, ses insomnies et « ses rêves entrecoupés de soupirs qui l'accompagnaient encore de jour avec des larmes ». Après vingt jours de ces tourments, il avait enfin pu déceler la cause du mal, qui était de toute évidence une tumeur, récemment apparue, à laquelle il ne pouvait apporter d'autres remèdes que « des décoctions, des sirops et des purges ». « Son Altesse doit savoir — ajoutait-il — que chaque fois que la maladie apparaît, il y a fièvre, accès d'angoisse, étouffement, passion du cœur, inappétence… mais que malgré ces infirmités, la “ vertu vitale ” reste intacte. »

Hélas ! cette fois, la « vertu vitale » de l'infatigable duchesse refusait de la soutenir. Le succès obtenu à Plaisance lui avait-il enlevé le dernier obstacle à vaincre, l'ultime proie sur laquelle concentrer sa passion et son entêtement ? Peut-être n'y avait-il plus d'avenir et l'heure était-elle venue ?

Un troisième médecin, le Dr. Febifilo, envoyé en renfort par le cardinal Farnèse, demeura un mois au chevet de Madama sans pouvoir faire davantage que d'assister, impuissant, à l'envahissement du mal qui la dévorait. Il rapporta à Rome la mauvaise nouvelle : la duchesse ne guérirait pas.

Tandis que Marguerite souffrait toujours davantage, et particulièrement de la fièvre qui la brûlait, la ville d'Aquila organisa quatre journées de prières et de processions. Le duc Ottavio se proposait de venir, mais elle le dissuada généreusement de ce projet. En revanche, elle acceptait l'idée que son petit-fils, Ranuccio, entreprenne le voyage et se cramponna encore à la vie, dans l'espoir de le voir arriver. Le 3 janvier, elle demanda la communion et reçut, très clairvoyante, l'Extrême-Onction. « Les paroles que Son Altesse a prononcées devant le crucifix m'ont transpercé l'âme, écrivit Balestra à Ottavio. Je fais de mon mieux pour me dominer, mais je ne peux plus supporter de voir que notre Princesse doit subir un tel martyr et que la fin ne vient pas. »

Le 18 janvier 1586, à l'âge de soixante-cinq ans, Marguerite de Parme, à bout de forces, rendit l'âme à son Créateur.

La dépouille mortelle de Madama fut transportée provisoirement à Lorette et Ranuccio Farnèse, arrivé trop tard pour revoir sa grand-mère vivante, ne put que s'occuper du testament de la duchesse.

Elle souhaitait être inhumée à Plaisance, sous les coupoles de l'église de San Sisto. Elle léguait aux moines, en charge du saint lieu, 2 000 écus d'or pour faire dire des messes perpétuelles à sa mémoire et ornait leur autel d'un crucifix et de chandeliers d'argent.

Ce n'était là qu'une partie de ses libéralités. Le sanctuaire de Lorette devait recevoir également 2000 écus d'or, et, dans toutes les villes où elle avait résidé, tant dans le duché qu'aux Abruzzes, elle dotait largement des jeunes filles méritantes, « bien nées, de bon père et de bonne mère », en vue de leur mariage ou de leur entrée au couvent. Aux cent vingt membres de sa maison, elle attribuait des vêtements de deuil, des rentes, des cadeaux, des souvenirs, sa chaise et ses mules. La petite Giovanna, fille de don Juan, qui allait sortir de son couvent pour épouser un Sicilien, le prince Branciforte, recevait de sa part de magnifiques bijoux. Marghareta, toujours cloîtrée, n'avait qu'une modeste pension.

On s'employa ensuite à faire l'inventaire de ce qui revenait au duché de Parme, depuis les bibelots antiques hérités de la maison de Medicis et les superbes tapisseries tissées sur le thème de la vie de Jules César, jusqu'aux objets personnels les plus modestes de la duchesse, le dé d'or, le crochet et les ciseaux d'argent qui l'avaient aidée à prendre patience et à tromper l'ennui.

Sa cassette de bijoux était à elle seule un trésor : rubis enchâssés dans l'or, rivières de diamants, triples rangs de perles, énormes poires d'émeraude en pendentifs, plaques filigranées, innombrables bagues et deux mille boutons d'or, d'argent, d'émail qui ornaient ses vêtements. Cette énumération jette un jour singulier sur le besoin qu'éprouvait Marguerite d'asseoir son indépendance sur des biens matériels, et de se rassurer aux yeux du monde. Elle ne se parait certes pas par coquetterie, mais, selon l'expression italienne, « pour faire figure ».

Cependant, les Aquiléens, animés par un authentique chagrin et par un zèle débordant, élevèrent à la gouvernante un impressionnant catafalque qui occupait le centre de la cathédrale. L'époque était aux allégories et, dans l'impossibilité de choisir entre les multiples images qui habitaient leur imagination, les artistes les mirent toutes. Encadrés de colonnes et de pyramides à l'antique, pas un symbole ne manquait. Un dieu fluvial et une louve évoquaient le chagrin de Rome. Un lion et un éléphant attelés sous le même joug montraient que Madama avait réconcilié l'Eglise et le Royaume. Une jeune femme, Marguerite sans aucun doute, tenait la main d'un empereur et d'un pape. Un aigle déplumé représentait la tristesse d'Aquila. Plus haut, un cygne débarrassait l'Egypte des reptiles, serpents de l'hérésie. Ces représentations se superposaient et montaient, toujours plus haut, à l'assaut du catafalque de Madama, qui était encore environné par les quatre éléments, les Parques et la mort, et surmonté par la « Renommée ». Sur une épitaphe en latin, on pouvait lire : « Adieu pour toujours ! Pour toujours adieu, magnifique Marguerite, réconciliatrice des dissidents. »

Le 28 février, d'imposantes cérémonies se déroulèrent au pied de cette œuvre d'art. La cathédrale était illuminée de 62 torches géantes et d'autant de cierges de cire.

Ranuccio prit la tête du deuil et la duchesse fut ramenée en grande pompe à Parme. Ottavio n'avait pas, cette fois, lésiné pour faire à Marguerite un dernier accueil magnifique. Néanmoins, malade, il ne put assister aux funérailles de son épouse, non plus qu'à son inhumation à Plaisance. Trois mois plus tard, la mort devait à son tour l'emporter. Cette même année verrait disparaître le cardinal Granvelle et, quelques semaines plus tard, son fidèle correspondant, Morillon, qui, par ses lettres sans indulgence, avait inlassablement desservi Madama auprès du cardinal. Toute la génération des témoins et des acteurs de ce demi-siècle, cruel aux Pays-Bas, abandonnaient la scène. A l'Escorial, Philippe demeurait seul parmi les fantômes ([1]).

Il est aisé d'imaginer les flots d'éloquence qui furent déversés sur la duchesse au cours de ces cérémonies. Qu'il nous soit permis de penser qu'aux oraisons funèbres grandiloquentes Marguerite eût préféré ce simple jugement porté sur elle, petite princesse florentine de quinze ans, par l'historien Varchi : « Madama mostrava e con fatti e colla parola d'esser nata di chi elle era » (Madame, par ses actions et ses paroles, montrait de « qui » elle était née), et qu'elle eût fait volontiers siennes ces paroles de Charles Quint, son père vénéré : « les

([1]) Le duc d'Albe était mort en 1582.

grandes prospérités que j'ai eues dans le monde ont été mêlées de tant d'adversité que je puis dire n'avoir jamais eu de contentement ».

Dans ses dernières volontés, Madama avait demandé qu'en l'église San Sisto fût érigé à sa mémoire un monument mortuaire « beau de facture et de proportions », qui devait comporter sa statue en pied, coulée dans le bronze. L'édifice pourrait coûter jusqu'à 5 000 écus d'or.

Il fallut attendre trente-cinq ans pour que l'on se préoccupât de la satisfaire. La statue ne vit jamais le jour et, au fond du transept gauche de l'église, on érigea une sorte de mausolée de marbres de couleur, orné de quelques motifs baroques qui n'évoquent en rien la personnalité de la duchesse. Il ne portait aucune épitaphe. Un peu honteux, les moines firent faire, en marbre, un petit buste peu ressemblant de leur bienfaitrice, qu'il faut beaucoup de constance pour découvrir au revers d'un pilier. Une plaque sommaire y énumère en latin une sorte d'état-civil : le rôle de la duchesse apparaît modeste, simple chaînon dans une dynastie.

Ainsi le destin avait refusé à Marguerite d'être figée dans le bronze, le marbre et les épitaphes. Serait-ce qu'il en avait décidé pour elle autrement — et mieux ?

Le 16 septembre 1714, une fastueuse cérémonie se déroulait à Parme : c'était le mariage par procuration d'Elisabeth Farnèse, descendante de Madama à la sixième génération. Après que le duc Alexandre eût été tué au combat le 3 décembre 1592 ([1]), la lignée ducale avait progressivement épuisé, dans une molle vie de cour, les qualités héroïques de ses fondateurs, Charles Quint et Paul III. Il n'y avait plus à Parme d'héritier mâle. Une dégénérescence comparable avait

([1]) Alexandre trouva la mort le 2 décembre 1592 au siège de Caudebec. La jalousie maladive de Philippe II ne l'avait pas épargné. Le roi avait signé trois fois sa révocation et éprouva, dit-on, du soulagement lorsqu'il mourut. Il l'arrêta constamment dans l'élan de la reconquête des Pays-Bas en l'envoyant inutilement sur d'autres champs de bataille, et les historiens sont d'accord pour juger que Philippe II contribua à la scission des Pays-Bas par son attitude envers Alexandre Farnèse.

condamné, en Espagne, la descendance de Philippe II et le petit-fils du roi soleil, Philippe V d'Anjou, occupait le trône.

Elisabeth était belle et altière, elle avait l'esprit vif, le caractère ferme, de l'ambition et le Président des Brosses disait d'elle : « Quand la maison d'Autriche se trouvera éteinte, il y a une Farnèse par le monde avec qui les choses ne se passeront pas doucement. »

L'habile négociation du cardinal Alberoni allait mettre la princesse de Parme dans le lit du roi, devenu veuf. La jeune mariée qui sortait de l'église au milieu des vivats était reine d'Espagne ([1]). Le sang des Farnèse coulerait dorénavant dans les veines de la dynastie espagnole et en irriguerait les rameaux, jusqu'aux Bourbons de Naples et de Parme.

Si le destin de Marguerite avait été cahotique, ses palais inachevés, sa statue oubliée, sa gloire mise sous le boisseau, ce jour-là, la petite fille d'Oudenaerde était vengée : sa postérité resplendissait.

([1]) Trois tableaux rendant compte de cette cérémonie furent peints par Spolverini pour les palais de Plaisance, Parme et Colorno.

ORIENTATION BIBLIOGRAPHIQUE

R. Avermaete, *Guillaume d'Orange*, Paris, Payot, 1939, 1984.

M. Battistini, *Lettere di Giovan Battista Guicciardini a Cosimo e Francesco de Medici scritte dal Belgio dal 1559 al 1577*, Bruxelles-Rome, 1949.

H. Marc Bonnet, *Les Papes de la Renaissance*, Paris, P.U.F., 1969.

K. Brandi, *Kaiser Karl*, 2 vol., Munich 1941, trad. fr. Paris, Payot, 1939.

Brantôme, *Œuvres complètes*, Paris, L. Lalanne, 1864.

F. Braudel, *La Méditerranée et le monde méditerranéen à l'époque de Philippe II*, Paris, A. Colin, 1985, 2 vol.

Bruxelles, Palais des Beaux-Arts, Exposition *Charles Quint et son temps*, Ed. de la Connaissance, 1935.

Bruxelles, *Splendeurs d'Espagne et les Villes belges, 1500-1700*, Europalia 85, España, 2 vol.

J. Calvin, *Institution de la religion chrétienne*, 1541, Paris, 1911, 2 vol.

H. Cambon, *Don Juan d'Autriche, vainqueur de Lépante*, Paris, Hachette, 1952.

C. Capasso, *Paolo III*, 1534-1549, Messine, 1924, 3 vol.

J. Cartwright, *Christina of Danemark*, Londres, 1913.

Y. Cazaux, *Naissance des Pays-Bas*, Albin Michel, 1983.

Charles Quint, *Commentaires de Charles Quint*, p.p. le baron Kervin de Lettenhove, Bruxelles, Heussner, 1862.

A. Chastel, *Le sac de Rome, 1527*, Paris, Gallimard, 1984.

C. Clair, *Christopher Plantin*, Londres, 1960.

I. Cloulas, *Catherine de Médicis*, Paris, Fayard, 1979.

— *Henri II*, Paris, Fayard, 1985.

Correspondance du cardinal de Granvelle (1565-1586), p.p. E. Poullet et C. Piot, Bruxelles, 1877-1896, 12 vol.

Correspondance de Marguerite d'Autriche, duchesse de Parme, avec Philippe II, suivie des interrogatoires du comte d'Egmont, p.p. REIFFENBERG, Bruxelles, 1867.

Correspondance de Marguerite d'Autriche, duchesse de Parme, avec Philippe II, p.p. L. P. GACHARD, Bruxelles, 1848-1879, 5 vol.

J. DELUMEAU, *Naissance et affirmation de la Réforme*, 3e éd., coll. « Nouvelle Clio », Paris, P.U.F., 1973.

— *La Peur en Occident*, coll. « Pluriel », Paris, Fayard, 1978.

S. DEYON et O. LOTTIN, *Les Casseurs de l'été 1566*, Paris, Hachette, 1981.

ECOLE FRANÇAISE DE ROME, *Le Palais Farnèse*, Rome, 1981, 3 vol.

ERASME, *Eloge de la Folie*, Paris, Flammarion.

L. VAN DER ESSEN, *Alexandre Farnèse, Prince de Parme, Gouverneur Général des Pays-Bas*, Bruxelles, 1933, 5 vol.

L. FEBVRE, *Philippe II et la Franche-Comté*, Paris, Flammarion, 1912.

— *Au cœur religieux du XVIe siècle*, Ecole Pratique des Hautes Etudes, Paris, 1957.

— *Un secrétaire d'Erasme, Gilbert Cousin*, Paris, Bibl. de la Sté d'Histoire du Protestantisme, 1907.

L. P. GACHARD, *Les Archives farnésiennes de Naples*, dans B.C.R.H., 3e sér. XI.

— *Les Bibliothèques de Madrid et de l'Escurial : notices et extraits des manuscrits qui concernent l'histoire de Belgique*, Bruxelles, 1875.

— *Etudes et notices historiques concernant l'histoire des Pays-Bas*, Bruxelles, 1890.

— *Don Carlos et Philippe II*, Paris, 1867.

— *Retraite et mort de Charles Quint au monastère de Yuste, lettres inédites*, Bruxelles, 1854-1855, 3 vol.

L. P. GACHARD et C. PIOT, *Collection des voyages des souverains des Pays-Bas par Jean de Vandenesse*, Bruxelles, 1876-1882, 4 vol.

V. DEL GAIZO, Italo INSOLERA, R. MOSCATI, F. QUINTERIO, *Palazzo Madama*, Rome, 1985.

C. GIARDINI, *Don Carlos*, Paris, Payot, 1934.

J. GOLDSMITH PHILLIPS & OLGA RAGGIO, *Ottavio Farnèse*, in Bull. of the Met. Museum of Art, April 1954.

E. GOSSART, *Charles Quint et Philippe II*, Mémoires de l'Académie Royale de Belgique, T. 18, Bruxelles, Lamertin, 1924.

— *L'établissement du régime espagnol dans les Pays-Bas et l'insurrection*, Bruxelles, Lamertin, 1905.

H. HAUSER, *La prépondérance espagnole (1559-1660)*, Coll. « Peuples et Civilisations », Paris, Alcan, 1933.

J. DE IONGH, *Margaretha von Oostenrijke, Hertogin van Parma en Piacenza, 1522-1586*, Amsterdam, Querido's, 1981.

J. JACQUOT, *Musique et poésie au XVIe siècle.*
— *La musique instrumentale de la Renaissance.*
— *Les Fêtes de la Renaissance.*
— *Fêtes et cérémonies au temps de Charles Quint.*
Collection « Le chœur des muses », Paris, C.N.R.S., 1953 à 1960.
H. G. KOENIGSBERGER, G. MOSSE, *Histoire de l'Europe au XVIe siècle,* Paris, Sirey, 1870, t. 6.
LANNAU ROLLAND, *Michel-Ange et Vittoria Colonna,* suivi des poésies de Michel-Ange, Paris, Didier, 1863.
P. LARIVAILLE, *La vie quotidienne en Italie au temps de Machiavel,* Paris, Hachette, 1975.
R. LEFEVRE, *Villa Madama,* Rome, Editalia, 1973.
S. A. VAN LENNEP, *Les années italiennes de Marguerite d'Autriche, duchesse de Parme,* Genève, Gouda, s.d.
J. LUCAS-DEBRETON, *Charles Quint,* Paris, Fayard, 1958.
— *La vie quotidienne à Florence au temps des Medicis,* Paris, Hachette, 1958.
D. LOTH, *Philippe II,* Paris, Payot, 1933.
MACHIAVEL, *Œuvres complètes,* Paris, Gallimard, 1952.
Clément MAROT, *Les Psaumes,* Paris, 1878.
S. MAXWELL, *Don John of Austria,* Londres, Longmans, Green et Co, 1883.
Catherine de MEDICIS, *Lettres,* p.p. H. DE LA FERRIÈRE, Documents inédits de l'Histoire de France, t. 1 (1533-1563), Paris, Imprimerie Nale, 1887.
MICHEL-ANGE, *Le Rime di Michelangelo Buonarotti,* p.p. Cesare GUASTI, Florence, Felice Le Monnier, 1863.
— *Lettres, poésies et témoignages,* Paris, Club des libraires, 1958.
MIGNET, *Rivalité de Charles Quint et de François Ier,* Paris, 1875, 2 vol.
MONTAIGNE, *Journal de voyage en Italie par la Suisse et l'Allemagne en 1580 et 1581,* Paris, Garnier, 1955.
A. MUSSET, *Lorenzaccio,* drame en cinq actes, Paris, 1834.
F. DE NAVENNE, *Rome, le Palais Farnèse et les Farnèse,* Paris, 1914
I. D'ONOFRIO, *Il carteggio intimo de Marg. d'Austria,* Naples, 1919.
Guillaume D'ORANGE, *Apologie ou défense de Guillaume, prince d'Orange contre le ban et édit publié par le roi d'Espagne,* Delft, 1581, Bruxelles, A. Lacroix, 1858.
Papiers d'Etat du cardinal de Granvelle, p.p. C. WEISS, Paris, 1841-1852.
G. PARKER, *The Dutch Revolt,* Londres, revised edition, Pelican Books, 1985.

L. PFANDL, *Philippe II*, tr. de l'allemand par M. E. Lepointe, Paris, Hachette, 1942.

PIACENZA, *La dimora del principe : Palazzo Farnese,* 10 mai-31 déc. 1986.

L. PIETRI, M. VENARD, *Le Monde et son histoire, du XIIIe au XVIIe siècles*, Paris, Laffont, 1971.

Ch. PIOT, *Inventaire des joyaux et autres objets de prix trouvés dans la succession de Marguerite de Parme,* in B.C.R.H., Sér. V, 5.

H. PIRENNE, *Histoire de la Belgique*, Bruxelles, 1937, t. IV.

PONTUS PAYEN, *Mémoires*, p.p. Alexandre HENNE, Bruxelles, 1896, 2 vol.

A. PUAUX, *Introduction au palais Farnèse,* Ecole Française de Rome, 1983.

F. RABELAIS, *La schiomachie et festins faits à Rome au palais de Mgr Révérendissime cardinal du Bellay, pour l'heureuse naissance de Mgr d'Orléans*, Paris, Garnier, 1881.

F. RACHFAHL, *Margaretha von Parma,* Munich, 1898.

B. RECKERS, *Benito Arias Montano, 1527-1587,* Londres, The Warburg Inst. Univ. of London, 1972.

Le Relazione degli ambasciatori veneti al senato durante le secolo XVI, raccolte e illustrate da E. ALBERI, Florence, 1861.

Relations des ambassadeurs vénitiens sur Charles Quint et Philippe II, p.p. L. P. GACHARD, Bruxelles, 1850.

Lucien ROMIER, *Les origines politiques des guerres de religion,* Paris, 1913, 2 vol.

E. RODOCANACHI, *Renée de France, duchesse de Ferrare,* Paris, P. Ollendorf, 1895.

— *Vittoria Colonna et la Réforme en Italie,* Versailles, Vve Aubert, 1892.

— *Le carnaval à Rome au XVe et XVIe siècles,* Amiens, Delattre Lenoel, 1890.

A. RONCHINI, *Cento lettere dal capitano Francesco Marchi Bolognese,* Parme, s.d.

D. RUTBRECHT, *L'origine du type familial de la famille Habsbourg,* Paris, 1920.

G. SAND, *Une conspiration en 1537*, Paris, 1834.

R. et F. SILENZI, *Cinquecento pasquinate scelte da Renato e Fernando Silenzi,* Milan, 1932.

Famiano STRADA, *Della guerra de Fiandra,* Rome, 1639.

Subtils Moyens (les) par le cardinal de Granvelle avec ses complices inventez pour instituer l'Inquisition, p.p. Ch. RAHLENBECK, Bruxelles, 1866.

C. TERLINDEN, *Charles Quint, empereur des deux mondes,* Bruxelles, Desclée de Brouwer, 1965.

B. VARCHI, *Storia fiorentina,* Cologne, 1721.

T. VALENTI, *Notizie di personnaggi fiaminghi alla corte de Marg. d'Austria,* dans Bull. de l'Institut belge de Rome, XIV, 1934.

— *Margaretha d'Austria, duchessa di Parma et Piacenza, fabbricante di carta,* in La Bibliofilia, XXVIII.

M. YOURCENAR, *L'œuvre au noir,* Paris, Gallimard, 1968.

Transcription de documents originaux concernant Marguerite d'Autriche, duchesse de Parme :

Fonds GODEFROY, Bibliothèque de l'Institut de France, Paris.

Papiers MIGNET, Bibliothèque Thiers, Paris.

CHRONOLOGIE
DES PAPES CONTEMPORAINS
DE CHARLES QUINT
ET DE MARGUERITE DE PARME

JULES II (della Rovere)	1503-1513
LÉON X (de Medicis)	1513-1521
ADRIEN VI (Floriszoon-Holl.)	1522-1523
CLÉMENT VII (de Medicis)	1523-1534
PAUL III (Farnèse)	1534-1549
JULES III (Ciocchi del Monte)	1550-1555
MARCEL II (Cervini)	1555
PAUL IV (Carafa)	1555-1559
PIE IV (Medichino)	1559-1565
PIE V (Ghislieri)	1566-1572
GRÉGOIRE XIII (Buoncompagni)	1572-1585

GÉNÉALOGIE SIMPLIFIÉE DE LA MAISON FARNÈSE

- **RANUCCIO IL VECCHIO** (1390-1450) ép. Agnese Monaldeschi
  - **PIER LUIGI** (1420-1488) ép. Giovanna Caetani
    - **ALESSANDRO** (1468-1549) pape Paul III
      - **PIER LUIGI** (1503-1547) duc de Parme ép. Girolama Orsini
        - **ALESSANDRO** (1520-1589) cardinal
        - **OTTAVIO** (1524-1586) duc de Parme ép. Marguerite d'Autriche
          - **ALESSANDRO** (1545-1592) duc de Parme ép. Marie de Portugal
            - **RANUCCIO I** (1569-1622) duc de Parme ép. Margherita Aldobrandini
              - **ODOARDO I** (1612-1646) duc de Parme ép. Margherita de Médicis
                - **RANUCCIO II** (1630-1694) duc de Parme + Marg de Savoie
                  - **ODOARDO** (1666-1693)
                    - **ELISABETH FARNÈSE** (1692-1766) ép. Philippe V roi d'Espagne
                  - **FRANCESCO I** (1678-1727) duc de Parme s.p.
                  - **ANTONIO** (1679-1731) duc de Parme s.p.
            - **ODOARDO** (1573-1626) cardinal
            - **MARGHARETA** s.p.
        - **RANUCCIO** (1530-1565) cardinal de Sant' Angelo
        - **ORAZIO** (1531-1553) ép. Diane de France s.p.
    - **GIULIA** (1475-1524)

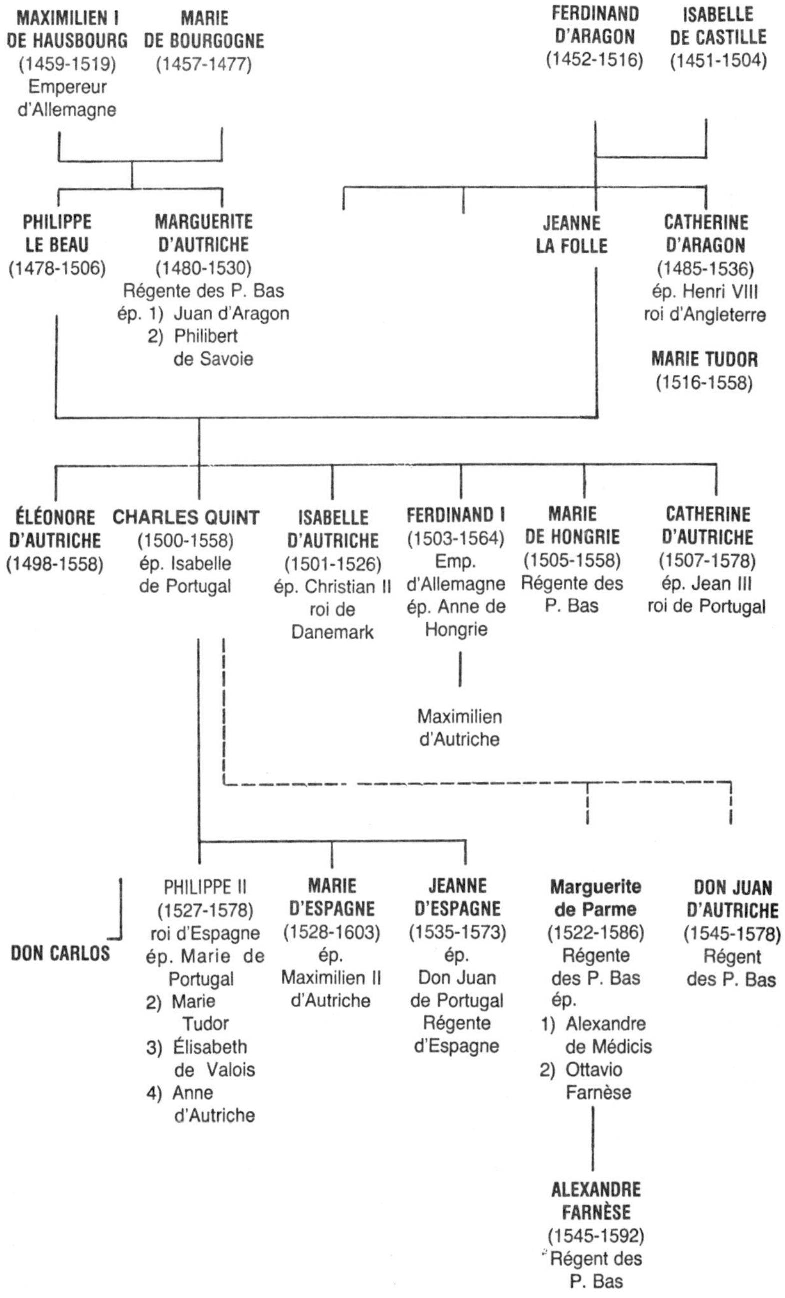
MAXIMILIEN I DE HAUSBOURG (1459-1519) Empereur d'Allemagne
MARIE DE BOURGOGNE (1457-1477)
FERDINAND D'ARAGON (1452-1516)
ISABELLE DE CASTILLE (1451-1504)
PHILIPPE LE BEAU (1478-1506)
MARGUERITE D'AUTRICHE (1480-1530) Régente des P. Bas ép. 1) Juan d'Aragon 2) Philibert de Savoie
JEANNE LA FOLLE
CATHERINE D'ARAGON (1485-1536) ép. Henri VIII roi d'Angleterre
MARIE TUDOR (1516-1558)
ÉLÉONORE D'AUTRICHE (1498-1558)
CHARLES QUINT (1500-1558) ép. Isabelle de Portugal
ISABELLE D'AUTRICHE (1501-1526) ép. Christian II roi de Danemark
FERDINAND I (1503-1564) Emp. d'Allemagne ép. Anne de Hongrie
MARIE DE HONGRIE (1505-1558) Régente des P. Bas
CATHERINE D'AUTRICHE (1507-1578) ép. Jean III roi de Portugal
Maximilien d'Autriche
DON CARLOS
PHILIPPE II (1527-1578) roi d'Espagne ép. Marie de Portugal 2) Marie Tudor 3) Élisabeth de Valois 4) Anne d'Autriche
MARIE D'ESPAGNE (1528-1603) ép. Maximilien II d'Autriche
JEANNE D'ESPAGNE (1535-1573) ép. Don Juan de Portugal Régente d'Espagne
Marguerite de Parme (1522-1586) Régente des P. Bas ép. 1) Alexandre de Médicis 2) Ottavio Farnèse
DON JUAN D'AUTRICHE (1545-1578) Régent des P. Bas
ALEXANDRE FARNÈSE (1545-1592) Régent des P. Bas

MER
DU NORD
GRONINGUE
Groningue
Leeuwarden
FRISE
DRENTHE
Alkmar
Haarlem
Amsterdam
OVERIJSSEL
HOLLANDE
La Haye
Leyde
UTRECHT
Utrecht
GUELDRE
Delft
Rotterdam
Brielle
Rhin
ZÉLANDE
Veere
Breda
Bois-le-Duc
Ostende
Bruges
DUCHÉ DE
Dunkerque
Nieuport
COMTÉ DE
Anvers
BRABANT
Gand
Escaut
Meuse
Territoires rattachés à la province de Gueldre
Malines
Ypres
Courtrai
Lys
FLANDRE
Louvain
Maastricht
DUCHÉ
Audenarde
BRUXELLES
St-Trond
Lille
Roubaix
PRINC.
Liège
DE LIMBOURG
Tournai
TOURNAISIS
FLANDRE
COMTÉ
COMTÉ D'ARTOIS
Mons
DE
LIÈGE
Namur
Douai
COMTÉ
DE NAMUR
Arras
Valenciennes
DE HAINAUT
CAMBRÉSIS
Le Cateau
DUCHÉ DE
LUXEMBOURG
Luxembourg
ROYAUME DE FRANCE
Moselle
Frontière française actuelle
Meuse
0
50
100 km

INDEX

TABLE DES ILLUSTRATIONS

TABLE DES MATIÈRES

Ouvrage réalisé en photocomposition
par l'imprimerie BUSSIÈRE
et imprimé sur presse CAMERON
dans les ateliers de la S.E.P.C.
à Saint-Amand-Montrond (Cher)
le 5 octobre 1987

— N° d'impression : 1110-599. —
Dépôt légal : octobre 1987.

Imprimé en France